제국일본의
문화권력
3

학지 · 문화매체 · 공연예술

이 도서는 2011년도 정부(교육과학기술부)의 재원으로 한국연구재단의 지원을 받아 한림대학교 일본학연구소가 수행하는 중점연구소지원사업의 일환으로 이루어진 연구임 (2014S1A5B8066696).

한림일본학연구총서 I 제국일본의 문화권력

제국일본의 문화권력 3

학지 · 문화매체 · 공연예술

서정완 · 송석원 · 임성모 편

小花

차례

제3부 공연예술

일러두기

1. 수록된 논문의 출처는 이 책의 뒤에 밝혀 두었다.
2. 외국의 인명과 지명은 외래어 표기법에 따르는 것을 원칙으로 했다.
3. 단행본 · 신문 · 잡지는 겹낫표(『 』)로, 논문 · 기사는 홑낫표(「 」)로, 영화 · 연극 · 무용 · 음악의 작품명은 홑꺾쇠(〈 〉)로 구분했다.

| 서문 |

제국일본의 문화권력 : 학지 · 문화매체 · 공연예술

임성모

이 책은 한림대학교 일본학연구소의 중점연구소 공동연구 프로젝트인 〈제국일본의 문화권력 : 학지(學知)와 문화매체〉의 제3단계 연구성과 가운데에서 그 일부를 모아 놓은 논문집이다.

제1단계 연구가 제국일본의 중심에 초점을 맞추어 문화권력의 역사적 계보를 고찰하였고, 제2단계 연구가 식민지 · 점령지라는 주변으로의 문화권력 확산을 조명했다면, 제3단계에서는 중심과 주변의 상호작용과 경계횡단적 문화접변에 초점을 두었다고 하겠다. 특히 문학과 공연예술에서 나타난 월경적 상호작용에 비중이 두어졌다는 점을 지적해 두어야 할 것이다. 이하에서는 모두 3부로 구성된 이 책의 주요한 내용을 간략하게 정리해 둔다.

식민정책학적 학지와 문화 통치

제1부에서는 제국일본의 식민지 조선과 남양(南洋)을 대상으로 한 식민정책학적 학지의 양상, 그리고 사회교육 차원의 문화 통치 기제로서 활용된 와카(和歌) 번역과 보급운동의 실례를 고찰함으로써 제국 통치의 지적 · 문화적 측면을 조명한다.

박양신의 「가와이 히로타미(河合弘民)의 식민지 조선에서의 행적과 조선 연구」는 현재 일본 교토대학이 소장하고 있는 '가와이문고'의 원 소장자인 가와이 히로타미(1872~1918)의 식민지 조선 체험과 조선 연구를 고찰한 것이다. 1898년 도쿄제국대학 사학과를 졸업한 가와이는 대만협회의 기관지 『대만협회회보』의 편집주임으로서 식민지와 연관된 업무를 시작했다. 그는 대만협회학교 교사를 거쳐 1907년 대만협회학교의 후신인 동양협회전문학교 경성분교의 주임 자격으로 조선에 건너왔다. 가와이는 조선에서 조선고서간행회 · 조선연구회 등 여러 조선 연구 단체에 참여하는 한편, 총독부 사업에도 관여하여 관습조사나 도서해제 작업 등에 참여하였다. 이와 함께 그는 식민지 조선의 역사, 특히 조선시대 사회경제사를 연구하였다.

일본에서 세계 식민사를 연구한 바 있던 가와이가 조선을 연구한 까닭은 일본의 식민 통치에 도움이 되기 위해서였는데 연구는 두 가지 방향으로 전개되었다. 하나는 조선의 관습에 대한 연구를 토대로 종래의 관습, 예컨대 계나 결부제 등을 없애지 말고 그대로 식민 통치에 활용하라는 이른바 '구관존치(舊慣存置)'의 주장이었다. 또 하나 그의 조선 연구가 지향한 것은 식민지로서 조선사회의 후진성을 입증하는 것이었다. 가와이는 당시 조선의 역사 발전 단계가 일본의 후지와라(藤原)시대(10~12세기)에 머물러 있다고 주장하고, 그 근거로서 가족제도를 들었다. 즉 조선사회에 특수한 '본(本)' 제도와 분화되지 않은 '호(戶)' 등을 고대 씨족제도의 유제로 파악함으로써 조선사회의 후진성을 주장한 것이다. 이는 전형적인 한국사 정체성론을 구성하는 논리였다. 이렇게 정체된 한국역사상을 제시함으로써 가와이는 일본의 식민 통치에 정당성을 부여하고 식민사관 형성에 일익을 담당했다.

조정우의 「남진(南進)과 개발 : 제국일본의 남양군도 개발 계획과 남양척식회사」는 제1차 세계대전 이후 제국일본의 위임통치 식민지가 된 남양군도(南洋群島)에서 활동한 남양척식회사(南洋拓植會社)의 설립 과정을 시계열적으로 분석한다. 분석의 전제로서 위임통치의 성격, 남양군도에 대한 통치방식을 먼저 검토하고, 1929년 세계대공황과 1931년 만주사변 이후에 전개된 일본의 식민지 개발 사업 중 하나였던 '남양군도개발조사위원회'의 활동을 분석했다. 이 위원회에서 남양군도의 정치적 · 군사적 중요성과 경제개발의 잠재력이 역설되었으며 이를 실현하기 위한 기구로서 남양척식회사의 설립이 건의되었다. 1936년 7월 마침내 일본 정부는 칙령으로 회사의 설립을 승인하였고, 11월에 남양척식회사가 정식 출범하였다. 이 글에서는 남양군도 개발 계획과 남양척식회사 설립의 연관성을 검토함으로써 제국국가의 식민지 개발 정책에서 국책특수회사인 척식회사가 어떤 역할을 했는지를 규명하고, 이를 통해 식민지 개발의 역사적 성격을 '군사주의'를 키워드로 삼아 고찰하고자 했다.

박상현의 「식민지 조선에서의 '애국백인일수' 수용 양상 연구 : '애국백인일수' 전람회를 중심으로」는 아시아 · 태평양전쟁 발발 이후 제국일본이 일본 내지(內地)는 물론 식민지 조선 전역에서도 벌인 와카 '애국백인일수'의 보급운동을 다룬다. 본래 '애국백인일수'는 일본문학보국회가 기획하고 내각정보국과 대정익찬회(大政翼贊會)가 후원한 '내지'발 이벤트였다. 조선총독부는 충군애국(忠君愛國)의 충정을 읊은 이 애국백인일수를 식민지 조선에 확산시키기 위해 여러 가지 적극적인 활동을 펼쳤다. 여기에는 조선문인협회 · 조선미술가협회 등이 참여했는데, 애국백인일수에 관한 강연회 및 낭송회를 열기도 하고 애국백인일수 카르타를 보급하거나 애국백인일수'를 조선어로 번역하기도 했다.

특히 애국백인일수 전람회를 개최하여 애국백인일수 색지(色紙)와 작품을 출품하기도 했다. 학교교육으로는 부족한 계몽과 선전 등을 사회교육으로 감당하기 위해서였다. 선행연구에서는 애국백인일수 전람회의 출품작에 대해, 특히 어떤 조선인 미술가가 이 전람회에 참여했는지에 대해 밝혀진 바가 없었다. 이 글에서는 친일인명사전편찬위원회의 지적과 1943년 1월 6일자 『매일신보』의 기사를 종합하여 애국백인일수 전람회에 조선미술가협회의 회원인 이당 김은호가 참여해 출품했다는 사실을 확인할 수 있었다.

문화매체와 대중문화의 혼종성

제2부에서는 제국일본의 문화권력을 구성하고 있던 신문, 영화, 소설, 하이쿠 등의 문화매체와 대중문화의 양상과 특성에 주목한다. 구체적으로는 '언론보국(言論報國)'을 통한 신문의 문화권력화, 식민지 영화에 대한 제국 검열의 문화적 맥락, 아시아·태평양전쟁기 방첩(防諜)소설의 실제 양상, 하이쿠(俳句) 가단(歌壇)의 일·한 네트워크, 그리고 식민지 대중문화의 혼종적 특징 등을 분석하고 있다.

먼저 송석원의 「제국일본의 권력과 신문 : 1920년대 후반부터 1935년경까지를 중심으로」는 제국일본에서 공기(公器)로서의 신문이 어떻게 권력에 동조·편승해 나갔는지를 고찰한다. 익히 알려진 바와 같이 근대화의 가장 중요한 과제인 국민의 형성 과정에서 신문은 매우 큰 역할을 수행했다. 원래 신문은 언론기관으로서 민의(民意)를 창달하고 권력을 감시하는 데에 존재이유가 있다. 근대사회의 국민 탄생이 상당 수준의 식자율(識字率)과 연동되어 있다는 점에서, 활자 미디어로서의 초기 일본 신문은 이러한 신문의 사명을 수행하기 위한 전제로서 일반인이 읽기 쉬운 문체를 숙고하지 않을 수 없었다. 이른바 '독서국민'의 탄생 과정에서 신문의 역할은 핵심적이었다. 비록 궁극적으로는 발행 부수 증대를 통한 영업이익의 확보라는 경제적 동기가 주요했다 할지라도, 신문의 그러한 노력이 결과적으로 국가(정부)가 담당해야 할 기능에 일조했다는 점은 부인하기 어렵고, 따라서 국가는 신문을 적극적으로 장려하기도 하였다. 물론 신문은 태생적 사명으로서 권력 비판을 수행하는 기관이기 때문에 국가는 신문에 대한 간섭과 탄압을 법적으로 정당화하는 입법 과정을 끊임없이 추진하였다.

1920년대 후반부터 1935년 무렵까지의 제국일본에서 신문은 전반적으로 권력에 동조·편승해 나가는 경로를 밟았다. 기류 유유(桐生悠々)·기쿠다케 롯코(菊竹六鼓)·이시바시 단잔(石橋湛山) 등과 같이 군부 비판으로 시종일관한 신문과 신문인도 존재하기는 했지만, 대다수 신문은 폭력을 수반한 국가의 간섭 아래에서 제국 권력에 동조해 나갔다. 언론보국, 문장보국은 원래 정론(正論)을 이끌어 국가를 민주국가, 문명국가가 되게 하는 데에 일조한다는 의미로 사용되었을 터였다. 그러나 이 용어는 점차 국가에게는 언론 개입과 탄압을 정당화하는 논리로, 신문과 신문인에게는 권력에 동조하는 데 면죄부를 부여하는 슬로건으로 변모했다는 것이 필자의 진단이다.

서재길의 「〈집 없는 천사〉와 식민지 영화 검열」은 식민지 말기의 영화 〈집 없는 천사(家なき天使)〉(1941)의 검열 문제를 검토한 것이다. 이 영화는 식민지 조선에서의 호평을 등에 업고 일본으로 수출되어 조선영화로서는 최초로 문부성의 추천을 받은 작품이었다. 조선총독부는 물론 일본 내무성의 검열 과정을 거쳐 조선군 보도부와 문부성의 추천작이 되었음에도 불구하고, 일본 개봉을 앞두고 내무성의 재검열 과정에서 필름의 상당 분량이 삭제당하고 일본어로 자막을 입힌 조선어 발성영화가 일본어 더빙판으로 바뀌게 되었다. 식민지시기 조선영화의 제국적 소비의 (불)가능성이라는 맥락에서 볼 때, 검열과 문부성 추천 취소 과정을 둘러싼 논란은 이 영화에 대한 논의에서 중심적인 위치를 차지하고 있었다.

이 글에서는 새로 발굴한 시나리오 자료를 중심으로 영화 필름과 잡지의 기사 등을 상호 비교하면서 〈집 없는 천사〉의 검열 문제를 검토하였다. 그 결과, 검열 과정에서 삭제된 필름의 가장 많은 부분이 기독교와 관련된 부분이었음이 밝혀졌다. 찬송가를 부르거나 성경을 읊는 장면 같은 것은 통째로 삭제되는가 하면, 방성빈이 목사라는 사실을 드러내는 구절, 향린원의 아동들이 기도를 하거나 성서를 읽는 장면, 대화 속에서 성서의 한 구절을 읊는 장면, 교회가 작품의 배경으로 나오는 장면 등이 모두 삭제되었음을 알 수 있었다.

영화의 원작과 각색이 총독부 검열과에 근무한 이력이 있는 일본인 니시키 모토사다(西亀元貞)에 의해 이루어졌음에도 불구하고 기독교 문제가 불거져 나온 이유는 식민지 조선에서의 기독교와 일본사회에서의 기독교가 지니는 위상과 의미가 달랐고, 특히 천황제 파시즘체제에 완전히 포섭된 주류 기독교 교단과 달리 가가와류(流)의 사회주의적 색채를 지닌 기독교가 천황제 파시즘에 저항하는 존재로 여겨졌을 가능성 때문일 것이다.

실제로 1930년대 이후 일본에서는 천황제에 저촉되는 것으로 여겨지는 신흥종교와 공산당 · 기독교가 이단으로 몰리기 십상이었고, 이 시기에 발생한 일련의 적색조직 사건에서 보듯이 국가가 직접적으로 교회에 대한 통제를 강화하고 있었다. 특히 〈집 없는 천사〉가 일본에서 개봉된 것은 진주만 공습에 의한 아시아 · 태평양전쟁 개전을 목전에 둔 시기였기에, 국체 속에 포섭되어 있던 기독교에도 권력에 의한 새로운 통제가 필요한 시점이었다. 〈집 없는 천사〉의 필름에 대한 일본 내무성의 가위질은 이러한 시대 상황 속에서 이루어졌다는 것이다.

강태웅의 「김내성(金來成)의 방첩소설 재고 : 일본소설과의 비교를 통하여」는 일본과 식민지 조선에서 추리소설 작가로 이름을 날린 김내성의 방첩소설에 주목한 글이다. 김내성은 1940년대에 접어들어 스파이가 등장하는 방첩소설을 창작하였다. 당시 조선에서는 달리 비교할 만한 작가와 작품이 없었고, 일본에서는 추리소설이 당국으로부터 '탄압'받는 상황이어서, 김내성은 조선뿐 아니라 제국일본에서 '고립'된 작가라고 하는 것이 종래 연구의 일반적인 평가였다. 하지만 이 글은 1940년대 일본에서 추리소설이 '탄압'받기는커녕 오히려 활발히 창작되고 있었음을 밝혀내었다.

김내성이 사사(私事)했던 에도가와 란포(江戸川亂歩)의 「위대한 꿈(偉大なる夢)」이나 란포의 라이벌 작가였던 고가 사부로(甲賀三郞)의 「중국옷의 여자(支那服の女)」 등이 이 시기에 발표된 대표적 방첩소설이다. 이 일본의 방첩소설들과 비교해 볼 때, 「태풍」이나 「매국노」 등 김내성의 방첩소설에는 캐릭터 · 트릭 · 반전 요소 등의 설정에서 여러 유사점이 발견된다. 요컨대 김내성은 결코 식민지 조선의 '고립'된 작가가 아니라 제국일본의 창작 유행을 조선의 누구보다 더 빨리 따라잡았던 소설가로서 재평가되어야 한다는 것이다.

나카네 다카유키의 「조선 하이쿠(俳句)의 전회(轉回) : 박노식(朴魯植)과 일·한 하이쿠의 인맥」은 요절한 한 조선인 하이쿠 시인에 대한 분석을 통해 문학적 소통의 네트워크를 조명한 독특한 연구이다. 잘 알려진 바와 같이 하이쿠는 순수 일본산 단시(短詩) 형식의 문예다. 한국인의 입장에서 보자면 서구에서 들어온 근대소설과 근대시에 비해 단카는 대표적인 '(구) 종주국 문예'일 따름이다. 그럼에도 불구하고 패전/해방 이후 하이쿠에 의한 일·한 커뮤니케이션 네트워크가 다시 만들어지게 되는데, 이 글은 그 밑바탕에 식민지 통치하의 조선 하이쿠의 상황과 조선 하이쿠 시인 박노식과 재조일본인 무라카미 교시(村上杏史) 등이 남긴 발자취가 있었음을 확인하고자 한다. 여기에서는 식민지 시대의 조선 하이쿠와 조선 하이쿠 시단(俳壇)의 탁월한 시인으로 알려진, 1933년 요절한 박노식을 중심으로 패전/해방에 걸친 (구) 종주국 문예의 전회를 검토한다.

'조선의 마사오카 시키(正岡子規)'라고도 불린 박노식에 대한 검토를 통해서 알 수 있는 것은, 일견 기묘하지만, 반식민주의자로서 아버지를 수감했던 제국일본과 그 종주국 문예인 하이쿠를 분리하여 파악하고자 하는 그의 심성이다. '친일'이라는 정치성과 문학에 의한 '내선융화'라는 관점에서 그를 파악했던 다카하마 교시(高濱虛子) 등의 박노식 이미지와는 분명히 다른 지점이다. '하이쿠로 맺어진 인연'이라는, 한국 하이쿠 시인 이도구자(李桃丘子)=이한수(李漢水)의 말은 구 종주국 문예와 내선융화 이데올로기 사이에 틈새가 존재함을 뜻한다. 무라카미 교시의 박노식 하이쿠집 간행, 한일협정 이후 한국 하이쿠 시인들과의 교류를 어떤 시각에서 볼 것인가는 제국일본과 냉전기 동아시아의 연속과 단절을 어떻게 볼 것인가 하는 문제와 맞물리는 중요한 과제가 아닐 수 없다.

일제 식민지시기에 조선에서는 산업으로서의 대중문화가 출현·성장했고 이 대중문화를 향수하는 대중도 함께 등장했다. 대중문화를 경유하여 형성되는 대중의 성격과 관련해서는 일반적으로 이분법적 평가 구도가 존재한다. 문화산업에 예속된 수동적 수용자 대 능동적 해석자이자 의미 창조자라는 대립구도가 그것이다. 조형근의 「식민지 대중문화와 대중의 부상 : 취향과 유행의 혼종성을 중심으로」는 식민지시기 대중문화 속에서 대중의 행동, 특히 취향과 유행의 양상을 통해 이 이분법을 확인함과 동시에 경계의 모호함과 뒤섞임을 '혼종성'이라는 개념으로 주목한다. 이를 통해 식민지 대중문화 속 대중적 주체성의 의미와 가능성을 타진하고자 했다. 이 시기의 대중은 세대, 지역, 계급 등의 변수에 따라 서로 다른 취향과 유행을 보여 준다. 취향은 고상한 고급문화와 저속한 대중문화로 분화되었고, 유행 또한 장르의 규칙과 대중의 선호에 따라 변화하였다. 고급문화와 대중문화 사이에서, 지식계급과 민중 사이에서 취향의 차이가 인식되고 비판적 논점이 되었다. 유행의 취약성과 가변성 또한 유사한 맥락에서 논란이 되었다. 하지만 이런 대립구도들은 종종 경계를 허무는 해석과 실천을 통해서 허물어졌고, 급변하는 유행들을 통해 뒤섞였다. 이 시기에 식민지 대중은 대중문화 속에서 자기 욕망을 표현하고 개인적인 비극과 극복의 서사를 공유했으며, 텍스트 외부적 해석을 통해 저항적 해석을 공모하기도 했던 것이다.

공연예술과 경계횡단적 문화권력

제3부에서는 제국일본의 본국과 식민지에서 시연된 음악, 무용, 연극을 중심으로 한 공연예술의 문화권력적 측면을 집중적으로 고찰한다. 식민지 지배에 종속되는 과정에서 종묘제례악(宗廟祭禮樂) 등 조선의 전통음악과 무용이 어떻게 변질되었는지, 또 노(能)와 교겐(狂言) 등 일본의 전통연예가 어떠한 맥락 아래 식민지 조선에서 공연되었는지, 또 일본인 음악가의 조선음악 연구 등을 살펴봄으로써 본국과 식민지의 경계를 횡단하는 문화접변에 대한 이해를 통해 제국 문화권력의 한 양상을 조명한다. 공연예술의 월경적 양상을 구체적으로 분석했다는 점에서 '제국일본의 문화권력' 시리즈 가운데 가장 특징적인 구성을 보여 준다고 할 수 있다.

조선조의 종묘제례악은 조선의 왕실 사당인 종묘에서 제사를 지낼 때 사용하던 음악과 춤 전반을 말한다. 여기에 사용되는 음악 중 가장 주요한 부분은 악장가사이다. 유교적 사관에 의해 통치자는 이 나라를 어떻게 건국했고, 앞으로 백성을 얼마나 잘 이끌어 나아갈 수 있는 능력자인가, 또 통치자로서 덕목을 잘 갖추었는가를 설명해 주는 내용이기 때문이다.

조선 종묘제례악의 악장가사는 세종조에 창제되어 세종의 6대조가 이 땅의 백성을 위해 어떻게 공을 세우고 덕을 베풀었는가를 설명하고 있다. 후대의 왕손과 대신들은 이런 음악을 통해 조선 건국의 치하(致賀)와 경외(敬畏)를 표하는 의식으로서 종묘제례를 거행해 왔다. 국가의 대제(大祭)에 속하므로 춘하추동의 4맹월과 납일(臘日)에 정기 대제를 드린다. 또 삭망(朔望)일에도 간소하게 제사를 올렸다. 이와 같은 제사의 규모와 내용은 오례 중 길례의 범주에 속하며, 특별한 변고가 없는 한 역대 왕들이 친히 거행하도록 제도화되어 있었다. 즉 변형을 허락하지 않는 조선의 불문율이자 규범이었던 것이다.

이종숙의 「일제강점기에 변질된 조선조 종묘제례악 제고(諸考)」는 이러한 종묘제례악이 국권을 상실하면서 악곡의 제목부터 악장가사, 음악 자체까지 변형되었으며 그에 수반하는 춤마저 변질되었다는 사실을 정리하고 해석하였다. 대표적인 예로 종묘제례악은 ≪보태평(保太平)≫과 ≪정대업(定大業)≫이라는 2종의 악곡으로 창제되었고 조선조에서는 이 제목이 바뀐 적이 없었다. 그런데 일제강점기에는 ≪보태화(保太和)≫와 ≪향만년(享萬年)≫으로 바뀌어서 제사에 사용되었다. ≪보태평≫·≪정대업≫은 '문악(文樂)으로 태평을 보전하고 무악(武樂)으로 국가를 안정시킨다'는 뜻이었는데, '일본을 보전하고 만년을 누린다'는 뜻의 ≪보태화≫·≪향만년≫으로 제목이 변형된 것이다. 이렇게 변질된 제목 아래 조선이 사라진 음악과 춤을 가지고 일제강점기 이왕가의 제사가 운영되었음을 알 수 있다.

위 종묘제례악의 사례에서도 볼 수 있듯이, 일국의 오랜 전통과 문화를 대표하는 궁중악무는 순수예술 이상의 복합적인 의미를 내포한다. 왜냐하면 궁중악무는 당대의 정치는 물론 사상, 종교, 사회, 생활상 등에 이르기까지 다양한 요소를 종합적으로 함축하고 있기 때문이다.

조선 순조시대에 새롭게 등장한 〈향령무(響鈴舞)〉 등의 궁중악무는 당대의 정치상을 그대로 반영해 왕권을 강화하려는 의도가 담겨 있었다. 더불어 〈처용무〉는 오색으로 대변되는 음양오행사상을 근저로 하고 있다. 따라서 그 춤사위나 창사는 그 하나하나에 깊은 의미가 함축되어 있어 춤동작이나 창사 등에 변화가 생길 경우 춤이 지니는 본래의 의미나 기능에 차질이 생기게 된다. 박태규의 「일제강점기 궁중악무의 재현을 살피며 : 〈무동정재(舞童呈才)〉의 〈향령무(響鈴舞)〉를 중심으로」는 영상자료 〈무동정재〉에 대한 분석을 통해서 일제강점기의 〈향령무〉와 〈처용무〉가 춤동작이나 순서 등이 변형되는 등 전승상의 굴절이 엿보인다는 점을 구체적으로 지적한다. 궁중악무의 원형 전승이라는 부분에서 한국은 식민지 지배라는 굴곡으로 인해 치명적인 손상을 입었고 오늘날까지 그 잔상이 남아 전통문화의 계승과 전승에 어려움을 겪고 있다. 굴절되고 변질된 궁중악무의 원형을 찾아 바로잡아야 한다는 것이 이 글의 주장이다.

한편 이지선의 「1910년대 일본인의 조선음악 연구 : 가네스네 기요스케의 「조선의 음악」을 중심으로」에서는 1910년대 초 조선음악을 조사해 『조선의 음악』을 펴낸 일본인 음악가 가네쓰네 기요스케(兼常清佐)의 조선음악 조사 연구를 고찰한다. 가네쓰네는 문묘제례악(文廟祭禮樂)을 비롯해 종묘제례악, 내취(內吹), 〈여민락(與民樂)〉, 〈영산회상(靈山會相)〉, 가곡(歌曲), 가사(歌詞), 시조, 속요(俗謠), 판소리, 엿장수소리 등에 이르기까지 당시 연주되고 있던 조선음악에 대해 균형 잡힌 조사를 하고 있다. 또한 이들 각 분야에 대해 선율, 음계, 이조(移調)나 연주 수법, 악기 음색, 악곡 분위기 등 음악적 특징을 분석적으로 기술하고 있다. 특히 종묘제례악, 〈여민락〉, 〈영산회상〉, 가곡의 음계에 대한 분석 내용에서 그의 높은 안목이 엿보인다.

가네쓰네는 궁중음악부터 속요에 이르기까지 20여 곡의 조선음악을 오선보로 채보(採譜)하고 있는데, 이는 조선음악 최초의 오선보 채보 작업일 가능성이 높다. 반면 악기에는 큰 관심이 없었던 것 같다. 서술이 간략하고 악곡 설명에서 악기를 다루는 경우가 많기 때문이다. 그의 조사 내용에 의해 종묘제례악 악기 편성의 변화시기와 내취의 존속시기를 알 수가 있다. 최초로 조선 악기의 음고(音高)를 측정한 가네쓰네는 두 종류의 실험을 했는데, 첫째는 편종(編鐘)·편경(編磬)의 음고를 측정한 것이고, 둘째는 악사들의 음악 연주를 통해 음고를 측정한 뒤 조선 악사의 음정 인식에 대해 호평을 내린 것이다.

가네쓰네는 조선의 궁중음악이 일본음악보다 우월하다는 견해를 가졌으며 민요에 관해서는 동등하다는 입장을 보였다. 반면에 예술로서의 음악은 일본인이 앞서 있다고 보았으며, 내용음악을 강조하는 일본인의 손에 조선음악의 미래가 달려 있다고 책임감을 토로하기도 했다. 가네쓰네의 작업은 일제강점기 조선음악의 선구적 연구라는 점에서 유의미하다. 특히 1910년대 후반에야 시작된 이왕직 아악부 관계자들의 음악 기록 이전에 이처럼 방대한 연구 결과를 내놓았다는 점에서 높이 평가받을 만하다는 것이 이 글의 평가다.

20세기 초 제국일본의 지(知)를 축적하고 전파하기 위하여 제국대학·도서관·박물관 등이 있었다면, 식민지 문화의 영유(領有)와 관련해서는 극장이 중요한 역할을 했다. 극장에서는 연극단과 흥행단, 활동사진 등 다양한 장르의 흥행이 이루어졌다. 박람회는 일상적이지 않은 이벤트이면서 '시정5주년 기념'이라는 국가제전과 융합되었다. 1915년 경성 최장기 흥행은 일본 예기들에 의한 무용 공연이었으며 그들의 노래는 지배의 정통성을 전파하였다. 홍선영의 「1915년 경성 연예관의 일본공연단 연구 : 극장, 퍼포먼스, 문화권력」은 '연예관'이라는 문화 전파의 공간에서 펼쳐진 퍼포먼스에 주목함으로써 그들이 담당한 제국의 문화적 파장을 조명하고, 이러한 문화적 접경 지대에 나타나는 위계질서의 긴장 관계를 주목하였다. 특히 1915년 연예관에서 발표한 나카라이 도스이(半井桃水)의 우타 신곡들은 조선물산공진회를 위해 가사를 제공하였으며, 이를 통해 그가 공진회에서 일정한 역할을 담당했다는 사실은 기존 연구에서 언급된 바 없는 새로운 사실이다. 특히 여기에서 주목한 1915년 연예관 공연은 경성의 일본인 연극계에서 획기적인 사건이었다. 연예관이라는 대형 공연장이 출연했다는 점, 또 50일이 넘는 기간 동안 지속적이고 안정적인 공연이 이루어졌다는 점 등에서 그러하다. 또 시기적으로 뒤를 이어 1915년 11월 예술좌의 경성 공연 등 거물급 극단의 출연은 이러한 문화적 상황 속에서 도달한 결과물이라 할 수 있다.

1915년 덴카쓰(天勝) 일행의 경성 흥행은 『경성일보』에 의해 상세하게 보도되었으며, 공진회 기간 동안 내내 덴카쓰의 흥행 가운데 연극 〈살로메〉가 큰 주목을 받았다. 언어가 불필요한 '신체 퍼포먼스'라는 전위적 요소로 인하여 일본 내 공연에 못지않게 식민지 관객의 '흥미'를 이끌어 냈고, 신파극 배우 가와카미 사다얏코(川上貞奴)의 〈살로메〉와 신극배우 마쓰이 스마코(松井須磨子)의 〈살로메〉를 앞지름으로써 장르 간 '순수성' 경합을 무효화하는 성과를 거둘 수 있었다. 이와 같이 1915년 경성 연예관 공연의 예술단, 공연 장르의 문제, 관객 구성의 문제 등을 살펴본 결과, 흥행성과 오락성을 담보하면서 문화 지배를 통한 오락과 통치가 공존한다는 사실을 확인할 수 있었으며, 재조선 일본인의 문화 역량을 결집시킨 '경성협찬회'라는 조직적 운영이 동반되었다는 점을 알 수 있었다. 특히 경복궁 내에 위치한 연예관은 식민지 조선의 관객과 만나는 장소였으며 또한 왕궁 공연의 상징성을 띠고 있었다.

김난주의 「교겐(狂言) 조선 공연기 : 식민지 조선과 일본 전통예능의 조우」는 일본 근대 노가쿠사(能樂史)의 한 페이지를 장식한 해외 식민지 공연사 중에서, 지금까지 연구의 대상에서 도외시되던 교겐의 조선 공연에 초점을 맞추고 그것이 일본의 근대 노가쿠계 혹은 한국 근대연극사와 어떻게 연동하는지를 고찰한 것이다. 교겐의 조선 공연에 대해서는 그 규모와 이슈 면에서 주목할 만한 1910년의 시게야마 센고로(茂山千五郎) 공연, 1917년 노무라 교겐회(野村狂言會) 공연, 1923년 이즈미류(和泉流) 다타라 교겐회(多々良狂言會) 공연, 1935년의 만선(滿鮮) 순회공연을 중점적으로 살펴본다.

1910년에 열린 고쿠후(國諷)의 노가쿠 공연에서는 센고로의 교겐이 특히 많은 인기를 끌었다. 센고로의 성공적 무대는 1910년대 본격화된 노(能)에 대한 교겐의 분리 독립 움직임과 함께 조선에서의 공연을 촉진하는 역할을 했을 것으로 짐작된다. 또한 1910년대 중반부터 노를 동반하지 않는 교겐의 단독 공연이 성사되었는데, 이 글에서는 이들 공연의 실태와 그 배경에 대해 고찰하였다. 식민지 조선에서 교겐의 단독 공연이 이어진 배경에는 새로운 무대를 찾고자 하는 일본 교겐계의 열망과 함께, 식민지 거류 일본인 관객들의 수요가 노에 비해 감상이 용이한 교겐에 경도되었기 때문일 것으로 추정된다. 그러나 이러한 상황은 1935년 호쇼류(寶生流)의 이에모토(家元)와 시게야마 주자부로(茂山忠三郞)의 공연을 경계로 급변하는데, 이는 이후 전개된 전시체제의 험악한 분위기 속에서 전통예술의 해외 공연이 여의치 않았기 때문이다.

15세기부터 도쿠가와시대까지 권력과 긴밀한 관계를 유지하면서 발전을 거듭해 온 일본의 노는 몰락하는 도쿠가와막부와 함께 한때 붕괴 직전 상태로까지 몰렸다. 그러한 노를 보호하고 육성하기 위해 움직인 것은 천황가와 화족(華族)이 중심이 되어 설립된 노가쿠샤(能樂社)였다. 근대라는 시대와 권력에 국가의 위관을 표상하는 예능으로 인정받은 노는 그후 외교무대를 중심으로 일본을 대표하는 예술로서 입지를 굳혀 나갔다.

서정완의 「제국일본의 문화장치 : 경계와 월경의 노(能)와 우타이(謠)」에서는 '국가예능'으로서 부흥에 성공한 노와 우타이가 제국일본의 문화권력으로서 식민지 조선의 경성에서 어떻게 전개되었는지를 꼼꼼하게 살펴본다.

경성에서 공연된 노의 기록은 ① 경부철도 개통식전 축하공연(1905), ② 고쿠후카이(國諷會) 주최 공연(1910), ③ 선만지(鮮滿支) 순회공연(1935) 등을 들 수 있다. ①은 1905년의 경부철도 개통식전 축하공연에 노가 동원된 것이며, 일본 황실에서 후시미노미야 히로야스왕(伏見宮博恭王), 조선 왕실에서 의양군 이재각, 일본의 귀족원의원 약 4분의 1, 중의원의원 약 2분의 1이 참석한 거국적인 행사에서 제국일본의 위관(偉觀)을 표상하는 '국가예능'으로서 노가 지금의 서울역 앞 광장에 마련된 노 무대에 선 것이다. ②는 노를 자랑스럽게 생각하는 자부심에 입각해서 제국일본의 새로운 영토인 조선에 노를 소개해서 노의 발전을 꾀하려는 것이었다. 이 공연을 주최한 고쿠후카이 대표 이즈미 슈카(泉秋花)가 조선의 왕이 어람하는 이른바 '왕람노

(王覽能)'를 계획했다는 점에서도 그 의도를 알 수 있다. 이 계획은 결국 성사되지는 않았지만, 대일본제국을 대표하는 노를 조선의 왕도 관람했다는 화제성을 이용해서 사회적 · 시대적 이슈를 만들어 흥행을 성공시키고, 동시에 그들이 자부하는 일본의 전통예술인 노의 우수함을 과시하기 위함이었다. ③은 호쇼류(寶生流)가 조선 · 만주 · 중국 순회공연을 떠나면서 첫 번째 귀착지인 경성에서 한 공연인데, 이 순회공연의 주된 목적은 관동군 위문이었다. 이는 국가권력과 예능과의 거리 그리고 당시 국가에 대한 예능의 역할, 국가권력에 예속되고 동원되는 예능에 대한 본질 부분을 시사한다.

한편 우타이는 노의 대사를 대상으로 하는 성악이며 창(唱)이기에 노와는 달리 대단위 공연단을 조직할 필요가 없어 재정적 부담이 따르지 않는다는 장점 때문에 인적 네트워크를 용이하게 형성하면서 빠른 속도로 전파된 특성이 있다. 게다가 노에는 필수인 전용 무대 노가쿠도(能樂堂)도 우타이는 요구하지 않는다. 이러한 특성 때문에 노는 국가적 위상을 과시하는 데 효과적이지만, 우타이는 식민지 일본인사회에서 개개의 오락과 교양으로 빠르게 자리를 잡아 갔다.

현재까지 조사한 바에 의하면, 경성에서 우타이의 모임인 우타이카이(謠會)가 활동을 시작한 것은 통감부 설치 이듬해이자 합병 4년 전인 1906년 9월 9일에 남산 왜성대 혼간지 별원(倭城臺本願寺別院)에서 있었던 호쇼류 모임이었다. 100여 명이 참가하는 성황을 이루었으며, 경성에 파견된 주요 일본인 문무관(文武官)을 중심으로 결성되었다. 그리고 그로부터 한 달 후에 규약을 만들어 '고운카이(五雲會)'라 명명하고 10월 7일 첫 번째 공식 우타이카이를 개최하였다. 공식적으로는 이것이 경성 우타이카이의 시작이다. 다롄(大連)의 경우는 1906년부터 활동을 시작한 남만주철도주식회사가 우타이카이 결성의 큰 동력이 된 것으로 추정된다. 이처럼 일본의 권력이 주변국과 주변 지역으로 팽창하면 거기에 통치를 위해 파견된 관료를 중심으로 일본인사회가 형성되고, 그 결과 제국 본체의 문화가 일본인사회에 이식되고 형성된다는 구조가 형성되는데 그 중심에 우타이가 있었던 것이다.

이러한 우타이가 경성에서 성행하기 시작한 것은 1914년 후반이었으며, 당시 경성에서 활동한 우타이의 사범은 약 10명이고, 경성의 우타이 인구는 600~700명이었다. 조선총독부 시정7주년 기념축제가 용산에 있는 총독 관저에서 열렸을 때도 노와 우타이가 연희되었는데 그만큼 경성에서 우타이가 성행했음을 보여 준다. 한편 우타이가 활성화되기 위해서는 우타이의 대본인 우타이본(謠本)은 없어서는 안 될 필수품목이다. 그런데 경성에서 이 우타이본을 공급한 것은 나카가와세이쇼도(中川靜松堂)라는 서점이었다. 잡지 『요쿄쿠카이(謠曲界)』 1942년 5월호 및 6월호에는 "謹告 日配特定能樂書配給所設置に就いて"라는 고지문이 노가쿠도서출판협회(能樂圖書出版協會) 명의로 게재되어 있다. 총력전체제하에서 문화통제의 일환으로 1941년에 정보국이 전국의 출판도매업자를 통합해서 일본출판배급주식회사[日本出版配給株式會社. 약칭 일배(日配)]라는 것을 설립했는데, 이 '일배'에서 지정한 우타이본 배급소에 식민지 중에서 유일하게 나카가와세이쇼도가 지정되어 있는 것이다. 외지에서 유일한 우타이본 배급이 허가된 배급소가 경성에 있었다는 사실은 제국의 중심에 가장 가까운 식민지로서 대륙진출을 위한 교두보였던 조선의 수부 경성이라는 지정학적 의미까지 포함해서 제국일본의 문화권력과 경성이라는 문제를 생각함에 있어서 하나의 지표가 될 것이다.

한편 1918년 덕수궁 석조전에서 우타이카이가 열렸는데, 왕세자 이은(李垠)의 권유로 고종과 순종 및 왕비가 동석한 자리에 일본요리 시식을 위한 오찬회 종료 후 우타이카이가 열린 것이다. 여기에 출연한 인물은 이왕직 덕수궁 사무관 고쿠부 쇼타로(國分象太郞), 장원과장 구마히코 스에마쓰(末松熊彦), 제사과장 겸 사무관 김동완(金東完)과 그 부인 김심설(金深雪. 김미유키), 어용괘(御用掛) 다케다 히사시(武田尙) 등이다. 이보다 8년 앞서서 이즈미 슈카가 조선의 왕이 노를 어람하는 계획을 세우고도 실현하지 못했는데, 이 우타이가 일본 생활이 오래된 왕세자를 통해 조선 왕실에 침투되는 모습을 확인하게 되는 것이다.

여기에서 또 하나 주목할 점은 김동완이라는 인물이다. 김동완은 관비유학생으로 게이오대학과 도쿄대학에서 유학한 인물인데, 당시 우타이의 실력이 일본인보다 뛰어나다는 평가를 받고 있었으며, 사범으로 교습까지 할 정도로 실력이 뛰어났다고 한다. 그런데 김동완은 이완용, 민병석, 이용직 등과 동행할 정도로 식민권력의 중추에 있던 인물이다. 즉 조선인이면서 신분적 · 사회적으로는 조선을 지배하는 제국일본의 식민권력의 관료로 활동하고, 정신적 · 문화적으로는 일본인 중에서도 '중류 이상'만 즐기는 우타이에서 일본인을 능가하는 실력을 갖고 있던 인물인 것이다. 이를 통해서 우타이는 단순한 교양이나 오락이 아니라 식민자와 피식민자의 경계를 긋는 위계질서의 표상이자 하나의 잣대나 장치로서 작동하고 있었음을 알 수 있다. 여기에서 노와 우타이를 매개로 한 문화권력의 양상을 확인할 수 있다.

제1부

학지

가와이 히로타미(河合弘民)의 식민지 조선에서의 행적과 조선 연구

박양신

I. 머리말

일본 교토대학에는 '가와이문고(河合文庫)'라는 한국 고전적 컬렉션이 소장되어 있다. 가와이문고의 장서는 총 793부 2,160책에 이르며, 고문서도 236점 포함되어 있다. 특히 이 자료들은 필사본에 원자료, 희관자료가 많이 들어 있다는 특징이 있다.[1] 가와이문고는 가와이 히로타미(河合弘民, 1872~1918)가 한국 체재 시 수집한 서책들을 그의 사후 교토대학에서 일괄 구입하여 소장한 것이다. 이 가와이문고는 종래 한국학 연구자 사이에 잘 알려져 있는 바이지만, 정작 그 원소장자인 가와이에 대해서는 간단한 경력 외에는 알려

1) 천혜봉(1993), 「河合文庫 韓國典籍」, 『태동고전연구』 제10집, 934-935쪽.

진 바가 거의 없다.[2] 가와이는 어떻게 한반도로 건너와 무엇을 위해 그 많은 자료를 수집했으며, 체재 중 어떠한 일을 했을까.

가와이는 1907년부터 1915년까지 조선[3]에 체재했으며, 만 46세라는 비교적 짧은 생을 살고 간 탓인지 동시대에 한국과 일본 어느 쪽에서도 인명사전에 오를 기회가 없었다. 가와이의 경력에 대한 정보는 그의 사후 그와 연관이 있었던 동양협회 기관지에 실린 그의 형 가와이 시타로(河合鉨太郎)에 의한 약 1페이지 정도의 「소전(小傳)」이 유일하다.[4] 이 글에 의거하고 관련 자료를 통해 보완한 그의 이력은 다음과 같다.

가와이는 1872년 나고야에서 태어났다. 중학교 졸업 후 도쿄로 가서 고등학교에 진학하고, 도쿄제국대학 문과대학 사학과를 1898년 졸업하였다. 졸업 후 가쓰라 다로(桂太郎)를 회장으로 추대해서 설립된 대만협회의 기관지 『대만협회회보(臺灣協會會報)』(1898. 10. 창간)의 편집주임을 맡게 되고, 그 이듬해 3월 대만에 파견되어 현지를 시찰하였다.[5] 이리하여 대만협회와 관계를

---

2) 松田吉郎(2003), 「臺灣協會による世界植民地研究」, 『兵庫教育大學研究紀要』 第23卷에서 가와이의 「대만의 경제계」라는 글을 소개하고 있는 정도이다.

3) 가와이의 체재 기간은 일본의 한국병합 이전부터 이후에 걸쳐 있어, 정확하게는 시기에 따라 대한제국='한국'과 식민지 '조선'으로 구분해야 하지만, 서술상의 혼란을 줄이고 본고의 주제가 식민지성의 문제를 다루고 있는 점을 고려하여 이하 '조선'으로 통일한다. 다만 '한국사 정체론'과 같이 '한국'의 용어가 더 자연스러운 경우에는 혼용한다.

4) 河合鉨太郎(1918), 「文學博士河合弘民小傳」, 『東洋時報』 第241號, 27-28쪽. 이 글은 집필자의 기억에 의한 것이라 연도 등에 부정확한 곳이 있다. 이는 다른 자료를 통해 수정·보완하였다. 아울러 임학박사인 가와이 시타로(河合鉨太郎, 1865~1931)는 독일·오스트리아 유학 후 1903년부터 도쿄제국대학 교수가 된 인물로, 대만 아리산(阿里山)에 삼림철도를 부설하는 데 기여한 것으로 유명하다. 그는 일본의 한국병합 후 1911년 9월 삼림 상황을 시찰하기 위해 조선에도 방문하는 등 식민지와의 관계를 이어 갔다.

5) 拓殖大學 編(2010), 『拓殖大學百年史 明治編』, 拓殖大學百年史編纂委員會, 88쪽. 아울러 도쿄제국대학에 사학과가 설치된 것은 1887년이고, 그 2년 뒤인 1889년 국사과가 증설됨에 따라 사학과는 주로 서양사를 가르치는 곳이었다. 후에 동양사학계에서 활약한 시라토리 구라키치(白鳥庫吉) 등의 연구자는 대체로 사학과에서 양성되었다고 한다〔旗田巍(1983), 이기동 옮김, 『일본인의 한국관』, 일조각, 123쪽〕.

맺은 가와이는 1900년 9월 식민지 대만 경영에 필요한 인재 양성을 목표로 설립된 대만협회학교의 간사 및 강사로 자리를 옮겼다. 「소전」에 의하면 이것은 가쓰라의 지우(知遇)를 얻어서 이루어졌다고 한다. 전임 교사 없이 촉탁강사로 수업을 운영하던 대만협회학교에서 가와이는 '역사' 과목을 담당하였다.[6] 가와이는 1902년 11월 간사직을 사임하고[7] 야마가타(山形), 시즈오카(静岡)의 중학교 교장을 역임한 뒤 1907년에 설치한 동양협회전문학교—1904년 대만협회학교는 대만협회전문학교로 바뀌고, 1907년 대만협회가 동양협회로 개칭함에 따라 학교명도 동양협회전문학교로 개칭하였다—경성분교에 간사로서 한반도로 건너왔다. 1915년 귀국하여 동양협회전문학교로 복귀하나 1918년 10월 12일 병으로 사망하였다.

경력에서 보듯이 가와이는 대학에서 사학을 전공한 인물로, 대학 졸업 후 대만협회와 인연을 맺은 뒤 줄곧 그 산하의 식민지 인재 양성 학교에서 교편을 잡아 왔다. 그는 조선에 오기 전까지는 유럽 선진 국가의 식민사를 연구했고, 조선 체재 중에는 한국사 특히 조선시대 사회경제사 연구를 하였다. 「소전」에서는 조선에 오게 된 후의 가와이에 대해 다음과 같이 쓰고 있다.

> (경성 부임 후) 처음에 이조 역사를 연구할 기회를 얻었다고 매우 기뻐하며 전심(專心)으로 그 문물제도를 연구하여 당국의 조선 경영에 도움이 됨으로써 고(故) 공작(가쓰라 공작—인용자)의 은혜에 조금이라도 보답하고자 했다. 발분의 노력으로 우선 조선어를 배워 상당 정도 이해하게 되었다. 또한 고서·고문·영한(零翰)·척독(尺牘)이 있으면 천금을 아끼지 않고 이를 수집하였고, 시간이 나면 구적(舊蹟)을 답사하였다. 고택을 방문하고 팔도를 두루 돌아다녔다. 수집한 서책은 엄청나게 많았으며, 히로타미는 그 사이에 앉아서 주야로 촌음을 아껴 열심히 연구했으니 그 노력을 알아채지 못한 자가 없었다.[8]

6) 拓殖大學 編(1980), 『拓殖大學八十年史』, 拓殖大學創立八十周年記念事業事務局, 84쪽. 설립 당초 수업담당교수 표에 의한 것이다.

7) 拓殖大學 編(1980), 앞의 책, 98쪽.

8) 河合錦太郎(1918), 앞의 글, 28쪽.

곧 가와이는 "당국의 조선 경영에 도움"이 되기 위해 "이조 역사"를 연구하게 되었으며, 그것을 위해 상당수의 자료 수집과 답사를 하고 매우 열심히 연구를 했다는 것이다.[9] 당시 도쿄제국대학 사학과를 지배하고 있던 엄격한 실증사학의 학풍에서 몸에 익힌 실증주의는 그의 연구자로서의 기본 태도를 규정하였다. 그러나 그 연구의 동기가 식민지 통치와 연결되면서 그의 연구는 식민자로서의 관점에 지배되는 경향을 보이게 된다. 다시 말해 제국과 식민지를 위계적으로 자리매김해야 할 필요성이 실증에 대한 해석을 왜곡시키게 되는 것이다. 본문에서 보듯이 그의 조선 연구는 조선의 후진성을 입증하기 위한 '한국사 정체론'의 한 전형을 보여 준다.

본고는 식민지시기 초기의 조선 연구자 가와이의 조선에서의 행적과 그 조선 연구의 내용을 살펴보고, 그것이 식민사관[10]의 주요 축을 이루는 정체론을 집중적으로 구성하는 것이었음을 밝히고자 한다. 이하에서는 먼저 그가 조선에 오기 전에 행한 세계식민사 연구를 살펴보고, 이어서 조선으로 건너온 후 그의 행적을 추적한 뒤 그의 조선 연구 내용을 구체적으로 검토한다.

II. 세계식민사 연구

가와이 히로타미는 대학을 졸업한 후 대만협회의 기관지 『대만협회회보』의 편집주임을 맡았다. 사회 첫걸음부터 식민지와 연관된 직장을 얻게 된 것이다. 그는 1900년 9월에 개교하는 대만협회학교의 간사로 자리를 옮기기

---

9) 졸업생 요나이야마 신사쿠(米內山震作)도 가와이 선생은 상당히 엄격하고 다소 별난 성격이었지만 매우 공부를 열심히 하는 사람으로, 교내에 있던 사택에서 거처하면서 대문 밖으로 나가지 않고 연구만 하는 사람이었다고 회상하였다〔拓殖大學 編(2010), 앞의 책, 90쪽〕.

10) 식민사관에 대해서는 이만열(1981), 「일제 관학자들의 식민주의 사관」, 『한국근대역사학의 이해』, 문학과지성사 ; 조동걸(1990), 「식민사학의 성립과정과 근대사 서술」, 『역사교육논집』 제13집, 제14집 참조.

까지 『대만협회회보』에 거의 매호 글을 실었다. 그 주제는 대부분 식민지를 보유한 유럽 각국 — 독일, 네덜란드, 프랑스, 영국, 이탈리아 — 의 식민정책에 관한 것이었다. 그런데 여기에서 그가 식민정책이라고 논하고 있는 내용은 식민 통치에 관한 것이라기보다는 식민지를 획득하여 식민제국으로 발전해 가는 과정을 설명하는, 이를테면 식민사라고 칭할 만한 것이었다. 대만 식민 통치 초기에 가와이가 세계식민사에 관심을 가진 것은 자연스러운 일일 것이다. 그런데 그가 다루는 각국 식민사의 내용에는 공통점이 있다. 바로 식민화 과정에서 특허회사가 수행한 역할에 초점을 맞추고 있다는 사실이다.

가와이가 가장 먼저 발표한 글은 독일의 식민정책이었다. 그는 「독일의 식민정책」에서 19세기 후반 식민운동의 발흥을 배경으로 독일이 추진한 오세아니아주와 아프리카 지역으로의 식민지 확장을 서술하면서, 브레멘 상인들이 해외로 진출하여 상권을 장악하는 사례들을 언급했다. 특히 루데릭상회가 1883년 남아프리카 지역을 매수한 뒤 독일 정부에 그 보호를 요구하고, 이에 독일 정부가 나서서 식민지를 획득하게 된 사실을 적시한다. 이에 대해 가와이는 무주지(無主地)가 거의 없는 상황에서 식민을 경영하려는 독일이 이 방책을 취한 것은 시기적절한 것이었다고 평가하고, "야마토(大和) 민족의 확장"을 꾀하려는 일본은 모름지기 독일의 이런 방식을 답습해야 한다고 주장하였다.[11]

가와이가 독일에 이어 고찰한 것은 네덜란드의 식민정책이다. 여기에서는 포르투갈에 대항하면서 식민제국으로 성장해 가는 네덜란드를 그리는데, 서술은 특허회사인 동인도회사(1602), 서인도회사(1621) 설립을 통해 각기 아시아, 남미, 아프리카 등지로 세력을 확장해 가는 과정에 초점이 맞추어진다. 그는 그 과정을 통해 네덜란드의 성공 원인을 다음과 같이 분석해 낸다. 즉 첫째 동인도회사가 주식회사의 형태를 취해서 모험적인 대사업을 기도할 수 있었다는 점, 둘째 정책의 목적을 영토 획득이 아닌 상업에 둔 점, 셋째

11) 河合弘民(1899b), 「獨乙植民政策」, 『臺灣協會會報』 第5號, 54쪽.

식민 활동을 뒷받침한 강한 해군력이다.[12] 여기에서도 특허회사의 역할에 주목했는데, 가와이는 이에 그치지 않고 특허회사 등에 부여된 전매특권의 폐해를 잊지 않고 거론하였다. 식민 초기에 특허회사라는 방법이 유효했던 것은 분명하지만, 이들이 사업과 이익을 독점함으로써 기업을 일으키고자 하는 국민의 의욕을 저해할 뿐만 아니라 식민 활동의 이익이 국민 일반이 아닌 소수의 주주에게 돌아가는 폐해가 있다고 지적하였다.[13] 요컨대 가와이 히로타미는 독일, 네덜란드의 식민지 획득 과정에서 민간의 상회나 특허회사가 수행한 긍정적 역할을 평가하는 동시에 시간의 경과에 따라 드러나는 폐해도 함께 강조했던 것이다. 이와 같은 관점은 프랑스 식민정책에 대한 고찰에서 더 심화된다.

프랑스에서는 앙리 4세(1589~1610 재위) 치하와 루이 14세(1643~1715 재위) 치하에서 식민 개척이 진전되었는데, 이 시기 식민정책의 기초를 세운 콜베르는 1664년 동인도회사와 서인도회사를 비롯해 15개 특허회사를 설립하여 식민 활동을 전개하였다. 그 결과 이 시기에 프랑스 식민은 융성해졌지만 중도에 무너졌다. 가와이는 그 원인에 대해 특허회사의 피치 못할 결과로서 특권이 방대한 만큼 타락도 한층 빨랐다고 평가했다. 이어지는 18세기 초 오를레앙 후작의 특권적 전매 확장에 의한 식민 활동도 결국에는 실패로 끝나는데, 이 또한 특권이 낳은 결과라고 지적하였다.[14] 반면 서인도 지역에서 프랑스 식민이 좋은 성과를 거둔 것은 프랑스가 기존과 달리 규제보다는 자유로운 정책을 취했기 때문이라고 분석했다. 즉 "본래 식민이 번영하게 되는 가장 중요한 요인은 개인에게 자유를 주어 기업을 일으킬 의욕을 활성화하는 데 있다"면서 서인도에서 좋은 성과를 거둔 것은 바로 이런 정책 때문이라고 평가하였다.[15] 요컨대 가와이는 식민 초기에는 특허회사를 통한

12) 河合弘民(1899e), 「和蘭植民政策」, 『臺灣協會會報』 第10號, 52-56쪽.
13) 河合弘民(1899e), 앞의 글, 50-51쪽.
14) 河合弘民(1899c), 「佛國植民政策」, 『臺灣協會會報』 第14號, 39-43쪽.
15) 河合弘民(1899d), 「佛國植民政策」, 『臺灣協會會報』 第15號, 57쪽.

식민지 획득과 경영이 유효하지만, 식민지 경영의 기초가 확립된 이후에는 오히려 개방정책을 취하는 것이 바람직하다고 생각한 것 같다. 식민 초기에 있어 특허회사의 역할을 강조하는 논의는 영국의 북보루네오회사에 대한 연구로 이어졌다.[16)]

이상의 검토에서 가와이가 선진 식민제국의 식민사에서 가장 주목하고 강조한 것은 식민 초기 특허회사가 수행한 역할(그 폐해까지 포함)이었음을 알 수 있다. 이것은 실업가들을 대만 경영에 참여시키려는 대만협회의 취지와 무관하지 않다고 생각된다.

대만협회는 1897년 4월 대만총독부에 봉직했던 관리나 대만 및 중국남부를 왕래했던 인사들이 조직한 '대만회'를 모체로 하여, 이듬해 4월 대만의 척식 경영에 이바지할 기관의 설치를 목표로 창립되었다. 그해 7월 회장으로 가쓰라 다로 당시 육군대신을 추대했는데, 가쓰라는 1896년 6월부터 10월까지 대만총독을 역임한 전력이 있다. 「대만협회규약」에 의하면 이 협회의 사업은 대만에 대한 정보, 특히 실업(實業)과 이민에 관한 조사와 정보 제공, 교류 등에 중점이 두어졌다. 가쓰라 회장은 그해 9월 16일 미쓰비시(三菱) 재벌의 이와사키 히사야(岩崎久彌), 미쓰이(三井) 재벌의 마스다 다카시(益田孝), 야스다(安田) 재벌의 야스다 젠지로(安田善次郎) 등 재계 거물들을 관저로 초대해 협회 설립의 취지를 설명하고 찬조를 구했다. 18일에도 도쿄・요코하마 지역의 실업계 인사 60여 명을 제국호텔로 초대하여 찬조를 구했고, 이날 몇몇 실업가가 협회에 가입하였다. 그 뒤로도 재계, 실업계 인사들에게 협회에 대한 찬조를 구하는 행사는 이어졌다.[17)]

이와 같은 대만협회의 성격을 고려하면 가와이 히로타미가 세계식민사에서 민간에 의한 특허회사의 역할을 강조한 것은 결국 대만협회의 취지를 살려 대만 식민 초기에 자본가들의 식민지 개발에의 참여를 독려하려는 의도가 있었다고 생각된다. 실제로 러일전쟁 후 대만협회→동양협회(1907. 개칭)

16) 河合弘民(1900a), 「北ボルネオ會社」, 『臺灣協會會報』 第19號, 第21號.

17) 拓殖大學 編(1980), 앞의 책, 46-57쪽.

는 특수회사인 동양척식회사 설립을 계획하였고, 그들이 작성한 계획안인 「동양척식회사설립요강」(1907. 10)을 정부 내부에서 심의 · 수정하여 마침내 1908년 12월 동양척식회사법이 성립하였다.[18)]

다음으로 세계식민사 고찰에서 가와이가 한 가지 더 주목하고 있는 점은 식민지 원주민에 대한 정책이다. 그는 영국 통치하 인도에 대한 고찰에서 인도인은 영국 치하에서 줄곧 궁핍하다고 지적하였다. 또한 영국인은 인도를 영유하는 동시에 종래의 제도를 바꾸었으니, 예컨대 종래 인도인 사이에서 행해진 '가장적(家長的) 사회주의'를 인정하지 않고 토지를 모두 국유화했다. 그 결과 인도인의 분발하려는 의지를 위축시켜 마침내 인도의 생산이 쇠퇴되었다고 분석한다.[19)] 가와이는 이러한 인도의 사례에 비추어 대만의 식민통치에서 '동화문제'를 연구할 필요성을 제기하였다.

한편 이 시기 가와이는 1899년 3월 대만을 시찰하고 돌아와 그에 대한 보고를 겸해 대만의 경제계에 관한 글을 한 편 게재하였다. 그는 우선 식민학 차원에서 대만 식민지의 성격을 재배식민지(colony of plantation)로 규정하였다. 재배식민지는 특수 농산물 특히 열대 산물인 커피 · 설탕 등을 재배하는 식민지로, 자본가 정도만 이주가 가능한 지역이다. 대만은 인구밀도가 높고 이미 경작지가 많아 일본인 농업이민을 수용할 여지가 없으므로 농업식민지로는 적절하지 않은 반면, 장뇌 · 설탕 · 차 같은 특유 산물이 많고 임금이 저렴하여 노동자를 쉽게 구할 수 있다는 점에서 재배식민지로 적절하다는 것이다.[20)] 이에 이어서 대만의 경제 관행에 대한 조사 결과를 서술하고 있다. 그 내용은 신용대차 · 전계(典契) 등의 자금 융통 방법, 환제도, 화폐, 임금, 자본 상황 등에 걸쳐 있다. 이와 같은 식민지에 대한 조사와 연구는 한

---

18) 黒瀬郁二(2003), 『東洋拓殖會社 : 日本帝國主義とアジア太平洋』, 日本經濟評論社, 17쪽. 이 동양협회안에 의하면 정부보조금(20년간 연액 30만 엔)과 사채(社債)발행 특권(불입자본금의 20배 한도, 정부지불보증)이라는 강대한 특권을 갖는 특허회사 구상이었다.

19) 河合弘民(1900b), 「英國治下に於ける印度」, 『臺灣協會會報』 第17號, 32쪽.

20) 河合弘民(1899a), 「臺灣の經濟界」, 『臺灣協會會報』 第11號, 8-16쪽.

반도로 건너온 뒤에도 이어진다.

이상에서 살펴보았듯이 대만협회에 관여한 시기에 가와이는 일본의 대외 팽창을 적극적으로 지지하고, 식민지 경영에 실업가들이 적극적으로 동참해야 한다고 주장하였다. 그는 일본이 열강의 대열에 서려면 식민지를 보유해야 하며, 식민지는 모국에 큰 이익을 가져다준다는 믿음을 갖고 있었다.[21] 또한 식민지 경영을 위한 인재 양성의 필요성에 공감하고 대만협회학교의 간사로서 자리를 옮기게 되었다. 식민지 통치와 관련해서는 인도의 사례에서 시사했듯이 식민지의 종래 제도나 관행 등을 무리하게 개혁하는 것에는 경계하는 입장을 내비쳤다. 그의 이런 태도는 뒤에서 설명하듯이 조선에 와서 처음으로 발표한 발언에서 바로 드러나게 된다.

III. 조선으로 : 그 행적

가와이 히로타미는 1907년 대만협회학교의 후신인 동양협회전문학교 경성분교의 주임간사로서 조선에 오게 되었다. 경성분교의 설치 이유는 본교 3년의 수학 연한만으로는 취직 대상지에 대한 전문 어학과 지식이 충분하지 않기 때문에 현지에서 1년을 더 수학할 기회를 부여하기 위해서였다. 동양협회전문학교는 1903년 제1회 졸업생을 배출한 이래 1907년 시점에 이미 58명을 조선에 취직시켰다. 이에 가쓰라 다로 동양협회전문학교 교장이 이토 히로부미 통감과 의논하여 협조하에 경성에 분교를 설치하게 되었던 것이다. 가와이는 이 분교의 간사로 학교 운영과 학생 관리를 책임지게 되었으며, 개교 당초에는 영어 과목을 담당하였다.[22] 졸업생 요나이야마의 회고에 따르면 가와이는 '조선의 토지제도'를 강의했다고 하는데,[23] 조선 연구를 진

21) 河合弘民(1900c), 「印度の對英國貿易」, 『臺灣協會會報』 第22號, 16쪽.
22) 拓殖大學 編(1980), 앞의 책, 119-121쪽.
23) 拓殖大學 編(2010), 앞의 책, 90쪽.

행함에 따라 전공과목을 강의한 것 같다.

조선에 체재하게 된 가와이는 일본의 한국병합을 목도하게 되고, 자신의 전공을 살려 식민지 조선에서 역사, 특히 조선시대의 역사를 연구하게 된다. 이에 가와이의 조선에서의 활동도 주로 연구와 관련된 일들에 집중되었다. 먼저 조선에 온 이듬해인 1908년 11월 동양협회전문학교에서 다른 일본인들과 조선연구회를 설립하여 "조선에 관계되는 일을 강론하고 각국 식민지 경영의 역사를 연구"했다고 한다.[24] 이 조선연구회에는 통감부 통역관 마에마 교사쿠(前間恭作)·아유카이 후사노신(鮎貝房之進) 등이 함께 참여하였고, 회원 약 30명이 매월 두 번째 일요일 연구 예회를 열었다고 한다.[25] 이어서 가와이는 1909년 12월 마에마가 중심이 되어 만든 조선어연구회에도 참가하였다.[26] 조선어연구회의 제1회 회합은 12월 27일 동양협회전문학교에서 개최되었다.[27] 또한 이 조선어연구회와의 관계는 불명하나, 1914년도 『동양협회전문학교요람(다이쇼 3년)』에는 분교 간사 가와이 히로타미 씨 등이 창설한 '조선어강습회'를 1910년 4월부터 분교 소관으로 옮겨 관리, 회사원, 상점원, 실업가 등에게 조선어를 가르쳤는데 성과가 매우 양호하다고 적혀 있다.[28]

다음으로 가와이는 조선 연구와 관련된 주요 두 단체 조선고서간행회(1908)와 조선연구회(1910. 앞에서 언급한 조선연구회와는 별개의 단체인 듯하다. 그 창설취지서에는 일자가 '1910년 11월'로 기재되어 있다)에 평의원으로 참여하였다.[29]

---

24) 「조선연구회설립」, 『대한매일신보』 1908. 11. 11.자, 2면. 약 한 달 뒤 다른 신문의 기사에서는 "진고개 일인의 동양협회전문학교에서는 각국 식민지 역사를 연구하는데, 조선에 관한 자료를 유취하여 강론하기로 목적을 삼고 조선연구회라 명칭하는 부분을 두었다더라"(「됴션연구회」, 『공립신보』 1908. 12. 16.자, 3면)고 전했다.

25) 시라이 준(2013), 「마에마 교사쿠(前間恭作)와 아유카이 후사노신(鮎貝房之進)의 교류 : 자이잔로(在山樓)문고 자료를 중심으로」, 구태훈 외 편, 『근대전환기 동서양의 상호인식과 지성의 교류』, 선인, 456-457쪽.

26) 시라이 준(2013), 앞의 글, 456쪽.

27) 『朝鮮』 第4卷 第6號(1910), 104쪽.

28) クリストファー・W・A・スピルマン(1999), 「東洋協會專門學校要覧(大正三年)について」, 『拓殖大學百年史研究』 第3號, 120쪽.

29) 최혜주(2005), 「일제강점기 조선연구회의 활동과 조선인식」, 『한국민족운동사연구』

전자는 잡지 『조선(朝鮮)』〔후에 『조선 및 만주(朝鮮及滿州)』로 개제〕을 발행하는 샤쿠오 슌조(釋尾春芿)가, 후자는 아오야기 쓰나타로(青柳綱太郎) 등이 설립한 단체로, 둘 다 조선의 고서를 간행하는 것이 주된 사업이었다. 조선고서간행회가 펴낸 『조선고서목록(朝鮮古書目錄)』(1911)에서 이 목록을 작성함에 있어 참조로 한 자료로서 모리스 쿠랑의 『조선서적해제』, 『문헌비고(文獻備考)』 등과 더불어 "幣原, 金澤, 前間, 淺見, 河合 諸家의 장서 목록"(밑줄—인용자)을 들고 있는 것을 보면,[30] 이때 이미 가와이는 상당한 서책을 소장하고 있었음을 알 수 있다.

이상을 통해 가와이는 당시 조선에서 만들어진 일본인들의 조선 연구단체 및 모임에는 대부분 참가하고 있었으며, 그의 동양협회전문학교는 이 연구 모임들의 장소로 활용되었던 것을 알 수 있다. 그 밖에도 가와이가 참가한 민간단체로는 경주고적보존회의 모체로 1910년에 결성된 '신라회'가 있다. 신라회는 1910년 6월에 경주군 서기로 부임한 기무라 시즈오(木村靜雄)가 가와이, 와타나베 아키라(渡邊彰)와 함께 조직한 것이다. 기무라의 회고에 의하면 1910년 8월 가와이가 경주에 왔다고 하는데, 신라의 고도인 경주의 유적·유물이 황폐 속에 방치되어 있는 것을 안타깝게 여긴 가와이와 와타나베의 조언으로 고적 보존을 목적으로 하는 신라회를 만들었다고 한다.[31]

또한 가와이는 1915년 조선 고문서 연구에 취미가 있는 인사들이 모여 만든 무명회(無名會)의 일원이었다. 매일신보사 내 내청각(來靑閣)에서 매월 개최한 무명회의 제1회 모임은 활자에 관한 연구회였는데, 오다 간지로(小田幹治郎)가 조선에 있는 활자와 목판에 대해 강연한 후 각 회원이 가져온 고서

第42호, 470쪽, 477쪽의 각 단체 평의원 명단에 의한 것이다.

30) 朝鮮古書刊行會(1911), 『朝鮮古書目錄』, 朝鮮古書刊行會, 범례 1쪽.

31) 木村靜雄(1924), 『朝鮮に老朽して』, 帝國地方行政學會朝鮮支部, 48쪽. 경주고적보존회에 대해서는 김현숙(2007), 「일제강점기 경주고적보존회의 발족과 활동」, 정재김이나교수정년퇴임기념 미술사논문집간행위원회 편, 『시각문화의 전통과 해석 : 정재 김이나 교수 정년퇴임기념 미술사논문집』, 예경 참조.

를 진열하고 의견을 교환했다. 이날 진열한 고서 중에는 『국조보감(國朝寶鑑)』 초판본, 『세조실록(世祖實錄)』 등이 있었다.[32] 그 한 달 뒤에 열린 무명회 제2회 모임은 금석문 연구회로 개최되었다. 이날도 참가한 회원들이 소장하고 있는 금석문과 탁본을 가져와 의견을 나누었는데, 이를 보도한 신문기사는 "그 출품 수가 많고 재료가 풍부한 것이 도저히 다른 데에서 찾아보기 어려운 유익한 회합"이었다고 평했다.[33]

한편 가와이 히로타미는 이상의 민간단체뿐만 아니라 조선총독부의 사업에도 촉탁으로 관여하였다. 1911년 2월 4일자로 가와이는 임시취조국 조사사무를 촉탁받았다.[34] 취조국이란 1910년 10월 조선의 관습조사를 위해 조선총독부에 설치된 기관으로, '조사사무'는 바로 관습조사를 의미한다. 또한 취조국은 관습조사사업과 병행해서 1911년부터 도서 정리 부속사업으로서 총독부 소장 조선 도서의 해제 계획을 세웠다. 이 해제 작업은 1912년 4월 관습조사사업이 총독부 참사관실로 이관된 후에도 계속 진행되어 1915년 『조선도서해제(朝鮮圖書解題)』를 발간했는데, 가와이는 정만조·정병조와 함께 이 해제 작업을 담당하였다.[35] 가와이는 총독부 학술연구회에도 참석하고 있었다.[36]

이상 추적한 가와이의 조선에서의 행적은 동양협회전문학교 경성분교의

---

32) 「無名會의 盛會」, 『매일신보』 1915. 6. 9.자, 2면.

33) 「朝鮮粹의 金石文硏究」, 『매일신보』 1915. 7. 8.자, 1면.

34) 『조선총독부관보』 제129호(1911. 2. 6.자), 2면. 국사편찬위원회 소장 「중추원조사자료」 중 「朝鮮舊慣 및 制度調査 沿革의 調査 第2冊」의 '취조국 직원' 항목에 의하면 가와이의 촉탁 해제는 1912년 3월 31일로 되어 있다(http://db.history.go.kr/item/level.do?itemId=ju&setId=563236&position=0).

35) 朝鮮總督府中樞院(1938), 『朝鮮舊慣制度調査事業概要』, 朝鮮總督府中樞院, 31-32쪽. 앞에서 언급한 「朝鮮舊慣 및 制度調査 沿革의 調査 第2冊」의 '조선도서해제 직원' 항목에 의하면 가와이는 명단에 포함되어 있지 않다. 그 명단에 의하면 이 해제 작업을 위해 직원이 임명된 최초의 시기는 1911년 6월로, 그 이후에 해제 작업이 진행된 것으로 보인다. 따라서 해제 작업에 가와이가 참여했다는 『朝鮮舊慣制度調査事業概要』의 기술이 맞는다면 가와이는 관습조사사업에 종사하다가 중도에 해제 작업으로 전환한 것으로 추측할 수 있다.

36) 「학술연구회강연」, 『매일신보』 1912. 12. 14.자, 2면.

간사(분교장)라는 직함하에 일관되게 조선 연구와 관련된 단체나 사업에 관여하는 것이었다.

1915년 8월 동양협회전문학교는 동양협회식민전문학교로 교명이 바뀌었다. 이 무렵 가와이는 그 경성분교 간사를 사임하고, 조선총독부 총무국장 고다마 히데오(兒玉秀雄)가 그 뒤를 이었다.[37] 여러 기록에서 가와이가 병을 얻어 귀국해서 본교로 복귀했다고 언급하고 있는 것을 볼 때, 그의 분교 간사직 사임은 건강상의 이유인 것으로 추측된다. 앞에서 인용한 그의 형 시타로의 회상에 의하면 그의 병이 중함을 알게 된 지인의 권유로 가와이는 그간의 연구를 정리하여 「이조 세제(稅制)에 관한 연구」라는 제목으로 교토제국대학에 박사학위 논문을 제출, 1916년 8월 박사학위를 취득하였다.[38]

Ⅳ. 조선 연구

1. 조선관 : '구관존치'와 정체론

가와이 히로타미가 조선에 와서 조선에 대한 그의 생각을 처음으로 공표한 것은 한 잡지사의 특집 '명사의 한인관(韓人觀)'에서였다. 여기에서 그는 두 가지를 이야기했다. 하나는 한인의 국민사상은 일본과 다르다는 점이고,

---

37) 京城高等商業學校(同經濟專門學校)創立70周年記念文集編集委員會 編(1990), 『一粒の麦 : 京城高等商業學校創立70周年記念文集』, 京城高等商業學校(同經濟專門學校)同窓會崇陵會, 51쪽. 이 분교는 1918년 동양협회식민전문학교가 척식대학으로 바뀜에 따라 거기에서 분리하여 동양협회경성전문학교로 독립하였다. 이후 1920년 5월 사립 경성고등상업학교로 거듭나고, 1922년 6월 조선총독부의 관립 경성고등상업학교로 전환되었다.

38) 일본에서는 통상 학위논문을 인쇄하여 주위에 배포하지 않기 때문에 그 내용을 단행본이나 논문의 형태로 간행하지 않는 한 다른 연구자에게 읽힐 기회가 거의 없다. 이런 관행에 비추어 볼 때 가와이의 박사논문은 학위 획득 2년 후 그의 사망과 더불어 빛을 보지 못한 채 사장되었을 가능성이 높다. 가와이의 박사논문은 교토대학 도서관에 소장되어 있으며, 사전 허가를 받아 서고 내에서 열람만 가능하다.

다른 하나는 조선의 문화 정도에 대한 인식이다. 첫 번째와 관련하여, 일본의 국가 관념은 가족을 기초로 발전하여 국가를 하나의 대가족처럼 생각하는 반면, 조선은 자연적 결합인 가족과 정치적 결합인 국가를 전혀 별개로 생각한다고 설명한다. 이러한 양자의 차이를 인식함으로써 그가 말하고자 한 것은 한인에 대해 일본과는 다른 견지에서 지도해야 한다는 점이다.[39]

두 번째 문제와 관련해서 가와이는 조선의 문화는 당시의 문명 수준에 미달해 있다는 전제하에 그 문명 수준을 명확하게 판단하지 못하면, 그들이 소화할 수 없는 법제를 만들어 도리어 혼란을 야기할 우려가 있다고 경계하였다. 그는 일본은 600년간의 봉건정치를 통해 근대국가를 조직하는 데 필요한 훈련을 쌓아 왔으나, 조선은 그렇지 못했기 때문에 지금 곧바로 근대국가에 필요한 설비를 마련한다고 해도 성과를 거둘 수 없을 것이라고 말했다. 이러한 주장을 뒷받침하기 위해 그는 세계식민사에서의 교훈을 다시 되새겼다. 즉 식민지의 종래 악정을 무조건 제거한 결과, 식민지민의 문화 수준에 맞는 종래의 시설까지 함께 제거되는 폐해가 발생했으며, 그로 인해 인민의 고통은 오히려 증가했다는 것이다.[40] 이리하여 가와이는 식민통치에 있어서 식민지 종래의 제도와 관습을 활용하자는 이른바 '구관존치(舊慣存置)'의 입장을 피력하였다.

이 입장은 구체적으로 그가 발표한 계(契)에 관한 연구에 그대로 반영되었다. 가와이는 계에 대해 일본의 산업조합과 같은 것으로, 그 목적은 "경제상, 사회상의 진보를 꾀하는 데 있다"고 규정하였다. 따라서 이것을 잘 발달시키면 매우 좋은 효과를 거둘 것이며, 특히 지방 산업을 발달시키는 데 이를 활용하는 것이 득책이라는 의견을 제시하였다.[41] 산업조합은 일본에서 협동조합을 지칭하는 것으로—1900년 산업조합법 발포—, 구매·판매·생산·사용·신용조합을 포괄하는 개념이다. 가와이가 여기에서 계를 산업조

---

39) 「名士の韓人觀」, 『朝鮮』 第1卷 第6號(1908), 12쪽.

40) 앞의 글, 13-14쪽.

41) 河合弘民(1909c), 「韓國に於ける契に就て」, 『朝鮮』 第2卷 第5號, 42쪽.

합의 성격이라고 규정하고 그 활용을 제언한 것은 조선에서 1907년부터 실시한 금융조합제도를 염두에 둔 것으로 생각된다. 실제로 가와이는 계를 금융조합과 결부시키면 매우 흥미롭지 않을까 생각한다고 밝혔다.[42)]

또 한 가지 결부제(結負制)의 연혁에 대한 연구에서도 그는 구관존치의 입장을 드러냈다. 그는 결부라는 것이 현재는 토지 면적과 세율(과세표준)을 표시하는 두 가지 의미로 사용되고 있다고 설명한다. 그러나 그 연혁을 보면 신라부터 고려 말까지는 일정 수확을 거두는 토지 면적을 나타냈고, 고려 말 이후 조선시대에 들어서서는 수확량을 나타내는 이른바 토지 생산력의 의미로 변화했다. 즉 조선시대는 토지의 비척에 따라 전분(田分) 6등을, 그해의 풍흉에 따라 연분(年分) 9등을 정하였다. 가와이는 이 제도에 대해 "500년 전에 이런 제도를 만든 것은 실로 감탄할 만하며, 이러한 결부법이 한국에서 발명된 것은 언문의 발명과 함께 한국문명사에서 충분히 자랑할 만하다"고 평가했다.[43)] 그러나 이 제도는 20년마다 실시하기로 한 양전이 제대로 행해지지 않는 등의 상황으로 인해, 현재는 오히려 생산력의 함의를 제외한 나머지 두 가지 의미로 통용되고 있다고 분석하였다. 이상의 연구 결과를 토대로 가와이는 결부제를 존치시켜 본래의 의미인 생산력을 표시하는 단위로 정비하여 과세표준으로 삼을 것을 제안하였다. 그렇게 하면 종래의 관습을 깨지 않은 채 일본의 지가제(地價制)보다 나은 토지제도를 만들 수 있을 것이라고 주장하였다.[44)]

이와 같이 가와이는 구관존치의 입장을 표명했으며, 이것이 식민 통치에 혼란을 줄이는 방법이라고 믿었다. 그런데 이 '구관' 존중이라는 태도는 앞에서 언급했듯이 조선이 저급한 문명 단계에 있다는 것을 전제로 한 것이다. 그는 도쿄의 동양협회전문학교 학생들을 대상으로 한 연설에서 조선의 농민들은 매우 불쌍하다, 그들 중 심한 경우는 마치 "돼지와 같은 존재"로,

---

42) 河合弘民(1909b), 「韓國談」, 『東洋時報』 第127號, 37쪽.

43) 河合弘民(1910a), 「結負の意義及沿革」, 『朝鮮』 第4卷 第6號, 36-37쪽.

44) 河合弘民(1910a), 앞의 글, 38쪽.

집도 돼지우리 같고 먹는 것 또한 그렇다고 말했다. 그런데 이렇게 불쌍한 생활을 하게 된 것은 "조선 특유의 악정" 때문이라고 지적했다. 그는 말하기를 "(사람들은) 조선이 매우 야만의 나라인 것처럼 말하지만, 그것은 오늘날의 상태이지 과거는 그렇지 않았다. 실제로 오늘날 존재하는 도자기나 건축물은 매우 정교하다. 특히 고려자기 등은 조선인의 머리에서 이런 것이 가능했을까라는 생각이 들 정도이다. 이것들이 악정의 결과 사라져 버렸다"고 말했다.[45] 가와이도 당시 일본인 사이에서 퍼져 있던 조선의 쇠퇴 원인을 악정에 돌리는 담론을 폈던 것이다.

가와이 히로타미에 따르면 조선이 나빠진 것은 악정 때문이고, 그것은 재정 문란에 기초한다. 조선은 개국 후 100년간은 법률이 정비되고 경제나 사회기반 면에서도 상당한 설비가 마련되어 있는 좋은 상태였다. 그러나 그후 점차 나빠졌는데 임진왜란이 한 원인이 되었다고 지적한다. 전쟁을 계기로 사회제도가 한층 문란해졌고, 토지의 황폐화로 세수를 확보할 수 있는 경지 면적이 거의 절반으로 줄었기 때문이다. 그런데 여기에서 가와이는 임진왜란 시 조선에 해를 끼친 것은 일본이 아닌 명군(明軍) 쪽이었다고 주장하였다. 그의 설명에 따르면 전쟁 때 명에서 다수의 원병이 왔고, 그 원병을 뒷받침할 군용금을 조달하기 위해 증세를 했는데, 전쟁 후에도 재정 부족으로 그 악세를 폐지하지 않은 채 현재에 이르렀다는 것이다. 그는 임진왜란에서 일본인이 나쁜 짓을 한 것은 맞지만, 중국인 쪽이 더 심했다고 주장하면서 책임을 중국 측에게 전가해 버렸다.[46] 아울러 가와이는 임진왜란 무렵 발생한 당파싸움도 악정에 일조했다고 지적하였다.

이상에서 살펴본 바와 같이 가와이는 조선의 문명 수준이 낮다는 것, 그 수준을 제대로 파악하여 구관존치의 관점에서 종래의 관습과 제도를 활용해

---

45) 河合弘民(1909a), 「韓國談」, 『東洋時報』 第126號, 29쪽.

46) 河合弘民(1909a), 앞의 글, 30쪽. 가와이는 「文祿役に關する韓國史料」, 『朝鮮』 第4卷 第2號(1909)에서 이 주장의 근거로 박상안(朴尙顔)의 『효빈잡지(效顰雜誌)』와 『일월록(日月錄)』을 들고 있다.

야 한다는 것, 그리고 조선의 문명과 생활 상태가 낮은 수준에 머문 것은 악정 때문이라는 것, 그 악정을 야기하는 데 임진왜란이 주요한 계기가 되었다는 것 등을 피력했다. 그렇다면 가와이는 조선의 역사 발전을 구체적으로 어떻게 파악하고 있었을까.

가와이는 다음 절에서 살펴볼 『경제대사서(經濟大辭書) 제2권』에 '한국'이라는 항목을 집필했는데, 거기에서 그의 한국사 전개 과정에 대한 인식을 엿볼 수 있다. 먼저 한국의 문화는 반도국으로서 대륙문명 즉 중국문명의 압박이 심하여 거의 독자적 발전을 이룰 여지가 없었다고 지적한다. 일본도 고대에는 중국문명을 수입하여 후지와라(藤原)시대(10~12세기)에는 그 여파로 사회가 부패하고 국민은 원기가 없었으나, 가마쿠라(鎌倉)시대(1185~1333)에 이르러 평민적 문명이 발달함으로써 건전한 국민을 형성하게 되었다. 그러나 한국의 문화는 더 이상 발전하지 못하고 일본의 후지와라시대와 동일한 상태로 현재에 이르러 일본에 비해 600여 년 뒤처져 있다고 평가하였다.[47] 전형적인 한국사 정체론을 이에서 볼 수 있다. 당시 조선의 발전 상태를 일본의 후지와라시대나 12세기에 비정하는 담론은 후쿠다 도쿠조(福田德三)의 '한국'경제사 연구가 원형이며, 가와이도 그로부터 영향을 받았다고 생각된다. 이에 대해서는 뒤에서 설명한다.

가와이 히로타미는 정체론에 기초하여 조선의 역사 전개 과정을 다음과 같이 개관한다. 먼저 "단군 이래 4천 년의 역사"를 갖는다는 한인의 주장은 허구라고 했다. 단군은 역사상의 인물이 아니기 때문이다. 역사사실로서 확인할 수 있는 것은 위만이 고조선을 세운 일본의 '기원 467년', 즉 기원전 194년부터라고 했다. 이후 남부에는 마한·진한·변한이 할거하여 약 200년

47) 大日本百科辭書編輯所 編(1911), 『經濟大辭書 第2卷』, 同文館, 584쪽. 이 책의 간행은 1911년 7월로 한국병합 이후이다. 조선총독부가 국호를 이미 '조선'으로 바꾼 뒤에 '한국' 항목이 나오는 것은 그 집필 의뢰와 집필이 병합 이전에 이루어졌음을 의미한다. 『경제대사서 제6권』에는 따로 '조선' 항목도 들어 있는데, 거기에서는 역사와 정치에 관한 것은 기존의 연구에 맡긴다면서 생략하고, 일반 경제 상황—당시의 금융기관과 산업(같은 사전에 따로 항목이 없는 임업·공업·광산업)—에 대해 서술하고 있다.

간 존속했으나 진한 지역에 신라가 일어나고 고조선 지역에 고구려, 한강 유역에 백제가 일어나 삼한을 대신해 삼국 정립의 세상이 되었다. 이후 신라가 삼국을 통일하고 신라는 다시 '936년' 고려에 멸망하였으며, 고려는 '1391년' 이씨 조선에 망하였다. 그사이 중국의 침격을 받은 것이 23회, 일본의 침격을 받은 것이 수차례였으나 그때마다 패배하였고, 스스로 국외로 진격한 경우는 고려시대 윤관의 여진족 토벌을 위한 만주 진격, 조선시대의 대마도 정벌을 제외하고는 거의 없었다고 지적했다. 이에 "한인은 진취의 기상을 가장 결여한 인종"이며, "고로 반도인은 고래로 외교에는 기회주의로 일관하고 문명은 모방에 안주한다. 사회는 허례를 귀히 여기며 국가에 생기가 없고 국민에 원기가 없어 금일에 이른 것이다"라고 주장하였다.[48] 이상에서 살펴본 그의 한국사관은 식민사관의 두 축을 이루는 정체론과 타율성론의 전형을 보여 주는 것이었다고 할 수 있다.

2. 경제사 연구

가와이는 조선에 체재하는 동안 주로 조선시대 경제사를 연구하였다. 앞 절에서 언급한 계나 결부제에 대한 연구는 바로 그 시작이었다. 앞에서 지적한 대로 식민지의 관습을 식민 통치에 어떻게 연결시킬 것인가 하는 문제의식과 그 연혁에 대한 역사 연구가 결합되어 경제사 연구로 나타났던 것이다. 그런데 그 밖에도 가와이가 경제사를 연구하게 된 데에는 일본에서 기획된 경제백과사전인『경제대사서』전 9권(1910~1916) 중 '조선' 관련 항목의 집필을 맡게 된 것이 한몫했을 것으로 추측된다.

『경제대사서』는 근대 일본에서 기획된 각종 백과사전인 '대일본백과사서(大日本百科辭書)' 시리즈 중 하나로 간행된 것이다. 그 서문에 보면 "여러 일류 대가"에게 집필을 의뢰했다고 되어 있는데, 집필진 명단에 따르면 가와이는 '동양/서양 경제사' 부문에 선정되었다. 이 부문에서 대만과 관련해서

48) 大日本百科辭書編輯所 編(1911), 앞의 책, 586-587쪽.

는 대만구관조사회의 아사이 도라오(淺井虎夫)를 비롯하여 4명이 집필에 참여했으나, 조선 부문에서는 가와이가 유일하다.

그런데 20세기 초에 경제사라는 분야는 일본 역사학계에서도 새로운 연구 분야였다. 도쿄제국대학에 사학과(1887), 국사과(1889)의 설립으로 형성된 아카데미즘 역사학은 독일의 영향으로 실증주의사학을 특징으로 하고 있었다. 하지만 20세기에 접어들면서 역사학계에 지금까지처럼 사료 고증과 정치사 중심의 연구를 계속해도 좋을까라는 문제가 제기되는 가운데 우치다 긴조(內田銀三), 후쿠다 도쿠조를 대표로 하는 경제사 연구가 새로운 조류로 등장했다.[49)]

조선 연구에 있어서도 경제사 연구는 새로운 것이었다. 가와이 이전에 간행된 한국사 저술들은 대부분 정치외교사가 중심이었다. 예를 들면 하야시 다이스케(林泰輔)의 『조선사(朝鮮史)』(1892), 요시다 도고(吉田東伍)의 『일한고사단(日韓古史斷)』(1893), 기쿠치 겐조(菊池謙讓)의 『조선왕국(朝鮮王國)』(1896), 하야시 다이스케의 『조선근세사(朝鮮近世史)』(1902), 쓰네야 세이후쿠(恒屋盛服)의 『조선개화사(朝鮮開化史)』(1904), 시데하라 다이라(幣原坦)의 『한국정쟁지(韓國政爭志)』(1907) 등이 모두 그러하다. 가와이가 주로 글을 게재했던 『조선 및 만주』에 실린 조선 관련 글들 또한 제도사나 풍속사, 그리고 언어와 관련된 것들이 주를 이루었다. 가와이의 연구는 조선시대 경제사 분야를 개척한 선구적 연구였다고 볼 수 있을 것이다.

가와이 히로타미는 1909년부터 1912년에 걸쳐 집중적으로 경제사 관련 글을 발표하였다. 거기에서 다루고 있는 주제는 계, 결부제, 저화(楮貨), 소작제도의 기원, 지조(地租)의 연혁, 도장(導掌) 등이다. 이들은 모두 『경제대사서』의 관련 항목에 그 일부로 들어가 있다. 아마도 『경제대사서』의 항목을 집필하는 과정에서 중간 성과를 발표한 것으로 보이는데, 이 글들보다는 『경제대사서』의 글들이 내용 면에서 보다 상세하다.

가와이는 『경제대사서』에서 총 19개 항목을 집필하였다. 그 항목의 내역

---

49) 永原慶二(2003), 『20世紀日本の歷史學』, 吉川弘文館, 45-47쪽.

은 제1권의 외국무역(조선), 제2권의 화폐(조선)·한국·객주·계·결부, 제3권의 교통운수(조선)·소작(조선)·재정(조선), 제4권의 상업(조선), 제5권의 인구(조선)·수산과 수산업(조선), 제6권의 조선·전(廛)(조선)·토지제도(조선), 제7권의 두락(조선)·도량형(조선)·노비(조선)·농업(조선)이다. 그 내용은 기본적으로 사료에 근거하여 서술되어 있고, 문헌뿐만 아니라 현지조사를 통해 알 수 있는 당시의 관행에 대해서도 서술된 부분이 있어 자료로서의 가치를 평가받기도 하였다.[50] 그러나 전체를 관통하는 논조는 앞에서 살펴본 한국사 정체론에 의거해 조선은 일본에 비해 훨씬 뒤떨어진 사회라는 기조 위에 전개되고 있다. 가와이의 경제사 연구에 대한 평가는 조선시대 전공자가 아닌 필자의 능력을 넘어서는 일이므로, 여기에서는 조선의 토지제도에 대한 가와이의 연구를 소개하면서 그 안에 '한국사 정체'라는 관점이 어떤 식으로 개입하고 있는지를 보이는 데에서 그치고자 한다.

토지제도에 대해서는 집필 항목 중 가장 긴 17쪽(2960~2976쪽)에 걸쳐 총설, 연혁, 현상(現狀)으로 나누어 상세히 서술하고 있다. 먼저 총설에서 "조선의 문화는 모두 중세적 색채를 띠며, 이것을 우리나라와 비교하면 왕조말기의 시대에 속"한다는 전제하에 조선의 토지제도를 바라보아야 한다고 말한다. 이 관점과 관련해서 그가 지적한 것은 조선에서는 개인의 인격을 인정하지 않으며, 그로 인해 토지에 대한 개인의 소유권을 명백히 인정하지 않았다는 점이다. '신법령'에 의해 지금은 소유권의 존재를 확인받고 있지만, 그 이전까지는 소유권인지 사용수익권인지 매우 모호한 상태였다고 지적한다.[51] 이런 관점을 머리말에서 밝힌 뒤 그는 조선의 토지제도의 역사적 연혁을 개관한다.

---

50) 『경제대사서』에 수록된 가와이 집필 항목의 일부가 『한국경제사문헌자료』 제2집에 번역·게재된 바 있다[河合弘民(1971), 金孝東 抄譯, 「韓國經濟史論稿」, 『한국경제사문헌자료』 제2집, 64-99쪽]. 번역자 김효동은 가와이의 연구에 대해 "이 논문은 원필자가 한국 경제제도를 실제로 조사하여 썼기 때문에 舊來의 한국 경제 관계 사료로서 가치가 인정된다"고 평가하였다(64쪽).

51) 大日本百科辭書編輯所 編(1914), 『經濟大辭書 第6卷』, 同文館, 2960쪽.

고대 통일신라시대까지는 사료가 없어 알 수 없으나, 당시는 '족제(族制. 혈연관계를 기초로 사회집단이 조직되어 있는 제도)'가 행해졌으므로 토지제도도 공유제였으리라고 추측하였다. 이어서 고려시대는 당제(唐制)를 수입하여 '반전제(班田制. 균전제)'를 실시하지만, 종래의 구습이 남아 있어 공유주의에 근거한 족제 조직과 국유주의에 근거한 반전제도를 절충한 모호한 토지제도를 낳았다고 분석한다. 그리고 관리에게 부여된 전시과전과 공전에 대한 권리는 소유권이 아니라 사용수익권에 불과했으며, 아직 소유권 관념은 존재하지 않았다고 지적한다. 그러나 점차 공전의 사유화가 진전되어 사전(私田)에도 과세를 함으로써 사유지를 공인하는 결과를 낳았다. 이것은 조선시대로 그대로 이어졌다. 조선시대 토지제도의 입법 정신은 개인의 토지사유를 부인하는 데 있었으나 실제에 있어서는 이를 시인함으로써 법률의 규정과 사회의 실제는 서로 배치되고, 이것이 후세에 여러 혼란을 야기하는 원인이 되었다고 지적한다.[52]

이어서 『경국대전』에 의거하여 전분육등제(田分六等制)에 대해 상술한 뒤, 토지를 공전과 '민전'(현재는 보통 공전과 사전으로 구분한다 — 인용자)으로 나누어 설명하였다. 공전은 무세지(無稅地)로서, '자경무세전(自耕無稅田. 피급여자가 직접 경작하여 면세를 받는 토지)'과 '무세전(無稅田. 관아 경비 등을 위한 토지)'으로 나뉘며, 민전은 유세지(有稅地)로서, '각자수세전(各自收稅田. 징세권자가 수세하는 토지)'과 '민전(일반민전으로 지세를 부담하는 토지)'으로 나뉜다.[53] 가와이는 『경국대전』에 나오는 23종의 토지를 이 4종류의 토지구분에 따라 분류한 뒤 각각을 설명하였다.

이 중 소유권과 연관이 있는 민전(사전)의 '민전'과 관련하여 두 군데에서 설명을 하고 있다. 먼저 민전은 민유라 할지라도 거기에 부여된 권리는 소유권이 아니라 수조권(收租權)에 불과했다고 주장하였다. 그는 조선시대의 민전에 대한 권리는 현재 의미의 소유권 관념이 아니라 고려시대에 존재한 사용

52) 大日本百科辭書編輯所 編(1914), 앞의 책, 2960-2961쪽.

53) 大日本百科辭書編輯所 編(1914), 앞의 책, 2968쪽.

수익의 관념을 다소 확대한 데 불과하다고 규정했다. 요컨대 조선시대에도 토지에 대한 사용수익권 관념만 존재하였고, 소유권 관념은 일본의 통치와 더불어 수입되었다고 강조하였다.[54)]

다음으로는 민전의 그후 변화와 관련해서 다음과 같이 설명한다. 『경국대전』의 규정에 존재하는 공전을 제외한 나머지는 모두 민전인데, 그 민전은 전국 결수(結數)의 10분의 8을 차지했을 것으로 추정했다. 이 민전을 인민에게 경작시켜 조(租)를 징수했는데, 민전은 점차 세제의 문란으로 과중한 부담을 감당하지 못한 경작자가 토지를 포기하거나 도망·매각 등을 통해 징세권자에게 겸병되어 갔다. 이로부터 가와이는 "연혁상으로 말하자면 금일의 소작인은『경국대전』시대의 민전 소유자, 즉 만일『경국대전』시대에 토지소유권이 존재했다면 토지 소유자가 소작인으로 타락한 것이며, 금일의 지주는 당시 징조권자였던 자가 신정(新政)의 은택으로 토지소유권을 얻게 된 자라고 할 수 있다"고 추정하였다.[55)] 즉 소유권 관념은 확립되지 않은 가운데 징조권자의 겸병 등을 통해 민전 소유자는 소작인으로, 징조권자는 지주로 전화했으며, 지주의 소유권이 확정된 것은 일본의 통치하에서였다는 것이다.

그러나 그는 같은 글에서『경국대전』에 토지 매매 등에 관한 규정이 적지 않았다면서 토지 매매 절차를 자세히 기술했다. 이는 토지소유권 관념이 존재하지 않았다면 있을 수 없는 일이다. 또한 소작제도에 관한 글에서 소유권의 기원이 모두 징조권에 기초한 것은 아니라고 설명했다.『경국대전』에 미간지는 그것을 개간한 자를 전주(田主)로 한다는 규정이 있고, 경작자의 도망 시는 실제 경작자가 상당 기간 경과 후 소유권을 취득한다는 규정이 있다고 지적하여, 다른 방법으로 '소유권'을 획득할 길이 있었음을 그 스스로 인정했다.[56)] 이처럼 그는 한편에서는 사회적으로 매매가 널리 행해지고 실

---

54) 大日本百科辭書編輯所 編(1914), 앞의 책, 2970-2971쪽.

55) 大日本百科辭書編輯所 編(1914), 앞의 책, 2975쪽.

56) 河合弘民(1910b),「朝鮮に於ける小作制度の起源に就きて」,『朝鮮』第33號, 13쪽.

제 소유권이 형성되어 있었음을 인정하면서도, 다른 한편에서는 그것이 수조권에 불과하고 소유권은 일본에 의해 확립되었다고 강변하는 모순된 태도를 보였던 것이다.

그가 이처럼 무리하게 모순을 감수하면서까지 소유권 관념의 부재를 강조한 것은 이 글 말머리에서 서술했듯이 소유권의 성립=개인의 성립=근대의 전제라는 단선적인 역사관을 전제로 하고 있었기 때문이다. 즉 조선사회가 소유권 관념조차 성립되지 않은 뒤떨어진 사회임을 강조하기 위함이었다고 생각된다.

3. 가족제도와 그 후진성

지금까지 가와이의 조선 연구가 한국사 정체론의 관점에 의거하여 이루어지고 있었음을 지적해 왔는데, 그중에서도 특히 그가 조선사회의 후진성을 변증하기 위해 힘을 기울인 것은 가족제도의 연구이다. 그의 주장을 단적으로 말하자면 조선의 가족제도는 고대 '족제'의 유제가 그대로 남아 있는 형태이며, 그런 한 조선은 고대에 머물러 있는 후진사회라는 것이다. 이는 다시 말하면 앞에서 그가 제시한 조선의 현 단계는 일본의 고대 후지와라시대에 해당한다는 기본틀을 입증하는 근거가 되는 셈이다.

그런데 지금까지도 때때로 가와이 히로타미가 언급했던 조선이 일본의 후지와라시대에서 머물고 있다거나 그러한 조선사회의 정체를 봉건제의 부재에서 찾는 관점은 일종의 단선적 역사발전론을 전제로 하고 있다. 당시 이러한 역사발전론은 과연 어디에서 온 것일까. 가와이는 일본에서 경제사라는 새 영역을 개척한 후쿠다 도쿠조의 일련의 연구에서 영향을 받은 것으로 보인다. 가와이의 연구를 이해하기 위해 먼저 후쿠다의 연구에 대해 간단히 살펴보기로 한다.

당시 새로운 조류였던 경제사 연구로 학계에 큰 영향을 미친 것은 후쿠다의 『일본경제사론』(1907)이다. 이 책은 후쿠다가 독일 유학(1898~1901) 중 유럽경제사 강의를 듣고 그것과 비교하여 일본의 경제발전사를 연구한 저작인 *Die gesellschaftliche und wirtschaftliche Entwicklung in Japan*(1900)을 일본어로 번역한 것이다. 이 책은 사학계에 적지 않은 자극을 주었으며, 특히 일본의 봉건제와 서구(독일)의 그것과의 유사성을 지적한 점은 이후 일본 봉건제 연구의 발전에 큰 영향을 주었다고 평가된다.[57]

후쿠다는 이 책에서 일본의 역사 발전 과정이 서구의 그것과 동일한 과정을 거쳐 왔음을 보여 준다. 즉 상고시대에는 우지(氏)제도(씨족제도)가 사회조직의 기본을 구성하고, 다이카개신(大化改新, 645) 이후 성립한 고대국가에서는 혈연에 기초한 '가속공동체(家屬共産體)'인 호(戶)가 경제단위를 이루었다. 이후 가마쿠라시대(1185~1333)부터 봉건제도가 실시되었으며, 에도시대(1600~1867)는 한 단계 더 나아간 '전제적 경찰국가' 단계였다고 설명한다.[58] 그는 서구와 일본에서 볼 수 있는 이러한 역사 발전 단계는 특수한 것이 아니라 보편성을 갖는다고 믿었다. 그래서 예컨대 현대에 여전히 공유·공산제가 남아 있다면 그것은 그 지역이나 국가의 특수성이 아닌 역사 발전의 후진성을 드러내는 것으로 보아야 한다는 입장인 것이다. 그는 이러한 역사발전론에 대한 믿음을 증명하기 위해 '한국'을 방문한(1902. 여름) 뒤 '한국'의 역사 발전 단계를 고찰하였다. 그것이 바로 1902~1904년에 걸쳐 학술지에 발표하고, 후에 자신의 『경제학연구』(1907)에 수록한 「한국의 경제조직과 경제단위」이다.[59]

후쿠다가 의거한 신경제학의 이론에 따르면 인류사회의 경제단위는 원시시대의 혈족 관계에 기초한 가속공산체에서 출발하여 점차 축소되어 개인 또는 특수가족으로 변화한다. 반면 경제단위가 축소할수록 경제조직은 범위를 확대해 간다. 좀바르트를 인용하면, 경제단위는 원시의 가속공산체 → 대가족 → 가(家) → 개인에 이르고, 경제조직은 '자족고립경제' → 촌락경제 → 장

---

57) 小澤榮一(1968), 『近代日本史學史の研究 明治編 : 十九世紀日本啓蒙史學の研究』, 吉川弘文館, 619-620쪽.

58) 福田德三(1907b), 坂西由藏 譯, 『日本經濟史論』, 寶文館에 의거해 요약한다.

59) 이 글은 이미 기존 연구에서 지적한 대로 한국사 정체론의 선구를 이루는 논문이다〔旗田巍(1983), 앞의 책, 134-135쪽〕.

원경제 → 도시경제 → 영역경제 → 국민경제로 규모를 확대해 간다.[60] 그는 이 도식을 조선에 적용하여 당시 조선의 경제조직은 자족경제, 특히 '차금적(借金的) 자족경제'라고 규정한다. 자족경제에서 화폐경제로 넘어가는 과정에서 보이는 최초의 교환은 대차(貸借)의 형태로 나타나는데, 이 대차 관계를 봉건화하지 않으면 이 '차금적 자족경제'가 지속되는바, 현재 조선의 상태가 바로 이 단계에 해당한다는 것이다.[61]

그렇다면 조선의 경제단위를 이루는 것은 무엇인가. 후쿠다 도쿠조는 양반층 즉 귀족층만이 사회조직으로서 경제단위를 구성한다고 분석한다. 양반층은 성(姓)과 본(本)을 갖는데, '성'은 독일어의 'Stamm(종족 · 부족 — 인용자)', '본'은 'Sippe(씨족 · 일가 — 인용자)'에 상응하는 것이다. 그 안에서 개인은 존재하지 않으며, 호(戶)도 독립된 단위를 이루지 못한다. 즉 조선에는 아직 일본 상고시대의 '우지(즉 로마의 gens, 독일의 Sippe — 원문)'가 존재할 뿐 'Familia(家 — 인용자)'는 존재하지 않는다.[62] 또한 조선에는 토지 소유의 관념이 없고, 토지소유자가 없다고 지적하였다.[63]

이처럼 경제단위가 축소되지 않고 씨족 단계에 머물러 있는 것은 '봉건제도의 결여' 때문이라고 후쿠다는 분석했다. 그는 조선의 발전 단계를 타국과 비교하면 "일본의 가마쿠라막부 이전, 특히 후지와라씨시대"에 해당되며, 서구에서는 "카를로대왕(카롤루스 대제 — 인용자)의 사후부터 사릭왕조에 이르는 시대"에 비견될 수 있다고 설명하였다.[64] 후쿠다는 결론적으로 경제단위 발전사에서 갖는 조선의 특수한 지위는 '국민적 특성'에서 유래하는 것이 아니라 '봉건제도의 결여'에서 오는 후진성을 의미하는 것임을 강조하였다.

이상의 후쿠다의 연구를 정리하면, 조선의 경제단위를 이루는 양반층의 본질을 '본'에 근거하여 씨족집단으로 규정하고, 그것을 토대로 조선의 경제

60) 福田德三(1907a), 『經濟學硏究』, 同文館, 162-164쪽.

61) 福田德三(1907a), 앞의 책, 199-200쪽.

62) 福田德三(1907a), 앞의 책, 223-224쪽.

63) 福田德三(1907a), 앞의 책, 226쪽.

64) 福田德三(1907a), 앞의 책, 204-205쪽.

발전 단계를 일본의 '후지와라씨시대'에 비정하고 있다는 점, 이와 같은 한일 양국의 차이를 낳게 한 요인을 봉건제의 유무에서 구하고 있다는 점 등을 지적할 수 있다. 이러한 분석틀은 가와이에게서 그대로 재생된다. 가와이가 가족제도 특히 본제도나 호의 특수성에 집착하는 것은 바로 후쿠다의 경제 단위와 경제 발전 단계에 관한 도식을 염두에 둔 논의라고 추측된다.

가와이 히로타미는 조선이 국가의 형식을 갖게 된 것은 통일신라 이후이며 — 그 이전 삼국시대를 '원시국가'의 시대로 파악한다 —, 통일신라 이후 1천여 년간 거의 진보라는 것이 없었다고 주장한다. 따라서 현재의 조선에는 '원시국가'의 유물로 여겨지는 것이 매우 많이 존재하고, 일본의 가마쿠라시대 초기, 유럽의 12~13세기에 존재했던 것과 비슷한 조직·제도가 적지 않다고 하였다.[65] 조선의 사회조직이 얼마나 '원시적'인지를 설명하기 위해 그가 든 고대의 유물은 본제도, 종중전, 계, 호였다.

먼저 본이라는 것은 동일 조상에서 나온 자손이 하나의 단체를 이루는 것으로, 본이 여전히 존재한다는 것은 고대의 '족제'가 현대에도 존재한다는 의미라고 풀이했다. 종중전 역시 한 가문의 공유 토지로, 족제의 잔재이다. 조선인은 종중전의 기원을 고려 말 내지 '이조' 이후라고 말하지만, 그보다 오래된 사례가 있다는 이유로 가와이는 고대제도의 유물이라고 강조했다. 계에 대해서는 종래 자신이 그 기원을 조선시대 군포계(軍布契)에서 찾았던 것을 철회하고, 이미 고려 말에 존재했다는 것을 근거로 고대에 행해진 공동작업의 유물일 것이라고 추측했다. 마지막으로 '호'에 대해서는 일본의 호가 한 가족으로 구성되는 것에 비해 조선의 호는 복수의 가족으로 구성된다고 지적한다. 이는 호가 고대의 족제 단계의 규모에서 충분히 분화되지 못했음을 의미하는 것으로, 본제도와 서로 부합하는 현상이라고 보았다.[66]

이와 같이 식민지 조선의 역사를 '원시' 상태였던 삼국시대 이후 크게 달라진 게 없는 정체된 역사라고 강변한 가와이는 마침내 종래 자신이 주장했

65) 河合弘民(1912a), 「朝鮮の民族思想」, 『朝鮮及満州』 第56號, 13-14쪽.
66) 河合弘民(1912b), 「朝鮮の民族思想」, 『朝鮮及満州』 第60號, 7-10쪽.

던 '악정'에 대한 해석도 반전시켰다. 즉 악정의 결과 현재와 같은 쇠퇴한 조선사회가 되었다던 종래의 해석을 바꾸어 "조선의 문화가 저급했기 때문에 자연스러운 결과로 악정, 주구가 행해졌던 것이다"라고 주장하였다.[67] 조선의 경제가 저급하고 유치했기 때문에 늘어나는 양반, 관리의 봉록을 무급으로 하는 바람에 그들이 주구를 일삼을 수밖에 없었다는 것이다.

가와이는 그후 조선 후진성의 지표로 삼은 가족제도에 대한 연구를 심화시켜 갔다. 그는 반복해서 조선의 가족제도는 일본의 가마쿠라시대 이전 즉 후지와라씨 말기의 가족제도와 대략 비슷하다고 설명한다. 일본은 그후 봉건제도의 발생으로 혈족 위에 주종 관계가 더해져 가족제도가 만들어진 반면, 봉건제도가 없었던 조선에서는 변화의 계기를 마련하지 못한 채 혈족관계에 의해서만 가족을 구성하는 고대의 가족제도가 현재까지 이어졌다는 것이다.[68] 그리하여 그의 설명에 따르면 조선에서는 혈족의 농도에 따라 권리와 의무에 차이가 있다. 예컨대 재산 분배는 친자식에게 균등하게 나누어 주는(平分) 것을 원칙으로 한다. 그 결과 시집간 딸에게도 재산을 분배하지만, 서자에게는 분배하지 않는다. 또한 부부의 재산도 각기 별도로 관리한다고 지적한다.[69] 가와이가 여기에서 균분상속제를 주장하는 것은 후쿠다가 『일본경제사론』에서 논했던 봉건시대 이후 일본에 서서히 성립해 간 장자상속제가 조선에는 성립하지 않았고, 따라서 여전히 조선이 고대의 단계에 머물러 있음을 증명하기 위한 것이라고 생각된다. 실제로 그는 "장자상속은 근세의 산물"로 일본에서는 가마쿠라시대를 전후하여 발생했고, 그 이전의 씨족제도에서는 "재산은 모두 평분(平分)을 원칙"으로 했다고 언급한다.[70]

그러나 현재의 연구 성과에 의하면 조선 전기에는 『경국대전』에서 규정하는 자녀 간 균분상속제가 실제로 실시되고 있었으나, 17세기 중엽 이후

---

67) 河合弘民(1912c), 「朝鮮の民族思想」, 『朝鮮及満州』 第62號, 6쪽.
68) 河合弘民(1914c), 「朝鮮の家族制度」, 『東洋時報』 第189號, 25쪽.
69) 河合弘民(1914d), 「朝鮮の家族制度」, 『東洋時報』 第195號, 23쪽.
70) 河合弘民(1914a), 「朝鮮家族制度の発展(一)」, 『朝鮮及満州』 第82號, 37쪽.

장남 우대 · 남녀 차별의 상속이 대량으로 출현하기 시작했고, 18세기 중엽부터는 장자상속제로 현저히 기울어져 갔다.[71] 사실 가와이에 따르면 당시에도 "통설에서는 가독(家督)[72] 상속의 존재를 인정하여 전 재산 상속이 일반적이고, 제사는 상속의 목적에 의한 것이라고 인정"하고 있었다고 한다. 그럼에도 그 자신은 통설에 동의하지 않고 균분상속제를 주장했던 것이다.[73] 결국 가와이는 조선 전기의 관행이던 균분상속제를 마치 현재에도 그런 관행이 이어지고 있는 것처럼 서술함으로써 조선의 후진성을 뒷받침하고 상황을 왜곡하였다.

그런데 그가 조선의 후진성을 근거지은 균분상속제는 그에게 있어 양날의 검이었다. 왜냐하면 그것은 근대성의 한 요소인 개인 관념의 발전을 나타내는 증거이기도 했기 때문이다. 그는 개인보다 가(家)에 대한 관념이 강한 일본에 비하면, 조선은 오히려 개인 관념이 더 발전한 측면이 있다면서 재산에 대한 가족의 권리 인정과 균분상속제를 그 근거로 들었다.[74] 그의 균분상속제설에 의하자면, 조선에서는 부모의 사후 자식에게 재산이 균분되고 자식은 각기 독립 경제를 영위하게 된다. 따라서 '가'라는 것은 일대로 소멸하고 아들의 수만큼 '가'가 발생한다. 유교의 영향으로 장자가 조상의 제사를 지내기는 하지만, '가'는 점차 분열해 가는 경향이 있다고 그는 보았다.[75] 이는 소위 근대적인 것으로 인식되는 개인 관념이나 소가족으로의 전환이 이루어지고 있었음을 인정하는 것으로, 고대 '족제'의 유제인 가족제도를 근거로 조선사회의 후진성을 강조하는 자신의 주장에 모순을 초래하는 결과를 낳고 말았다.

---

71) 최재석(1983), 『한국 가족제도사 연구』, 일지사, 제7장 상속제도에 의한다.

72) 일본에서 가독이란 가를 계승할 적장자 또는 호주의 지위를 의미한다.

73) 河合弘民(1914b), 「朝鮮家族制度の発展(二)」, 『朝鮮及満州』 第83號, 40쪽.

74) 河合弘民(1913), 「朝鮮の民族思想」, 『朝鮮及満州』 第66號, 23쪽. 그럼에도 그는 조선사회가 정치적 · 경제적으로 개인의 지위를 인정한 사회는 아니라고 극구 강조하였다.

75) 河合弘民(1914d), 앞의 글, 27쪽.

가와이 히로타미는 이어서 조선의 현재 가족제도를 대가족 단계, 즉 '일문(一門)'=가문을 단위로 삼는다고 보고, 그 증거로 다시금 '본'에 대해 자세히 설명하였다. 그에 따르면 조선에는 298개의 성이 있다. 성씨는 점차 분리하여 분파를 낳고, 각 분파는 독립해서 하나의 본을 이루는데, 분파가 많은 유력 성씨인 이씨는 449본, 김씨는 501본, 박씨는 117본이 있다. 이 본들은 "신라 말 이후 1천여 년간 증식, 분파한 것"이라고 하여 그 유래가 고대에서 비롯되었음을 지적하였다. 가문제도는 가문이 계속 분리되면 소가족제도로 이행할 터이나, 고려 말기 유교사상의 수입으로 유교에 기초한 가족제도가 중시됨에 따라 가문제도는 여전히 그 형식을 유지하게 되었다고 한다. 따라서 조선의 가족제도는 형식은 가문제도이고, 그 실질은 가문제도에서 개인제도로 전화하려는 사이에서 방황하는 중이라고 진단하였다.[76] 결국 그는 소가족에 기초한 독립생활체인 '호'는 일본의 통치하에서 확립하게 되었다고 주장함으로써 식민지 통치의 정당성을 뒷받침하려 했던 것이다.

V. 맺음말

이상에서 가와이 히로타미의 조선에서의 행적과 조선 연구를 살펴보았다. 가와이는 대학을 졸업하고 『대만협회회보』의 편집주임을 맡은 이후 대만협회학교, 동양협회전문학교 경성분교의 교사로서 식민지와의 인연을 이어 갔다. 대만협회회보 편집주임 시절 세계식민사 연구를 진행하고, 조선으로 건너온 후에는 그것을 토대로 식민지 조선의 역사, 특히 조선시대 사회경제사를 연구하게 되었다. 그의 조선에서의 활동은 조선 연구와 관련하여 다양하게 이루어졌다. 조선고서간행회·조선연구회 등 여러 조선 연구 단체에 참여하는 한편, 총독부의 사업에도 관여하여 관습조사·도서해제 작업에 참여하였다. 또한 당시 이미 장서가로서 일본인사회에 널리 알려져 있었다.

---

76) 河合弘民(1914b), 앞의 글, 35-37쪽.

그의 조선 연구 동기는 당국의 식민 통치에 도움이 되기 위함이라는 목적에 의한 것이다. 그 연구는 두 가지 방향으로 전개되었다. 하나는 조선의 관습에 대한 연구를 토대로 종래의 관습, 예컨대 계나 결부제 등을 없애지 말고 식민 통치에 활용하라는 이른바 '구관존치'의 주장이었다. 이 일견 '구관' 존중의 태도는 사실은 조선문명의 저급함을 전제로 한 것이었다.

그래서 두 번째로 그의 조선 연구가 지향한 것은 식민지로서의 조선사회의 후진성 입증이었다. 가와이는 조선의 역사 발전 단계가 일본의 고대 후지와라시대에 머물러 있다고 반복해서 주장하였다. 그가 이런 주장을 하는 근거는 조선에 일본처럼 봉건제가 존재하지 않았으며, 고대의 혈연에 기초한 '족제'가 현재에도 남아 있다는 데 있었다. 즉 조선사회에 특수한 '본'제도와 분화되지 않은 '호' 등을 고대의 유제로 파악함으로써 조선사회의 후진성을 주장했던 것이다. 이는 전형적인 한국사 정체론이라고 할 수 있을 것이다.

그런데 이 주장은 가와이의 독창적인 견해는 아니었다. 이미 그전에 발표된 후쿠다 도쿠조의 한국경제사 연구가 그 원형이다. 하지만 후쿠다는 당시 단선적 역사발전론이 갖는 보편성을 입증하기 위해 이 연구를 했을 뿐, 그의 연구 본령은 경제학 이론 분야였고 그 이후에도 식민지에 대한 연구는 이어지지 않았다. 그러나 후쿠다의 연구는 가와이를 통해 조선에 이식되고, 가와이의 가족제도에 대한 연구를 통해 재생산·구체화되었다. 일본의 한국병합 초기인 1910년대 초반 사학연구자 가와이가 그려 낸 '원시' 상태로 정체되어 있다는 한국사상(像)은 일본의 식민 통치에 정당성을 부여하고, 재조 일본인사회의 지식인층에 영향을 줌으로써 식민사관 형성에 적지 않게 기여했으리라고 생각된다.

남진(南進)과 개발

―제국일본의 남양군도 개발 계획과 남양척식회사―

조정우

I. 들어가며 : 남양군도와 식민지 조선

제국일본의 판도 안에 있던 대표적인 식민지로는 대만과 조선, '만주국'을 떠올릴 수 있다. 그런데 제2차 세계대전 발발 이전에 일본이 지배하고 있던 곳으로는 이 주요 식민지 외에도 관동주(關東洲)와 가라후토(樺太), 그리고 남양군도(미크로네시아)가 있다. 이 세 지역은 지리적 규모가 크지 않았고, 또 조선/한국과의 관계가 뚜렷이 잡히지 않았기 때문에 그간 한국 학계에서는 크게 주목을 받지 못하였다. 하지만 이 세 지역은 사실 일본 제국주의사에서도 비중이 결코 작지 않을 뿐만 아니라 식민지 조선의 역사와도 결코 무관한 곳이 아니었다.

랴오둥반도(遼東半島)의 관동주는 조선 식민화의 결정적 계기였던 러일전쟁에서 일본이 승리를 거두면서 한반도의 대한제국과 함께 일본제국의 수

중으로 들어간 곳으로, 일본 최대의 특허식민회사였던 남만주철도회사(이하 '만철')의 본거지이자 일본 군사파시즘을 이끈 관동군의 주둔지이기도 했다. 또 일본이 가라후토라 명명한 남부사할린도 러일전쟁 승전으로 일본이 러시아로부터 할양받은 곳이었다. 즉 한반도, 랴오둥반도, 남부사할린은 1905년 포츠머스강화조약에 의해 일본의 판도하에 들어간 곳으로 식민화라는 역사적 과정을 함께 겪게 된 공통점을 갖고 있었다. 일본의 관점으로 보면, 조선 · 관동주 · 가라후토는 하나의 세트로 들어온 전리품이었던 것이다.

이 중 가라후토는 전시체제하에서 조선인 노동자의 강제동원이 진행되었다는 점에서 식민지시대 '조선인'의 역사에서 빼놓을 수 없는 지역이다. 가라후토의 산림과 광산 개발을 위해 막대한 수의 조선인이 노무자로 징용되었는데, 이들 중 상당수가 일본 패전 후 귀환하지 못한 채 사할린 한인이 되었기 때문이다.

이 글에서 다루는 남양군도가 한국 학계의 관심을 끌게 된 것도 바로 전시하 강제동원이 이루어진 지역이기 때문이다. 1990년대 일본군 위안부 문제가 사회적 이슈가 되면서 남양군도로 끌려간 조선인 위안부에 대한 조사가 실시되었고, 2000년대 들어서는 '일제강점하강제동원피해진상규명위원회'를 중심으로 조선인 징용자에 대한 조사가 진행되면서 남양군도에 대한 조선인 강제동원의 실태가 상당 부분 밝혀졌다.[1] 이러한 조사 연구 과정에서

---

1) 주요 연구로는 다음의 연구가 있다. 정혜경(2002), 「공문서의 미시적 구조 인식으로 본 남양농업이민(1930-40)」, 『한일민족문제연구』 제3호, 69-112쪽 ; 정혜경(2005), 「일제 말기 '남양군도'의 조선인 노동자」, 『한국민족운동사연구』 제44집, 169-228쪽 ; 정혜경(2006), 「1920-30년대 식민지 조선과 '남양군도'」, 『한국민족운동사연구』 제46집, 199-234쪽 ; 남경희(2005), 「1930-40년대 마이크로네시아(Micronesia)지역 한인의 이주와 강제연행」, 국민대학교 석사학위논문 ; 김도형(2006), 「중부 태평양 팔라우 군도 한인의 강제동원과 귀향」, 『한국독립운동사연구』 제26집, 1-22쪽 ; 김명환(2008), 「1943-1944년 팔라우(Palau)지역 조선인 노무자 강제동원 : 『朝鮮人勞務者關係綴』 분석을 중심으로」, 『한일민족문제연구』 제14호, 75-120쪽 ; 김명환(2009), 「식민지시기 조선인의 남양군도 이주실태(1914-1938)」, 『한일민족문제연구』 제16호, 5-50쪽 ; 김명환(2010), 「일제말기 남양척식주식회사의 조선인 동원실태」, 『한일민족문제연구』 제18호, 197-234쪽.

남양군도에 대한 한국 학계의 연구 성과도 축적되기 시작하였다. 이처럼 남양군도는 식민지 조선인의 이동이라는 문제에서도 매우 중요한 지역으로 역사학적 설명의 대상이지만, 식민 지배 비교사의 측면에서도 흥미로운 지역이다.[2)]

남양군도는 제국일본의 영토 중 특이하게도 '위임통치령(mandate)'이었다. 법적으로 말하면 남양군도는 일본의 '공식 식민지'가 아니었고, 단지 원주민의 "복지와 개발"[3)]을 위해 국제연맹으로부터 위탁받아 운영한 지역에 불과하였다. 뒤에서 더 살펴보겠지만, 일본은 남양군도에 대한 위임통치 상황을 매년 국제연맹에 보고하여 심사를 받아야만 했었다. 즉 남양군도는 일본의 실질적인 지배를 받고는 있었지만 일본 영토로 정식으로 편입된 공식 식민지는 아니었기 때문에, 그에 대한 통치는 조선이나 대만 같은 식민지와는 다른 성격을 가질 수밖에 없었다.

이 글은 조선과 남양군도에 대한 일본의 식민 통치를 직접 비교하지는 않는 대신 1930년대 중엽에 벌어진 제도적 사건을 사례로 하여, 남양군도 연구[4)]와 식민지 조선 연구를 접목시키는 하나의 방식을 보여 주고자 한다. 여

---

2) 남양군도 연구의 의의를 하나 더 덧붙이면, 조선인/한국인의 '남방' 인식 문제가 있다. 이는 조선인의 인종주의 사고와 하위제국주의 욕망의 형성을 분석할 수 있는 지점이다. 동남아와 열대 지역에 대한 한국인의 상(像)은 일본 제국주의의 전개와 무관하지 않기 때문이다. 이 문제를 '남방 판타지'로 분석한 것으로는 권명아의 연구〔권명아(2005), 「태평양 전쟁기 남방 종족지와 제국의 판타지」, 『상허학보』 제14집, 327-361쪽〕가 있는데, 그는 주로 동남아에 대한 조선인의 제국주의적 태도를 다루고 있다.

3) 국제연맹 위임통치의 가장 큰 명분은 위임국이 대상지 주민에 대해 '복지'를 펼치고, 그 지역을 '개발'한다는 것이었다.

4) 일본 제국주의의 전개와 남태평양에 대한 해외 학계의 연구는 야노 도루(矢野暢)의 『남진의 계보』〔矢野暢(1975), 『南進の系譜』, 中央公論社〕, 마크 피티의 「남양 : 남태평양에서의 일본, 1885-1945」〔Peattie, Mark(1984), "The Nan'yō : Japan in the South Pacific, 1885-1945," R. Myers and M. Peattie, eds., *The Japanese Colonial Empire, 1895-1945*, Princeton University Press, pp.172-210〕가 그 기초가 되었다. 야노의 연구는 일본의 메이지시대 남진론의 형성에서 남양 지역 일본인의 사회사, 그리고 전시기의 파탄에 이르는 과정을 분석하여 제국일본의 남진 구상의 논리와 구조를 규명한 노작이다. 피티의 연구도 그 스스로 인정하듯이 야노의 남진론 연구에 자극을 받아 진행된 것이다〔Peattie(1984), 앞의 글, pp.174-175〕. 피티는 일본제국과 남양군도의 역사

기에서 주목하는 것은 바로 1936년 11월 제국일본이 '남양군도'와 '외남양(外南洋)'에 대한 개발을 사업목적으로 하는 국책특수회사로 '남양척식주식회사(南洋拓殖株式會社, 이하 '남양척식')'를 설립했다는 점이다.

그런데 남양척식이 남양군도를 개발한다는 목적으로 설립되었다는 이 간단한 언명에는 숨겨져 있는 논점들이 있다. 먼저 횡적인 축에 놓이는 논점인데, 남양척식이 설립된 1936년이라는 시점에는 남양척식과 유사한 사업목적을 가진 식민지 국책회사들이 잇달아 설립되었다는 점을 들 수 있다. 1935년 12월의 만주척식주식회사(滿洲拓殖株式會社)의 설립을 필두로,[5] 1936년 9월에는 선만척식주식회사(鮮滿拓殖株式會社)가 설립되었고, 11월에는 대만척식주식회사(臺灣拓殖株式會社)와 남양척식이 거의 동시에 설립되었던 것이다. 이는 남양척식의 설립을 남양군도 통치에만 한정해서 볼 것이 아니라, 제국일본의 광역경제권 건설 속에서 검토해 보아야 한다는 것을 시사한다.

또 하나는 종적인 축의 논점으로, 남양군도에는 이미 남양흥발주식회사(南洋興發株式會社, 이하 '남양흥발')라는 '준(準)국책회사'가 이미 설립되어 있었다는 점이다. 남양흥발은 남양청의 전폭적인 후원을 받으며 일본의 남양군도 지배를 적극적으로 뒷받침했다. 이 회사는 남양군도의 사탕수수 재배와 수출에 대한 독점권을 남양청으로부터 부여받은 제당기업으로, 남양군도 경제에서 절대적 위치를 차지하고 있었다. 남양군도의 산업은 이 남양흥발에 의해 개발되었고, 또 남양흥발에 의해 남양군도는 대만과 함께 설탕이라는 세계 상품의 주요 생산지가 될 수 있었다. 이렇게 비록 법적으로는 민간회사이지만 식민지 개발을 충실히 하고 있고 수익성도 높으며 정부 친화적인 남양흥발이 있었음에도 불구하고, 왜 또다시 남양군도에는 남양척식이라는 대형 국책회사가 신설되었던 것일까?[6]

적 관계 변화를 종합적으로 분석하여, 남양군도를 일본 제국주의사 연구 및 태평양 지역 연구의 필수적인 부분으로 부각시켰다.

5) 만주척식주식회사는 1937년 9월 일본 · 만주국 합작의 만주척식공사로 확대 · 개편되었다.

6) 대만의 경우는 남양군도와 같은 유형인데, 대만제당이라는 준국책회사가 막대한 수

기존 연구들에서는 이 점을 의문시하지 않고 두 회사가 상호보완적 역할을 하며 양립했다는 결과만을 제시하고 있다.[7] 이 질문은 앞의 4개 척식회사 동시 신설 문제와 연결되어 있는데, 남양척식과 달리 조선총독부가 세운 선만척식회사는 기존의 준국책회사 동아권업(주)를 굳이 해산시켜 인수·합병하여 탄생했기 때문이다. 조선이나 남양군도나 두 지역 공히 법적으로는 민간회사이지만 사업목적과 방식은 국책회사에 준했던 회사, 즉 준국책회사가 1920년대부터 활동을 하고 있었다는 점에서는 공통적이었는데, 1930년대 중엽 조선은 준국책회사를 없앤 반면 남양군도에서는 국책회사와 준국책회사가 병존하였던 것이다.

이 논문은 남양척식의 설립 과정을 대상으로 하여 이 두 질문에 대한 답

익을 올리며 영업을 하고 있었음에도 역시 1936년에 국책회사 대만척식이 창립되었다. 준국책회사는 구보 후미가쓰(久保文克)가 대만제당회사와 대만척식회사의 성격을 구분하기 위해 붙인 말이다〔久保文克(1997),『植民地企業經營史論：「準國策會社」の實證的研究』, 日本經濟評論社〕. 그는 준국책회사는 사업의 내용과 목적, 정부와의 관계 등에서 국책회사와 동일하지만, 단 법적으로는 민간회사이기 때문에 회사의 설립과 운영이 일반 상법에 의해 규정되는 회사를 가리키는 말로 사용하였다. 즉 대만의 대만제당과 남양군도의 남양흥발은 민간기업이면서 해당 식민 정부와의 긴밀한 관계 속에서 국책적 사업을 한다는 점에서 동일한 유형이라 할 수 있다. 이에 반해 국책회사는 회사의 설립과 운영이 법령에 의해 규정되어 있는, 다시 말해 근거 법령에 의해 설립되고 운영되는 회사로 법률용어로는 '특수회사'라 하였다. 대체로 국책회사는 특수회사이고 그 역도 마찬가지인데, 대만제당과 남양흥발처럼 국책회사나 다름없지만 다만 근거 법령이 없는 회사들도 다수 존재하였다. 특수회사와 대비하여 이들을 준특수회사라 할 수도 있겠지만, 이 회사들은 관계 특수법령이 전혀 없기 때문에 특수회사라는 법적 형태에 '준'한다고 할 수 없다. 이 회사들이 특수회사에 '준'한 것은 국책적 사업과 정부의 관계이기 때문에 준국책회사라는 규정이 적합하다고 하겠다.

7) 사실 남양척식에 관한 연구는 거의 없다고 해도 과언이 아니다. 마크 피티가 일본의 남양군도 지배에 관한 독보적인 성과인 그의 책〔Peattie, Mark(1988), *Nan'yō : The Rise and Fall of the Japanese in Micronesia, 1885-1945*, University of Hawaii Press〕에서 2~3쪽을 할애해 남양척식의 개요를 간략히 정리해 두었고, 일본에서는 이마이즈미가 남양흥발과 남양척식을 병렬적으로 제시해 둔 바가 있다〔今泉裕美子(2005),「南洋興発株式會社·南洋拓殖株式會社：南進政策を支えた二大企業」, 印東道子 編,『ミクロネシアを知るための58章』, 明石書店, 232-237쪽〕. 김명환은 남양척식에 의한 조선인 강제징용 문제를 규명하면서 남양척식을 간략히 다루었는데〔김명환(2010), 앞의 논문〕, 그 문제 관심이 강제징용에 있었기 때문에 남양척식의 설립 과정과 조직적 특징에 대해서는 분석하지 않았다.

을 제시해 보고자 하는 것이다. 즉 제국일본의 남양군도 통치의 성격 변화와 관련하여 남양척식의 특징을 분석적으로 검토하고, 이를 통해 1930년대 전반기 '제국경제권'의 구축 속에서 '식민지 개발'이 갖는 역사적 의의를 이해해 보고자 한다.

II. 남양군도 위임통치와 준국책회사, 남양흥발

남양흥발(주)는 남양군도를 대표하는 조직이었다. 당시 일본 관계(官界)에서 자주 쓰이던 표현을 빌려 말하면, '남양흥발은 곧 남양군도였고 남양군도는 곧 남양흥발이었다'고 해도 과언이 아닐 정도로, 이 회사가 남양군도에서 차지하는 비중과 위상은 비교 불가한 것이었다. 남양청의 재정수입의 절대적인 부분은 '출항세'에 의해 충당되었는데, 이의 대부분은 남양흥발의 제당 상품 수출에서 나왔다. 이 출항세 납부금액은 남양청이 통치에 필요로 하는 예산을 초과할 정도로 커서, 남양청은 그 초과분을 '잉여금'으로 계속 축적해 두어야 할 정도였다.[8] 이처럼 제국일본의 남양군도 통치를 이해하는 데 있어서는 이 남양흥발이라는 준국책회사를 빼놓아서는 안 된다. 남양흥발은 1921년 11월에 설립되었는데, 이는 1922년 4월에 설치된 남양청보다 빠른 것이었다. 남양군도 통치기구인 남양청의 관제(官制)가 마련되기 전에 이미 남양흥발은 사업에 착수한 셈이었다. 이를 이해하기 위해서는 제1차 세계대전 시 일본군의 남양군도 점령에서 남양청 설치까지의 시기를 검토해 볼 필요가 있다.

8) 국제연맹 위임통치 규정상 위임통치령 내에서 발생한 재정수입은 그 내부에서만 사용되어야 했기 때문에, 잉여금을 일본 본국으로 송금한 대만과 달리 남양군도는 이를 도내(島內)에 유보시켜 두었다.

1. 산동-만주-남양군도 : 토지상조권과 위임통치

남양군도는 일본군의 점령 이전에는 독일령이었다. 영토 획득에의 강력한 의지를 보이고 있던 일본은 제1차 세계대전이 발발하자 참전의 기회를 호시탐탐 노렸다. 서구열강 간의 전쟁이라는 호기가 몹시 탐나기는 했지만, 후발 제국주의 국가로서 약체의 군사력과 경제력을 갖고 있던 일본이었기에 선불리 참전을 결행할 수는 없었다. 이러한 일본에게 빌미를 준 것은 바로 영국이었다. 영국은 독일의 전력을 약화시키기 위해 모든 수단을 동원해야 했는데, 그중 하나가 동맹국 일본이 아시아·태평양지역의 독일군을 움직이지 못하도록 묶어 두는 방안이었다. 영국의 요청을 받은 일본은 이 기회를 놓치지 않고 즉각 군사행동에 돌입하여 독일에 선전포고를 하고 산둥반도와 미크로네시아(남양군도)를 점령하였다.[9)]

1914년 산둥과 남양군도를 점령한 일본은 점령 직후인 1915년 그 유명한 「대화21개조요구(對華21個條要求)」를 발표하였다. 이는 산둥의 조차지를 일본에 할양하고, 칭다오(靑島)-지난(濟南) 간 철도운영권을 일본에 부여하고, 또 '만몽' 지역에 대한 일본인의 토지소유권을 보장할 것 등 중국에 대한 제국주의적 권리 일체를 일본이 보유하겠다는 대담한 요구였다. 이에 대해 아사다 교지(淺田喬二)는 일본이 실제로 의도한 것은 다른 무엇보다도 바로 만주에 대한 토지소유권이었다고 지적하였다.[10)] 즉 중국 측에서나 서구열강 입장에서도 도저히 수용할 수 없는 산둥 영유권과 내정간섭을 강하게 주장하면서, 어쩔 수 없이 산둥을 양보를 하는 척하여 내심 원하던 만주 토지소유권을 얻어 내겠다는 전략이었다는 것이다. 이러한 일본의 노림수는 남양군도에 대해 영국과 일본 간에 체결된 밀약에서도 볼 수 있다. 영국은 일본군이 산둥과 남양군도의 독일군을 공격하는 대가로 바로 남양군도를 일본에

9) マーク・ピーティー(1996), 淺野豊美 譯, 『植民地 : 帝國50年の興亡』, 讀賣新聞社, 73-75쪽.

10) 淺田喬二(1973), 『日本帝國主義下の民族革命運動』, 未来社, 325-329쪽.

주겠다는 약속을 하였던 것이다.[11] 일본이 제1차 세계대전 참전을 통해 얻으려고 한 것은 바로 만주 토지소유권과 남양군도 영유권이었던 것이다.

그런데 만주의 토지에 대해 일본인의 소유권을 보장하도록 요구한 일본의 주장은 '토지상조권(土地商組權)'이라는 이름의, 소유권도 사용권도 아닌 형태로 귀착되었다.[12] 이 모호함은 후에 만주사변 발발의 중요한 요인으로 작용하였다. 또 아래에서 더 검토하겠지만, 남양군도에 대한 영유 주장은 '위임통치령'이라는 반(半)식민지 혹은 준(準)식민지가 되는 형태로 관철되었다. 이처럼 만주와 산둥·남양군도는 별다른 관련이 없는 먼 지역으로 보이지만, 일본제국의 차원에서 보면 서로 관련되어 연동했다는 점을 염두에 둘 필요가 있다.

제1차 세계대전 종전을 위한 베르사유 강화회담에서 영국과 프랑스는 독일에 패전 책임을 물으면서 독일을 '전범'으로 범죄자 취급을 하였다. 이 '전범국'이라는 형사재판식 규정은 근대 국제 관계의 근간을 구성하고 있던 베스트팔렌체제하에서는 존재하지 않던 것이다. 전쟁에서 진 국가는 그저 패전국일 뿐, 패했다고 해서 범죄자 취급을 받은 것은 아니었기 때문이다. 하지만 영국과 프랑스는 지금까지 유럽 국가 간 전쟁에서의 관례를 깨고, 독일은 범죄자이며 그렇기 때문에 피해자들에게 피해보상금을 지불해야 한다고 주장하였다. 독일령 식민지들은 이 피해보상의 일환으로 승전국들에게 배분되었다.

그런데 문제는 소련의 국제공산주의 이념과 그에 대응하여 미국이 내놓

---

11) 我部政明(1982b), 「日本のミクロネシア占領と「南進」: 軍政期(一九一四年から一九二二年)を中心として(二)」, 『慶應大學法學研究』 第55巻 第8號, 68쪽. 시게키 야스코(佐伯康子)는 영국이 일본에 지중해로 함대를 파견해 줄 것을 요청했고, 그 대가로 남양군도의 일본 점령을 용인하겠다는 약속을 했다고 보았다[佐伯康子(1992a), 「海軍の南進と南洋興発(1920年~1936年): 南洋群島委任統治から「國策の基準」迄」」, 『慶應大學法學研究』 第65巻 第2號, 229-237쪽]. 일본의 남양군도 영유를 둘러싼 영국·일본 간의 협약에 대해서는 연구자마다 의견이 엇갈리는데, 이에 대해서는 후속 연구가 필요할 것으로 본다.

12) 淺田喬二(1989), 『増補 日本帝國主義と舊植民地地主制』, 御茶の水書房, 183쪽.

은 민족자결주의 이념에 의해 과거처럼 패전국의 식민지를 승전국이 그대로 식민지로 접수할 수 없게 되었다는 데 있었다. 제1차 세계대전은 더 이상 제국주의가 '문명화의 사명'과 같은 헤게모니를 갖지 못하게 되었음을 만방에 폭로하였다. 세계대전 후 어느 열강도 제국주의가 선(善)이라거나 향후의 발전을 위한 불가피한 단계라 주장할 수 없게 되었던 것이다. 그래서 제국주의 국가들은 예전처럼 '식민지'라는 제국의 필수조건을 노골적으로 확대할 수는 없었다. 피터 두스가 『식민지 없는 제국주의』에서 말한 것은, 공식 제국주의가 수명을 다했지만 새로운 국제질서는 아직 창출되지 않은 공위기(空位期) 속에서, 승전 제국주의 국가들이 패전국인 독일제국과 오스트리아 · 합스부르크제국의 구(舊) 식민지를 영유하는 방안으로 고안한 것이 바로 '위임통치'였다는 것이다.[13)]

2. 군정과 조선인 폭동, 남양흥발의 설립

일본군이 남양군도를 점령한 것은 1914년 9~10월로, 이후 일본 해군은 남양청이 설치되는 1922년까지 만 8년간 남양군도에서 군정을 실시하였다.[14)] 마크 피티(Mark Peattie)는 한 일본 해군 장교가 남양군도에 첫발을 내딛는 장면을 매우 인상적으로 묘사하였는데, 이 식민지적 조우(colonial encounter)의 주인공이 된 장교는 바로 일본 민속학의 태두인 야나기타 구니오(柳田國男)의 동생 마쓰오카 시즈오(松岡靜雄) 소령이었다.[15)] 아버지의 영향을 받아 마쓰오카도 형처럼 언어학과 민속학에 조예가 깊었다. 하지만 이 문화적 소양은 그저 그의 개인적인 성향에 불과했는지, 일본 해군의 남양군도 군정 통치

13) ピーター・ドウス(1992), 藤原歸一 譯, 「植民地なき帝國主義 : 「大東亞共榮圈」の構想」, 『思想』 第814號, 105-121쪽.

14) 일본의 남양군도 위임통치는 1919년 6월 결정되었다. 일본 해군은 이에 따라 민정 이양 준비를 시작하였고, 1922년 4월 남양청이 설치되면서 남양군도에 대한 군정은 종료되었다.

15) Peattie(1988), 앞의 책, p.63.

는 실정을 거듭하였다. 이마이즈미 유미코(今泉裕美子)의 연구에 따르면, 남양군도 농장의 일본인 농업노동자들은 빈곤과 실업에 허덕였고, 그들과 함께 섞여 들어왔던 조선인 노동자들은 1919년 마침내 폭동을 일으켰다.[16)]

일본군 점령 후 남양군도에는 소소한 상인회사 이외에도 니시무라척식(西村拓殖)과 남양식산(南洋殖産)이라는 대(大)농장회사가 진출하였다. 니시무라척식은 일본인의 남방 진출의 본거지 중 하나였던 나가사키의 어업가가 만든 회사로, 일본군 점령하 남양군도에서 일본 본토와 조선에서 값싸게 들여온 노동력으로 농산물을 재배하여 수출하는 사업을 하였다. 또 하나의 기업은 조선에서의 농업경영 및 금융업에서 부를 축적하고 있던 시부사와(澁澤) 가문이 출연한 남양식산이었다. 시부사와 가문은 친인척으로만 구성된 폐쇄적인 '시부사와동족회(澁澤同族會)'를 지주회사(持株會社)로 하여 일본의 식민지에 투자를 감행하고 있었는데, 그중 하나가 황해도와 경상도에서 조선 최대급 소작제 농장을 운영한 조선흥업(朝鮮興業)이었다. 조선흥업은 남양군도에서도 조선과 같은 대농장이 운영 가능하다고 판단하여 1916년 자회사로 남양식산을 설립한 것이다.

전형적인 식민지 열대플랜테이션 농장에서 조선인들은 익숙하지 않은 무더위와 음식, 열악한 주거환경이라는 삼중고를 겪었다. 조선인들의 생활이 어떠했는지는 자료를 확인할 수 없어 구체적으로 설명할 수는 없지만, 당시 이민 브로커의 알선에 의한 계약이민자들이 사실 반(半)노예 수준에 있었다는 사실은 여기에서도 별반 다르지 않을 것으로 보인다. 조선인 노동자들의 폭동은 굶주림 때문이었다. 남양군도의 극심한 작황 부진과 농산물의 가격 하락으로 극도의 빈곤으로 빠져들었고, 조선으로 돌아갈 방도가 없는 조선인 노동자들은 이 외딴섬에서 폭동을 일으켰던 것이다.

폭동의 진원지는 조선흥업의 자회사인 남양식산 농장이었는데, 그 과정에

16) 今泉裕美子(1992), 「南洋興發(株)の沖縄縣人政策に關する覺書：導入初期の方針を中心として」, 『沖縄文化研究』 第19號, 131-177쪽. 이 조선인 이주노동자들이 어떤 경위로 이 시기에 남양군도까지 가게 되었는지를 밝혀낸 연구는 아직 없는데, 일본인 이민회사의 알선으로 일본인에 섞여 들어가게 되었던 것으로 보인다.

서 조선인 노동자 2명이 사망하였다. 이는 남양군도 위임통치가 거의 확정 단계에 있던 일본 정부에 부담을 주었다. 통치를 위임받기 위해서는 그만한 자격이 있음을 증명해야 했는데, 조선인 폭동은 자칫 일본의 의도를 좌절시킬지도 모르는 중대한 사안이었다.[17] 이러한 국제 관계의 특징상 남양군도의 일본군은 조선에서 그랬던 것처럼 압도적 무력행사를 통해 가혹하게 진압을 할 수도 없었다. 남양군도 안에는 일본군의 통치를 지켜보고 있는 수많은 '푸른 눈'이 있었기 때문이다. 미국은 남양군도가 미국-괌-필리핀을 잇는 미 해군의 해상 루트를 절단시킬 수 있는 위치에 있다는 점을 우려하였고, 또 호주는 일본이 남진할 가능성을 염두에 두면서 일본 해군의 남양군도 점령을 매우 의심스러운 눈초리로 관찰하고 있었다.[18] 호주는 일본의 남양군도 영유가 마뜩찮았지만, 영국연방의 일원인 한 본국에서 체결한 밀약을 노골적으로 거스를 수는 없었다.[19]

조선인 폭동이 어느 정도 진정된 후, 일본 군정은 남양군도 통치 방식을 재검토해야만 했다. 특히 군정은 민간회사의 경영 능력의 한계와 무책임성이 폭동이라는 결과를 초래했다고 판단하였다. 군정에서는 기존 민간회사를 정리하고 '관민 협력'에 충실할 신기업의 설립을 모색하여 '특수기업회사 설립'에 관한 계획안을 마련하였다.[20]

이 상황에서 등장한 것이 바로 남양흥발의 사장이 될 마쓰에 하루지(松江春次)였다. 화학을 공부한 마쓰에는 식민지 대만에서의 제당산업의 눈부신 성공을 직접 경험한 인물이었다. 대만의 준국책회사 대만제당(주)의 임원으로 일본제국의 주력 수출공산품 중 하나인 제당품을 생산하는 데 참여했던 마쓰에는 대만제당에서 독립하여 자신만의 사업체를 차릴 생각을 하고 있었다. 사업대상지를 물색하고 있는 그의 눈에 띈 것이 바로 일본이 점령하

17) 今泉裕美子(1992), 앞의 논문.

18) マーク・ピーティー(1996), 앞의 책, 75-79쪽.

19) 태평양지역에서 일본의 움직임에 대한 호주의 묵인은 1930년 말까지 지속되었다[後藤乾一(2010), 『近代日本と東南アジア：南進の衝撃と遺産』, 岩波書店, 132-141쪽].

20) 今泉裕美子(1992), 앞의 논문, 139-140쪽.

고 있는 남양군도였다.[21] 마쓰에는 남양군도의 기후와 식생을 면밀히 검토한 후 제당업을 하기에 충분한 사업성을 갖고 있다고 확신하였다. 그의 사업전략은 국책회사 설립을 통해 남양군도 통치를 안정시키고자 하는 해군의 관심을 끌었다.

군정의 허락을 받은 마쓰에에게 남은 것은 막대한 투자비용을 어떻게 조달하는가 하는 문제였다. 이때 남양군도에 등장한 것이 동양척식회사(이하 '동척')였다. 동척은 원래 '조선에서의 척식이민사업'을 특허로 받아 설립된 국책식민회사였지만, 1917년 그 '동척법'을 개정하여 사업 지역을 '조선'에서 '본토 이외 해외 지역'으로 확대하고, '이민'에 한정되어 있던 사업영역을 '투자금융'으로까지 확장하였다. 해외·외지 투자금융기업으로 변신한 동척이 집중적으로 시행한 것은 바로 일본이 '상조권'을 부여받은 만주에 대한 토지매수 작업이었다. 초대 조선총독이자 동척법 개정 당시 총리대신이던 데라우치 마사타케(寺內正毅)가 동척을 식민지 투자금융회사로 적극적으로 변모시킨 것은 바로 동척의 자금으로 만주의 토지를 획득하기 위해서였던 것이다.

동척은 만주 토지 매수사업이라는 제국의 국책에 부응하면서도 법 개정으로 사업 권역이 외지와 해외로까지 확대되자, 동남아를 비롯한 '남방·남양' 지역에도 관심을 기울였다. 마쓰에는 일본 해군의 주선으로 동척 사장을 만나 사업계획을 설명하여 호의적인 반응을 이끌어 내는 데 성공하였다. 마침내 동척은 남양군도 제당업에 대규모 출자를 감행하기로 결정하였다. 군정에서는 조선인 폭동이 발생할 만큼 경영 성적이 좋지 않은 니시무라척식과 남양식산을 신회사가 인수토록 하였고, 그 결과 마쓰에를 사장으로 한 준국책회사 남양흥발(주)가 1921년 11월 설립되었다.[22]

한편 만주의 일본인은 중국 정부가 만몽 지역에 대한 일본인의 토지상조권을 인정했다는 소식을 듣자, 재빨리 농장회사 설립을 펑톈(奉天)영사관에

21) 공교롭게도 대만에서 남양군도에 이르는 일본이 지배한 열도(列島) 지대는 바로 제당의 원료가 되는 사탕수수의 원산지였다.

22) 설립 당시 동척 남양흥발 전체 납입자본금의 49퍼센트를 출자한 남양흥발의 최대주주였다.

신청하였다. 하지만 일본 외무성에서는 이들의 농장회사 설립 신청은 다분히 토지 매매 차익을 노린 투기적 성격이 짙다고 보고 인가하지 않았다. 일본 정부는 만주의 토지 매수라는 극도로 예민한 문제를 민간에 맡길 수 없다고 보아, 국가의 통제하에 있는 기업에 대행을 시키는 것으로 방침을 굳혔다. 민간회사가 난립하면 토지상조권하에서 일본의 비밀스런 토지 취득행위가 들통날지도 모르며,[23] 또 명의 위장을 통한 매입 과정에서 민간인들이 정부자금을 착복·횡령할지도 모르는 일이었다. 그래서 일본 정부는 펑톈영사관을 통해 동척과 만철이 공동출자하고 조선총독부와 관동청이 관할하는 농업이민회사를 설립하도록 하였다. 이렇게 하여 만주에는 1921년 12월 준국책회사 동아권업(주)가 설립되었다.[24]

이로써 동척은 같은 시기에 북방의 만주와 남방의 남양군도에 준국책회사를 계열회사로 두게 되었다. 이는 동척의 투자목적과 국책회사가 갖는 기본적인 성격을 보여 주는 사례이다. 국책회사는 국가의 이익과 직결된 사업부문이나 사업지역에 진출하여 막대한 자금력으로 국책사업을 수행하며, 필요한 경우 자회사를 설립하여 대행하도록 한다. 동아권업회사와 남양흥발회사는 만주와 남양군도라는 서로 무관해 보이는 지역에 각기 설립되었지만, 민간회사의 난립을 정리한다는 동척의 목적에서는 동일한 것이었다.

설립 후 남양흥발은 남양청의 각별한 관심과 동척이라는 든든한 재정적 후원자의 존재, 그리고 마쓰에 하루지 사장의 사업 수완이 삼위일체를 이루어 승승장구하였다. 남양흥발 덕택에 남양군도는 대만과 더불어 일본을 대표하는 제당산업 지역으로 급부상하였다. 그저 남태평양의 열대 지역으로만 알려져 있던 남양군도는 사탕수수의 세계적 산지가 되었고 남양흥발은

---

23) 일본 정부는 만주에 대한 일본인의 토지소유권이 법적으로 인정되지 않자, 먼저 일본인 민간인들에게 자금을 빌려 주고, 또 다시 이들이 중국인 민간인에게 이 돈을 빌려 주어 자기 명의로 토지를 매입하게 하였다. 즉 금전적 채무 관계의 사슬과 명의세탁을 통해 편법으로 토지를 매수했던 것이다.

24) 江夏由樹(2005),「東亞勸業株式會社の歷史からみた近代中國東北地域」, 江夏由樹·西村成雄·中見立夫 編,『近代中國東北地域史研究の新視角』, 山川出版社, 45-48쪽.

막대한 양의 제당제품을 세계 각지로 수출하였다. 남양흥발이 내는 출항세는 남양청 재정에서 절대적인 비중을 차지하였을 뿐만 아니라 도내(島內) 통치비용으로 쓰고도 남을 정도였다. 대만과 마찬가지로 1932년에 이르면 남양군도도 제당산업 덕택에 재정 독립을 이루었다.[25] 그런데 대만은 남은 납세금을 일본 본국으로 송금하였지만, 남양군도는 위임통치령 규정상 내부에서 발생한 수익을 외부로 송금할 수 없기 때문에 남양청은 그 자금을 '잉여금'이라는 명목으로 계속 보유하였다.

이렇게 남양군도는 제1차 세계대전으로 얻은 전리품으로서의 역할을 십분 발휘하였다. 토착민은 인구 자체가 적었고 또 각 섬으로 흩어져 있었기 때문에 소소한 사건 외에는 식민 통치자들이 언제나 직면하던 민족주의 운동이라 할 만한 것도 없었다.[26] 국제연맹은 1년에 한 번 위임통치 현황 보고서를 제출하여 심의를 받도록 요구했을 뿐 일본의 통치에 별다른 간섭을 하지 않았다.[27] 이러한 정치적 조건에 남양흥발에 의한 경제호황이 더해져 남양청의 식민 관료들은 걱정할 일이 없었다. 당시 한 신문기사에서 표현했듯이 남양군도는 '관료들의 천국'이었다. 남양흥발 사장 마쓰에 하루지는 '사탕왕(砂糖王)'이라는 칭호를 얻었고, 사이판의 '마쓰에공원'에는 그의 동상이 건립되었다.

남양청이 해야 할 일은 극심한 작황 부진으로 피폐해진 고향을 떠나야 했던 오키나와인들을 받아들이는 일뿐이었다. 이른바 '소철지옥'으로 표현된 1920년대 오키나와는 주력 생산품인 소철이 병충해로 전멸하다시피 하면서 기근이 엄습하였다. 오키나와 농민들은 기근을 피해 남양군도로 몰려들었는데, 남양군도가 이들을 수용하면서 기근으로 폭발 위기에 있는 오키나와 문

25) 今泉裕美子(1994),「國際聯盟での審査にみる南洋群島現地住民政策」,『歴史學硏究』第665號, 32쪽.

26) 남양군도에서의 일본인과 토착민, 그리고 오키나와인과 조선인 간에는 미묘한 관계가 형성되어 있었다. 이에 대해서는 マーク・ピーティー(1996), 앞의 책, 266-272쪽 참조.

27) 호주와 네덜란드가 일본이 남양군도에 군사시설을 설치하지 않을까 주의를 기울이는 정도였다.

제를 일시적으로나마 해소할 수 있었다.[28] 남양흥발 입장에서도 오키나와 이민자의 쇄도라는 상황은 결코 불리한 일이 아니었다. 열대농업에 익숙한 오키나와인을 값싸게 고용할 수 있는 기회가 되었기 때문이다.[29] 그래서인지 남양흥발은 1929년 세계대공황에도 주주배당률을 1～2퍼센트를 삭감하는 수준의 어려움을 겪기는 했지만 결정적인 타격을 받지는 않았다.[30]

III. 만주사변으로 인한 남양군도 위임통치의 변화

1. 국제연맹 탈퇴와 남진론의 대두

남양군도의 일본 식민 통치가 변화에 직면한 것은 1931년 만주사변을 계기로 하였다. 일본의 만주 영유는 서구열강의 양해를 얻지 못한 채 이루어진 것이었고, 만주는 양해해 주기에는 경제적 규모에서나 지정학적 위치에서나 너무나 중요한 지역이었다. 일본이 단독으로 감행한 것이라 국제연맹이 '위임통치'로 승인해 줄 수도 없었고, 또 일본 스스로도 만주를 공식 식민지로 편입시키기에는 미국과 소련이 부담스러웠다. 그래서 고안해 낸 것이 '만주국'이라는 법적 독립국을 세워 일본제국의 위성국으로 삼는 방안이었다. 남양군도나 만주국이나 사실상 식민지인 것은 마찬가지였지만, 만주국은 논공행상으로 나누어 가진 남양군도와는 상황이 달랐다. 결국 국제연맹은 일본의 만주국 건국을 승인하지 않았고, 이에 일본은 1933년 국제연맹을 탈퇴하는 것으로 대응하였다.

---

28) 오키나와의 '소철지옥'에 대해서는 도미야마 이치로(2002), 임성모 옮김, 『전장의 기억』, 이산 ; 도미야마 이치로(2015), 심정명 옮김, 『유착의 사상』, 글항아리를 참조.

29) 오키나와인의 남양군도 노동이민에 대해서는 今泉裕美子(1992), 앞의 논문이 상세하다.

30) 高木茂樹(2008), 「南洋興発の財政状況と松江春次の南進論」, 『アジア經濟』 第49號, 32쪽.

만주 문제를 둘러싼 이러한 급격한 정세 변화는 바로 남쪽의 남양군도에 즉각적인 영향을 끼쳤다. 위임통치령이라는 국제연맹의 규약을 기본 조건으로 하여 일본의 남양군도 통치는 이루어지고 있었는데, 일본이 스스로 국제연맹을 탈퇴해 버렸던 것이다. 그래서 일본 내부에서도 '우리가 국제연맹을 탈퇴했기 때문에 남양군도는 반환해야 하는 게 아닌가'라는 말이 나왔다.[31] 대학교수들조차 이 질문인지 주장인지 알 수 없는 이야기를 할 정도로, 일본의 국제연맹 탈퇴는 준비되지 않은 것이었다. 이러한 논의는 위임통치의 성격을 지나치게 국제법적인 문제로 이해했기 때문에 나온 것이다. 피터 두스는 국제연맹 결성 시 다른 문제는 국제법학자와 국제정치학자들의 자문으로 주요 규약이 제정되었지만, 위임통치령 문제만은 오로지 국제법에 대한 지식이 없는 정치가들에 의해 규약이 만들어졌다는 점을 지적하였다.[32] 그는 위임통치령은 법적으로 구성된 것이 아니라 이미 승전국 간 배분이 결정되어 있는 상황에서 그 배분을 정당화하는 방식으로 짜여진 것이라 하였다. A형, B형, C형이라는 유형은 국제법적 성격 차이에 따른 구분이 아니라 배분받는 국가를 가리키는 것이나 마찬가지였다는 것이다. 즉 C형의 경우 일본이 배분받아 통치하는 구역이라는 뜻으로, 그저 거기에 약간의 규제 · 규약을 부과한 것에 불과했다는 주장이다.

일본이 국제연맹을 탈퇴했음에도 또 그로 인한 남양군도 반환을 걱정했음에도, 국제연맹이 일본의 남양군도 위임통치는 계속 유효하다는 결정을 통보한 것은 두스의 해석이 적합하다는 사실을 방증한다. 남양군도는 일본의 '식민지'였기 때문에 국제연맹 탈퇴 여부와 무관하게 일본이 식민 지배를 계속하도록 한 것이다. 국제연맹 입장에서 이러한 조치는 비록 망신스럽기는 하지만, 위임통치령으로 계속 인정하면 남양군도에서의 일본의 행동을 심사할 수 있는 권한만은 여전히 보유하게 된다는 점이 고려된 것으로 보인

31) 藤森清一郎 · 高山伊太郎 · 坂本丹治(1935), 「(極秘)南洋群島方策ニ關スル意見」(『南洋群島開發調査會關係』 서류 수록 문서).

32) ピーター · ドウス(1992), 앞의 논문.

다. 특히 위임통치령에는 일체의 군사시설을 설치하는 것이 금지되어 있었기 때문에 일본이 남양군도를 군사시설화하는 것을 막지는 못해도 최소한 감시는 할 수 있었다.

이러한 과정으로 이제 남양군도는 특이한 이중구조에 놓이게 되는데, 한편으로는 위임통치령이라는 법적 구조를 계속 가지면서도 다른 한편으로는 일본제국의 명백한 식민지로서 편입된 것이다. 1930년대의 남양군도는 이 미묘한 구도 변화 속에서 이해되어야 한다.

일본이 국제연맹을 탈퇴한 1933년은 만주사변을 계기로 한 북방의 변화가 대만과 남양군도를 중심으로 한 남방 지역에까지 영향을 끼치기 시작한 해이다. 그 이듬해인 1934년 12월 척무성과 남양청은 "남양군도의 통치와 개발에 관한 근본방책을 확립 · 수행"한다는 명목으로 '남양군도개발조사위원회'를 설치하였다.[33] 이는 1935년 10월 설치되어 대만척식(주)의 설립을 결의한 대만총독부의 '열대산업조사회'보다도 이른 시기에 설치된 것이었다. 물론 『대만일일신보』 기사에서 확인할 수 있듯이, 1935년 1월에 '대만산업조사회', '열대산업조사회', '남방경제조사회', '대만경제개발조사회' 등의 이름으로(아직 명칭이 확정되지는 않았지만) 대만 산업 개발에 관련한 조사심의회가 개최될 것으로 보인다는 기사가 연이어 나왔다. 그런데 열대산업조사회 설치는 대만 개발의 주도권을 둘러싼 일본제국 내부의 알력으로 지연되어 1935년 10월에나 이루어질 수 있었다.[34] 이로 볼 때 식민지 개발정책의 입안에 있어 굳이 자료기록으로 따진다면 남양군도 쪽이 빨랐다고 볼 수 있겠지만, 이면의 정치적 움직임이 있었을 것이라는 점을 생각하면 양 지역에 대한 개발계획은 어느 쪽이 선행했다고 보기보다는 거의 동시적으로 진행이 되었다고 보는 게 타당할 것이다.

남양군도와 대만에 대한 개발계획에 주도권을 쥐고 있던 것은 바로 척무

---

33) 拓務省(1934), 「(秘)南洋群島開發調査委員會設置ノ件」(1934. 12. 6).

34) 1935년 3월부터는 모두 '열대산업조사회'로 통일되었다고 한다〔河原林直人(2011), 「熱帶産業調査會開催過程に觀る臺灣の南進構想と現實 : 諸官廳の錯綜する利害と認識」, 『名古屋大學論集 社會科學篇』 第47巻 第4號, 111-133쪽〕.

성과 해군이었다. 1929년 설치된 척무성은 대만총독부, 남양청, 가라후토청에 대한 주무관서였다.[35] 세계대공황의 발발이라는 미묘한 시기에 설립된 척무성은 식민지 종합행정 관리기구로 설치되었지만, 각 식민지에 이해관계를 갖고 있던 내무성 · 외무성 · 상공성 등 다른 부처들의 반발과 또 본국에 종속되지 않으려는 조선총독부의 강력한 반대로 애초의 설립목적을 그다지 살리지 못하고 있었다. 여기에 일본제국의 최대 식민지인 만주국은 '대만사무국(對滿事務局)'을 통해 본국과 직접 연결되었기 때문에 척무성은 아무런 역할을 할 수가 없었다. 이런 경위로 일본제국의 식민 지배에서 척무성의 움직임은 크게 제한되어 있었던 것이다. 예를 들면 척무성은 만주사변 직후부터 계획된 조선과 일본 본토에서의 만주 농업이민정책에서도 별다른 역할을 하지 못했다. 조선인 만주 이민사업은 조선총독부가 주도하고 있었고, 일본인 만주 이민사업에 대해서는 본토의 농림성이 영향력을 행사하고 있었다.

이러한 '힘없는' 관청인 척무성에게 기회가 온 것은 바로 일본 해군의 '남진(南進)' 구상이었다. 일본의 '남진론'은 대단히 긴 역사를 자랑하는데, 대만 식민화 때 한차례 붐이 일었다가 일본의 정치적 · 군사적 역량이 조선 · 만주 쪽, 즉 북진에 경사되면서 재야의 담론으로 머물고 있었다.[36] 그럼에도 해군 내부에서는 남진론자들이 계속 한 축을 차지하고 있었는데, 남양군도와의 조우 장면에 등장한 마쓰오카 시즈오도 남진론의 주요 인물 중 하나였다. 일본 해군은 1933년 9월 「해군의 대중국 시국처리방침(海軍の對支時局處理方針)」을 결정하여 그간 수면 아래 잠복해 있던 남진론을 해군의 중심적인 정책구상으로 끌어올렸다.[37] 여기에는 일본의 국제연맹 탈퇴가 결정적인 조건으로 작용하였다. 일본 해군은 1920년대 워싱턴군축회담으로 묶여 있던 군비를 마침내 확장하기로 결심하였던 것이다. 대미항전력(對美抗戰力)

---

35) 조선은 조선총독부가 일본 육군의 아성이라는 점, 그리고 총독이 천황에 '직예'한다는 점 때문에 척무성의 영향력이 극도로 제한되어 있는 식민지였다.

36) 일본 남진론의 역사에 대해서는 矢野暢(1975), 앞의 책 참조.

37) 矢野暢(1975), 앞의 책, 150쪽.

을 보유하기 위해서는 해양을 중심으로 군항을 확보하고 보급로를 유지해야 했으며, 또 군수용 자원을 확보하기 위해서는 대만과 남양군도를 기축으로 한 남방국방권의 구축이 필수적이라 판단하였던 것이다. 그래서 해군은 척무성의 남양군도 및 대만 개발사업을 적극적으로 뒷받침하였고, 남양척식 설립이 임박한 1936년 8월에 이르면 이른바 「국책의 기준」을 발표하여 남진을 제국일본의 주요 국책의 하나로 자리매김하였다.

일본이 앞의 「해군의 대중국 시국처리방침」에서 남진을 해군정책의 핵심 목표로 천명한 이후, 척무성의 움직임은 특히 남진의 거점인 대만과 남양군도를 중심으로 적극화되었다. 1934년 12월의 남양군도개발조사위원회(이하 '조사위원회')의 설치는 그것의 첫 번째 제도적 표현이었다.

조사위원회는 "최근의 국제정세의 추이에 비추어 이 섬(남양군도)이 제국의 국방상 그 지위에 있어 중요성을 더해 가고 있을 뿐만 아니라 나아가 우리나라(일본)의 대(對)남방정책 수행상 유력한 거점으로 특수한 사명을 가지게 됨에 따라 통치와 개발상 근본 방책을 검토하여 그로써 시설의 정비경영의 개설"을 조사·심의하는 것을 목적으로 하였다. 즉 남양군도는 일본제국의 국방과 대남방정책에 있어 매우 중요한 지점으로 통치·개발을 위한 대책을 검토하고 그 실행을 위한 시설을 정비·경영하기 위해 먼저 조사위원회를 설치했다는 것이다.[38] 이는 남양군도 개발사업의 기본적인 목표가 해군의 남진정책에 수반하여 남양군도를 군사적 거점으로 재편하는 데 있다는 점을 밝힌 것이다.

위원장은 척무대신이 맡고 위원은 '정부 측'에서는 척무성 6명, 외무성 2명, 대장성 2명, 해군성 3명, 남양청 1명으로, '학식유경험자'로는 동척·남양흥발·일본우선(日本郵船)·남양협회에서 대표자 각 1명으로 선발되어 위원장 포함 총 19명으로 구성되었다. 실무진인 간사는 척무성 4명, 해군성 1명, 남양청 1명으로 구성되었다. 위원회는 척무성 중심으로 진용이 짜였다는 것은 말할 필요도 없고, 해군성에서도 2명이 들어왔다는 것은 이 남양군도 개발

38) 拓務省(1934), 「(秘)南洋群島開発調査委員會設置ノ件 : '理由'」.

계획에 대한 해군의 관심을 잘 보여 준다.[39] 또 '학식유경험자' 위원들은 남양군도 개발에 이해관계를 갖고 있는 친정부적 기업 · 단체의 임원들이었는데, 그중 남양흥발에서는 마쓰에 하루지 사장이 직접 참석하였다.

2. 남양군도 개발 구상 : 인구와 영토의 문제

조사위원회의 주요 심의사항은 ① 일본의 남방정책에 있어 남양군도의 사명, ② 남양군도 도민(島民) 통치정책, ③ 남양군도의 국방 · 행정, ④ 산업개발 방책, ⑤ 이식민의 발전 방안, ⑥ 교통 · 통신의 개선 방안, ⑦ 척식 실행기관의 설치 또는 정비에 관한 방책 등이었다.[40] 조사회의 논의사항은 1930년대 남양군도 개발사업이 갖는 성격과 그 개발사업 속에서 남양척식이 수행하는 역할이 무엇이었는지를 해명하는 데 필요한 단서를 제공해 준다. 개발계획의 핵심과제는 남태평양 국방의 거점으로 '남양군도와 그 주변지역'을 어떻게 재편성할 것인가 하는 것이었다.

먼저 도내 통치의 개편에 대해서는 교육시설 · 의료시설 등을 확충하여 '원시 상태 도민의 문명 수준을 향상'시키는데, 구관(舊慣)을 존중해 가며 점진적으로 추진할 것을 명시하였다. 그 추진 방안의 일환으로 도민의 내지(內地) 견학을 추진하여 선진 일본의 문명을 직접 체험토록 하고, 또 일부 도민을 '유식계급'으로 육성하여 식민 통치에 적극 협력토록 하며, 적절한 요건을 채운 자들에 대해서는 일본 국적을 부여해야 한다는 등의 권고사항을 채택하였다.[41]

---

39) 외무성 위원 2명은 남양군도가 여전히 위임통치령이라는 점에서 고려해야 할 문제와 또 계획 실행 과정에서 발생할지도 모르는 국제법적 문제를 심의하는 역할을 했던 것으로 보인다. 대장성 위원 2명은 개발계획의 소요자금 검토 및 척식회사 설립상의 문제를 검토하는 역할을 했을 것인데, 이는 재무관료가 하는 일반적 역할이라 할 수 있다.

40) 拓務省(1934), 앞의 자료, 34쪽.

41) 남양군도개발조사위원회가 작성한 최종보고서인 「남양군도개발조사위원회답신」(1935)의 내용이다. 이 보고서는 『본방회사관계잡건 남양척식주식회사(本邦會社關係雜件

이 '문명화 사명'의 매뉴얼을 반복한 통치원론보다 더 중요시되었던 것은 바로 인구 이동의 문제였다. 이는 '입도(入島)'와 '이민' 문제로 다시 나눌 수 있다. 먼저 입도 문제의 경우, 이는 개발계획의 전제인 국방 문제와 연결된 것으로 파악되었다. 특히 섬 내의 외국인에 대한 관리감독('取締') 문제는 제1회 위원회에서 첫 번째 안건으로 논의되었을 정도로 남양군도 관계자들이 중요하게 생각한 것으로 보인다. 조사위원회에서는 '국제연맹 탈퇴 후 남양군도의 움직임은 세계인들의 이목을 끌고 있어 외국인들의 왕래가 빈번'해지고 있는데, 이 과정에서 왜곡된 정보가 세계로 퍼져 나갈 수 있다는 점이 우려된다고 보았다.[42] 남양흥발의 마쓰에 위원은 국제연맹이 남양군도의 축항(築港) 문제, 도민 문제에 대해 "시의(猜疑)적 발언"을 하는 것은 결코 일본의 남양군도 통치에 이롭지 않은 것인데, 자신이 보기에 국제연맹의 "첩보는 현재 군도에 거주하는 외국인의 수허(手許)로서 주로 나오고 있지 않은가 의심되므로, …외국인의 처분을 행할 필요가 있다"고 하며, 강경한 외국인 '취체'정책을 펼치고 필요하다면 혐의자들에 대한 입도금지·강제출도 조치를 취해야 한다고 주장하였다. 더 나아가 그는 간첩 용의자로 3명의 외국인을 직접 지목하기도 하였다.[43]

그리고 이민 문제의 경우, 조사위원회에서는 과잉인구문제로 고통받고 있는 본국을 돕기 위해 적극적으로 이민자들을 수용해야 한다고 권고하였다.

南洋拓殖株式會社)』 서류철에 수록되어 있다.

42) 남양군도개발조사위원회가 작성한 두 문서 「외국인의 남양군도 입도에 관한 건(外國人ノ南洋群島入島二關スル件)」(1935)과 「외국인 입도관리·감독에 관한 건(外國人入島取締二關スル件)」(1935)의 내용으로, 이 두 문서는 『남양군도개발조사회관계(南洋群島開開發調査會關係)』 서류철에 수록되어 있다.

43) 마쓰에 하루지가 위원회에 제출한 보고서 「(비)남양개발의 제 문제에 대하여[(秘)南洋開發ノ諸問題二就いて]」(1935). 그가 간첩으로 지목한 인물과 그 근거는 다음과 같다. ① 그레고리. 영어·독일어·스페인어·말레이어 구사하는 남양군도 최고의 인텔리인데, "남양군도를 방문하는 외국인들은 반드시 그를 방문하여 밀담을 하는 것으로 보아 스파이다"라고 하였다. ② 독일인 이치사이드. 수백 정보(町步)의 야자농장을 소유하고 있는데, 의심스러운 점이 많으므로 그의 "농장을 고가로라도 매수하여 퇴거시켜야 한다"고 주장하였다. ③ 미국인 허먼. "통신을 통해 우리에게 불리한 정보를 주고 있는 것으로 보이므로 조사 후 조치해야 한다"고 하였다.

5개년간 4,500호(약 2만 2천 명) 정도는 받을 수 있으며, 200호를 한 마을로 하여 20여 개의 이주정착촌을 만들 수 있다고 보았다. 그렇지만 현재 본국은 매년 50만 명을 송출해야 할 정도로 어려움을 겪고 있어, 남양군도에 매년 4천~5천 명을 수용해 보았자 그다지 도움이 되지 않는 일이라는 것은 위원들도 인정하였다. 작은 섬들로 구성된 남양군도에 세계적 인구밀도를 자랑하던 일본 본토로부터 이민자들을 부른다는 것은 거의 효과를 기대할 수 없는 일이었다. 그럼에도 조사위원회가 남양군도로의 이민을 추진해야 한다고 한 것은 바로 '외(外)남양'[44]으로의 이민사업을 계획하고 있었기 때문이다.

조사위원회의 한 간사는 '외남양' 지역은 광대한 미개척지가 있기 때문에 일본인 이민자들을 받을 여지가 엄청나다는 점에 주목해야 한다고 하였다.[45] 남태평양 지역은 만주와 같은 강추위는 전혀 걱정하지 않아도 되고, 원래 일본 농민들은 고온다습한 환경에서 농사를 짓는 데 익숙하기 때문에 이 무더운 미간지를 개척하는 데에는 일본 농민만큼 적합한 민족도 없다는 논리였다. 따라서 이 지역에 대한 이주척식이야말로 급선무로, 필요한 재원은 일본 정부로부터 지원을 받아야 한다고 하였다. 일본 정부가 본국의 농촌 구제사업비로 밑 빠진 독에 물 붓듯이 막대한 돈을 쓰고 있는데, 차라리 이 돈을 외남양 개발에 투자한다면 일석이조의 효과를 올릴 수 있다는 논리로 충분히 본국 정부를 설득할 수 있다는 이야기였다.

---

44) 당시 일본에서 '남양군도'와 그 일대를 가리키는 표현으로 처음에는 '표남양(表南洋)'과 '이남양(裏南洋)'이 쓰이다가, 1935년 무렵부터 '외남양'과 '내남양'으로 바뀌었다〔我部政明(1982a), 「日本のミクロネシア占領と「南進」：軍政期(一九一四年から一九二二年)を中心として(一)」, 『慶應大學法學硏究』 第55巻 第7號, 72쪽〕. 여기에서 '이남영·내남양'은 일본 통치권에 있는 미크로네시아를 가리키는 것이고 '표남양·외남양'은 그 인접 지역을 가리킨다. 이 글에서 다루고 있는 1935년의 남양군도개발계획에서도 처음에는 '표남양'이 사용되다가 나중에 '외남양'으로 굳어졌는데, 이 용어 변화의 명확한 이유는 찾을 수 없었다. 다만 여기에서는 논의의 가독성을 위해 '외남양'으로 통일하여 쓰도록 하겠다.

45) 『남양군도개발조사회관계』에 수록되어 있는 극비 문서 「남양군도 토지개척계획에 관한 의견(南洋群島土地開拓計劃二關スル意見)」의 내용이다.

남양군도는 넓은 해역을 가지고 있지만 그 육지 면적은 대단히 협소하여 사실 개발의 여지가 별로 없는데, 네덜란드령 뉴기니를 중심으로 한 외남양 지역은 아직 거의 개발이 되지 않은 기회의 땅으로 간주되었다. 따라서 남양군도 개발은 외남양에 대한 개발사업이 되어야 하며, 남양군도는 그 교두보 역할을 해야 한다는 것이 조사위원회의 권고사항 중 하나였다. 마쓰에 위원도 '만주국처럼 기후가 한랭하지도 않고, (조선이나 대만처럼) 저도(低度)민족과의 경쟁이라는 장애도 없고, 또 브라질처럼 밀림 격리와 같은 자연적 장애도 없다'는 점에서 외남양이야말로 일본인 이민의 최적지라고 주장하였다.[46] 그는 "우리의 남방국책의 종국목표는 남양군도를 기초 단계로 하여 난영(蘭領)동인도(네덜란드령 뉴기니)에 진출을 행하여 인구문제 및 자원 문제의 해결을 기하는 것에 있다"고 하며 외남양 개발이 바로 남양군도 개발사업의 본령임을 강조하였다.[47]

이러한 초기 위원회의 다소 막연하고 비전문적인 논의를 남진론에 기초하여 명확히 정리한 의견서가 제출되었는데 이것이 "남양군도 방책에 관한 의견"이다.[48] 이는 3명의 명의로 작성되었는데 이 의견서를 주도했던 것은 해군 남진론자 중 한 명인 후지모리(藤森清一朗) 대령[49]으로 보인다.[50] 여기

---

46) 남양군도개발조사위원회의 회의용 문서인 「이남양에 있어서의 척식사업의 구체적 발전책에 대하여(裏南洋二於ける拓殖事業ノ具體的發展策二就いて)」에 기재된 마쓰에 하루지의 발언이다.

47) 이는 조사위원회 회의용으로 마쓰에 하루지가 작성한 비밀문서 「(비)남양개발의 제 문제에 대하여」에서 그가 주장한 것이다. 이 문서는 『남양군도개발조사회관계』에 수록되어 있다.

48) 이 글에서 '후지모리 의견서'라 한 것은 후지모리 세이치로(藤森清一朗), 다카야마 이타로(高山伊太郞), 사카모토 단지(坂本丹治)가 1935년에 작성하여 조사위원회에 제출한 극비 문서 「남양군도방책에 대한 의견(南洋群島方策二對スル意見)」을 가리킨다. 이 문서는 『남양군도개발조사회관계』에 수록되어 있다.

49) 후지모리 세이이치로는 해군대학 제19기로 군령부 참모를 역임한 해군 남진론의 일원이었다. 이 의견서 작성 당시에는 대령으로 현역 함장이었고, 1936년 말에는 소장으로 진급하여 사령관이 되었다. 남진에 대한 그의 입장은 강연을 정리한 『태평양과 자유주의』〔藤森清一朗(1944), 『太平洋と自由主義』, 南方圈硏究會〕 참조.

50) 다른 두 작성자인 다카야마 이타로와 사카모토 단지는 토목기사와 어업전문가였다.

에서는 해군의 남진론이 강하게 반영된 것을 강조하기 위해 이 의견서를 '후지모리 의견서'로 지칭하겠다.[51] 후지모리 의견서의 내용은, 첫째 제국일본에서 남양군도가 차지하는 중요성에 관한 인식 재고의 필요성, 둘째 행정조직 및 시설 개선의 방안, 셋째 남양군도 개발의 방안으로 나눌 수 있다.

첫 번째 남양군도의 중요성 인식 문제에 대해, 후지모리 의견서에서는 남양군도가 제국의 국방상의 요충지이며 남양수산업의 전진기지라는 점은 너무나 당연한 것인데, 하지만 남양군도가 일본이 처한 '인구문제 해결의 열쇠'라는 점은 아직 본국에 잘 인식되지 않았다고 주장하였다. 즉 남양군도가 일본 본국이 안고 있는 인구문제를 해소하는 데 있어 결정적인 역할을 할 수 있다고 본 것이다. 위의 위원회 위원들의 논의에 나왔듯이 후지모리 의견서에서도 이민지로 지목한 곳은 바로 외남양 지역이었다. 외남양은 '광막하고 비옥한 토지이지만 인적이 드문 곳으로 남양군도를 초석으로 하여 남행(南行)이민을 감행'하기에 최적지라 하였다(후지모리 의견서, 12쪽). 이 이민 문제는 후지모리 의견서 지면의 상당 부분을 차지하는데, 흥미로운 것은 이 의견서에서는 외남양이 얼마나 이민에 적합한지를 조선 · 대만 · 만주와 비교해서 설명하고 있다는 점이다.

먼저 조선과 대만은 기후는 일본인에게 적합하지만 이미 값싼 노동력이 가득하며 현지 총독부가 이민사업에 별로 관심이 없는 상황이라 일본인의 정착성이 현저히 떨어지는 지역이라 보았다(후지모리 의견서, 14쪽). 이는 조선과 대만으로의 농업이민정책이 1910년대에 이미 성공할 수 없는 사업으로 끝났다는 사실을 지적하고 있는 것이다. 대만의 경우 1890년대부터 식민정책 학자들에 의해 '농업식민론'이 검토되었고 대만총독부도 시범사업을 실시하기도 하였지만, 대만 농민들의 생산성에 비해 일본 농민이 뚜렷한 우위를 확보하지 못했기 때문에 실패하고 말았다. 조선으로의 이민도 동척에 의해 1910년부터 실시되었지만 토지 투기꾼과 부재지주만을 양산한 채 막을 내렸다. 한편 조사위원회가 열린 1935년에는 일본 본국과 조선에서 만주 이민

51) 이하 이 문서를 인용할 경우 그 출처는 '후지모리 의견서, 페이지'의 형태로 표기한다.

정책이 한창 입안되어 시행만을 앞두고 있는 상황이었다. 그 정책 대행기관으로 만주척식(주)와 선만척식(주)의 설립이 임박한 시점이었는데, 이 의견서에서는 만주는 소련·중국과의 접경 지역으로 완충지대로 건설하기에는 너무나 막대한 자금이 소요될 것이라 하였다. 또 만주는 일본인의 체질·문화와 맞지 않는 곳으로, 홋카이도 이민도 실패했는데 더 가혹한 기후의 만주 이민이 성공할 리 없다고 하였다. 또 그렇기 때문에 남양으로의 이민이 더 적합하다고 주장하였다(후지모리 의견서, 13~14쪽).

이렇게 지정학적인 측면에서도 그렇고, 또 기후가 고온다습한 외남양이야말로 "남(南)의 혈(血)를 가진 야마토민족"에게 필요한 땅이며, 그렇기 때문에 '북행이민'보다는 '남행이민'이 일본제국 이민정책의 목표가 되어야 한다는 것이었다. 이렇게 하여 이민자들로 육지가 채워지고 원양어선단이 활기를 띠고 주요 항구가 축항된다면 남양군도를 중심으로 한 해역은 서태평양의 일본 '내해(內海)'가 될 것이라고까지 전망하였다(후지모리 의견서, 15~17쪽).

두 번째 남양군도 통치 조직의 개편과 시설 확충에 대해서는, 교통·통신망의 확대, 교육·의료시설의 완비, 금융망의 구축, 조사기구의 설치 등 식민통치에 요구되는 일반 시설들을 언급한 후 통치 조직의 확대·강화가 무엇보다 필요하다고 주장하였다. 후지모리 의견서는 남양 개발이라는 국책을 달성하기 위해서는 '도내(島內) 행정기관을 개정하고 수뇌부의 위치를 높여 행정기구를 강화'하여, '조선·대만·가라후토처럼 경제가 앞서가고 행정기관이 뒤따르는 것이 아니라 행정기관이 선도해야 한다'고 하였다. 이를 위해서는 남양군도에 총독제를 실시해야 한다는 것이었다. 즉 '남양총독'을 설치하여 국방기지 건설과 경제개발을 '관헌(官憲)'이 선도해야 한다고 주장한 것이다(후지모리 의견서, 43쪽).

통치 조직 문제와 관련하여 후지모리 의견서가 특별히 언급하는 또 하나의 사항은 외교기구의 신설·확대이다. 남양군도 개발계획이 외남양으로의 진출을 목적으로 하는 한 이 지역과의 분쟁 발생은 피할 수 없는 일인데, 그럼에도 일본의 재외공관은 3개소에 불과하다고 지적한다. 이들은 심지어 만주국은 일본과 "소위 불가분의 관계에 있는 독립국으로 외무관헌 본래의 임무와는 크게 성격을 달리함에도" 남양 지역의 10배의 외교관을 두고 있다고 하면서, 장차 네덜란드와의 분규에 대비하여 외교기구를 신속히 확충해야 한다고 하였다(후지모리 의견서, 30쪽). 그런데 이 의견서에서는 남태평양의 주요 세력인 호주에 대해 언급하지 않는데, 이는 당시 호주와 일본의 외교 관계가 베르사유 강화조약 때와는 달리 상대적 안정기에 있었기 때문이다.

양국 간의 관계는 일본의 국제주의 외교 노선과 그에 수반한 워싱턴체제의 준수, 그리고 활발한 무역 거래로 인해 안정적으로 유지되고 있었다. 일본과 호주는 강화조약에서 적도 이북과 이남의 섬들을 각각 나누어 가졌는데, 호주령에 대해 일본은 스스로 철저히 경제적인 것으로만 행동을 제한하고 있었다. 하지만 호주는 일본이 위협이 될 것이라는 점을 잊지 않고 있었는데, 그럼에도 만주사변 발발 이후 호주는 일본의 만주 영유를 가장 적극적으로 지지하는 행동을 하였다. 이는 일본이 북진에 성공하여 자신들이 있는 남쪽으로 오지 않기를 바랐기 때문이다. 호주는 만약 만주국이 실패한다면 일본은 필히 태평양으로 내려올 것이라 예상하였는데, 역사가 말해 주는 대로 이 예상은 적중하였다.[52]

세 번째 사항인 '남양군도 개발의 방안'에서 의견서 제출자들이 최종적으로 주장하는 것은 바로 이 글에서 논의하고 있는 남양척식의 창설 문제였다. 후지모리 의견서의 결론장인 '남양군도개발처리방책'에서는 개발사업의 수행을 위해서는 남양총독부의 신설과 국책회사의 수립이 필요하다고 주장하였다. 의견서는 '국책회사에 대한 일고찰'이라는 별도의 장을 할애하여 국책회사의 조직 구조, 사업 내용의 구도를 그리는 것으로 끝난다. 이는 남양척식 설립 계획의 첫 번째 안에 해당하므로, 다음 장에서 회사 설립 문제와 함께 다루도록 하겠다.

---

52) 後藤乾一(2010), 앞의 책, 134-136쪽.

IV. 남양척식의 설립 계획과 실현

1. 국책척식기관 설립 계획의 원안

후지모리 세이치로 대령 등이 작성한 「남양군도방책에 관한 의견」 — 이 글에서 '후지모리 의견서'라고 한 이 문서는 남양척식 설립 계획의 원안이라 할 수 있다. 물론 조사위원회에서 검토를 하기 위해 외부에 의뢰하여 작성된 것이라 위원회에서 심의를 통해 정리된 정식 계획안은 아니지만, 식민지 개발을 위한 국책회사의 상(像)과 그 설립의 논리가 무엇이었는지를 볼 수 있다는 점에서 분석이 필요하다.

신국책회사의 설립은 무엇보다 남양흥발과의 관계 속에서 이해되어야 한다. 남양흥발은 남양청과의 긴밀한 관계 속에서 제당산업, 농업이민, 교통·운수, 수출·판매 등 남양군도의 산업에 관련한 종합회사의 역할을 하고 있었고 또 그 수익성도 높은 준국책회사였지만, 남양군도 개발계획을 전적으로 담당하기에서는 두 가지 문제점이 있었다.

첫째, 이 회사는 금융공급기능이 제한되어 있었다. 후지모리 의견서도 그렇고 마쓰에 사장도 지적하듯이, 당시 남양군도에는 금융기관이라 할 만한 게 없었다. 은행은 물론이고 제2금융권도 영업을 하지 않고 있었다. 영세상인들이 만든 소규모 신용조합 정도만 있을 뿐이었다. 대기업인 남양흥발은 남양청과 동척의 지원으로 자기 회사에 필요한 자금은 얼마든지 조달할 수 있었지만, 문제는 남양흥발이 개발사업에 필요한 자금을 댈 수 있는가 하는 것이었다. 남양흥발은 그 사업의 성격에서나 정부와의 관계에서나 국책회사에 준하였지만, 어디까지나 수익성의 최고도화를 목표로 하는 민간기업이었다. 남양흥발은 남양군도 산업의 거의 전부였지만, 이 회사가 다른 기관·기업에 저리의 자금을 무한정으로 융통하는 국책은행의 역할을 할 수는 없는 일이었다. 조사위원회에서 개발계획을 입안하면서 척식회사의 설립을 당연하게 여긴 것은 이 때문이었다. 즉 척식회사의 기능 중 하나가 바로 '척식사업에 필요한 자금의 조성·공급'이었으므로 금융망이 전혀 갖추어져 있지 않은 남양군도에 척식회사가 반드시 들어와야 했던 것이다.

둘째, 남양흥발에 대한 일방적인 의존이 갖는 위험성을 들 수 있다. 남양흥발은 창립 이후 큰 문제 없이 우수한 경영 성과를 냈으나, 1929년 세계대공황 이후 2~3년간은 다소 어려움을 겪었던 것이 사실이다. 물론 이 곤란이 부도나 구제금융을 걱정해야 하는 것과는 거리가 먼, 약간의 수익 감소와 차입금의 증가 정도에 그쳤지만, 민간기업은 그 성격상 도산의 가능성을 완전히 배제해 버릴 수는 없었다. 후지모리 의견서에서도 남양흥발에 지나치게 의존하면 불황이 왔을 때, 남양군도 경제 전체가 큰 타격을 받을 위험이 있다고 지적하였다(후지모리 의견서, 37쪽). 남양청의 재정에서 남양흥발이 납부하는 '출항세'는 절대적인 비중을 차지했는데, 만약 남양흥발이 극도의 경영 부진을 겪거나 폐업을 하게 된다면 이는 남양청의 통치에도 심각한 영향을 끼칠 수밖에 없었다. 그러한 일이 발생한다면, 결국 본국 정부에서 '남양군도특별회계' 편성 예산을 크게 늘려 주어야만 하고, 이는 본국 재정에도 부담이 되는 연쇄작용을 불러일으키게 되는 셈이었다.

요약하면, "내지를 위협하지 않는 남양군도의 발전"을 위해서는 민간기업보다는 반관반민(半官半民)의 대자본을 갖춘 국책회사의 설립이 시급하다는 것이었다(후지모리 의견서, 37~38쪽). 남양흥발은 사업 내용상 분명 국책회사였지만, 그 조직 구성은 이윤을 목적으로 한 비즈니스 법인으로, 남양군도 개발을 위해서는 보다 더 국가화된 형태의 기업 조직이 필요했던 것이다. 후지모리 의견서에서는 남양군도와 남양흥발의 관계를 '일회성'에 지나지 않는 것이라고까지 하면서 강력한 기반을 갖춘 국책회사의 설립을 주장하였다.

후지모리 의견서의 주장은 '남양흥발 해소론'으로까지 나아간다. 의견서의 최종장인 "국책회사에 대한 일고찰"은 아무런 설명 없이 단지 신설 회사의 조직 구성을 제시해 두었는데, 이는 조사위원회에서 생각하던 척식회사보다 훨씬 큰 규모이고 조직 구성의 차원도 다른 것이었다. 의견서가 제시한 것은 국가금융지주회사로 '남방산업주식회사(南方産業株式會社)'를 설립한다는 것이었다. 이 회사는 반관반민의 특수회사로 그 사업목적은 타 회사에 대한 투자 및 관리에 있었다. 자본금은 무려 1억 엔으로 계상되었으며, 이는 당시 일본 최대의 척식회사인 동척의 당시 자본금보다 큰 것이었고 이에 비견할 회사는 바로 만주의 만철뿐이었다.

이 남방산업(주)는 모회사로서 각 자회사에 대한 감독 · 통제권을 행사하고 자금을 조달하며, 더 나아가 자회사 상품의 가격과 판매를 통제하고 대외교섭과 조사 · 연구, 그리고 판매조합과 '위안기관'을 경영하는 것까지 업무 내용으로 하였다. 남방산업의 관할하에 놓이는 자회사에는 남양제당, 남양척식, 남양광업, 남양석유, 남양우선 등 남양군도 산업 개발의 주요 기업군이 모두 포함되었다. 여기에서 남양제당은 바로 남양흥발을 가리키는 것으로, 이 의견서는 남양흥발의 해소를 주장하고 있는 것이었다. 그리고 남양척식은 철저히 이민회사로만 국한되었다.

즉 후지모리 의견서는 동척에 버금가는 새로운 식민지 투자회사를 설립하고 이 회사가 투자금융을 담당하면서 각 사업은 자회사를 통해 시행한다는 방안을 내놓은 것이다. 모회사인 남방산업은 자회사 주식의 절반을 보유하고 또 자회사의 임원도 모회사에서 파견함으로써 모회사가 자회사의 경영을 완전히 지배하는 방식이었다.

또 사업에 관해서는 "남양 방면"에서 유력한 사업은 전부 회사에서 종합하며, 작은 사업들은 조합이 회사와 계약을 맺어 할 수 있도록 한다는 방안을 제시하였다. 그리고 남양총독이 이 회사에 대한 감독권을 가지며, 총독은 '참여회의'를 통제하고 중요한 사항에 관여할 수 있는 권한을 가지도록 하였다. 즉 후지모리 의견서의 '남방산업주식회사' 조직 구성은 바로 식민지 사업의 독점권을 총독으로부터 부여받은 특허식민회사, 차터드컴퍼니(chartered company)의 설립을 의미하였다. 일본 해군은 남진을 위해 '바다의 만철'이 필요했고, 후지모리 의견서의 남방산업주식회사는 바로 그것을 가리키는 것이었다.

2. 남양척식 설립위원회의 심의 : 쟁점을 중심으로

후지모리 의견서는 남양군도 개발계획에 대한 일본 해군의 비공식 의견이면서 동시에 남방산업주식회사 설립 구상안의 일부였다. 이 의견서에 대해 조사위원회에서 어떤 견해를 밝혔는지는 자료가 없어 알 수 없지만, 당시 척무성이나 남양청으로서는 엄두가 나지 않는 거대 계획으로 받아들여졌을 것으로 보인다.[53] 조사위원회는 그 최종 보고서인 「남양군도개발조사위원회답신」(1935. 10)에서 척식자금의 공급기관으로서 남양척식을 설립해야 한다는 의견을 내는 정도로 하여 심의를 완료하였다.

이 답신은 남양척식의 조직 · 자본 · 사업의 개요를 밝혀 두었는데, ① 조직의 경우 칙령에 근거한 특수회사로 설립하며, ② 자본금은 남양청 직영광산의 현물출자와 남양군도 관련 기업체 · 개인의 출자, 그리고 일반공모로 조성되며, ③ 회사의 사업은 남양군도 및 외남양에 대한 척식사업〔인광업(燐鑛業) · 수산업 · 해운업 등〕 및 이에 수반되는 이주민의 조성 · 토지의 취득, 그리고 척식자금의 공급으로 제시되었다. 이 기본 골격은 이후 「남양척식주식회사 설립요강(南洋拓殖株式會社設立要綱)」(1935. 11),[54] 「남양척식주식회사령(칙령)안〔南洋拓殖株式會社令(勅令)案〕」(1936. 6) 등 회사 설립을 위해 수립된 계획안에서도 바뀌지 않았고, 최종 법령인 「남양척식주식회사령」(칙령 제228호, 1936. 7)에서도 거의 그대로 반영되었다.

조사위원회의 보고서인 답신이 나온 지 약 1개월 후에 남양척식 설립의 구체적 계획을 밝힌 「남양척식주식회사 설립요강」이 마련되었다. 위의 답신의 조직, 자본, 사업 등을 그대로 수용하면서 세부사항들을 제시한 것이 이 요강이다. 자본금은 2천만 엔, 40만 주로 하였고, 자본구성에 대해서는 먼저 남양청이 직영광산을 평가액 1천만 엔으로 현물출자하여 20만 주를 보유한 대주주가 되며, 민간출자는 동척과 남양흥발 등 남양척식사업에 관련

53) 1941년 남양척식과 대만척식회사를 통합하여 대형 국책회사로 '남방척식주식회사(南方拓殖株式會社)'를 설립하려는 움직임이 있었다는 점에서 해군의 계획은 여전히 진행되고 있었던 것으로 보인다. 이 계획은 대만총독부가 제동을 걸어 지연되었다.

54) 이는 척무성 식산국이 1935년 11월에 작성한 것으로 남양척식의 설립이 본격화되었다는 것을 말해 준다〔「(극비)남양척식주식회사의 설립에 관한 건('極秘'南洋拓殖株式會社ノ設立ニ關スル件)」의 부속문서〕.

된 기업체에 적절히 할당하여 마련하는 것으로 하였다. 그리고 남양군도가 금융망이 대단히 미비하므로 도내는 물론이고 외남양에 대해서도 남양척식이 적극적으로 금융 활동을 하는 것으로 하였다. 한편 회사의 운영자금은 회사채 발행을 통해 조달하되 납입자본금의 5배까지 기채(起債)할 수 있도록 하였다.[55] 회사에 대한 감독권은 정부에 있는데 1차는 남양청장관이며, 2차는 남양청장관을 경유하여 척무대신이 갖는 것으로 하였다.

이후 척무대신을 위원장으로 한 '남양척식주식회사 설립위원회'에서는 이 요강을 토대로 회사 설립에 관한 법령과 예상되는 문제를 집중적으로 검토하였다. 논의된 문제는 ① 동척과의 관계 문제, ② 자금 조달의 문제, ③ 사업 권역의 문제 등 크게 세 가지로 나눌 수 있다.

① 동척과의 관계는 1936년 신설된 척식회사들을 분석하고자 할 때 거론하지 않을 수 없는데, 사실 당시에도 이 문제는 설립 과정에서 논의가 되었던 문제이다. 이 문제를 검토하기 위해서는 우선 당시 동척의 기본적인 경영방향을 염두에 두어야 한다. 구로세 유지(黒瀬郁二)가 지적했듯이 동척은 1918년부터 집중적으로 시행한 만주 토지 매수사업이 실패로 돌아가면서 1920년대 중엽부터 극도의 경영 부진에 빠졌다.[56] 1926년에는 사실상 만주사업을 중단·유보하고 원래의 사업 구역인 조선으로 돌아와 산미증식갱신계획에 투자하였고, 그 외에는 남방 지역의 자원산업에 그다지 크지 않은 금액을 투자할 뿐 별다른 움직임을 보이지 않고 있었다.

동척은 1926~1936년의 10년 동안 수익성이 확실하지 않으면 투자하지 않는다는 소극적 경영방침하에 만주사업의 실패로 입은 손실을 차분히 만회하려 노력했던 것이다.[57] 예를 들어 동척은 만철과 공동으로 설립한 동아권업회사의 지분을 1928년 전부 만철에 매각하여 만주 토지 매수사업에서

55) 이는 곧바로 납입자본금의 3배까지를 한도로 하는 것으로 수정되었다.
56) 黒瀬郁二(2003), 『東洋拓殖會社 : 日本帝國主義とアジア太平洋』, 日本経済評論社.
57) 중일전쟁이 발발한 1937년 동척은 전력·광산 등을 중심으로 한 에너지 개발사업에 적극적으로 뛰어들기로 결정하였고, 이를 위해 자본금을 증자하고 사채 발행한도를 대폭 증액하였다.

손을 떼기도 하였다.[58] 1936년 조선총독부가 만주이민사업을 위해 선만척식회사를 설립할 때에도 일본 제국의회에서는 '동척이 있는데 왜 동척의 사업목적과 동일한 회사를 병설하는가'라는 질문이 나오기도 하였다.[59] 이는 동척이 수익성이 전혀 없는 이민사업을 다시 반복할 생각이 전혀 없었던 데에서 기인한 것이다. 동척은 조선총독부의 이민사업을 부정적으로 평가하고 있었지만, 총독부의 종용에 마지못해 선만척식회사 출자에 응했을 따름이었다.

선만척식회사에 대한 동척의 반응이 일본 내부에도 알려졌는지, 남양척식회사 설립위원회에서도 이 문제가 거론되었다. 회사 설립 계획안을 마련하는 등 그 설립의 실무를 담당한 척무성 식산국은 동척을 자본금 출자기관의 하나로 설정을 해두었다. 이에 대해 한 위원이 동척의 종래 실적과 현재의 소극적 태도로 보았을 때 남양척식에 과연 출자를 할지 의문이라고 하며 문제를 제기한 것이다.[60] 척무성 식산국장은 특수회사가 다른 특수회사의 주식을 소유하는 예로 동척의 선만척식회사 투자를 거론하면서 이는 전례가 있는 일이며, 또 동척이 최근 업적이 양호할 뿐만 아니라 무엇보다 남양흥발의 대주주로 남양군도에 '중대한 이해관계'를 갖고 있기 때문에 출자에 응할 것이라 답변하였다.[61] 실제 동척은 남양척식 출자에 응하였지만 1만 주, 50만 엔으로 하여 대규모 출자는 하지 않았다.

② 자본금과 자금 조달 문제에 대해서는 아래의 남양척식의 주주 구성 내

---

58) 조정우(2011), 「만주사변 전후 '척식'사업기구의 변화 : 동아권업(주)의 기업지배구조를 중심으로」, 『사회와 역사』 통권 제92호, 21-23쪽.

59) 『조선공론(朝鮮公論)』을 창간한 마키야마 고조(牧山耕藏)가 제69회 제국의회 중의원 심의에서 질의한 내용이다〔衆議院(1936), 『第69回帝國議會衆議院速記錄』, 衆議院事務局(日本國會圖書館 國會會議錄 검색시스템)〕.

60) 해군 측에서도 동척은 '대륙 방면의 사업에 전념해야 하므로' 동척의 출자에 강경한 반대의견을 표명하기도 하였다〔南拓會(1982), 『南拓誌』, 南拓會, 37-38쪽〕.

61) 남양척식주식회사 설립위원회의 회의록 중 하나인 「남양척식주식회사 특별위원회의 사요록(南洋拓殖株式會社特別委員會議事要錄)」(1936)에 기록되어 있는 설립위원 간의 논의 내용이다. 이 회의록은 『남양척식주식회사 설립관계서류(상)〔南洋拓殖株式會社設立關係書類(上)〕』에 수록되어 있다.

역을 통해 살펴보겠다. 〈표 1〉에서 '설립위원회의 할당 예정 내역'은 설립위원회 회의에서 계획한 출자자 및 출자액이고, '설립 직후 주주 내역'은 실제 출자 내역이다.

〈표 1〉 남양척식 주주 구성 내역

구분	설립위원회의 할당 예정 내역		설립 직후 주주 내역	
	주주명	주식수	주주명	주식수
정부지분	남양청	200,000	남양청	210,920
	설립위원회유보금	10,920		
국책회사	일본우선	10,000	일본우선	10,000
	동척	10,000	동척	10,000
남양군도 관계회사	남양흥발	48,080	남양흥발	48,080
	남양석유	3,000	남양석유	3,000
	남양전력	3,000	남양전력	3,000
	남양무역	2,000	남양무역	2,000
재 벌	미쓰이물산(三井物産)	20,000	미쓰이물산	20,000
	미쓰이광산(三井鑛山)	10,000	미쓰이광산	10,000
	미쓰비시합자(三菱合資)	12,000	미쓰비시상사	12,000
	스미토모합자(住友合資)	6,000	스미토모합자	6,000
	오쿠라구미(大倉組)	10,000	오쿠라구미	10,000
	아사노(淺野)	5,000	시운상사(紫雲商社)	5,000
일 반	공모주	50,000	공모주	50,000
합 계		400,000		400,000

출처 : 남양척식주식회사 설립위원회(1936) ; 남척회(1982)

계획안대로 남양청은 직영광산을 현물출자하여 약 50퍼센트의 지분을 소유한 대주주가 되었다. 이는 토지를 현물로 출자한 것이므로 회사의 자금적 기초를 강화하는, 다시 말해 담보로 잡을 수는 있는 것이었지만 그 이상의 용도로 사용할 수 있는 돈은 아니었다. 실제 회사가 운용할 수 있는 자본금은 민간회사들로부터 납입되었는데, 특히 남양흥발은 약 4만 8천 주를 인수하여 남양청을 제외한 최대주주가 되었다. 또 남양석유, 남양전력, 남양무역도 남양흥발의 지배하에 있는 회사로 실제 남양흥발의 지분은 약 5만 6천 주에 이르렀다. 그런데 이 남양흥발의 지배대주주는 그 주식을 50퍼센트 가까이 보유하는 동척이었기 때문에 결국 동척·남양흥발계 지분은 6만 6천 주나 되었다.

그렇지만 동척·남양흥발계가 남양척식에 경영권을 행사한 것은 아니다. 현물출자임에도 법적으로 남양척식의 최대주주는 정부(남양청)였을 뿐만 아니라, 또 회사의 경영의 인허가권과 감독권을 남양청과 척무성이 갖고 있었기 때문에 주주총회는 그저 요식적인 것일 뿐이었다. 대주주들 역시 정치적 거래에 따라 출자한 것이기 때문에 경영에 참여할 의사가 없었다. 남양청의 후원 없이는 설립도 존속도 불가능한 남양흥발이 독자적인 목소리를 낼 리 없었다는 점은 두말할 필요 없을 것이다. 남양흥발의 사장 마쓰에 하루지가 조사위원회와 설립위원회에 열심히 참여하고 또 기꺼이 거액을 출자한 것은, 남양척식의 설립은 남양흥발에도 크게 이익이 될 것이라 생각했기 때문이다. 남양척식은 무엇보다 자금을 공급하는 회사로, 마쓰에와 같은 기업인에게는 추가 자금을 융통할 수 있는 또 다른 파이프가 될 수 있었던 것이다. 미쓰이, 미쓰비시 등이 출자에 응한 것도 출자를 통한 이권의 교환이라는 점에서 그 목적과 맥락은 동일하였다. 특히 남양군도와 외남양 지역은 인광을 중심으로 한 사업성 있는 광산과 수익성 높은 제당업이 있었기 때문에 재벌들에게도 매력적인 곳이었다.

그리고 남양척식의 주주 구성에서 특기할 것은 국책회사임에도 일반공모에 성공했다는 점이다. 조선총독부의 선만척식회사도 애초에는 주식시장에 상장하여 민간자본을 모집하려 하였지만 상장도 해보지 못하고 좌절되었다. 이는 선만척식회사의 조선인 만주 이민사업이 총독부의 강변에도 불구하고 시장에서는 전혀 수익성이 없는 것으로 판단한 결과였다.[62] 이에 반해

62) 조정우(2014), 「조선총독부 만주이민정책의 이면 : 선만척식회사의 설립경위를 중심

남양척식은 인광 채굴, 수익성 높은 남양흥발의 존재 등이 호재로 작용하여 상장에 성공하였다.[63] 남양척식 주식은 당시 국채금리(3~4퍼센트)보다 높은 6퍼센트의 배당을 기본적으로 보장하면서도 남양흥발 등 투자기업의 영업성적에 따라 9퍼센트 이상의 배당을 기대할 수 있었기 때문에 일반공모에 성공할 수 있었던 것이다. 실제 남양척식 주식 신청수는 예상의 15배에 이르렀다.[64] 한편 대만척식회사도 일반공모에 크게 성공하였는데, 남양척식과 똑같이 대만척식회사에도 대만총독부가 토지를 현물출자하여 확실한 담보물을 조성하고 여기에 대만제당·대일본제당 등 수익성 높은 제당업체가 출자를 했기 때문에 주식시장에서 수익을 올릴 수 있을 것으로 기대했기 때문이다. 이 점이 남진형 척식회사인 남양척식, 대만척식과 북진형 척식회사인 선만척식이 차이가 나는 지점이다. 선만척식은 정부의 현물출자도 없었고, 남양흥발이나 대만제당과 같은 수익성 높은 현지 사업체의 출자도 받지 못하였다. 도리어 선만척식은 극심한 경영난에 허덕이던 동아권업을 인수해야만 했고, 그 과정에서 납입자본금 전액을 소진해 버렸다. 남양군도와 대만의 '준국책회사↔국책회사'의 상호이익 구도가 조선에서는 성립되지 못했던 것이다.

③ 남양척식의 설립에서 논의된 또 하나의 사항은 바로 같은 시기에 설립 준비를 하고 있던 대만척식회사와의 관계 문제였다. 남양척식이 남양군도와 외남양을 사업구역으로 한 것처럼 대만척식회사는 '대만 본도(本島)와 도외(島外)'를 사업구역으로 하고 있었는데, 문제는 외남양과 도외가 겹친다는 데 있었다. 과연 남양의 '외(外)'가 어디까지이며, 대만도의 '외(外)'가 어디까지

으로」, 『사회와 역사』 통권 제103호, 219쪽.

63) 당시 일본의 주식시장은 주식거래를 통한 차익보다는 배당수익에 의해 움직였기 때문에 시장 참여자들에게 있어 무엇보다 배당률이 가장 중요한 판단기준이었다. 그간 남양흥발은 적어도 9퍼센트 이상의 배당률을 유지하고 있었다. 남양척식주식회사령은 민간주주들에 대해 최저 6퍼센트의 배당을 법으로 규정하였기 때문에, 투자자들은 6퍼센트 배당을 보장받는 동시에 남양흥발의 수익이 증대한다면 추가적인 배당수입을 기대할 수 있었다.

64) 南拓會(1982), 앞의 책, 37쪽.

인지는 양쪽 모두 확실한 근거를 가지고 경계를 긋지 못하였다. 남양척식설립위원회에서는 양측의 '외'가 서로 겹치는 문제가 있을 수 있다는 점을 인정하면서, 척무성 등 중앙정부에서 조정을 하는 방안을 제시하기도 하였다. 설립위원회에서는 이 문제는 '장차의 문제'이므로 추후 생각해 보아야 할 것이라 하면서 남양군도 남쪽 지역, 즉 네덜란드령 뉴기니 등은 확실히 외남양에 속하는 곳으로 남양척식의 사업구역이라고 규정하였다.[65)]

특정 국가의 국책회사가 자국 영토가 아닌 지역을 사업권역으로 설정한다는 것은 그 자체로 국제분쟁의 대상이 된다. 예를 들어 만주의 준국책회사 동아권업은 만주 내에서는 '동아권업주식회사'라는 정식 명칭을 쓰지 않고 '동아권업공사'라는 중국식 한자명을 사용하였다. 이는 양국 간 한자어 용법의 단순한 차이가 아니라 동아권업 측이 의도적으로 일본식 한자인 '회사(會社)' 대신 중국식 한자인 '공사(公司)'를 써서 일본계 회사임을 감추려 한 것이다.[66)] 남양군도에서도 네덜란드는 줄곧 일본의 활동을 의심하고 있었고, 자국령 뉴기니에서 일본인 개인의 활동까지는 크게 제약하지 않았지만 준국책회사인 남양흥발에 대해서는 예의주시하고 있었다. 그리고 대만척식회사의 경우에도 '도외'가 지시하는 구역 중에는 사실 중국의 화난(華南) 지방과 특히 하이난도(海南島)가 포함되어 있었다. 이처럼 남양척식과 대만척식의 사업권역의 설정에 있어 주목해야 하는 것은 남양군도와 대만 간 접촉부분의 조정 문제가 아니라, 이 '외'가 모두 일본제국의 영토가 아닌 지역을 가리켰다는 점이다. 따라서 외남양과 도외의 '외'는 대외적으로 명확히 규정되어서는 안 되는 개념이었다.

---

65) 설립위원회 회의록 「남양척식주식회사 설립위원회의사록(南洋拓殖株式會社設立委員會議事錄)」(1936. 7. 29)의 기타지마 위원의 발언 내용이다.

66) 그리고 사장(社長)이라는 명칭도 중국인의 감각에서는 '두목'과 같은 어감이기 때문에 공익단체의 장을 뜻하는 '총재(總裁)'로 굳이 바꾸었을 정도이다. 이는 선만척식회사 설립 시에도 제국의회에서 지적을 받아 회사 측은 서둘러 회사대표 직명을 사장에서 총재로 바꾸었다.

V. 결론 : 식민지 개발과 군사주의

1936년 11월 제1회 주주총회에서 회사 설립을 가결한 후 도쿄등기소에 설립등기를 함으로써 마침내 남양척식이 설립되었다. 본사는 남양군도 팔라우였고 도쿄에 사무국을 설치하였다.[67] 남양척식 설립의 계기가 되었던 남양군도 개발계획은 국방 강화와 외남양 '진출'을 두 축으로 하였다. 여기에서 남양척식은 그에 필요한 자금을 공급하는 기관으로 설치되었다.

외남양 지역은 일본 영토가 아니기 때문에 일본계 기업이 그것도 국책회사가 들어가기는 어려운 지역이었다. 그 대신 남양척식이 취한 방식은 외남양을 영업지로 하던 일본의 민간기업과 상인들에게 회사의 자금을 투자 · 융자해 주는 것이었다.[68] 이 지극히 정상적인 금융 활동을 통해 외남양에서 일본의 경제력을 확대하면서도 국책회사인 남양척식의 존재는 감출 수 있었다.[69] 척식회사의 기본목적인 '척식에 필요한 자금의 공급'이라는 것이 갖는 의미는 바로 이것이었다. 남양척식은 외국 영토인 외남양에 일본의 세력을 '부식(扶植)'시키기 위한 사전작업으로 정부자금의 국적을 '세탁'하여 민간 기업을 육성하는 역할을 맡았던 것이다. 이들은 평시에는 '경제적 제휴'를 명목으로 해당 지역의 경제를 장악하며, 또 일본의 이미지를 향상시키는 역할을 부여받았다. 그리고 해군은 유사시를 대비해 해당 지역의 정보를 이 회

67) 일본 상법에서는 회사의 설립등기는 본사 소재지 관할 등기소에서 해야 한다고 규정하고 있는데, 남양척식은 본사가 있는 팔라우가 아니라 도쿄에서 설립등기를 하였다. 설립총회에서 고다마 히데오(兒玉秀雄) 척무대신은 남양군도에 등기소가 있는지 묻기도 하였다. 남양군도에도 등기소는 있었지만 회사는 일본에 있는 주주들의 편의를 위해 도쿄에 설립등기를 하였다고 밝혔다〔남양척식주식회사 설립위원회의 「남양척식주식회사위원회의사록(南洋拓殖株式會社委員會議事錄)」(1936)에 수록된 설립총회 기록〕.

68) 남양척식주식회사 설립특별위원회의 회의록인 「남양척식주식회사 특별위원회의사요록(南洋拓殖株式會社特別委員會議事要錄)」(1936. 8. 24)에는 남양척식의 목적이 투융자를 통해 민간기업을 육성하는 것에 있었음을 잘 보여 주고 있다(이 회의록은 『남양척식주식회사설립관계서류(상)』에 수록되어 있다).

69) 조사위원회가 회의용으로 작성한 의견서인 「(극비)남양군도토지개척계획에 관한 의견〔(極秘)南洋群島土地開拓計劃ニ關スル意見〕」(1935)에서 볼 수 있는 내용이다.

사, 기업들로부터 보고받기도 하였다.

한편 일본 해군은 남양흥발에 의뢰하여 남양군도 티니안섬에 대규모 사탕수수 농장을 건설하도록 했는데, 이 농장은 사탕수수를 베어 내면 즉시 비행장으로 활용할 수 있도록 설계되었다. 즉 이는 사실 비행장이었는데, 국제연맹 규약상 위임통치령에는 일체의 군사시설을 둘 수 없기 때문에 해군은 법적 민간기업인 남양흥발을 앞세워 군사시설 설치를 감추었던 것이다. 남양척식과 남양흥발은 국책회사가 갖는 성격을 잘 보여 준다. 이 두 회사는 정상적인 경제적 활동을 하다가 언제나 군사적 시설로 전환할 수 있는 평시－전시 전환체제를 갖추고 있었다는 점에 가장 핵심적인 특징이 있다. 즉 이 회사들은 군사적인 것을 '특수사업'이라는 이름으로[70] 시행하고 있었을 뿐만 아니라 회사 설립에서도 군이 직간접적으로 개입했던 것이다.

남양척식과 같은 시기에 설립된 선만척식회사도 조선인 만주 이민의 지원이라는 목적을 내걸었지만, 이 회사가 사업 첫해에 집중적으로 시행한 것은 만주 각지에 산재한 조선인 농민들을 관동군이 지정한 구역에 집결시키는 것이었다. 관동군은 소련과의 전쟁에 대비하고, 또 농민들이 항일게릴라의 배후가 되는 것을 미연에 방지하기 위해 '문제지역'에 있는 조선 농민을 지정 구역으로 집결시키고자 하였다. 선만척식회사가 이민을 지도·통제한다는 명분으로 시행한 이민사업은 재만조선인을 군의 요청에 따라 소개(疏開)·집결하는 것이었다.

이러한 식민지 국책회사들은 일본의 제국주의적 침략과 긴밀히 관련되어 있었다는 이유로 일본 항복 후 모두 연합국총사령부로부터 폐쇄 명령을 받고 해체되었다.[71] 그런데 남양흥발도 법적 민간회사로서는 유일하게 '폐쇄기관'으로 지정되어 동척, 만철, 조선은행 등의 식민지 국책회사들과 함께 해체되었다. 남양흥발 전(前) 직원들이 전후에 발간한 『남흥사(南興史)』에서는 민간 제당업체인 남양흥발을 왜 연합국이 해체시켜 버렸는지 이해할 수

70) 今泉裕美子(2005), 앞의 논문, 237쪽.

71) 선만척식회사는 1941년 만주척식공사에 통합되어 해산하였다.

없다고 억울한 심정을 토로하였지만,[72] 지금까지 살펴본 것처럼 남양흥발은 준국책회사 중에서 가장 국책회사에 가까운 운영 방식과 사업 내용을 가진 회사였고, 마쓰에 하루지 사장 개인은 남양군도개발조사위원회와 남양척식 설립위원회에 들어가 스파이까지 지목해 가며 활동하였다. 그의 남양흥발이 강제징용된 조선인들까지 동원하여 건설한 티니안 농장－비행장은 전쟁 중에 미군이 점령·접수하였다. 1945년 8월 6일 '에놀라 게이(Enola Gay)'라는 이름의 B29 폭격기가 원자폭탄을 싣고 히로시마를 향해 이륙한 곳이 바로 이 티니안 비행장이었다.

72) 佐伯康子(1992b),「砂糖王松江春次論：南洋興發の發展と崩壞」,『名古屋明德短期大學紀要』第3號, 79-80쪽.

식민지 조선에서의 '애국백인일수' 수용 양상 연구

—'애국백인일수' 전람회를 중심으로—

박상현

I. 서론

『백인일수(百人一首)』 하면 무엇이 떠오를까? 『오구라백인일수(小倉百人一首)』가 아닐까. 아마도 한국에서도 그렇고 일본에서도 그럴 것이다. 그리고 이런 추정이 틀리지 않다는 것은 한일의 대형 서점을 둘러보면 쉽게 확인할 수 있다.

『오구라백인일수』는 가마쿠라 시대의 가인인 후지와라노 사다이에(藤原定家)가 편찬한 것인데, 여기에는 100명의 가인이 읊은 총 100수의 와카가 수록되어 있다. 이것은 크게 인기를 끌었고 이후 『오구라백인일수』를 모범으로 한 적지 않은 『백인일수』가 만들어졌다. 보통 이를 통칭하여 '이종백인일수(異種百人一首)'라고 한다. 예컨대 『신백인일수(新百人一首)』, 『무가백인일수(武家百人一首)』, 『신찬 무가백인일수』, 『후찬 백인일수』, 『원씨백인일수

(源氏百人一首)』, 『영웅백인일수』, 『열녀백인일수』, 『속영웅백인일수』, 『의열백인일수(義烈百人一首)』, 『여백인일수(女百人一首)』, 『의열회천백수(義烈回天百首)』, 『애국백인일수』, 『평성신선백인일수(平成新選百人一首)』, 『금석수가백찬(今昔秀歌百撰)』 등과 같은 것이 여기에 속한다. 특히 『평성신선백인일수』는 2002년에, 『금석수가백찬』은 2012년에 각각 간행되었다. 이것을 보더라도 『오구라백인일수』의 영향력과 더불어 이종백인일수의 전통이 현재까지 면면히 이어져 오고 있음을 잘 알 수 있다.

이와 같은 여러 종류의 이종백인일수 가운데 한때 『오구라백인일수』에 버금가는 영향력을 행사했던 것이 있다. '애국백인일수'가 그것이다. '내지(內地)' 일본에서 1942년 11월 20일에 발표된 애국백인일수는 그 기획부터 당시 '대동아전쟁'이라 부르던 태평양전쟁이라는 시국적 상황에서 등장하였고, 따라서 여기에 수록된 와카는 기본적으로 충군애국(忠君愛國)을 읊은 것이었다. 그리고 내지에서는 이 애국백인일수의 보급을 위해 1943년 3월 단행본[1)]을 출간하는 등 여러 가지 노력을 경주했다.

요시노 다카오(吉野孝雄)는 『문학보국회의 시대』에서 내지에서 시도된 애국백인일수의 대중화에 대해 다음과 같이 자세히 언급했다. 즉 미술계의 대가나 각계 명사가 애국백인일수의 휘호를 발표했고, 신주쿠에 있던 이세탄(伊勢丹)백화점에서는 애국백인일수 휘호전을 개최한 후, 그 판매금을 충령현창회(忠靈顯彰會)라는 애국단체에 기부했다. 또한 사이토 모키치(齊藤茂吉)의 제안으로 당시의 국민학교인 소학교에서 학생들에게 애국백인일수의 와카를 합창시켰고, 도쿄의 가부키좌(歌舞伎座)에서는 사토미 돈(里見弴) · 후나하시 세이이치(船橋聖一) 원작 가극인 〈애국백인일수〉를 상연했다. 그리고 카드놀이인 '가루타(カルタ)'를 활용하기도 했다.[2)] 이처럼 '내지'에서는 '애국백인일수'의 확산을 위해 예술가 등도 적극적으로 동참했다.[3)]

---

1) 1943년 3월에 마이니치신문사(每日新聞社)가 출간한 『정본 애국백인일수(定本愛國百人一首)』가 그것이다.

2) 요시노 다카오(2012), 노상래 옮김, 『문화보국회의 시대』, 영남대학교출판부, 125쪽.

3) 패전 후 일본은 와카가 지난 침략전쟁에 적극적으로 협력했다는 것을 의식적으로 지

또한 박상현은 「김억의 『선역 애국백인일수』 연구」에서 일본에서의 연구 성과를 적극적으로 인용하면서 제국일본은 내지에서의 애국백인일수 보급을 위해 『도쿄니치니치신문(東京日日新聞)』이나 『오사카마이니치신문(大阪每日新聞)』에 '애국백인일수'의 해설을 싣기도 하고, 그것에 대한 강연회나 전람회를 개최하여 연극 · 영화의 재료로 활용하기도 했다고 말했다. 또한 애국백인일수를 해설한 단행본을 출판하거나 애국백인일수를 소재로 한 그림엽서까지 발행했다고 지적했다.[4)]

그렇다면 제국일본은 내지와는 별도로 외지(外地)인 식민지 조선에서 애국백인일수를 대중화하기 위해 어떤 행사를 기획하고 실행했을까? 그리고 애국백인일수의 확산에 식민지 조선인이 참여했다면 과연 어떤 인물이었을까? 특히 미술계를 중심으로 살펴보고자 한다. 내지 일본과 마찬가지로 식민지 조선에서도 지난 침략 전쟁에 미술인의 동참이 있었기 때문이고, 이 분야에 대한 연구가 아직까지 미진하기 때문이다.

II. '애국백인일수' 개관

얼마 전까지만 해도 우리 학계에 '애국백인일수'에 대한 본격적인 연구논문이 거의 없었다고 해도 과언이 아니다. 임선묵의 「선역 애국백인일수고」가[5)] 전부였기 때문이다. 하지만 최근에는 이에 대한 연구가 비교적 활발하게 진행되고 있다. 예를 들면 박상현의 「김억의 『선역 애국백인일수』 연구」, 김영의 「김억의 『선역 애국백인일수』 고찰」,[6)] 권희주의 「'애국백인일수'와

우기 위해 애국백인일수에 대한 언급을 피해 왔다. 현재는 몇몇 연구자만 그 존재를 알고 있을 뿐이다.

4) 박상현(2009), 「김억의 『선역 애국백인일수』 연구」, 『통번역교육연구』 제7권 제2호, 121-139쪽.

5) 임선묵(1981), 「선역 애국백인일수고 : 안서문학일본」, 『국문학논집』 제10집, 165-198쪽.

6) 김영(2014), 「김억의 『선역 애국백인일수』 고찰」, 『일어일문학연구』 제89권 제2호, 345-363쪽.

번역되는 '일본정신'」[7] 등이 있다. 특히 필자는 애국백인일수에 많은 관심을 가지고 2015년에 「와카 번역사적 위치」, 「김억의 『선역 애국백인일수 부우국유주백수』 연구」, 「「순난유주」와 「우국유주」와의 관계성 연구」와[8] 같은 일련의 글을 연이어 발표했다.

애국백인일수에 대한 전반적인 설명은 선행 연구에서 이미 충분히 이루어졌는데, 여기에서는 애국백인일수 연구 활성화에 불을 붙인 필자의 「김억의 『선역 애국백인일수』 연구」의 내용을 발췌하여 애국백인일수에 대한 개략적인 설명을 하고자 한다. 이 작업이 이후 본고를 진행하는 데 초석이 되기 때문이다.

'애국백인일수'는 철저하게 '내지'의 작품이었다. 즉 일본문학보국회가 기획했고, 1940년에 설립된 미디어 통제 및 정보 선전기관인 내각정보국과 국민 통제조직인 대정익찬회(大政翼賛會)가 후원했다. 신문사를 통해 신민(臣民)이 애창하는 애국을 노래한 일본의 옛 노래(古歌)가 일단 취합되었고, 여기에 일본문학보국회 단가(短歌) 부문의 간사와 선정위원이 추천한 작품이 더해져, 총 약 12만 수에 달하는 방대한 노래가 모아졌다. '공선(公選)'이었던 셈이다. 선정위원으로는 사사키 노부쓰나(佐々木信綱), 사이토 모키치, 오타 미즈호(太田水穗), 오노에 사이슈(尾上柴舟), 구보타 우쓰보(窪田空穗), 오리구치 시노부(折口信夫), 요시우에 쇼료(吉植庄亮), 가와다 준(川田順), 사이토 류(齋藤瀏), 쓰치야 분메이(土屋文明), 마쓰무라 에이이치(松村英一)가 참여했다. 선정고문으로는 정보국의 가와즈라(川面) 부장과 이노우에(井上) 과장, 익찬회의 아이카와(相川) 국장과 다카하시(高橋) 부장, 문부성의 이케즈미(生悅住) 국장과 오오카(大岡) 국장, 육군성의 야하기(谷萩) 국장, 해군성의 히라이데

7) 권희주(2014), 「'애국백인일수'와 번역되는 '일본정신'」, 『아시아문화연구』 제35집, 5-22쪽.

8) 박상현(2015a), 「김억의 『선역 애국백인일수 부우국유주백수』 연구 : 본문과 부록의 관계를 중심으로」, 『외국학연구』 제31호, 339-358쪽 ; 박상현(2015b), 「「순난유주」와 「우국유주」와의 관계성 연구 : 막부 말기의 와카 번역 텍스트」, 『일본문화연구』 제53집, 159-174쪽 ; 박상현(2015c), 「와카 번역사적 위치 : 『선역 애국백인일수』」, 『동아시아고대학』 제40집, 217-295쪽.

(平出) 과장, 일본방송협회의 세키(關) 국장, 일본문학보국회의 도쿠토미 소호(德富蘇峯) 회장과 시모무라 가이난(下村海南) 이사, 쓰지 젠노스케(辻善之助) 박사, 도쿄제국대학의 히라이즈미 기요시(平泉澄) 교수와 히사마쓰 센이치(久松潜一) 교수 및 이노베 시게오(井野辺茂雄) 박사였다. 그리고 선별된 100수의 와카는 태평양전쟁 발발 후 약 1년쯤 경과된 시점인 1942년 11월에 『도쿄니치니치신문』과 『오사카마이니치신문』에서 발표됐다.

선정위원들은 정부 당국을 상당히 의식하면서 와카를 선별했는데, '일본정신', 즉 충군의 순정 · 국체(國體) 예찬 · 경신(敬神)과 조상 숭배의 정신을 중요시했다. 선정 기준을 정리하면 대체로 아래와 같다.

- 와카의 형식은 단가로 한정함
- 『만엽집(万葉集)』 이후 막부 말기까지의 노래(歌) 가운데에서 뽑을 것
- 애국정신을 읊었다고 해도 되도록 건강하고 명랑하고 적극성이 있는 노래를 뽑을 것
- 작자를 알 수 있는 노래만 선택할 것
- 『오구라백인일수』의 노래는 제외할 것
- '애국'의 의미는 광의의 의미로도 협의의 의미로도 해석 가능하지만, 일정 정도 넓게 해석해서 부모 · 자식 간 및 부부간의 애정을 읊은 노래도 채택할 것. 또한 국토애를 노래한 것도 넣을 것

이와 같은 선정 기준에 따라 100수의 와카에 들어간 가인으로는 가키노모토노 히토마로(柿本人麻呂), 나가노 오키마로(長奧麻呂), 오토모노 다비토(大伴旅人), 다카하시노 무시마로(高橋虫麻呂), 야마노우에노 오쿠라(山上憶良), 가사노 가나무라(笠金村), 야마베노 아카히토(山部赤人), 견당사 사절의 모친(遣唐使使人母), 아베노 이라쓰메(安倍郎女), 아마노이누카이노 오카마로(海犬養岡麻呂), 유키노 야카마로(雪宅麻呂), 오노노 오유(小野老), 다치바나노 모로에(橘諸兄), 기노 기요히토(紀清人), 후지이노 모로에(葛井諸會), 다지히노 다카누시(多治比鷹主), 오토모노 야카모치(大伴家持), 하세쓰카베노 히토마로(丈

部人麻呂), 사카타베노 마로(坂田部麻呂), 오토네리베노 지후미(大舍人部千文), 이마마쓰리베노 요소후(今奉部與曾布), 오타베노 아라미미(大田部荒耳), 미와히토베노 고오시오(神人部子忍男), 오와리노 하마누시(尾張浜主), 스가와라노 미치자네(菅原道真), 오나카토미노 스케치카(大中臣輔親), 조진아자리의 모친(成尋阿闍梨母), 미나모토노 쓰네노부(源經信), 미나모토노 도시요리(源俊頼), 후지와라노 노리카네(藤原範兼), 미나모토노 요리마사(源頼政), 사이교 법사(西行法師), 후지와라노 도시나리(藤原俊成), 후지와라노 요시쓰네(藤原良經), 미나모토노 사네토모(源實朝), 후지와라노 사다이에(藤原定家), 히로아키 선사(宏覺禪師), 나카토미노 스케하루(中臣祐春), 후지와라노 다메우지(藤原爲氏), 미나모토노 무네오(源致雄), 후지와라노 다네사다(藤原為定), 후지와라노 모로카타(藤原師賢), 쓰모리노 구니타카(津守國貴), 기쿠치노 다케토키(菊池武時), 구스노키 마사쓰라(楠木正行), 기타바타케 지카후사(北畠親房), 모리사코 지카마사(森迫親正), 산조니시 사네타카(三條西實隆), 니이로 다다모토(新納忠元), 시모코베 조류(下河邊長流), 도쿠가와 미쓰쿠니(德川光圀), 가다노 아즈마마로(荷田春滿), 가모노 마부치(賀茂真淵), 다야스 무네타케(田安宗武), 가토리 나히코(楫取魚彦), 다치바나 에나오(橘枝直), 하야시 시헤이(林子平), 다카야마 히코쿠로(高山彦九郎), 오자와 로안(小澤蘆庵), 모토오리 노리나가(本居宣長), 아라키다 히사오유(荒木田久老), 다치바나 지카게(橘千蔭), 우에다 아키나리(上田秋成), 가모 군페이(蒲生君平), 구리타 히지마로(栗田土滿), 가모노 스에타카(賀茂季鷹), 히라타 아쓰타네(平田篤胤), 가가와 가게키(香川景樹), 오쿠라 와시오(大倉鷲夫), 후지타 도코(藤田東湖), 아지로 히로노리(足代弘訓), 가노 모로히라(加納諸平), 가모치 마사즈미(鹿持雅澄), 겟쇼(月照), 이시카와 요리히라(石川依平), 우메다 운빈(梅田雲濱), 요시다 쇼인(吉田松陰), 아리무라 지자에몬(有村次左衛門), 다카하시 다이치로(高橋多一郎), 사쿠라 아즈마오(佐久良東雄), 도쿠가와 나리아키(德川齊昭), 아리마 신시치(有馬新七), 다나카 가와치노스케(田中河内介), 고지마 구사오미(兒島草臣), 마쓰모토 게이도(松本奎堂), 스즈키 시게타네(鈴木重胤), 요시무라 도라타로(吉村虎太郎), 도모바야시 미쓰히라(伴林光平), 시부야 이요사쿠(澁谷伊與作), 사쿠마 쇼잔(佐久間象山), 구사카 겐즈이(久

坂玄瑞), 쓰다 아이노스케(津田愛之助), 히라노 구니오미(平野國臣), 마키 이즈미(眞木和泉), 다케다 고운사이(武田耕雲齋), 히라가 모토요시(平賀元義), 다카스기 신사쿠(高杉晋作), 노무라 보토니(野村望東尼), 오쿠마 고토미치(大隈言道), 다치바나노 아케미(橘曙覽)와 같은 인물이다.

그리고 이 가인들의 와카 가운데 10수 정도를 예시해 보면 아래와 같다. 모두 충군애국이라는 큰 틀에서 크게 벗어나지 않는 작품이다.[9]

우리님 높고크사 現神이 그오시매 구름속 우뢰山우에 게오실宮 집시네[10]
높으신 우리님은 어느곳 다스실고 天下에 德높으시니 예고저가 잇으랴[11]
大丈夫 世上낫다 헛되이 썩을것가 이름을 千秋에남길 크나큰일 하과저[12]
힘주어 살놓으니 貫革을 딱맞인다 後人들 壯士라하며 얘기얘기 傳하리[13]
넓을손 山과들에 산양꾼 擧動보소 웨치며 화살들고서 여저긔로 돌더라[14]
御命을 받자옵고 선듯이 나선이몸 어듸나 배닿는곳서 쉬고자고 하리라[15]
가즌꽃 滿發하니 香氣가 天地로다 꽃인양 우리「나라」도 繁華繁華 하더라[16]
오는눈 白髮일시 이머리 셀때까지 우리님 섬길량이면 무슨恨이 잇으랴[17]
왼하늘 덮어싸고 흰눈이 내려오네 높으신 님의威德도 저러신가 하노라[18]
님끠서 다스시는 이聖代 즐겁을시 東便도「미치노쿠」선 黃金꽃이 픠나니[19]

---

9) 원문과 우리말 번역은 김억의 것을 차용한다. 인용은 박경수 편(1987), 『안서김억전집 2-2』, 한국문화사, 485-535쪽에 따른다.
10) 大君は 神にしませば 天雲の 雷の上に 廬せるかも
11) やすみしし わが大君の 食國は 大和もここも 同じとぞ念ふ
12) 士やも 空しかるべき 万代に 語り續ぐべき 名は立てずして
13) 丈夫の 弓上振り起し 射つる矢を 後見む人は 語り継ぐがね
14) あしひきの 山にも野にも 御猟人 さつ矢手挾 みみだれたり見ゆ
15) 大君の 命かしこみ 大船の 行きのまにまに 宿りするかも
16) あをによし 奈良の京は 咲く花の にほふがごとく 今さかりなり
17) 降る雪の 白髪までに 大君に 仕へまつれば 貴くもあるか
18) 天の下 すでに覆ひて 降る雪の 光を見れば 貴くもあるか
19) 天皇の 御代榮えむと 東なる みちのく山に 金花咲く

III. 식민지 조선에서의 '애국백인일수' 수용 양상

과문한 탓인지 모르겠지만 외지인 식민지 조선에서의 '애국백인일수' 수용에 대해 처음 언급한 연구자는 임종국인 것 같다. 비록 자세하지는 않지만 그는 다음과 같이 지적했다.[20)]

> 43년 1월 9일부터 동 17일까지 愛國百人一首展覽會를 문인협회(조선문인협회를 가리킨다 — 인용자) 國民詩歌聯盟 朝鮮美術家協會 공동 주최로 丁字屋백화점[21)]에서 개최한 후 전시(展示) 작품을 실비로 매각하여 국방헌금했으며 또 17일부터 체신회관에서 愛國百人一首講演과 낭영회를 열었고(강사 日人뿐)….

요컨대 애국백인일수 확산에 적극 참여한 단체는 조선문인협회[22)]·국민시가연맹[23)]·조선미술가협회였고, 그들이 개최한 행사는 애국백인일수에 관한 전람회와 강연 그리고 낭영회(낭독회)였다.

조선에서의 애국백인일수 확대 양상에 대해 최근에 귄희주는

20) 임종국(2005), 『친일문학론』, 민족문제연구소, 109쪽.

21) 조지야(丁字屋)백화점은 1921년 4월 일본인이 설립한 현대식 백화점으로 명동 입구에 있는 현재의 롯데영플라자 명동점 자리(미도파백화점의 전신)에 위치했었다. 이 백화점에서는 시국과 관련된 종군 유화 개인전이 열리기도 했다. 예를 들어 1943년 1월 30일자 『매일신보』에서는 총독부 보도국장 구라시게(倉茂)가 전쟁을 선전하는 그림이 걸린 마쓰이(松井勳)의 개인전을 둘러보고 있는 모습을 전하고 있다.

22) 1939년에 조직된 총독부 어용 문인단체다. 이 단체는 1943년 4월 조선하이쿠작가협회(朝鮮俳句作家協會)·조선센류협회(朝鮮川柳協會)·국민시가연맹(國民詩歌聯盟) 등의 단체와 통폐합하여 조선문인보국회로 다시 태어났다[http://terms.naver.com/entry.nhn?docId=658479&cid=46645&categoryId=46645(2016. 2. 5)].

23) 1941년 한반도에서 간행되던 문예잡지들은 모두 폐간되고 장르 내의 통폐합이 이루어졌다. …1941년 7월 조선하이쿠작가협회가 하이쿠 장르 내에 유파별 대통합을 이루고 가장 먼저 기관지 『미즈키누타(水砧)』를 간행하였다. 그리고 단가와 시 장르가 '시가(詩歌)'로 묶여 국민시가연맹으로 새로 조직되었고 9월 『국민시가』가 창간되기에 이른다[엄인경(2013), 「일제 말기 한반도에서 창작된 단카(短歌) 연구 : 『국민시가(國民詩歌)(1941~42)를 대상으로」, 『일본학보』 제97집, 156쪽].

식민지 조선에서도 강연회, 전람회는 물론이거니와 1944년에는 김억이 번역한 『선역 애국백인일수』(한성도서주식회사)도 출간되어 '일본정신'을 기르는 데 이용되기도 하였다.

일반 국민에게까지 널리 알리기 위해 라디오[24]와 같은 매체를 비롯하여 낭독회, 전람회 등 다양한 방법으로 유포되었다.

라고 지적하면서도[25] 애국백인일수의 대중화 전략으로 카드놀이인 가루타의 활용[26]을 특히 강조했다.[27]

결국 권희주는 조선에서 애국백인일수의 확산은 전람회, 강연, 낭영회와 더불어 번역서, 라디오, 가루타와 같은 것으로 이루어졌다고 정리했다.

식민지 조선에서의 애국백인일수 수용 양상에 대한 임종국과 권희주의 지적은 조선총독부 기관지인 『매일신보』에 실려 있는 1942년 11월부터 다음 해 3월까지의 기사에서 잘 확인할 수 있다.

---

24) 일본에서 라디오 방송은 1925년 3월부터, 라디오 체조 방송은 1928년 11월부터 시작되었다. 그리고 1943년경에는 애국백인일수의 와카가 라디오를 통해 체조와 결부되었다[구로다 이사무(2011), 서재길 옮김, 『라디오 체조의 탄생』, 강, 15-16쪽]. 즉 1943년 2월 28일자 『매일신보』에 "『에잇 에잇』 D · K의 『마이크』로부터 『도리후네』의 노래소리가울려나온다 三월부터전선적으로 황민련성운동이 개시되는데발마추어 경성중앙방송국에서는 三월一일부터일본정신의체득과심신의련성에 가장적합한운동으로서 『도리후네』 운동을 방송하기로되엿다. 『도리후네』 운동이란배를젓는모양의 운동으로화가(和歌)를 부르면서 하는것인데매일아츰 오전六시二十분부터 二十분동안 三일간에걸처전선에방송하는데 지도는 조선련맹의 오一야(大家) 련성부장이 당하기로되엿스며 화사는 애국백인일수(愛國百人一首)를 광영할터로 일반은 아츰일즉이 이러나서 라디오에 마추어서 이운동으로 심신을 연성해 주기바라고 잇다"고 나와 있듯이, 라디오를 통해 애국백인일수의 와카가 일본 정신의 체득과 심신의 연성에 활용되던 체조 곧 배를 젓는 모양의 운동인 '도리후네' 운동에 활용되었다.

25) 권희주(2014), 앞의 논문, 6쪽.

26) 1943년 3월 8일자 『매일신보』에는 다음과 같은 기사가 실렸다. "시내숙명여전(淑明女專)에서는 오는八일 오후 한시 동교내에서 『愛國百人一首가루다會』를 연다."

27) 권희주(2014), 앞의 논문, 5-21쪽.

1942년 11월 21일자 『매일신보』는 애국백인일수 선정을 다음과 같이 전한다.

('내지' 일본에서 1942년 11월 20일 정보국이 '애국백인일수' 선정에 대해 발표한 것을 설명한 후) 새로운애국백인일수는 수백년전부터 국민들이 친히부르는 고구라(小倉) 백인일수에 비길만한것으로 예술적으로도 우수한 명가샌으로 이백수는 성전하 일억국민의 『애영가』이다.[28]

곧 애국백인일수는 『오구라백인일수』에 비길 만한 것으로 이 두 '백인일수'는 태평양전쟁을 수행하는 일본국민이 애창하는 노래라는 것이다.

1943년 1월 6일자 『매일신보』는 내지 일본에서는 애국백인일수가 황국문화의 정수로 애송되고 있고, 여기에 담겨 있는 애국정신을 보급하기 위해 각종 행사가 실시되었다고 전한다. 따라서 외지인 식민지 조선의 신민에게도 애국백인일수를 널리 확산시켜 거기에 깃든 정신을 공유하도록 해야 한다고 말하며, 그 보급 방법으로 전람회와 강연 및 낭영회를 거론한다. 그리고 이 행사들을 주최하는 것으로는 앞에서 언급한 조선문인협회·국민시가연맹·조선미술가협회를, 후원하는 것으로는 국민총력조선연맹[29]을 소개한다.[30]

---

28) 맞춤법, 띄어쓰기 등은 원문 그대로 사용하였다.

29) 1940년 조선총독부 차원에서 조직된 친일단체로 국민정신총동원조선연맹의 후신. 1945년 7월 8일 본토 결전에 대비한 조선국민의용대가 조직됨에 따라 같은 달 10일 이에 통합·흡수되었다〔http://terms.naver.com/entry.nhn?docId=525235&cid=46623&categoryId=46623(2016. 2. 5)〕.

30) 원문은 다음과 같다.
"황국문화의 정수로서 설흔한자에 애국의지성을담은 애국백인일수(愛國百人一首)는 결전하 애국의열의에 불타는 총후국민에게 애송되고잇서 내지에서는 이노래의 애국정신을 보급앙양하는 각종행사가 실시되고잇는데 반도에서도 반도민중에게 이를 널리보급시켜 그정신을 고취하고저 오는九일부터애국백인일수의 전람회와 강연랑영회(朗詠會)가개최된다 전람회는 조선문인협회(朝鮮文人協會) 국민시가련맹(國民詩歌聯盟) 조선미술가협회(朝鮮美術家協會)의 공동주최와 조선련맹의 후원으로 오는九일부터十七일까지 백화점 조지야(丁字屋)에서 개최되여…."

이어서 같은 일자 『매일신보』는 전람회에서는 조선인 미술가의 창작품인 애국백인일수 색지(色紙)[31]와 기타 작품을 전시한 후, 특히 색지는 실비로 일반인에게 판매하여 그 대금을 헌금한다고 밝혔다. 이와 동시에 전람회에서는 가인인 미시마 리우(美島梨雨)와 나카노 도시코(中野俊子)가 녹음한 〈애국백인일수〉를 방송한다고 한다. 한편 조선연맹이 주최하고 경성일보사가 후원한 강연회에서는 경성제국대학 예과의 곤도 도키지(近藤時司) 교수와 구스다 도시로(楠田敏郎)의 강연이 있는데, 특히 곤도 교수는 애국백인일수의 정신을 알기 쉽게 해설한다고 한다. 한편 낭영회에서는 나카노 도시코를 비롯한 세 명의 가인이 애국백인일수를 낭독하여 애국심을 앙양할 것이라고 말했다.[32]

여기에서 우리는 1월 6일자 『매일신보』의 기사로 애국백인일수에 관한 전람회와 강연 및 낭영회의 대략적인 사실을 확인할 수 있었다. 그런데 1943년 1월 8일자와 1월 16일 및 18일자 『매일신보』에 강연과 낭영회에 대한 주요한 기사가 실려 있다.

1월 8일자에 따르면 곤도는 '愛國百人一首를 貫徹하는 精神', 구스다는

---

31) 色紙는 이로가미(いろがみ) 혹은 시키시(しきし)라고 읽는데, 일반적으로 전자로 읽으면 색종이를, 후자로 읽으면 와카 등을 적는 두꺼운 사각형 종이를 의미한다. 여기에서는 후자를 뜻한다. 이 두꺼운 종이에 문양을 새기거나 금박 혹은 은박을 뿌리기도 한다. 큰 것은 보통 세로 19.4센티미터, 가로 17센티미터 정도이고, 작은 것은 세로 18.2센티미터, 가로 16센티미터 정도이다[http://www.weblio.jp(2016. 2. 5)].

32) 원문은 다음과 같다.
"이에는반도미술가들의 손으로된 애국백인일수색지(色紙)와 기타의작품을 전람하고 또회장에서는가인 『미시마』(美島梨雨) 『나까노』(中野俊子) 량씨가 랑영한 록음으로 애국백인일수를 방송하야 한층효과를 내기로되여잇는데 특히색지는실비로써 일반에게 반포하고 그대금은 헌금을하야 애국백인일수의 정신을 실천하기로 되여잇다 다음에 『애국백인일수강연과랑영회』는 조선련맹의주최와 본사 경성일보사의후원으로 전람회의 뒤를이어 十七일오후한시부터체신사업회관(遞信事業會館)에서 개최되는데 강연에는 성대예과교수 『곤도―』(近藤時司)씨가 『애국백인일수에흐르는정신』이라는 제목으로 백인일수의정신을알기쉽게 해명하고또가인 『구수다』(楠田敏郎)씨의 『애국백인일수의녀성의노래』라는강연이 잇으며 랑영에는가인 『나까노』씨를비롯하야 세명의가인이 지도에당하야 우아한노래로서 신춘벽두일반의 애국심을앙양하고 애국백인일수의 애송을보급케하기로되엿다"(밑줄―인용자).

'愛國百人一首 속의 女性의 歌', 이들과 함께 가인인 모모세 지히로(百瀨千尋)는 '愛と誠'[33]라는 제목으로 각각 강연한다. 한편 낭영회에는 나카노 외에 니시무라 쇼세쓰(西村正雪), 미시마 리우도 참가했다고 한다.[34]

1월 16일자에는 17일에 개최되는 강연과 낭영회가 무료로 진행되고, 일반 청중의 참석을 환영한다고 쓰여 있다. 또한 낭영회에는 요시키 슈코(吉城珠江)와 이쿠보 도기미즈(井久保硏水)도 참석한다고 한다.[35]

1월 18일자 『매일신보』는 17일 열렸던 강연과 낭영회에 300여 명의 청중이 모였다는 것, 시종 화기애애한 분위기 속에서 국민의례를 시작으로 강연

---

33) '애와 성' 혹은 '사랑과 충성(성심)' 정도로 번역할 수 있을 것 같다.

34) 원문은 다음과 같다.
쾌승의의기에불타는 새봄에황국문화의정수로서절찬을밧고잇는『애국백인일수(愛國百人一首)』를 조선에도만히보급철저시키고저 국민총력조선연맹선전부에서는애국백인일수전람회와 강연 랑영회를열기로되엇다 ▲ 전람회는 오는九일부터十七일까지 조선문인협회국민시가연맹 조선미술가협회공동주최로 조지야백화점에서열어 반도에 잇는예술가의손으로된 애국백인일수등 그박게작품을전람하여 이것을실비로팔고 이돈은 전부헌금하기로되어잇다 그리고 회장에서는 가인미시마(美島梨雨) 나까노(中野俊子) 양씨의애국백인일수랑영을녹음방송한다 ▲ 강연과 랑영회는 오는十七일(일요일) 오후一시부터 체신사업회관(遞信事業會館)에서 개최하야 다음의제씨의강연과랑영(朗詠)이 공개된다

講演『愛國百人一首를貫徹하는精神』 城大豫科敎授 近藤時司
　　『愛國百人一首속의女性의歌』 歌人, 小說家, 楠田敏郎
　　『愛と誠』 歌人 百瀨千尋
一、朗讀指導 歌人 西村正雪
　　　　　　同　美島梨雨
　　　　　　同　中野俊子

35) 원문은 다음과 같다.
국민총력조선련맹의 주최와 본사의 후원으로 애국백인일수(愛國百人一首)의 강연과 랑영회(朗詠會)가 개최된다 애국백인일수는 애국의 정신을담은 일본문화의 정수로서 압서 일본문학회(日本文學會)에서모집선정된 이래 국민사이에널리애송되고잇는데 조선에서도 이를 보급애송케하야 황국정신의해독에 이바지하고저 오는 十七일 오후한시부터 부내태평동의 체신사업관(遞信事業館)에서그강연과랑연회를 개최하게된것이다 상사와랑영에는 사세의권위들을 동원하야 숭고와정신과예술의 향기노는 노래에대하야 그정신을 해명하고 또는랑영할터인데 입장은무료로 일반의청강을 환영하고잇으며 연제와강사씨명은 다음과갓다

▲ 愛國百人一首를 一貫하는 精神 近藤時司 ▲ 愛國一首의 女性의노래 楠田敏郎 ▲ 短歌日本 百瀨千尋 ▲ 朗詠 美島梨雨 西村正雪 吉城珠江 中野俊子 井久保硏水

〔그림 1〕 낭영회 풍경

과 낭영회가 이어졌다는 것, 문화영화 '뉴스'를 마지막으로 4시 30분경까지 진행되었다는 것을 전한다.[36] 〔그림 1〕과 같은 낭영회 관련 사진도 실었다.

애국백인일수의 수용에 관한 임종국과 권희주 그리고 『매일신보』의 기사로 우리는 애국백인일수의 수용 양상을 대체적으로 알 수 있었다. 특히 애국백인일수에 관한 강연 및 낭영회에서는 누가 어떤 테마로 강연 및 낭독했는지를 자세히 알 수 있었다. 한편 『매일신보』 1월 6일자에 "반도미술가들의 손으로된 애국백인일수색지와 기타의작품을 전람하고"와 같이 나와 있듯이, 전람회에 조선인 미술가도 참여했음을 잘 알 수 있다.

하지만 안타깝게도 선행 연구와 『매일신보』의 기사로는, 첫째 애국백인일수 전람회에 참여한 조선인 미술가가 구체적으로 누구였는지, 둘째 그가 출품한 애국백인일수 색지와 작품은 무엇이었는지를 잘 알 수 없었다.

이 가운데 선행 연구가 후자에 대해 곧 애국백인일수 전람회에 참여한 미

---

36) 원문은 아래와 같다.
"일본문화의정수(精粹)인 『애국백인일수(愛國百人一首)』의정신을선양하는 국민총력조선연맹(國民總力朝鮮聯盟) 주최 본사후원의 애국백인일수강연과 랑영회는 十七일오후一시 부내태평통(太平通) 체신사업회관(遞信事業會館) 강연실에서 약三백명의청중이모인가운데 개회되여 시종화창한분위기속에 끗마쳣다. 식은 먼저국민의례에이어 주최자측의 인사가잇슨후 성대(城大) 교수 곤도一(近藤時司) 씨의 『애국백인일수의정신』 모모세(百瀨千尋) 씨의 『단가(短歌) 일본』구수다(楠田敏郎) 씨의 『애국백인일수와여성의노래』라는 제목의 강연이 차례로잇슨후 가인(歌人) 니시무라(西村正雪) 미시마(美島梨雨) 나까노(中野俊子) 이구보(井久保研水) 제씨의 랑영이 잇슨후 문화영화 『뉴-쓰』의 상영이잇슨다음 동四시三十분경 식은무사히폐회되엿다."

술가의 출품작 곧 애국백인일수 색지와 작품이 어떤 것인가를 구체적으로 밝히지 못한 데에는 아마도 다음과 같은 이유가 있었던 것 같다. 그것들이 유실(遺失)되어 현재 확인이 불가능하다는 것이다.[38)]하지만 애국백인일수 전람회에 출품된 애국백인일수 색지가 대체 어떤 것인가는 간접적으로 알 수 있다. 애국백인일수의 색지는 아니지만 『오구라백인일수』의 색지를 통해서이다.

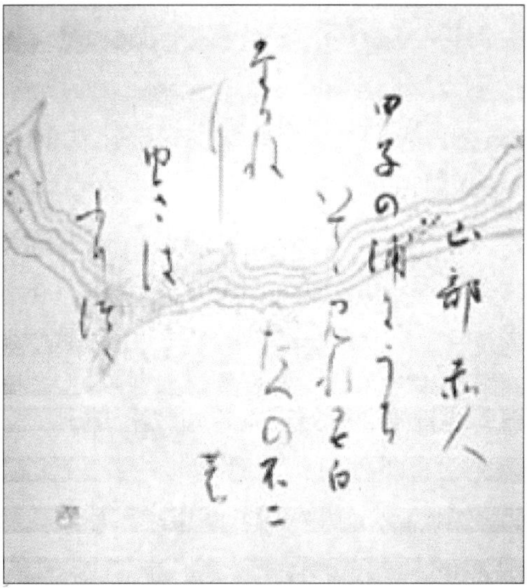

〔그림 2〕『오구라백인일수』 색지[37)]

이 색지에 나오는 작자인 야마베노 아카히토는 일본에서 가장 오래된 시가집인 『만엽집』의 대표 가인 중 한 명이고, 그가 지은 와카는 『만엽집』과 『신고금화가집(新古今和歌集)』에 실려 있다. 임찬수는 이 와카를 "다고 해안에 / 나가 멀리 바라보니 / 하얗게 솟은 / 후지산 봉우리에 / 눈이 내리고 있네"라고 우리말로 옮긴 후 다음과 같이 해설한다.[39)]

작자의 시선이 다고 해안에서 멀리 새하얀 눈이 쌓인 후지산으로 이동하여 웅장하고 장엄한 후지산의 모습을 잘 표현하였다. 또한 지금도 눈이

---

37) http://kyowa-online.jp/shop/image_view.html?image=012016000001_1.jpg(2016. 2. 5).

38) 『매일신보』에서 애국백인일수 전람회가 열린 1943년 1월 9일부터 17일까지의 기사를 모두 조사해 보았지만, 안타깝게도 전람회에 출품된 애국백인일수 색지와 작품에 관한 화보는 찾지 못했다.

39) 임찬수(2008), 『백인일수』, 문예원, 37쪽.

계속 내리고 있다고 끝맺음으로써 시간적 흐름과 함께 여정의 미를 더해 주었다.[40)]

한편 여기에서 예시한 색지를 보면 흑백이라 잘 알 수 없지만, 이 색지에는 엷게 금박이 뿌려져 있는 것 같다(원본은 컬러). 그리고 바탕에 와카가 적혀 있고 중앙에 간단한 문양이 넣어져 있다. 따라서 애국백인일수 전람회에 출품된 애국백인일수 색지도 대체적으로 이런 형태였을 것이라고 추정된다.

반세기 이상이 지난 현 시점에서 애국백인일수 전람회에 출품된 색지와 작품의 실물을 확인하는 것은 지난한 작업이다. 하지만 첫 번째 질문 곧 당시 애국백인일수 전람회에 참여한 미술가가 누구인가는 추적이 가능하다고 본다. 그렇다면 과연 조선인 미술가 가운데 어떤 인물이 애국백인일수 전람회에 참여했던 것일까?

Ⅳ. '애국백인일수' 전람회와 김은호

중일전쟁 이후 제국일본은 화필보국(畵筆報國)이라는 명분하에 각종 시국 미술전람회를 개최하기 시작했다. 주요한 것으로는 단심(丹心)보국전람회(1939), 성전(聖戰)미술전람회(1940), 반도총후(銃後)미술전람회(1942~1943), 애국백인일수전람회(1943), 결전미술전람회(1944), 해양국방미술전(1945) 등이 있다.

이 가운데 애국백인일수전람회는 앞에서 언급했듯이 조선미술가협회가 1943년 1월 9일부터 17일까지 조지야(丁字屋)백화점에서 조선문인협회 및 국민시가연맹과 공동으로 주최한 것이다.

조선미술가협회는 1941년 3월 결성된 관변단체로 그 중심은 조선총독부 학무국이었다. 이것은 같은 해 2월에 국민총력조선연맹의 산하기관으로 전시

40) 임찬수(2008), 앞의 책, 37-38쪽.

체제하 미술인의 집단적인 친일 활동을 목적으로 창립된 경성미술가협회[42]의 후신이다.[43] 회화봉공(繪畵奉公)·화필보국이 목적이었는데, 69명에 달하는 친일 미술인이 참가했다고 한다. 서양화부에는 김인승·심형구·이종우·장발 등이, 일

〔그림 3〕 조지야백화점 전시실 풍경[41]

본화부에는 김은호·이상범·이한복 등이, 조각부에는 김경승 등이 있었다. 결성된 이후에는 내선일체에 적극적으로 동조했다. 보국예술가 집단을 중심으로 '성전미술전' 등 각종 친일 전람회를 20여 회 개최하여 전시체제에 적극 협조하였다.[44]

여기에서는 조선미술가협회에 참여했던 조선인 미술가 가운데 김은호를

41) 이 사진은 1943년 1월 30일자 『매일신보』에 실린 것으로 조지야백화점의 전시실에서 구라시게 보도국장이 종군 유화 화가인 마쓰이의 개인전을 둘러보고 있는 모습이다. 이 사진으로 조지야백화점의 전시실 풍경을 엿볼 수 있다.

42) 1941년 2월 22일 국민총력조선연맹 산하 미술인들이 국민정신총동원연맹에 협력하여 직역봉공(職役奉公) 곧 국민총동원체제 아래 자신의 자리에서 맡은 바 일을 잘 하는 것이 바로 보국이며 국가에 충성하는 길이라는 목적으로 결성하였다. 150여 명의 미술가가 참가했다고 한다. 일본인을 제외한 한국인으로는 제1부 동양화에 이영일·이상범·김은호, 제1부 서양화에 심형구(상임)·김인승·이종우·배운성·장발, 제3부 조각에는 김경승, 제4부 공예와 제5부 도안에는 한국인이 없었다. …전시체제를 옹호하는 목적의 집단이자 관립기관의 부활로서 '이른바 내선일체의 관민합작의 결정판 같은 단체'로 규정된다. 지역에서부터 전국 단위인 조선미술가협회로 확장되며 미술인의 대대적인 조직으로서 친일미술을 주도하였으며, 미술인의 친일 활동을 위해 조직된 최초의 대규모 단체이다〔http://encykorea.aks.ac.kr/Contents/Index(2016. 2. 5)〕.

43) http://terms.naver.com/entry.nhn?docId=2460064&cid=46660&categoryId=46660(2016. 2. 5).

44) http://terms.naver.com/entry.nhn?docId=1218881&cid=40942&categoryId=34509(2016. 2. 5).

주목하고자 한다.[45] 1892년에 출생한 이당(以堂) 김은호[46]는 조선 최후의 어진화가(御眞畵師)이자 친일화가[47]이다. 순종의 초상화를 그리게 된 일은 그에게 명예와 부를 가져다주었고, 일제강점기 때의 친일 활동은 광복 후 일시적으로 그에게 시련을 주었다.

그가 미술과 인연을 맺기 시작한 것은 1912년 근대적 화가 양성기관인 경성서화미술회에 입학하면서부터이다. 거기에서 전통서화를 익히고 1917년 과정을 마쳤다. 김은호는 일본에 유학 가기 전부터 일본적 채색화풍을 중시했는데, 일본식 화법을 본격적으로 익히게 된 것은 1925년부터 1928년까지의 일본 유학을 통해서이다. 도쿄미술학교의 청강생으로 일본화가인 유키 소메이(結城素明) 교수에게 사사했고, 유키 소메이는 그에게 큰 영향을 남겼다.

그는 당시 일본에서 유행하던 채색화풍을 몸에 익혔고, 1927년에 개최된 제국미술전람회 일본화부에서 입선도 했다. 한편 1928년에 열린 제7회 조선미술전람회에서는 〈미인승무〉로 4등상, 동양회화전에서는 〈단풍〉으로 1등상을 받았다.

김은호가 제국일본에 동조하는 작품을 본격적으로 발표하기 시작한 것은 제16회 조선미술전람회에 조선인 화가로서는 처음으로 심사위원 격인 참여작가로 발탁된 직후이다. 그 첫 작품은 1937년 11월에 발표한 〈금채봉납도(金釵奉納圖)〉였다. 2개월에 걸쳐 완성한 것이다. '금채'란 금비녀를 뜻하는데, 그는 이 작품을 당시 조선총독부 총독이던 미나미 지로(南次郞)에게 증정했다.

---

45) 이하 '맺음말' 전까지 이어지는 김은호에 관한 일반적인 설명은 『친일인명사전』과 진희숙의 글을 참조하면서 필자가 새롭게 편집한 것이다[친일인명사전편찬위원회 편(2009), 『친일인명사전 1』, 민족문화연구소, 542-545쪽 ; 진희숙(2009), 『술에 살고 예술에 죽다』, 청아출판사, 82-100쪽].

46) 그의 창씨는 쓰루야마(鶴山)였다.

47) 이태호는 김은호를 매판적 활동에 가장 적극성을 띤 친일 미술인 중 한 명으로 규정한다[이태호(1992), 『근대한국미술논총』, 학고제, 323쪽].

1937년 11월 21일자 『매일신보』는 〈금채봉납도〉를 소개하고 있는데(〔그림 4〕), 이 그림은 애국금채회(愛國金釵會)의 일화를 주제로 한 것이다. 애국금채회는 1937년 8월에 결선된 친일단체로 국방헌금 조달과 황군(皇軍) 원호에 앞장서기 위해 귀족이나 관료 부인 등이 주축을 이룬 여성단체였다. 이 모임의 결성식에서 미나미 총독의 부인이 축하를 했다. 당일 금비녀 11개, 금반지와 금귀이개 각각 2개, 은비녀 1개, 현금 889원 90전이 모여 헌납되었다고 한다. 그리고 이 광경을 영원히 기념하기 위해 제작한 것이 바로 「금채봉납도」였다.[48]

〔그림 4〕 김은호(가운데)와 〈금채봉납도〉(오른쪽)

〔그림 4〕에 볼 수 있듯이 〈금채봉납도〉의 왼쪽에는 모아진 금비녀를 비롯한 금붙이를 증정하는 김봉완과 한복 차림의 부인들을, 그 오른쪽에는 그것을 받는 미나미 지로 총독과 일본 고위 관리들을 세밀하게 묘사되어 있다(그림 왼쪽에 이에 대한 해설이 있다). 이것은 군국주의를 노골화한 최초의 친일 작품으로 이후 화단에 친일 활동을 확산시키는 중요한 계기가 되었다.[49]

안정현은 이 〈금채봉납도〉에 대해

48) 김은호는 광복 후 자서전에 가까운 『서화백년』이라는 책에서 〈금채봉납도〉를 그린 것에 대해 다음과 같이 후회한다. "尹德榮부인이 金釵會 회장을 맡아, 尹德榮 내외를 잘 아는 나는 꼼짝없이 그들의 요구를 들어주어야 했다. 朝鮮 여성이 금비녀를 빼서 日本 군인에게 주는 그림을 그려 달라는 청을 끝내 물리치지 못한 것이 지금도 후회스러울 뿐이다"〔김은호(1991), 『서화백년』, 중앙일보사, 191쪽〕.

49) 민족문제연구소 편(2004), 『식민지 조선과 전쟁미술 : 전시체제와 민중의 삶』, 민족문제연구소, 182쪽.

금비녀와 금가락지를 모아 국방비로 헌납하는 여인들의 엄숙한 표정이 화면 우측의 반 이상을 차지하는 미나미 총독과 어우러지면서, 여성 지식인들의 황민화 경향을 보여 주고 있다. 김은호의 일본화 경향을 감안하다면, 기법과 내용 면에서 '미술의 신체제'라는 일본의 요구와 잘 맞아떨어지는 작품이라고 볼 수 있다.

고 지적한다.[50)]

〔그림 5〕 애국금채회 결성식 풍경

또한 『매일신보』는 1937년 8월 21일자에 애국금채회 결성식 사진(〔그림 5〕)을 게재했다.

한편 김은호는 1941년 2월 이상범 등과 함께 조선미술가협회에 일본화부[51)] 평의원으로 참여했다. 또한 그는 이상범과 함께 반도총후미술전 일본화부의 심사위원으로도 선정되었다. 이 미술전은 조선총독부 정보과가 후원한 것으로 조선인에게 군국주의 찬양과 황국신민화의 영광을 고무시키기 위한 공모전이었다. 한편 1943년 1월에는 애국백인일수전람회, 같은 해 7월에는 총독부와 『아사히신문』이 후원한 일 · 만 · 화(日滿華)연합 남종화전람회 등 성전 승리를 위한 국방기금 마련을 위한 전람회에 빠짐없이 참여했다.[52)]

지금까지 살펴본 이와 같은 사실과 함께 "(애국백인일수전람회에서는 — 인용자) 반도미술가들의 손으로된 애국백인일수색지와 기타의작품을 전람하고"와 같은 1943년 1월 6일자 『매일신보』의 기사를 종합해 보면, 김은호가 애

50) 안정현(2012), 『근대의 시선, 조선미술전람회』, 이학사, 279쪽.

51) 동양화부를 내선일체에 부합하도록 명칭을 변경한 것이 일본화부다.

52) 하지만 이미 인용했듯이 김은호는 자신의 자서전 격인 『서화백년』에서 어쩔 수 없이 참여했다고 말했다〔김은호(1991), 앞의 책, 189-191쪽〕.

국백인일수 전람회에 색지(혹은 작품, 혹은 색지와 작품)를 출품한 것은 확실하다.

V. 결론

1914년 말인 태평양전쟁 발발 후 제국일본은 전황을 신문과 호외뿐만이 아니라 강연회 · 전시회 · 전람회를 통해, 곧 전방위적인 노력으로 내지와 외지의 신민들에게 속속 전달했다. 전의 의식을 앙양하고자 했기 때문이다.

이와 같은 시국 대책의 일환으로 제국일본은 충군애국을 읊었다는 '애국백인일수'를 식민지 조선에서 확산시키기 위해 적극적으로 움직였다. 애국백인일수에 관한 강연과 낭영회를 열기도 하고, 애국백인일수의 가루타를 보급하거나 애국백인일수를 조선어로 번역하기도 했다. 또한 애국백인일수 전람회를 개최하여 애국백인일수 색지와 작품을 전시하기도 했다. 학교교육으로는 부족한 계몽과 선전 등을 사회교육으로 감당하기 위해서였다. 특히 제국일본이 전람회를 적극적으로 활용한 것은 그것이 문화통치의 한 방편이었기 때문이다. 또한 박물관, 박람회와 더불어 근대의 산물인 전람회를 통해 제국일본이 문명국임을 드러내고자 했기 때문이다.[53)]

지금까지의 선행 연구는 식민지 조선에서의 애국백인일수 수용 양상에 대해 많은 연구 성과를 냈다. 하지만 애국백인일수 전람회의 출품작에 대해, 특히 어떤 조선인 미술가가 이 전람회에 참여했는지에 대해서는 밝히지 못했다. 본고에서는 친일인명사전편찬위원회의 지적과 1943년 1월 6일자 『매일신보』의 기사를 종합하여 애국백인일수 전람회에 조선미술가협회의 회원인 김은호가 참여하여 출품했다는 것을 확인할 수 있었다. 그는 광복 후에 애국백인일수 전람회에 출품한 것은 당시로서는 어쩔 수 없는 상황이었다

53) 안정현(2012), 앞의 책, 6-7쪽.

고 말하지만, 그가 화필보국·예술봉공의 일환으로 전람회에 참가하여 작품을 전시했다는 것은 움직일 수 없는 역사적 사실이다.[54)]

54) 물론 딱 한 줄이기는 하지만 친일인명사전편찬위원회는 김은호가 1943년 1월에 애국백인일수 전람회에 참여했다고 한다〔친일인명사전편찬위원회 편(2009), 앞의 책, 544-545쪽〕. 하지만 친일인명사전편찬위원회는 애국백인일수가 어떤 성격의 것이며, 애국백인일수 전람회가 당대 어떤 역사적 맥락과 배경 속에서 시도되었는지, 그리고 이 전람회에 조선인 미술가가 애국백인일수의 색지(색지란 무엇이며, 그 크기가 어느 정도였는지 등)와 작품을 전시했다는 것에 대해서는 자세히 언급하지 못했다. 그것을 밝힌 것이 본고의 의의라고 생각한다. 덧붙여 김은호와 함께 활동했던 이상범에 대해서는 새로운 글에서 다루고자 한다. 참고로 이 글은 『일본문화연구』 第58집(동아시아일본학회, 2016. 4)에 실린 논문을 다소 수정·보완한 것이다.

제2부

문화매체

제국일본의 권력과 신문

—1920년대 후반부터 1935년경까지를 중심으로—

송석원

I. 머리말

일본 최초의 신문은 1861년 6월 나가사키(長崎)에서 창간된 영자지 *The Nagasaki Shippinglist and Advertiser*였다. 이어 같은 해 11월에는 요코하마에서 *Japan Herald*가 창간되었다. 신문은 새로운 문명이었으며, 따라서 신문 창간은 '문명국 일본'을 내외에 알리는 물적 증거 가운데 하나였다. 그러나 앞의 두 신문에서 보는 바와 같이 일본에서의 초기 신문이 도쿄 이외의 지역에서 먼저 발간되었으며, 더욱이 영어로 창간되었다는 점은 특기할 만하다. 이는 일본에서의 초기 신문이 일본인을 독자로 한 것이 아니라 일본에서 경제적 이익을 위해 분주하던 외국인(과 지극히 한정된 일본인)을 대상으로 하고 있었기 때문이라고 할 수 있다.[1] 일본인을 대상으로 한 최초의 일본어 신문은 이보다 훨씬 뒤늦은 1871년에 창간된 『요코하마마이니치신문(橫濱每日新聞)』인데, 이 신문 역시 도쿄가 아닌 요코하마에서 발행되었다는 점이 주목을 끈다. 이후 다양한 신문이 창간과 폐간을 거듭하면서 일종의 '신문의 르네상스'시기를 맞이하게 된다. 급격한 대내외의 변화가 진행되는 가운데 정부는 무엇보다도 근대 국민국가로의 발전을 지향하여 서구화를 본격적으로 추진하게 되었다. 이와 같은 국가정책 추진의 결과 서구·근대·문명·국가·국민 등의 키워드가 자연스럽게 국가의 주요 현안으로 대두하였는데, 이러한 현실은 신문이 활약할 수 있는 절호의 기회로 작용했다.

내셔널리즘에 대한 앤더슨(Benedict Anderson)과 겔너(Ernest Gellner)[2] 등의 논의를 언급할 필요도 없이, 일본 근대화의 가장 중요한 과제인 국민의 형성 과정에 신문은 매우 큰 역할을 수행했다.[3] 원래 신문은 언론기관으로서 민의(民意)를 창달하고 권력을 감시하는 데에 존재이유가 있다. 그런데 근대사회의 국민 탄생이 상당 수준의 식자율(識字率)과 연동되어 있다는 점에서, 활자미디어로서의 초기 일본 신문은 이러한 신문의 사명을 수행하기 위한 전제로서 일반인이 읽기 쉬운 문체를 숙고하지 않을 수 없었다. 비록 이른바 독서국민의 탄생[4] 과정에서 신문이 보여 준 역할이 궁극적으로 발행 부수 증대를 통한 영업이익의 확보라는 경제적 이유에 의한 것이었다 하더라도, 신문의 그러한 노력이 결과적으로 국가(정부)가 담당해야 할 기능에 일조했다는 점은 부인하기 어렵다. 따라서 국가는 신문을 적극적으로 장려하기도 하였다. 물론 신문은 태생적인 사명으로서 권력을 비판하는 기관이기

---

1) 당시 일본인의 일본어 해독 능력은 그다지 높지 않은 수준이었고, 영어 역시 지극히 한정된 지식인을 제외하고는 전혀 낯선 외국어였기 때문이다.

2) Anderson, Benedict(1983), *Imagined Communities : Reflections on the Origin and Spread of Nationalism*, Vorso ; Gellner, Ernest(1983), *Nations and Nationalism*, Cornell University Press.

3) 이에 대한 보다 상세한 설명에 대해서는, 송석원(2010), 「신문에서 보는 제국일본의 국가이상 : 메이지 시대를 중심으로」, 『일본연구논총』 제31호, 147-149쪽 참조.

4) 이에 대한 보다 상세한 설명에 대해서는, 永嶺重敏(2004), 『〈讀書國民〉の誕生 : 明治30年代の活字メディアと読書文化』, 日本エディタースクール出版部 참조.

때문에 국가는 신문에 대한 간섭과 탄압을 법적으로 정당화하는 입법 과정을 끊임없이 추진하였다.

제국일본의 신문은 일반인의 식자율이 높아짐과 함께 점차 확대·확장해 갔다. 특히 청일전쟁과 러일전쟁 등의 전쟁은 신문 성장의 결정적 계기로 작용하였다. 사실 이 양 전쟁 당시의 신문과 권력의 관계를 보면, 전쟁이 신문으로 하여금 어떻게 국가주의의 입장에 서게 하는가를 알 수 있다. 전쟁은 신문의 발행 부수를 증대시키는 계기이기도 하지만, 신문을 불가피하게 국가주의적 입장으로 통일시켜 가는 전기(轉機)이기도 했다. 특파원들에 의한 전쟁 속보 보도는 그 자체를 기정사실화함으로써 국면마다 정당성을 문제 삼는 데에는 구조적으로 취약할 수밖에 없다. 그럼에도 불구하고 초창기 신문은 국민 형성과 전쟁 수행이라는 국가 이상을 실현하는 데에 큰 역할을 하면서, 언론기관으로서의 존재이유는 확실히 갖고 있었다. 그러나 국가형성기를 지나 메이지(明治)와 다이쇼(大正)를 거쳐 쇼와(昭和)에 이르러 초국가주의적 파시즘체제가 형성되는 것과 때를 같이하여, 신문은 점차 언론기관으로서의 본연의 모습에서 일탈하기 시작하였다. 그것은 곧 국가권력과 군부, 우익, 폭력에 대한 신문의 항복을 의미했다. 권력과 폭력에 굴복한 신문은 더 이상 언론기관이 아니라 권력의 단순한 선전기관에 지나지 않는 것이었다.

메이지에서 쇼와 전반기(1945.까지)에 이르기까지의 신문사를 한마디로 요약한다면, 언론자유를 지켜야 한다는 당위와 권력으로부터의 언론 탄압이라는 현실 사이에서 신문은 점차 자유를 상실하고 탄압을 수용하여 권력에 동조해 갔다고 할 수 있다. 이러한 사실은 앞에서도 지적한 바와 같이 권력·군부·우익·폭력 앞에 언론의 자유가 설 자리가 없었음을 의미하는 것이기도 하지만, 한편으로는 전시체제 속에서 언론사 스스로 자기규율을 강화해 간 결과이기도 했다. 그것은 이 시기의 신문이 군국 일본이 감행한 대륙 침략의 필요성과 적법성 등에 대해 이성적인 논의를 펼치는 장이기보다 오히려 그러한 침략을 기정사실화하는 데에만 몰두하여 결과적으로 국수적(國粹的)이고 침략적인 내셔널리즘을 신문 스스로가 고무하는 감정적·감각적 분출구의 장에 머물렀기 때문이다. 이러한 사실은 당연히 신문의 전쟁 책임 문제를 제기하게 한다. 그러나 신문은 스스로의 전전(戰前) 혹은 전중(戰中)을 총괄하지 않은 채(비록 있다 하더라도 책임 문제는 비켜 가는 형태로) 전후를 맞이하여 여전히 언로(言路)의 보루로서의 위상을 유지하고 있다.

사실 '신문과 전쟁'이라는 주제는 오래되었으면서도 새로운 주제이다. 이미 두 차례의 세계대전을 비롯하여 크고 작은 전쟁을 보도하는 신문의 보도 프레임 등에 대해서는 상당한 논의가 진척되어 왔다. 더욱이 전쟁을 속보 뉴스로 보도하는 것을 넘어 현장중계까지 하는 오늘날의 상황에서, 전쟁을 보도하는 신문과 방송 영상은 전쟁 자체의 시비와는 무관하게 전쟁에 사용된 첨단무기에 대한 예찬 혹은 비판, 전쟁에 따르기 마련인 영웅 만들기 등에 집중되는 양상을 노정하고 있기조차 하다. 자국이 수행하는 전쟁을 정전(正戰)이라고 규정하는 한, 그러한 전쟁을 보도하는 신문은 필연적으로 국수적 내셔널리즘을 고양하는 프레임 속에 갇힐 수밖에 없다.[5] 이러한 점은 제국일본의 신문도 예외는 아니었다. 제국일본의 신문 연구는 『이와나미 강좌 '제국일본'의 학지 제4권 : 미디어 속의 '제국'』[6]에 논문을 집필하고 있는 야마모토 다케토시(山本武利), 쓰치야 레이코(土屋禮子), 사사키 다카시(佐々木隆), 가토 데쓰로(加藤哲郎) 등의 연구자와 마에사카 도시유키(前坂俊之) 같은 신문기자에 의해 이루어져 왔다. 특히 마에사카의 경우 전적으로 '전쟁과 신문'의 문제에 초점을 맞추고 있고, 앞의 이와나미강좌그룹의 경우에는 제국일본의 신문사 속에서 언론자유와 언론탄압 사이의 신문에 주목하면서 제국에 '동조'하는 신문을 다루고 있다.

---

5) 제국일본의 전쟁 역시 국가권력에 의해 정전(正戰)으로 규정되어 모든 국민은 총단결·총동원되어 국가적 과제에 임해야 한다는 점, 그러한 국가적 과제를 자기 자신에게 일체화한 사람만이 진정한 '국민'이라는 점, 따라서 모두가 충량한 국민이 되기 위해 자신의 모든 행위와 창작, 심지어 사고까지 항상 국가를 정점으로 해야 한다는 점 등이 국가권력에 의해 선전되고 강제되었다.

6) 山本武利 編(2006), 『岩波講座 「帝國日本」の學知 第4巻 : メディアのなかの「帝國」』, 岩波書店.

이러한 점을 염두에 두면서 본고에서는 전시체제가 강화(전쟁)됨에 따라 그러한 국가목표를 실현하기 위해 국가권력이 신문에 다양한 형태로 탄압을 가해 갔음에도 불구하고, 실질적으로 신문의 발행 부수가 급격히 늘어나는 양상에 대해 그 이면에 작용하는 언론의 두 측면, 즉 진실을 보도하는 공기(公器)로서의 측면과 경쟁에 노출되어 영업상의 이익을 확보해야 할 경영 주체의 측면에서 분석하고자 한다. 단지 언론탄압이 강제되고 그에 따라 언론이 제국에 동조해 갔다는 설명만으로는 똑같은 권력에의 동조라 하더라도 그 사이에서 발견되는 미세한 차이의 원인과 결과를 제대로 파악할 수 없다. 실제로 제국일본의 신문은 권력에 대해 언론의 자유를 지키는 것과 권력에 동조하여 부수 확대를 꾀하는 것 사이에 놓여 있었다. 따라서 이러한 문제 설정에 의해서만이 당시 신문의 정확한 위상 파악이 가능하다고 여겨지기 때문이다. 본고가 시기적으로 1920년대 후반부터 1935년경까지를 주로 분석하고자 하는 것은 바로 이 시기야말로 이러한 특성이 본격적으로 노정하기 시작한 시기이기 때문이다.

II. 공기로서의 신문과 권력

『아사히신문(朝日新聞)』은 1945년 11월 7일 "국민과 함께할 것(國民と共に立たん)"이라는 선언을 게재하였다. 이 선언은 『아사히신문』이 전시보도에서 보여 준 행태에 대해 스스로 책임을 인정하고, 새로운 시대를 맞이하여 다시는 그러한 상황에 휘말리지 않겠다는 각오를 밝히는 것이었다. 그러나 이로써 전쟁에 즈음해서의 신문의 책임이 일단락된 것은 아니었다. 그럼에도 불구하고 대부분의 신문은 『아사히신문』과 같은 선언의 형태로 자신의 전쟁책임을 다했다는 듯이, 그후로는 전쟁과 신문에 대해 정면으로 논하는 일 따위는 없었다. 『아사히신문』의 선언 역시 군용기헌납운동 등과 같은 자사의 적극적인 전쟁 협력 책임에 대해서는 구체적인 언급조차 없는 상황이다. 나아가 비록 전쟁과 신문에 대해 논의하는 장이 설정된다 하더라도 대체로

압도적 힘을 바탕으로 한 권력으로부터의 강제, 탄압 속에서 불가피한 일이었다고 강변하는 것이 일반적인 현상이었다. 그러나 마에사카가 적절히 지적하고 있는 바와 같이 제국일본 시기의 신문은 군부나 정부에게는 피해자의 입장이었으나, 거꾸로 국민에게는 가해자의 입장에 서 있었다.[7)]

주지하는 바와 같이, 공기로서의 신문이 본연의 기능을 다하기 위해서는 무엇보다도 신문의 언론자유 확보와 공공적 성격의 견지가 불가결한 전제가 된다. 그러나 국가권력의 입장에서 보면, 경우에 따라서는 진실 보도로 시종일관하는 신문은 큰 위협으로 여겨졌다. 특히 전쟁을 수행하는 정부와 군부에게 신문은 언론기관이기보다는 선전기관으로 받아들여졌다. 따라서 전쟁에 직면해서 신문이 언론자유를 유지하기 위해서는 그야말로 죽음까지 각오한 철저한 저항이 불가피하게 요청되었다. 필요하다면 서로 경쟁 관계에 있는 신문사들이 협력하여 권력에 대항해야 한다. 그러나 제국일본의 신문은 전쟁의 격화 속에 밀려오는 권력의 강제와 탄압 앞에 언론자유를 지키기 위해 단결하여 싸우기보다는 각자도생의 형식으로 권력에 굴복하였다. 실제로『아사히신문』의 편집국장과 주필을 역임한 오가타 다케토라(緒方竹虎)는 다음과 같이 회한을 토로하였다.

> 군에서 보면, 신문이 하나가 되어 저항하는 것이 시종 가장 큰 위협이었다. 따라서 각 신문사가 정말로 손잡고 했으면 되지 않았을까 하고 지금도 다소 아쉽게 생각하고 책임을 느끼지 않을 수 없다.[8)]

그렇다면 제국일본이 공기로서의 언론에 심각한 균열을 발생시키며, 점차 언론자유를 유지하는 것이 어려워지기 시작한 것은 언제부터인가. 제국일본이 초국가주의적 파시즘체제로 전환한 이후에는 사실상 언론자유라는 용어는 사어(死語)에 가까웠다. 그러한 의미에서 아직 언론자유를 운운할 수 있

7) 前坂俊之(1989),『兵は凶器なり : 戰爭と新聞 1926-1935』, 社會思想社, 22쪽.
8) 電通 編(1955),『五十人の新聞人』, 電通, 206-207쪽.

던 시기와 그러한 것이 근본적으로 불가능해지고 단지 권력에의 동조만이 신문에 남겨진 유일한 기능이 된 경계의 시점을 특정하는 것은 신문사(新聞史)를 구획하는 데 있어 매우 중요한 문제라고 할 수 있다. 이와 관련해서는 치안유지법이 제정된 1925년부터 서서히 언론자유의 영역이 위축되기 시작했다고 보는 것이 가장 타당할 것이다. 이후 만주사변을 계기로 정부 위에 군림하려는 군부의 움직임이 노골화되어 갔을 뿐만 아니라, 군과 황실 관련 보도 내용과 관련하여 언론에 대한 권력의 간섭과 강제, 우익 등에 의한 폭력행사 등이 점차 일상화되어 갔기 때문이다. 실제로 〈표 1〉에서 보는 바와 같이 신문·출판물의 발매·반포금지 건수는 1932년과 1933년까지 지속적으로 증가하는 경향을 보이다가 1934년 이후부터 급격하게 줄어들고 있음을 알 수 있다. 이것은 1934년 이후부터는 언론이 권력이나 폭력과의 전면

〈표 1〉 신문·출판물의 발매·반포금지 건수(1926~1935)

(단위 : 년, 종)

연도	안녕						
	총수	신문지법	출판법				
		신문지	단행본	잡지	선전 인쇄물	도화	계
1926	412	251	39	35	84	3	161
1927	547	331	44	23	147	2	216
1928	829	345	58	29	397	-	484
1929	1,309	374	95	27	812	1	935
1930	2,171	504	154	50	1,456	7	1,667
1931	3,076	832	193	70	1,980	1	2,244
1932	4,945	2,081	217	227	2,420	-	2,864
1933	4,008	1,531	197	239	2,041	-	2,477
1934	1,300	587	75	73	565	-	713
1935	1,074	653	75	34	312	-	421

출처 : 内務省警報局, 「昭和十年中に於ける出版警察概観」. 前坂俊之(2007), 『太平洋戰爭と新聞』, 講談社, 35쪽에서 재인용.

적인 대결보다는 적절하게 타협하거나 스스로 자기규제하는 방법을 통해 권력과의 마찰을 줄이고자 노력한 결과라고 할 수 있다. 이로써 언론은 권력 및 폭력과의 대결 속에서의 '공포시대'를 넘어 권력에 봉사하는 '동조시대'를 열어 갔다.

한편 제국일본의 권력과 신문 사이의 관련 연표를 정리하면 대략 다음의 〈표 2〉와 같다. 〈표 2〉에서 알 수 있는 바와 같이 정부는 신문지법(1909), 치안유지법(1925. 공포, 1928. 개정), 국가총동원법(1938) 등과 같은 법제도를 정비하는 한편으로 내각정보부, 특별경찰(이하 '특고')과 같은 실질적인 실행 주체를 발족시키는 등 언론에의 간섭을 서서히, 그러나 확실히 준비해 갔다. 먼저 신문지법은 시사 관련 기사를 게재하는 신문의 보증금 납부의무(제12조), 예심기사의 제한(제19조), 범죄를 선동하거나 곡해한 기사의 금지(제21조), 안녕질서를 문란케 하거나 풍속을 해치는 신문의 발매 · 반포금지(제23조), 육군 · 해군 · 외무의 각 장관에 의한 군사 · 외교에 관한 기사의 금지 · 제한권(제27조) 등을 규정하고 있어 언론자유를 크게 제약하였다. 특히 제23조의 '안녕질서를 문란케 하거나 풍속을 해치는' 따위의 표현은 매우 추상적이어서 얼마든지 확대해석이 가능했고, 실제로 그렇게 되었다. 더욱이 군부(육군 및 해군 장관)가 군사 관련 기사의 금지 · 제한권을 갖는 상황에서 신문의 언론자유는 유명무실한 것이었다.

또한 치안유지법은 점차 격화되어 가는 공산주의혁명운동을 억누르기 위한 목적으로 제정된 법으로, 1928년의 개정을 계기로 이유 여하를 막론하고 국체(황실)를 부정하는 일체의 언행을 금지하고 위반 시 엄벌하며 적극적으로 무언가를 하려는 행위를 금지했다. 또한 전반적으로 위반자에 대한 중벌부과와 단속 대상범위가 매우 넓다는 등의 특징을 가지고 있다. 국가총동원법은 신문지법 제27조에서 규정하는 군사, 외교뿐만 아니라 일반 치안과 재정금융에 관해서도 통제할 수 있게 함으로써 신문통제를 한층 강화하였다. 이와 같이 제국일본의 신문통제는 신문지법을 주선율로 하고 치안유지법과 국가총동원법 등을 보조선율로 하는 법적 장치를 통해 통제의 합법성을 확보하였으며, 여기에 특고 · 군부 · 우익 등의 폭력적 간섭이 더해졌다.

〈표 2〉 제국일본의 권력과 신문 사이의 관련 연표

연도	내용
1909	신문지법 공포
1925	치안유지법 공포
1926	교토학련사건에 첫 치안유지법 적용
1928	개정 치안유지법 공포, 전국 도부현(道府縣) 경찰부에 특별고등과 설치(특고경찰 발족)
1930	금수출 해금, 런던해군군축조약 조인, 신문·통신 15개사 언론압박 항의 공동선언
1931	만주사변 발발
1932	상해사변, 만주국 건국, '육탄 3용사의 노래' 당선작 발표(『아사히신문』), 5·15사건
1933	국제연맹 탈퇴, 고스톱사건, 다키가와(瀧川)사건
1934	육군성 신문반이 「국방의 본의와 그 강화의 제창(國防の本意と其の強化の提唱)」 팸플릿 발행
1935	미노베 다쓰키치(美濃部達吉), 천황기관설로 고발됨
1936	2·26사건
1937	노구교사건, 군용비행기헌납운동 사고(社告) 게재(『아사히신문』), 내각정보부 발족, 중일전쟁, 남경(南京)사건
1938	국가총동원법 공포, 중일전쟁 성전박람회(『오사카아사히신문』), 전쟁미술전람회(『도쿄아사히신문』)
1939	국민징용령, 제2차 세계대전 발발
1940	삼국동맹(일본·독일·이탈리아), 대정익찬회, 기원(紀元) 2600년 축하식
1941	일본신문연맹 발족, 신문공판제 실시, 일본군의 진주만 공격으로 태평양전쟁 발발
1942	일본신문회 발족, 대일본언론보국회 발족
1943	나카노 세이고(中野正剛)의 '전시재상론'(『아사히신문』)으로 도조 히데키(東條英機) 격노, 나카노 자살
1944	중앙공론사(中央公論社), 개조사(改造社) 해산
1945	패전, 「국민과 함께할 것(國民と共に立たん)」(『아사히신문』) 게재

출처 : 朝日新聞「新聞と戰爭」取材班(2008), 『新聞と戰爭』, 朝日新聞出版, 577~580쪽에서 발췌하여 재정리.

이와 같이 제국일본 정부는 신문의 언론자유를 보장할 의사가 거의 없었다. 그러나 신문 역시 권력에 쉽게 동조해 감으로써 스스로의 언론자유를 유지하기 위한 의지가 미약하다는 점을 드러냈다. 1930년의 신문·통신 15개사 언론압박 항의 공동선언은 언론자유를 지키려는 언론사들이 연대한 마지막 저항이라고 할 수 있다. 1931년의 만주사변을 계기로 제국일본은 전시체제를 새롭게 편성하기에 이르렀고, 국가적 과제로서의 전쟁 수행은 곧바로 군부의 발언권 강화를 결과함으로써 마침내 신문은 언론기관에서 선전기관으로 자리매김되어 갔다.

> 태평양전쟁에 돌입한 시점에서 신문은 100퍼센트 군부와 정부의 선전기관에 지나지 않았고, 이미 신문이라고는 할 수 없었다. 언론의 자유와 진실을 지키는 경계는 15년 전쟁에서 보면 1931년의 만주사변이며, 아무리 늦어도 1932년의 5·15사건까지이다.[9)]

실제로 만주사변 이후 군부는 정치의 전면에 서게 되었다. 이처럼 군부가 세력을 증진하기 시작하자, 내무성은 육군의 위세를 빌려 이용하고 헌병대와 우익·폭력단체는 결탁하게 된다.[10)] 1932년의 5·15사건, 1933년의 고스톱(進止)사건, 1935년의 천황기관설사건, 1936년의 2·26사건 등은 군의 정치 개입, 언론 개입에 큰 이정표를 남긴 사건들이라고 할 수 있다. 일례로 병사와 순사 사이에 일어난 지극히 우발적 사고인 고스톱사건의 처리 과정과 이를 보도하는 신문의 논조는 군의 파워를 세상에 입증하는 결과가 되었다. 무단 횡단하는 병사를 순사가 제지하는 과정에서 일어난 병사와 순사의 충돌은 지극히 사소한 문제였고, 무단 횡단한 병사가 순사의 지적을 받아들였다면 아무 문제가 될 수 없는 사안이었다. 더욱이 정당한 순사의 제지에 병사가 저항하고, 군 수뇌가 사건이 이렇게 확대된 데 대해 "황군 건설의 본

9) 前坂俊之(1989), 앞의 책, 23쪽.
10) 前坂俊之(1989), 앞의 책, 57쪽.

의를 선명(宣明)하고 군인의 특수지위를 명징(明徵)"[11]하려 했기 때문이라고 언명한 것에서 알 수 있는 바와 같이, 군은 자신의 지위를 스스로 법 위에 위치시켰다. 만주에서 사건을 조작하여 군대를 출동시킴으로써 전선을 확대하는 등으로 정부를 곤경에 빠뜨리는 일을 거듭해 온 군은 고스톱사건의 처리 과정이나 5 · 15사건, 2 · 26사건 등을 통해 국내 정치사회에서도 군의 특수지위를 명확히 하려 했다.

군인의 특수지위는 군과 전쟁 관련 기사에 현저히 반영되었다. 앞에서도 기술한 바와 같이 신문지법이 군사에 관한 기사의 금지 · 제한권을 군에 부여했기 때문에 군은 이러한 법을 이용하여 점차 무법(無法)의 위치로 나아갔다. 이러한 군의 입장을 잘 나타내는 문건 가운데 하나가 1934년 육군성 신문반이 발행한 『국방의 본의와 그 강화의 제창(國防の本意と其の強化の提唱)』[12]이라는 제목의 팸플릿이다.

육군이 주도하는 사회주의국가를 창건하고 계획경제를 실시해야 한다는 등의 내용을 담고 있는 이 팸플릿은 바로 이러한 성격 때문에 군사파시즘 체제를 요구한 것으로 평가된다. 군이 이러한 팸플릿을 발행한 것도 문제이지만, 이보다 더 큰 문제는 군이 거기에서 그치지 않고 이것을 게재하도록 신문에 요청하였다는 점이다. 『아사히신문』을 제외한 대부분의 신문이 이러한 군의 요청을 수용하여 이 내용을 신문에 게재하였고, 게재를 하지 않은 『아사히신문』은 이후 군과 심각한 갈등을 야기했다. 나아가 1935년 미노베 다쓰키치(美濃部達吉)가 천황기관설로 고발되는 데에도 위 팸플릿에 대한 미노베의 통렬한 비판이 영향을 미친 부분이 적지 않다고 할 수 있다.[13]

---

11) 『大阪朝日』 1933. 11. 20.자. 前坂俊之(1989), 앞의 책, 202쪽에서 재인용.

12) 陸軍省新聞班 編(1934), 『國防の本意と其の強化の提唱』, 陸軍省新聞班.

13) 미노베는, 『중앙공론(中央公論)』 1935년 11월호 '특집 육군국책 총비판(陸軍國策の總批判)'에 「육군발표의 국방론을 읽는다(陸軍發表の國防論を讀む)」라는 글을 게재하여 군을 비판하였다. 미노베에 대한 군의 곱지 않은 시선은 이로써 결정적인 것이 되었다고 할 수 있다.

1930년대 중반 이후 더욱 노골화되어 간 이른바 '사상국방(思想國防)'[14)]이라는 기치 아래 천황제 국체에 반하는 일체의 사상적 경향, 즉 마르크스주의는 물론 자유주의 · 허무주의 · 일본낭만파 · 아나키즘 등에 이르기까지의 모든 사상이 공공연히 비판의 대상이 되고, 이러한 사상의 소유자들이 천황제 국체론을 수용하도록 강제하는 '전향'[15)]이 광범위하게 전개되어 갔다. 특히 사회주의, 공산주의에 대해서는 치안유지법에 근거하여 용서 없는 탄압이 가해졌다. 예컨대 교토대학 법학부 다키가와 유키토키(瀧川幸辰)의 형법 관련 저서와 강연 내용이 위험사상으로 간주되어 고발된 다키가와사건은 사회주의와 마르크스주의 관련 사상이 얼마나, 그리고 어떻게 우익에 의해 공격되었는지를 잘 보여 주고 있다.[16)] 따라서 신문은 사회주의나 마르크스주의와 관련한 기사를 게재할 때에는 예컨대 '혁명'이나 '공산주의' 등의 용어는 복자로 ○○○이나 ×××로 고치는 자위수단을 취해, 실제로 치안유지법이 개정된 1928년경부터 신문에 복자가 급격히 증가했다.[17)]

신문은 황실과 관련한 기사도 자유롭게 쓸 수 없었다. 신문과 기자들에게 황실 기사 보도는 난제였다. 『도쿄니치니치신문(東京日日新聞)』의 사회부장 출신 아베 신노스케(阿部眞之助)의 다음과 같은 회고는 신문과 기자가 권력 및 폭력에 무력했음을 입증해 준다.

점이나 획 하나라도 오식이나 오보가 있으면 어디에선가 폭력단이 와서는 신

14) 荻野富士夫(2000), 『思想檢事』, 岩波書店, 133-178쪽 참조.

15) 전향에 대한 논의는, 송석원(2007), 「일본에 있어서의 전향(轉向)의 정치학 : 그 유형과 정치적 함의를 중심으로」, 『국제지역연구』 제11권 제2호, 674-697쪽 ; 전상숙(2005), 「일제 파시즘기 사상통제정책과 전향」, 『한국정치학회보』 제39집 제3호 ; 혼다 슈고(1993), 「전향문학론」, 현대문학연구회 편, 『1930년대 문학연구』, 평민사 ; 磯田光一(1968), 『增補 比較轉向論序說 : ロマン主義の精神形態』, 勁草書房 ; 吉本隆明(1969), 「轉向論」, 『吉本隆明全著作集 13 : 政治思想評論集』, 勁草書房 ; 思想の科學硏究會(1959 · 1960 · 1962), 『共同硏究轉向 上 · 中 · 下』, 平凡社 등 참조.

16) 다키가와사건에서는 미노다 무네키(蓑田胸喜) 등의 집요한 공격이 있었다.

17) 前坂俊之(1989), 앞의 책, 36쪽,

문사를 협박했다. …애국 겸 폭력업자에게 경찰은 전적으로 무력했다.[18)]

애국과 폭력업자 앞에 무력했던 것은 경찰만이 아니었다. 신문 역시 이들 앞에서 무력하기는 마찬가지였다. 권력과 폭력 앞에 언론이 써야만 하는 것을 쓸 수 없게 된 결과는 무참한 것이었다. 군이 점차 권력의 중추를 장악하고, 중국에서의 이익 확보가 일본의 국가적 존립의 사활이 걸린 문제라고 선전하며 전쟁을 국가목표로 설정하여 확대해 갈 때, 이미 신문에게는 이를 제지할 수 있는 힘이 존재하지 않았다. 신문의 무기력은 권력에 의한 탄압의 결과이지만, 한편으로는 국민을 전쟁의 도탄에 몰아넣는 원인이기도 했다. 신문이 권력의 피해자인 동시에 국민에게는 가해자였다는 것은 바로 이러한 이유 때문이다. 이는 또한 신문이 갖는 공기로서의 역할이 종언했음을 의미하는 것이기도 하다.

III. 권력에 동조하는 신문과 전쟁

공기로서의 신문의 생명은 권력에 대한 견제에 의해 유지될 수 있다. 그러한 점에서 권력과 폭력이 맹위를 떨치던 제국일본의 전시체제는 신문이 본연의 사명을 다하기 어려운 환경이었던 것이 사실이다. 국가의 물적·인적·정신적 자원을 총동원해야 하는 전쟁이라는 상황 자체가 신문의 공평성, 객관주의를 저해하는 측면이 강하기 때문이다. 실제로 제국일본의 신문 대부분은 전쟁의 확대 과정에 대해 필연성, 정당성, 시의성 등과 관련하여 근본적인 문제제기를 소홀히 하였다. 오히려 초기부터 전쟁 지지를 선언하는 등 권력에 유착하는 행태까지 노정하였다.

무엇보다도 전시체제라는 특성이 군부의 폭주를 가능케 하였다. 거듭 지

18) 阿部眞之助(1964), 「昭和という名の元號」, 大宅壯一 編, 『阿部眞之助選集』, 每日新聞社, 252쪽.

적하는 바와 같이 군부와 군부의 강한 영향력이 변수가 아닌 상수가 되어 버린 1920년대 후반 이후의 제국일본 정부는 신문지법, 치안유지법 등의 법제도를 통해 합법적으로 신문을 통제했다. 신문지법에 의하면, 신문기사 금지처분은 게재 금지사항의 내용에 따라서 해당 기사가 게재된 때는 대부분의 경우 금지처분에 처하는 시달, 해당 기사가 게재된 때의 사회 정세(狀勢)와 기사의 양태에 따라 금지처분에 처할 수도 있는 경고, 해당 기사가 게재되어도 금지처분에 처하지는 않지만 신문사의 덕의(德義)에 호소하여 게재하지 않도록 희망하는 간담(懇談) 등으로 구분되는데, 1920년대 후반부터 만주사변 등을 거치면서 시달과 경고가 남발하였다. 일례로 만주사변의 결과 만주국이 건설된 1932년의 금지처분 내용을 살펴보면 만주사변에 관한 사항 27건, 상해사변에 관한 사항 14건, 경시청 앞 불경사건에 관한 사항 1건, 5·15사건에 관한 사항 1건, 재계 교란(攪亂)에 관한 사항 10건, 군사기밀에 관한 사항 7건, 치안유지법 위반 피의자 검거에 관한 사항 4건 등이었다.[19) 이와 같이 각각의 사건에 대해 보도금지가 시달되었다. 또한 신문 검열을 위해 경찰은 인력을 확대했다. 즉 1932년 6월 경시청에서는 특별고등과가 부로 확장되고 검열계는 경시 1명, 경부 4명, 경부보 4명, 순사 12명, 서기 1명으로 구성된 검열과로 승격하였다. 이와 같이 법제도적 측면과 검열조직의 완비 속에 신문에 대한 탄압이 이루어졌다. 그 구체적인 양상을 만주사변에 대한 신문의 보도를 중심으로 간단히 살펴보고자 한다.

만주사변이 발발한 것은 1931년 9월 18일 오후 10시 25분이었고, 그로부터 약 4시간 후인 19일 오전 2시 20분경에 가장 먼저 이 사실을 알게 된 『오사카아사히신문』은 같은 날 오전 8시 40분 자사 항공기 3대를 특파기자·사진반 등과 함께 현지에 파견했다. 이어 사설, 특전(特電) 등의 형식으로 만주사변을 보도해 갔다. 사건 발발부터 12월 말까지 사설은 54회, 특전은 3,785통이었다고 한다.[20)] 국민 대부분은 신문 등의 매체를 통해 전쟁을 접하고 있

19) 內務省警保局 編(1981), 『出版警察概觀 昭和七年 : 昭和發禁關係資料』, 龍溪書舍(복각판), 70쪽.

20) 前坂俊之(1989), 앞의 책, 82쪽.

었으며 보도 프레임에 따라 전쟁을 인식해 갔다는 점에서, 대규모의 취재진 편성과 압도적인 양의 보도는 전쟁의 원인과 경과에 대한 객관적인 보도와는 무관하게 처음부터 군의 작전을 용인하여 가정사실화하고, 국민의 군국 열기와 배외 의식을 자극해 갔다.

『오사카아사히신문』의 전쟁보도 프레임도 국가 중심, 군부 중심에 머물러 있었다. 『오사카아사히신문』의 보도 내용을 분석해 보면, 사변의 발발 자체가 중국 측의 무모한 선제공격에 의한 것으로 이에 대한 일본의 응징은 지극히 정당한 것이고, 일본의 전적인 관심은 만주에 평화를 수립하는 것이며 그것만이 만주에서의 일본의 이익에 부합하는 것이라는 프레임을 견지하고 있음을 알 수 있다. 다음은 이러한 보도 프레임을 가장 잘 보여 주는 기사이다.

> 잘못은 그들에게 있고 더욱이 수백 명 병사가 저지른 것이라는 점에서 계획적 파괴행위라 할 수 있다. 결코 용서할 수 없다. …비록 만주철도가 우리의 반관반민(半官半民)의 경영 간선이라 할지라도 우리나라의 이익만을 위해 존재하는 것이 아니라 세계 교통로의 간선이다. 만국민의 공익 옹호라는 면에서도 이를 파괴하려는 자는 절대로 용서할 수 없다. 우리 수비대가 곧바로 이를 배격수단에 나선 것은 당연한 긴급조치이다.[21)]

> 동 3성 인민의 현재의 고경(苦境)을 구하기 위해 각 성에 신정권을 일으키고, 이를 쳐서 하나가 되게 하여 하나의 신독립국을 건설하는 것은 국제전쟁의 참화를 피하고 극동평화의 기초를 한 층 더 강고하게 하는 것인바, 우리는 이러한 의미에서 만주에 독립국이 생겨나는 것을 환영할지언정 반대할 이유는 없다고 믿는다.[22)]

전쟁이 국민의 내셔널리즘을 고무한다는 점은 새삼 재론할 필요가 없는

---

21) 『大阪朝日新聞』 1931. 9. 20.자.

22) 『大阪朝日新聞』 1931. 10. 1.자.

사실인데, 이러한 내셔널리즘의 고양에서 결코 신문도 자유롭지 못하다고 할 수 있다. 국가적 중대사에 직면하여 국론 통일을 저해해서는 안 된다는 것은 사회의 암묵적 합의라고도 할 수 있을 것이었다. 따라서 전쟁 수행의 제일선에 있는 군부에 대한 비판적 내용의 기사는 신문 불매운동과 신문인에 대한 노골적인 테러 위협을 낳았다. 실제로 앞 인용문 중 후자, 즉 다카하라 미사오(高原操)가 집필한 『오사카아사히신문』 1931년 10월 1일의 사설은 만주에서의 군의 폭주와 만주국 건설에 대한 적극적인 찬성을 표하는 내용으로 되어 있는바, 만주사변 이전에 강력하게 군부 비판을 전개해 오던 다카하라가 만주사변 발발 이후 이처럼 급변하여 만주국 독립을 용인하는 입장으로 전환했음을 보여 준다.

이러한 다카하라의 입장 전환은 내셔널리즘의 풍미와 불매운동의 위협에 대한 굴복을 의미하는 것이었다. 신문 불매운동은 종종 신문의 군부 비판 기사 내용을 문제 삼아 군부, 재향군인회, 우익 등이 집단적인 실력행사를 한 것에서 비롯되었다. 불매운동은 신문사 경영을 압박하는 효과를 낳음으로써 실제로 일부 신문사에서 이러한 불매운동에 굴복하는 형태로 기존의 군부 비판을 철회하고 군부 지지로 돌아서거나 군부 비판 논조를 펴온 신문인을 퇴사시키는 조치를 취하지 않을 수 없었다. 정론(正論)을 이끌어 국가를 민주국가, 문명국가가 되게 하는 데에 일조한다는 의미의 언론보국, 문장보국(文章報國)은 마침내 국가의 언론 개입과 탄압을 정당화하고, 신문과 신문인이 권력에 동조하는 데에 면죄부를 부여하는 슬로건으로 변해 버렸다. 문장보국은 쓰는 것에 의한 보국이어야 했다. 그러나 그것은 쓰지 않는 것, 혹은 권력 측이 말하는 대로 쓰는 것에 의한 보국으로 전환되어 갔다.

물론 군의 폭주에 의한 만주사변을 비롯한 일련의 전쟁 보도 프레임이 전적으로 군부 지지만을 노정하고 있는 것은 아니었다. 기류 유유(桐生悠々), 기쿠타케 롯코(菊竹六鼓), 이시바시 단잔(石橋湛山) 등과 같이 군부 비판으로 시종일관한 신문과 신문인도 존재한다. 군벌과 혈전의 각오[23]를 언명하는

---

23) 石橋湛山(1996a), 「軍閥と血戰の覺悟」(1931), 鴨武彦 編, 『石橋湛山著作集 3 : 政治 ·

이시바시의 만주에 대한 논조는 변함없이 군부 비판으로 시종일관했다. 특히 "어떤 논자들은 만몽(滿蒙)이 없으면 우리 국방이 위험하다고 한다. …아시아대륙에 대한 국방선은 동해로 충분하다. 만약 이를 방어할 수 없는 정도라면 만몽을 영유해도 무익하다"는 이시바시의 입장은 그의 '소일본주의'[24]사상의 진면목이 여지없이 드러나는 문장이라 할 수 있을 것이다.

> 예컨대 아무리 선정(善政)을 한다 하더라도 일본 국민은 일본 국민 이외의 자의 지배를 받는 것을 좋게 생각하지 않는 것처럼, 중국 국민도 마찬가지 감정을 갖는 것을 허용해야 한다. 그런데도 우리나라에서 만몽 문제를 논하는 자는 종종 이러한 감정의 존재를 중국인에 대해 부정하려 한다. 이것은 메이지유신 이래 세계 어느 나라보다도 애국심을 고무해 온 우리 국민의 너무도 자기반성을 결여한 태도가 아닌가. …어떤 논자들은 만몽이 없으면 우리 국방이 위험하다고 한다. 만몽을 국방의 이른바 제일선으로 해야 한다는 것이다. 그러나 이는 마치 영국이 국방을 안전하게 하기 위해서는 대안의 유럽대륙에 영토를 영유해야 한다고 말하는 것과 같다. 기자는 이러한 것을 믿지 않는다. 우리 아시아대륙에 대한 국방선은 동해로 충분하다. 만약 이를 방어할 수 없는 정도라면 만몽을 영유해도 무익하다.[25]

『시나노마이니치신문(信濃毎日新聞)』 주필 출신인 기류 유유 역시 자신이 주간한 나고야독서회의 회지 『타산지석(他山の石)』을 통해 군부 비판을 멈추지 않았다. 기류가 『시나노마이니치신문』을 떠나게 된 것은 「간토방공대연습을 비웃는다(關東防空大演習を嗤う)」(1933. 8. 11)에서 방공대연습이 비과학적이어서 실제로는 아무런 도움이 되지 않음에도 연습에 막대한 예산을 사

外交論』, 東洋經濟新報社, 181-183쪽.

24) 일본에서의 '소일본주의'사상의 내용에 대해서는, 다나카 아키라(2002), 강진아 옮김, 『소일본주의 : 일본의 근대를 다시 읽는다』, 소화출판사 참조.

25) 石橋湛山(1996b), 「滿蒙問題解決の根本方針如何」(1931), 鴨武彦 編, 『石橋湛山著作集 3 : 政治・外交論』, 東洋經濟新報社, 184-192쪽.

용하고 있다는 점을 들어 맹렬히 비판한 것이 군의 심기를 거슬린 결과였다. 기류의 퇴사는 『시나노마이니치신문』의 존속을 위해 불가피한 선택이었다. 『시나노마이니치신문』은 기류의 퇴사를 통해 경영을 유지할 수 있었고, 기류는 퇴사를 통해 자신이 주간하는 잡지 『타산지석』을 창간함으로써 자신의 논조를 지속할 수 있었다. 5·15사건을 보도하는 『후쿠오카니치니치신문(福岡日日新聞)』과 동 신문사의 편집국장 기쿠타케 롯코는 불매운동 앞에서도 굴복하지 않고 군부 비판을 계속하였다. 제국일본 신문 가운데 『후쿠오카니치니치신문』은 여타 신문과 달리 군부 비판의 논조를 지속한 데에 특이점이 있다고 할 수 있다.

> 5·15사건에 대한 도쿄와 오사카 등의 여러 신문의 논조를 일견하여 누구나 알 수 있는 것(觀取)은 무언가에 대해 두려워하고 위축(畏縮)되어 솔직하고 명백하게 자신(自家)의 소신을 발표할 수 없는 듯한 태도이다. 말할 필요도 없이 만약 신문에 논평의 사명이 있다면, 그러한 경우에 충분히 가슴속에 품은 생각(懷抱)을 피력하여 이른바 문장보국의 일대 임무를 다해야 한다. 그렇지 않고 좌고우면(左顧右眄), 말해야 할 바를 말하지 않고 해야 할 일을 하지 않는 것은 결코 신문기자의 명예가 아니다.[26]

이와 같이 군부 비판을 관철한 신문이 존재했던 것은 사실이지만, 그 수가 압도적으로 소수였던 것도 피할 수 없는 사실이다. 여기에서 흥미로운 점은 기류나 기쿠타케가 활동했던 『시나노마이니치신문』, 『후쿠오카니치니치신문』 등이 중소규모의 신문이었다는 사실이다.[27] 당시 『아사히신문』, 『마이니치신문』의 판매부수가 각 200만 부 전후였던 데 비해 『시나노마이니치신

---

26) 菊竹六鼓(1932), 「騷擾事件と輿論」, 『福岡日日新聞』(1932. 5. 19.자).

27) 또한 두 신문 모두 지방지이기는 했지만, 지방지라는 특성이 언론자유를 지킬 수 있었던 하나의 토대였다고는 할 수 없을 것이다. 이 신문들이 발행된 지역이 비록 지방이기는 하지만, 다른 어느 지역 못지 않게 우익단체들이 활발하게 활동한 지역이기 때문이다.

문』은 2만 부, 『후쿠오카니치니치신문』는 17만 부 정도의 판매부수를 기록하고 있었다. 결과적으로 『시나노마이니치신문』이 불매운동에 굴복하고, 『후쿠오카니치니치신문』이 굴복하지 않았던 데에는 이러한 부수의 차이도 큰 요인으로 작용하였을 것이다. 이에 더해 『후쿠오카니치니치신문』의 사주(社主)는 신문편집에 일체 관여하지 않는다는 경영상의 전통이 불매운동에 굴복하지 않고 극복해 갈 수 있는 동력이었다는 설명도 설득력이 있다고 하겠다.[28] 여하튼 중소규모의 판매부수를 갖는 신문이 언론자유를 외치며 고군분투할 때 대규모 신문은 권력에의 동조 속에 대폭적인 사세 확장을 도모했다.

사실 신문에게 전쟁 발발은 부수 확대의 절호의 찬스였다. 실제로 『아사히신문』과 『마이니치신문』 등은 특파원을 대거 현지에 파견하여 전쟁터에 나간 아버지 또는 아들 혹은 지역 부대의 활약상을 상세히 보도함으로써 부수를 급격히 늘렸다.[29] 예컨대 청일전쟁을 보도·선전하기 위해 1894년 7월부터 1895년 11월까지 66개 신문사에서 특파원 114명이 파견되었는데, 러일전쟁에서는 더욱 많아 116개사가 특파원을 보냈다.[30] 만주사변 당시에는 『아사히신문』에서만 비행기 3대 이외에 특파원 60명을 보냈다. 이와 같이 전쟁은 신문의 상업주의 내셔널리즘이 현저한 특징으로 나타나게 된다. 〔그림 1〕은 제국일본 전쟁의 경과에 따른 『아사히신문』 발행부수의 확대 추이를 보여 주고 있다.

제국일본의 신문 발행부수 증가는 신문 논조를 권력에 동조시키면서 이루어진 결과이다. 언론을 통제할 수 있는 법제도와 검열기구가 완비되고 군이 국가 운영의 전면에 등장하여 국가목표로서 전쟁을 수행해 가는 가운데, 언론은 자기검열을 하는 한편으로 전쟁 상황 보도에 대한 센세이셔널한 속보 보도를 통해 다수의 독자를 확보할 수 있었다. 〔그림 1〕에서 보는 바와

28) 前坂俊之(1989), 앞의 책, 171쪽.

29) 前坂俊之(1989), 앞의 책, 25쪽.

30) 小林弘忠(2002), 『ニュース記事にみる日本語の近代』, 日本エディタースクール出版部, 231쪽.

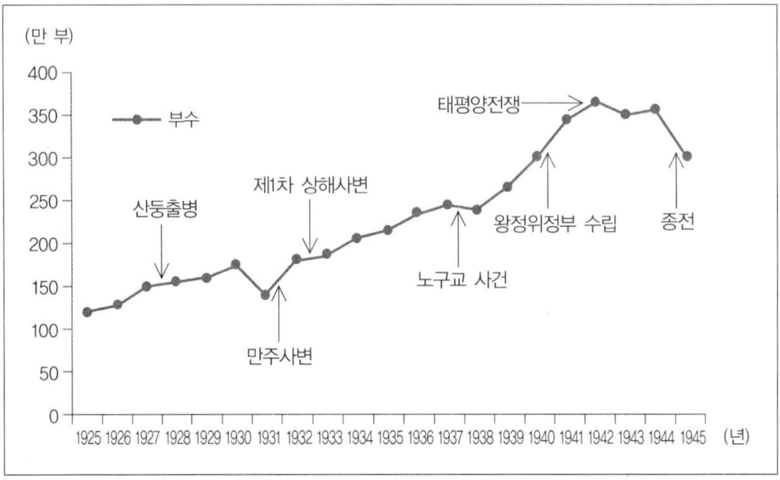

〔그림 1〕 제국일본의 전쟁과 『아사히신문』의 발행부수(1925~1945)

출처 : 山本武利 編(2006), 『岩波講座 「帝國日本」の學知 第4巻 : メディアのなかの「帝國」』, 岩波書店, 3쪽.

같이 무력충돌이 있은 후에는 반드시 발행부수가 상승했다. 그러나 신문의 전쟁 보도는 속보성은 뛰어날 수 있지만, 객관성을 담보하기는 매우 어려운 것도 사실이다. 거듭 지적하는 바와 같이 만주사변, 상해사변, 중일전쟁, 태평양전쟁 등 제국일본 후반기의 일련의 전쟁 과정에 대한 신문 보도에는 그러한 전쟁의 원인과 결과에 대한 객관적인 보도를 찾아보기 어렵다. 신문의 전쟁 보도는 전쟁에 대한 정보를 군의 발표에 의존함으로써 오히려 전쟁을 미화하고 국민의 애국적 내셔널리즘을 자극하기조차 한다.

그뿐만 아니라 신문은 전쟁 보도를 모아 박람회나 전람회 등을 개최함으로써 국민의 전쟁 열기, 군국 열기를 지속적으로 자극하는 역할을 하기도 하였다. 1938년 중일전쟁 성전박람회(『오사카아사히신문』), 전쟁미술전람회(『도쿄아사히신문』) 개최 등이 그것이다. 만주사변 당시의 『오사카아사히신문』은 "만주에 주둔하는 우리 장병들을 위문하기 위해 본사에서 위문금 1만 엔, 위문 상자 2만 개를 보냈다"는 사고(社告)를 게재[31]하였고, 1931년 11월 15일에는 『만몽의 올바른 지식(滿蒙の正しい知識)』이라는 소책자를 만들어 독자에

게 배포하였다. 나아가 1937년 7월에는 군용비행기 헌납운동을 사고에 게재하여 일반 국민으로부터 헌금을 모금하기도 했다. 이러한 일련의 사정은 군과 신문의 협력 양상을 잘 보여 주는 것이라 할 수 있는데, 이로써 신문은 더 이상 언론기관이 아니라 군의 선전기관으로서만 명맥이 유지되고 있었음을 알 수 있다.

Ⅳ. 맺음말

제국일본의 전시체제는 군부가 정치체제의 전면에 등장하면서 국가목표로서 설정한 전쟁을 수행하기 위한 체제였다. 전쟁 수행은 무엇보다도 국론통일에 의한 국내로부터의 전면적 지지에 의거하지 않을 수 없다. 제국일본의 군과 권력은 이러한 국가목표로서의 전쟁 수행을 위해 전시체제를 편성하였고, 당연한 귀결로서 신문에 강제와 탄압이 가해졌다. 전시체제를 주도하는 군부의 언론 간섭이 강화되고 신문지법 · 치안유지법 · 국가총동원법의 시행으로 국체사상이 유일사상이 되고, 나아가 특고 등에 의한 검열기구가 완비된 이래, 신문은 공기로서의 위상을 현저히 상실하였다. 군과 황실에 대한 비판적인 기사는 법적으로 금기시되었을 뿐만 아니라 권력과 폭력으로부터 압박을 받는 신문 스스로에 의해 규제되었다. 이와는 대조적으로 군 관계 기사는 군부 관계자에 대한 인물 평가 기사가 특히 잡지를 중심으로 크게 늘어났으며, 전반적으로 군에 대해 우호적인 기사가 주류를 이루어 갔다.

전시체제가 강화될수록 신문에는 국가 이상의 전파자로서의 역할만이 남게 되었다. 일부 중소규모의 신문이 전쟁과 군에 대한 비판을 마지막까지 견지했던 것과는 대조적으로 대부분의 신문은 전쟁 보도를 통해 발행부수를 비약적으로 확대해 갔다. 신문의 발행부수 증대는 신문이 권력에 동조한 결과였다고도 할 수 있다. 권력에게 있어서 신문의 언론자유는 써야 하는

---

31) 『大阪朝日新聞』 1931. 10. 16.자.

것, 쓰고 싶은 것을 자유롭게 쓸 수 있는 자유가 아니었다. 권력에 동조하는 가운데에서의 언론자유였다. 권력에 동조하는 속에서 신문 발행은 비로소 가능했으며, 기사 역시 게재될 수 있었다. 기류 유유나 기쿠타케 롯코와 같은 반권력적 신문인도 존재하였지만, 주요 신문의 경우 국가권력에 동조함으로써 실질적으로 생존할 수 있었다. 권력에 편승하여 전쟁을 보도함에 즈음하여 애국주의를 고취시키는 논조를 유지하는 것, 그러한 기사를 작성하고 게재할 수 있는 정도의 자유였다. 이러한 가운데 '문장보국'이라는 슬로건은 참으로 편리한 용어였다. 권력은 언론을 강제할 수 있는 명분으로, 신문과 신문인은 선전기관으로 전락한 자신들을 변호하는 입장에서 각각 이 용어를 사용하였다. 신문은 메이지 초기의 '신문의 르네상스시기'를 지나 1920년대 후반부터 1930년대 중반까지의 '신문의 공포시기'를 거쳐 1930년대 중반부터 1945년까지 '신문의 권력 동조시기'로 변모해 갔다.

신문과 전쟁의 문제는 오래되었으면서도 새로운 문제이다. 『아사히신문』은 1945년 11월 7일 '국민과 함께할 것'이라는 사고를 게재한 데 이어 1986년 9월 11일부터 4회에 걸쳐 하타 쇼류(秦正流)가 집필한 「전쟁과 신문(戰爭と新聞)」을 게재하여 만주사변부터 패전까지의 신문의 패배의 역사를 언급했다. 또한 2007년 4월 2일부터 2008년 3월 28일까지 1년간 「신문과 전쟁(新聞と戰爭)」을 연재하였다. 이러한 일련의 과정은 군이 국가목표로서 전쟁을 수행하는 가운데 신문은 권력에 동조하는 형태로 내셔널리즘을 고양함으로써 비약적인 발행부수 증대를 가져왔으나, 바로 그러한 이유로 전쟁의 책임 문제에서 자유로울 수 없다는 점을 명백히 하고 있다. 따라서 권력으로부터의 피해자 측면을 넘어 독자인 일반 국민에 대한 가해자 측면에서의 신문의 전쟁 책임 문제에 초점을 맞춘 연구가 보다 활발하게 이루어져야 할 것이다. 이에 대해서는 후속 연구의 과제로 하고자 한다.

〈집 없는 천사〉와 식민지 영화 검열

서재길

I. 머리말

식민지 말기의 민간 영화회사 고려영화협회가 고려영화주식회사로 이름을 바꾼 뒤 처음으로 제작한 아동영화 〈집 없는 천사(家なき天使)〉(1941)는 식민지 조선에서의 호평을 등에 업고 일본으로 수출되어 조선영화로서는 최초로 문부성 추천을 받은 문제작이다.[1] "반도와 내지의 융화를 이 영화를

1) 식민지 조선에서 이 영화를 본 이다 고코미(飯田心美)는 원작자 니시키 모토사다(西亀元貞)와 연출 최인규를 높이 평가하면서 이들의 "용의주도한 행동의 결과로 완성된 이 작품은 지금까지 반도영화에서는 아직 없었던 중량감을 가지고 있다"고 평가했다. 인상주의적이고 소재 중심적인 당대의 다른 리뷰와 달리 시네마톨로지에 근거한 전문적 식견이 돋보이는 이 글에서 이다는 향린원으로 이사 가는 장면과 향린원의 일상을 묘사한 장면을 최고로 꼽은 반면, 각 컷의 길이가 너무 긴 것이 단점이라고 지적하고 있다〔飯田心美(1941), 「家なき天使」, 『映畵評論』, 86-87쪽. 여기에서

통해서 볼 수 있고 충분히 시국을 반영하고 있으며, 물론 더 나아가서는 불량아들의 개선이라는 점도 있었"[2]다는 것이 추천의 사유였다. 조선총독부는 물론 일본 내무성의 검열 과정을 거쳐 조선군 보도부와 문부성 추천작이 되었음에도 이 영화의 운명은 그러나 기구했다. 석연찮은 내무성의 재검열 과정에서 필름의 상당 분량이 삭제당하고 일본어로 자막을 입힌 조선어 발성영화가 일본어 더빙판으로 바뀐 것이다.[3] 이렇게 해서 세 차례의 검열을 거친 끝에 영화는 문부성 추천이 취소되는 등 우여곡절을 거치면서 가까스로 개봉되었지만 흥행은 거의 참패에 가까울 정도로 저조했다. 영화를 수입한 동화상사가 개봉 전부터 영화 관련 잡지 등에 문부성 추천 작품을 강조하는 대대적인 광고 공세를 펼쳤음에도 단 며칠간의 상영 동안 도쿄 시내의 극장은 텅 비어 있을 정도였고, 일부 지역에서는 개봉이 금지되기도 했던 것이다.[4] 이 영화의 흥행 실패는 반도 영화의 내지 상영의 위험성이 백일하에 드러난 사건으로 평가받을 정도였다.[5]

는 한국영상자료원 한국영화사연구소 편(2010), 『일본어 잡지로 본 조선영화 1』, 한국영상자료원, 238-240쪽에서 인용. 이하 이 자료집에서의 인용은 『일본어 잡지 1』로 표기한다]. 한편 일본에서 이 영화를 본 스즈키 유키치(鈴木勇吉)는 "지금까지 내지에 공개된 반도 영화 중 가장 걸출한 작품"이라고 평가했다[鈴木勇吉(1941b), 「〈일본영화비평〉 집 없는 천사」, 『映畵旬報』 第1卷 第30號 30쪽. 여기에서는 한국영상자료원 한국영화사연구소 편(2012), 『일본어 잡지로 본 조선영화 3』, 한국영상자료원, 134쪽에서 인용. 이하 이 자료집에서의 인용은 『일본어 잡지 3』으로 표기한다].

2) 「반도영화를 둘러싼 두 가지 문제」, 『映畵旬報』 第1卷 第29號, 6쪽(『일본어 잡지 3』, 90쪽).

3) 고려영화협회를 중심으로 〈집 없는 천사〉의 일본 개봉 문제를 다룬 것으로 한국영상자료원 편(2007a), 『고려영화협회와 영화신체제』, 한국영상자료원에 실린 김희윤과 이화진의 논의를 참조. 여기에는 포스터와 스틸사진 등 일본의 가와키타(川喜多)기념영화문화재단이 소장한 귀중본 자료가 수록되어 있다.

4) 金京淑(2004), 「日本植民地支配末期の朝鮮と映畵政策 : 『家なき天使』を中心に」, 岩本憲兒 編, 『映畵と大東亞共榮圈』, 森話社.

5) 이 영화 관객의 절반 이상이 조선인이었다는 것을 예로 들면서 스즈키는 "이 영화 상영은 영화관에 오는 관객을 잃는다는 의미에서 많은 위험성을 전제로 해야 한다"고 지적하면서 반도영화에 관심을 가진 지식층이나 반도인을 대상으로 한 영화관의 필요성을 주장한다[鈴木勇吉(1941a), 「〈개봉영화흥행가치〉 집 없는 천사」, 『映畵旬報』

2004년 중국 창춘(長春)의 전영자료관에 묻혀 있던 원본 필름을 한국영상자료원이 발굴·복원하여 일반에 공개하면서 이 영화는 또다시 주목의 대상이 된다. 한국영화사 연구의 제1세대이자 이 영화를 직접 본 적이 있는 이영일에 의해 1930년대 리얼리즘 경향의 대표작이자 동심의 세계를 대변한 수작으로 평가받은[6] 이 작품의 대일 협력 문제가 논란의 대상이 된 것이다. 특히 영화의 맨 마지막 부분의 '황국신민의 서사' 낭송 장면은 부인할 수 없는 대일 협력의 흔적으로 지적되었다. 일부 연구자는 이 맨 마지막 부분이 없었더라면 하는 아쉬움을 표현하기도 했지만, 그동안의 영화사 연구가 가려 왔던 식민지 말기 조선영화가 취한 노정의 불가피한 결과를 실물 영상을 통해 확인할 수밖에 없었던 것이다.

일본에 수출된 식민지 말기 영화는 일본의 영화잡지에 광고나 기사, 좌담회 등에 작품이 여러 번 거론되는 경우가 많아 비교적 자료가 풍부한 편이었기에 〈집 없는 천사〉 역시 원본 필름의 공개 이전에도 연구자들의 관심의 대상이 되었다.[7] 특히 영화의 검열과 문부성 추천 취소 과정을 둘러싼 논란은 식민지시기 조선영화의 제국적 소비의 (불)가능성이라는 맥락에서 이 영화에 대한 논의에서 중심적인 위치를 차지하고 있었다. 당시의 자료에 따르면 이 영화가 내무성의 재검열에 걸린 가장 큰 이유는 언어 문제와 식민지 현실의 재현 문제였다.[8] 이미 식민지 조선에서의 '국어 상용'이 전면화되고 있는 상황에서 조선어 발성영화는 일본 내지 상영에 적합하지 않다는 것, 또한 '시정 30주년'이 지난 시점에서 식민지 조선 현실의 재현이 매우 비참한 모습으로 나타나고 있는 점은 정책상 바람직하지 않다는 것이다. '비국

第1卷 第30號, 52쪽(『일본어 잡지 3』, 135쪽)].

6) 이영일(2004), 『한국영화전사』(개정판), 소도.

7) 〈집 없는 천사〉의 재검열과 문부성 추천 취소 과정에 관해서는 영화 필름이 발견되기 전에 발표된 金京淑의 논문이 가장 풍부한 논의를 담고 있다. 재검열의 사유와 과정 등을 상세하게 논의하고 있지만, 필름이 발굴된 이후 한국 연구자들에게 이 논문이 거의 언급되지 않고 있는 것은 의외일 정도이다.

8) 김려실(2006), 『투사하는 제국, 투영하는 식민지』, 삼인.

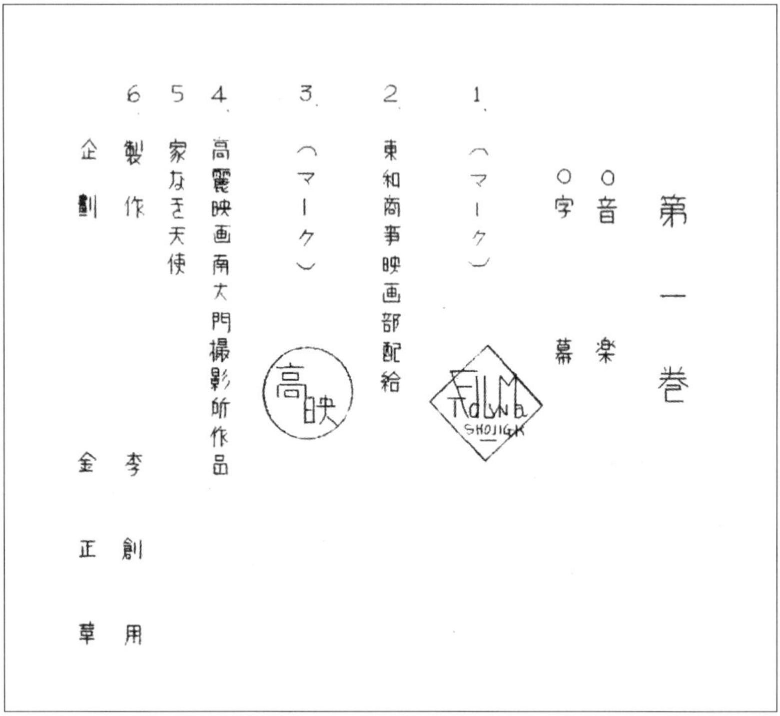
第一巻

○音楽

○字幕

1. (マーク)

2. 東和商事映画部配給

3. (マーク)

高映

4. 高麗映画南大門撮影所作品

5. 家なき天使

6. 製作　李創用

企劃　金正革

〔그림 1〕〈집 없는 천사〉 최종본 시나리오 맨 앞 부분

민'인 부랑아동을 '소국민'으로 만드는[9] 과정에서 주도적인 역할을 하는 인물이 일본인이 아닌 조선인이라는 점이 검열 당국을 불편하게 만들었을 것이라는 논의[10]를 제외하면, 이 작품의 검열과 관련된 연구는 앞에서 말한 두 가지 논점을 크게 벗어나지 못한 것으로 보인다.[11] 이처럼 이 영화의 검

9) 이 영화의 제작자인 이창용은 일본 개봉을 전후한 좌담회에서 이들 거리의 부랑아들을 잘 교육하면 충량한 일본 신민이 될 수 있다는 것을 보여 주려는 데에 이 영화의 제작 의도가 있다고 말하고 있다〔「조선영화신체제수립을 위하여(좌담회)」, 『映畵旬報』 第1卷 第30號, 16쪽(『일본어 잡지 3』, 113쪽)〕.

10) 이영재(2008), 『제국 일본의 조선영화』, 현실문화.

11) 식민지 조선에서의 영화 검열 일반에 대해서는 한국영상자료원(2009), 『식민지 시대의 영화검열, 1910~1934』, 한국영상자료원 ; 이화진(2011), 「식민지기 영화 검열의

열에 관한 본격적인 연구가 진행되지 못한 것은 조선에서 상영된 필름 중에서 어떤 부분이 일본 상영 당시 삭제되었는지를 확인하는 것이 불가능하다는 자료적 제약에서 기인하는 바가 크다.

필자는 최근 검열용으로 제작된 것으로 보이는 이 영화의 최종 시나리오를 입수하게 되어 한국영상자료원이 복각한 영상과 비교·검토한 결과, 검열 과정에서 삭제된 것으로 짐작되는 몇몇 중요한 장면과 그 내용을 확인할 수 있었다.[12] 본고에서는 새로 발굴한 시나리오를 중심으로 영화 필름과 잡지의 기사 등을 상호 비교하면서 〈집 없는 천사〉의 검열 문제를 검토해 보려 한다. 결론부터 말하자면 검열 과정에서 삭제된 부분 중 가장 많은 장면은 기독교와 관련된 장면이고 그다음이 주인공 방성빈 목사의 부랑아 구제 사업에 비협조적인 사람들의 모습이 그려진 장면이었다.[13] 결국 그동안의 논의에서 중점이 된 조선어 사용과 부정적 현실 재현의 문제와 더불어 계몽 주체로서의 조선인 목사라는 정체성 문제가 '가위질'의 가장 주된 이유였던 셈이다.

II. 〈집 없는 천사〉의 네 가지 텍스트

〈집 없는 천사〉의 검열 문제를 검토하기에 앞서 우선 이 영화에 대해 알 수 있는 몇 가지 텍스트를 검토하려고 한다. 본고에서 중점적으로 검토하게 될 텍스트는 아래의 네 가지인데, 논의의 편의를 위해 제작 혹은 생산시기에 따라 순서대로 정리하면 다음과 같다. 물론 이 자료들 외에도 조선어 신

전개와 지향」, 검열연구회 편, 『식민지 검열, 제도·텍스트·실천』, 소명출판 참조.

12) 이 자료는 『아단문고 미공개자료총서 제2세트 : 영화·연극 잡지 권6』(2013), 소명출판에 필자의 해제와 함께 복각·수록되어 일반에 공개되었다.

13) 당초 2,326미터이던 원본 필름 중 219미터가 삭제되었지만, 삭제된 장면이 어떤 부분인지가 알려지지 않았다. 한편 중국 전영자료관 소장본의 경우 81미터가 더 짧다고 하는데[김려실(2006), 앞의 책], 필자는 이 부분은 검열에 의한 삭제라기보다는 필름의 멸실에 의한 것일 가능성이 크다고 본다.

문, 잡지나 일본에서 발간되던 영화잡지에 소개된 영화 소개 기사 등도 이 영화에 접근할 수 있는 보조적 자료가 될 수 있을 것이다.

A. 촬영용 시나리오(가와키타기념영화문화재단 소장)
B. '영화이야기(映畫物語)'〔『관광조선(觀光朝鮮)』 소재〕
C. 검열용시나리오(아단문고 소장)
D. 한국영상자료원 복각본 DVD(전영자료관 소장 복사본의 디지털 복원본)

현재 우리가 영화 〈집 없는 천사〉에 가장 손쉽게 접근할 수 있는 텍스트는 한국영상자료원에서 DVD로 복원한 원본 필름(D)과 영화 촬영 당시의 것으로 추정되는 시나리오(A)이다. 『발굴된 과거, 일제시기 극영화 모음 : 1940년대』에 실린 자료는 중국 전영자료관에서 복사한 원본 필름을 디지털 복원한 것이고, 이 복각본에 실려 있는 시나리오는 가와키타기념영화문화재단이 소장한 자료로 영화의 원작자이자 각색을 담당한 니시키 모토사다의 유족이 제공한 것으로 알려져 있다.[14] 지금까지 알려진 이 두 가지 자료 이외에 이번에 필자가 발굴하여 추가로 공개하는 자료는 일본여행협회 조선지부에서 발간하던 일본어 잡지 『관광조선』 1940년 12월호에 실린 '영화이야기' 〈집 없는 천사〉(B)[15]와 사단법인 아단문고가 소장하고 있는 〈집 없는 천사〉의 최종판 시나리오(C)의 두 가지이다. 〈집 없는 천사〉가 1940년 8월 초 촬영을 개시하여 9월에 촬영을 완료한 뒤 12월경 완성되어 개봉을 준비하고 있었음을 고려하면[16] B는 촬영이 어느 정도 진행된 후 편집 단계에서 만들어진

---

14) 한국영상자료원 편(2007b), 『발굴된 과거, 일제시기 극영화 모음 : 1940년대(DVD)』, 태원엔터테인먼트, 해제 참조.

15) '영화이야기'라는 장르는 무성영화시기 변사의 영화 해설을 활자매체로 '재매개'한 일본과 동아시아의 독특한 서사 장르로서, 발성영화시기에도 지속적으로 생산되었다. 서재길(2014), 「식민지 말기 다이글로시아와 조선영화의 제국적 소비 : 〈지원병〉을 중심으로」, 서정완 · 송석원 · 임성모 편, 『제국일본의 문화권력 2 : 정책 · 사상 · 대중문화』, 소화 참조.

16) 「고려영화협회, 집 없는 천사 촬영 개시, 완성은 구월 초순경」, 『동아일보』 1940. 8.

家なき天使

映畫物語

鍾路の夜は京城の女王である。
電車線路を眞中にして兩側に立ち竝んだ大商店の美しいウヰンドウ。鋪道の端に寄木細工のやうに肩をならべてひしめき合ふ夜店。その夜店のテントから洩れるガス燈。客を呼ぶ聲、斬新な流行衣裳を華やかに身につけた男女の群……
そして裏通りに五彩のネオンをあくどく夜空に投げてゐるバー・カフエー・おでん屋・小料理屋……
醉漢とルンペンが行き交ふ鋪舗路のなかにバーパラダイスがある。酒と紫煙と食慾と喧騒との雰圍氣を描出して平然たるバー・パラダイス……。

その一隅で今夜も安仁圭は醉つてゐた。
舶來のウヰスキーの瓶を前にして安仁圭は唯一人で飲んでゐた。
"安先生また醉つてゐるのネ"
安手の女給が通りすがりに肩を叩いていつた。女給は賑やかな他のテーブルに坐ると、持ち番の女給の固い視線を押へるやうに、
"あの人は一人で放つてをけばいゝわ"傍から醉つ拂ひが口をいれた。
"ふふん、あの獨逸人の戀女房に逃げられた醫者つていふのは彼かい、あはははは"また他の一人が言ふ。
"あゝ、いつか新聞で書き立てた郊外に國際戀の巣を拵へたといふ、あの件か"

聞えないのか、知らないふりをしてゐるのか、安仁圭は黙々とグラスを呷りつゞけてゐる。その時姉弟らしい花賣りがうす汚ない身なりで這入つて來た。射るやうな女給の眼と風聲にあふと、すごすご出て行かうとしたが、安仁圭を見つけて走り寄つた。
"いつもの小父さん、今晩は"
"おぢさん、また飲んでるの"
"やあ君たちが……さア、やるから早く歸れよ、ウイ……"
安仁圭は無雜作に小錢を娘の手に握らして手で追拂つた。花賣り姉弟はパツと顔を輝やかせて出口に急がうとした。すると女給の一人が、
"ちよつとお待ち、お前たちお金貰つたんだらう、さア花と塵紙をいていきな"
電柱により掛つて明子と龍吉とは稼ぎ高を見せ合つた。明子が一圓八十錢、龍吉が六十錢──。
"姉ちやん、ぼく腹が空いちやつた"
"あら、また飴が欲しいのネ、いゝえいけません、親方に叱られるわ"
龍吉は淋しさうに通りかゝつた飴賣りを見送つた。明子は堪らなくなつて、龍吉に小錢を握らせた。ニコリと笑つた龍吉は横飛びに飴屋を追つた。
しかし、この姉弟愛は電柱の陰に潜んでゐた親方の權書房に難なく看破られてゐた。その夜──汚ない溫突にひき据えられた明子は、權親方から酒店に奉公に出ろ、嫌なら龍吉の飴買ひの罪は許せないと無理難題を吹きかけられた。運命の冷酷さを呪ふ氣力さへ失つた明子は、それで龍吉が助かることなら……と泣く泣く承諾してゐた。窓の木に後手に縛り上げられてゐた龍吉はその無情に悲しく恐ろしく憤ろしくもがいた揚句、とうとう縄を切つて「あて」もなく走り出してゐた。

ある日曜日の朝──。
教會堂を出た方聖貴は大きなビルディングの入口に痩せ犬と一緒に寝てゐる龍吉を見出すと、たまらなくなつて龍吉を起して自分の家に連れ歸つた。家では妻の瑪利亞がいやあな顔をして出迎へた。
"まあ、あなたといふ人は一體どうする積りなんです、これを見て下さい。
瑪利亞の指示した次の部屋には彼の息子の鐵翰、娘安那のほかに南洙、福男、三突の浮浪兒が食事の眞最中である。
"先生お歸んなさい"
"あゝ只今、今日はまたお友達を連れて來たよ、さア這入りたまへ、君の名は"
"龍吉です"
"龍吉君、さア、こゝへ來てどつさり

78

〔그림 2〕 '영화이야기' 〈집 없는 천사〉

8. 자 ; 「機密室(우리 社會의 諸內幕)」, 『삼천리』 제12권 제10호(1940. 12). 그러나 영화의 실제 개봉은 1941년 2월이었다.

것이라고 짐작해 볼 수 있다. 시기적인 고려 외에도 영화의 중요 장면에 대한 스틸 컷이 삽입되어 있는 점(〔그림 2〕 참조), 핵심 스토리라인이 필름의 내용과 거의 부합한다는 점을 통해 이 같은 추정이 가능하다. 다만 중간중간에 삽입되어 있는 주인공의 대사가 A와 거의 흡사하다는 점에서 이 시나리오를 참조했을 가능성도 있다. 그러나 A에 없는 내용이 서술되고 있다는 점에서 촬영된 영화 화면을 보고 나서 만들어진 것일 가능성이 크다. 그러나 C, D와 비교하면 서사에 중요한 차이가 있기 때문에 최종 편집 이전 단계에서 만들어졌을 가능성이 크다.

한편 C의 경우 총 10권의 필름 권별로 등장인물의 대사마다 일련번호를 붙여 조선어 대사와 그 일본어 번역(國語譯), 그리고 일본어 자막(國語字幕)을 삼단으로 편집하여 기록한 것이다(〔그림 3〕 참조). 영화의 오프닝 크레디트의 내용과 동일하게 구성되어 있는 C의 앞부분에는 심지어 제작사와 배급사의

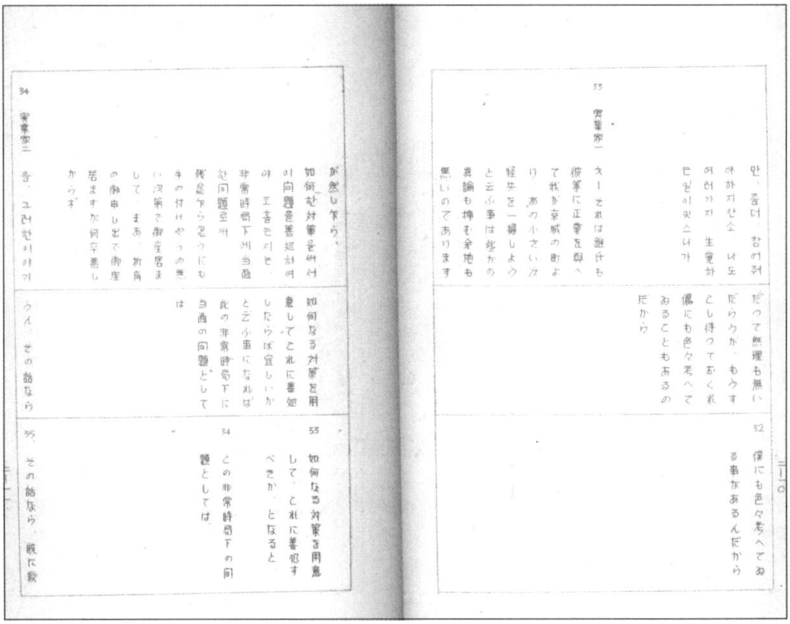

〔그림 3〕 〈집 없는 천사〉 최종본 시나리오(조선어 대사와 일본어 번역 및 자막 부분)

로고까지 도상으로 표현되어 있다([그림 1] 참조). 또한 맨 앞부분에는 '梗概'라고 하여 작품의 전체 줄거리를 소개하기도 한다. 같은 시나리오이지만 10권으로 된 A와 달리 C는 14개의 부로 나뉘어 있는 점, A가 일본어와 조선어의 2단으로 편집된 것과 비교할 때 C는 자막을 포함한 3단으로 구성되어 있는 점, 배역을 설명하는 타이틀에서 등장인물만 나타나는 A와 달리 C에는 배우의 이름까지 나타난다는 점에서 차이가 있다. 또한 주인공의 대사(미메시스)뿐만 아니라 장면에 대한 디에게시스적 설명이 포함되어 있는 A와 달리 C는 장면에 대한 일체의 설명이 생략된 채 오로지 등장인물의 대사와 음악 및 음향효과만이 기록되어 있다. 이상의 특징들은 이 시나리오가 영화의 최종 편집이 완성된 후 관계 당국의 검열용으로 제작되었을 것이라는 추정을 가능하게 한다.[17]

이상의 네 가지 자료를 비교·검토해 보면 대략 다음과 같은 결과를 얻을 수 있다.

$$A \fallingdotseq B \neq C \geq D$$

①　②　③

즉 영화 편집이 완성되기 이전 단계의 A와 B, 편집이 완료된 후의 C와 D는 각각 내용이 유사하다. 반면 A, B와 C, D 사이에는 큰 차이가 있는데 이는 초기 시나리오가 촬영 도중 혹은 편집 단계에서 수정되었음을 의미한다. 마지막으로 C와 D의 경우 내용은 거의 유사하나 C에 있으나 D에는 없는 장면이 다수 존재하는데, 이는 검열 과정에서 삭제된 부분과 원본 필름이 훼손되어 없어진 부분으로 짐작된다.

여기에서 ②에 해당되는 부분에서 나타나는 가장 큰 차이는 결말 부분이다. 향린원을 찾아온 권 서방 일행이 명자 남매를 뒤쫓다 나무다리에서 떨

---

17) 아단문고 소장 희곡 및 시나리오 자료 중에서는 '검열 완료(檢閱濟)' 표기가 된 자료가 많은데, 이 역시 이 텍스트를 검열 대본으로 추정할 수 있는 근거가 된다.

어져 다친 뒤 생각을 고쳐먹고 안인규에 의해 감화되는 C, D와 달리 A의 결말은 향린원에 찾아온 사람들을 향해 성빈이 일장 연설을 하고 아동들이 황국신민의 서사를 외치는 장면으로 마무리된다. B 역시 부인단체와 신문 기자들을 비롯한 여러 사람이 모인 자리에서 성빈이 연설을 하는 도중 일남이가 돌아오는 장면으로 마무리된다.

> 용길은 목숨을 건진 데다가 누나까지 만날 수 있게 되었다. 애린원의 봄이 왔다.
>
> 오늘은 경성에서 부인단체, 신문 기자, 기독교 학교 교사들이 애린원을 참관하기 위해 방문했다.
>
> 성빈이 초라한 행색인 채로 부인들 앞에서 제법 목사다운 말투로 이야기하고 있다.
>
> "어느 날 제가 십자가 앞에 있을 때였습니다. 젊은 제가 부동자세로 기도를 드리고 있을 때 의문을 품게 되었습니다. 행동이 수반되지 않는 이 같은 기도가 과연 무슨 의미가 있을까."
>
> 성빈이 이야기를 계속하고 있을 때였다.
>
> "선생님, 일남이가 돌아왔어요."
>
> "응, 일남이가, 그래, 어디에 있지?"
>
> 성빈은 뛰어나갔다. 저쪽에서 일남이가 생글생글 웃으며 오고 있다. 조금도 주눅들지 않은 모습으로 일남이가 왔다.
>
> 아아, 그 얼굴.
>
> 이들이야말로 집 없는 천사들인 것이다.[18]

그러나 이 장면은 실제 영화에서는 용길을 진료하기 위해 찾아온 의사 안인규가 도열한 향린원 원생들의 앞에서 일장 연설을 한 뒤 타고 온 보트로 향린원을 떠나는 것으로 마무리된다.

---

18) 冬木房(1940),「映畵物語 : 家なき天使」,『觀光朝鮮』銀風號(1940. 11), 80쪽. 일본어 본문의 번역은 인용자에 의한 것이다(이하 동일).

III. '가위질'당한 필름 조각들

앞에서도 언급했듯이 이번에 새로 소개하는 시나리오가 검열용으로 만들어진 시나리오라 가정한다면, 시나리오에는 있지만 DVD 복각본에는 나타나지 않는 장면들은 검열 과정에서 삭제되었거나 보관 과정에서 필름이 멸실된 것으로 볼 수 있다. 원본 필름을 확인하기 힘든 상황에서 이 둘을 구분하기가 매우 힘들기 때문에 여기에서는 화면상에서 자연스럽게 장면이 연결되는 경우는 검열에 의해 삭제된 것으로, 부자연스러운 화면 연결이 나타난 부분은 멸실에 의한 것으로 가정하고 논의를 전개하기로 한다.

당시의 검열 대본의 일반적인 형식이 그러하듯 C에도 작품의 전반적인 내용을 소개하는 '경개(梗概)'가 맨 앞부분에 실려 있어서 줄거리를 이해하는 데 도움이 된다. 이해를 돕기 위해 '경개' 부분을 그대로 인용하면 다음과 같다.

> 커다란 빌딩과 화려한 백화점이 늘어서 있는 중심가의 후미진 곳, 네온등으로 장식된 화려한 번화가의 어둠 속, 빈 깡통 하나로 그날의 먹을거리를 찾아 굶주린 짐승처럼 이 집 저 집, 이 거리 저 거리를 헤매며 돌아다니는 봉두구면(蓬頭垢面)의 부랑아 무리는 이 경성만 하더라도 족히 천 명을 헤아릴 것이다.
>
> 비참한 이 부랑아들을 구제하는 것을 자신의 천직으로 여긴 목사 방성빈은 자신을 이해해 주지 않는 아내 마리아의 반대를 무릅쓰고 사랑하는 두 아이 요한, 안나와 함께 부랑아들을 구제하기 위해 우선 박복한 걸립꾼 소년 용길 등을 받아들인다.
>
> 또한 성빈은 유력자나 회사의 중역, 실업가 등을 설득하려 돌아다니며 이들에게 원조를 구하지만 뜻대로 되지 않는다. 어쩔 수 없이 매형인 의사 안인규의 농장을 빌려 가까스로 '향린원소년숙소'를 연다.
>
> 빈약하지만 밝고 힘차고 건설적인 향린원의 생활은 정직, 순결, 사랑, 무사(無私)라는 네 가지 생활신조 아래에서 즐겁게 흘러가고, 농장에서 재배한 야채와 아이들의 손으로 만든 국수를 가까운 농가에 팔러 다니면서 검소하게 경영을 이어 간다.

구두를 훔친 영팔, 사탕을 훔친 화삼, 다이아몬드 반지를 삼켰다는 동돌, 누이 명자와 따로따로 떨어지게 된 용길, 익살꾼 일남… 사회로부터 차가운 대접을 받아 오던 어린아이들의 영혼 속에도 이제 처음으로 천진난만한 사명과도 같은 동심의 세계가 되살아나기 시작했다.

그러나 이 소년들의 신천지 향린원에도 악마의 탐욕스러운 촉수가 뻗쳤다. 물을 길으러 갔던 일남은 도중에 엿장수의 달콤한 말에 현혹되어 주전자를 엿과 바꾸어 버린다. 돌아오려도 돌아올 수 없게 된 일남은 하는 수 없이 향린원을 나와 버리고 만다.

울적한 우기(雨期)가 시작되었다. 긴 장맛비를 피하기 위해 국수 만드는 일은 불가능해지고, 이 때문에 향린원의 경영은 점점 곤란해진다. 아이들은 하루하루 끼니를 잇기조차 어려워지게 된다. 영팔 등의 마음속에는 아직도 방탕한 부랑 시절의 악습이 되살아나기 시작했다.

며칠 만에 하늘이 갠 어느 날 돈을 마련하기 위해 성칠이 경성으로 떠나고 없는 동안 영팔은 화삼을 꼬드겨 도망가려고 계속된 장맛비로 흘러넘치는 탁류 속에 보트를 띄운다. 이 사실을 알게 된 용길은 필사적으로 둘을 막으려다 실수로 강물에 빠진다. 마을 사람의 손에 가까스로 목숨을 구한 용길은 빈사 상태가 되었다. 성빈은 매부 인규에게 왕진을 부탁하기 위해서 큰맘 먹고 영팔을 급사(急使)로 보낸다.

여러 사람의 극진한 보살핌 속에서 용길은 조마조마하게 구사일생으로 살아나고 다시 평화로운 아침이 찾아온다. 그날 향린원에는 또 하나의 기쁜 일이 찾아온다. 일남이 돌아온 것이다. 보라. 그의 손에 새 주전자가 들려 있는 것이 아닌가. 거리를 돌아다니며 동냥하여 모은 돈으로 결국 새 주전자를 사온 것이다.[19]

위의 인용에서 알 수 있듯 C의 시나리오는 DVD 복각본 영상과 거의 일치한다. 다만 앞에서 밑줄 친 부분은 영상에서 확인할 수 없는 장면들이다. 즉 방성빈이 안인규의 저택에 향린원을 만들기로 결심하기 전에 도움을 구

19) 『家なき天使(全十巻)』, 아단문고 소장본, 1-3쪽.

하러 유력자들을 찾아다니지만 허사로 끝나는 장면이 삭제되었고, 향린원에 온 이튿날 아이들에게 향린원의 방침과 생활신조를 설명하는 부분도 삭제되었음을 알 수 있다. 또한 영화에서 중요한 장면임에도 불구하고 '경개'에서는 권 서방 일당이 명자와 용길을 찾아 향린원으로 와서 성빈 일행과 싸우는 장면에 대한 서술이 없다는 점도 눈에 띈다. 이 부분만 보면 초기 텍스트인 A · B와 유사하다고 할 수 있는데, 이는 영화 촬영 도중 결말 처리가 달라진 것이 경개에 반영되지 않았기 때문이 아닐까 한다.

C와 D를 꼼꼼히 비교해 보면 두 텍스트의 차이는 경개에서 드러난 것보다 훨씬 많다. 장면 전체가 삭제된 경우가 있는가 하면 등장인물의 대사 중 특정 부분만 삭제된 경우도 있다. 지엽적인 것을 제외하고 두 텍스트에 나타난 차이, 즉 시나리오에는 있지만 DVD 복각본에 나타나지 않는 장면 혹은 대사 부분은 아래의 〈표 1〉과 같다.

〈표 1〉 영화 필름에서 사라진 부분

필름 권수	DVD 타임마커	DVD 복각본에서 삭제된 부분
1	처음~ 8 : 33	① 경성 뒷골목과 카페를 소개하는 부분, 취객들의 대화 부분 ② 집에 들어가기 싫어하는 용길을 명자가 다독이는 부분
2	8 : 33~ 13 : 16	**① 용길을 집에 데려온 성빈에게 아내가 불만을 털어놓는 부분부터 성빈이 자신의 포부를 기억, 상상하는 부분, 특히 실업가 1 · 2 · 3이 협조해 주지 않는 장면** ② 성빈이 안인규를 찾아 나서는 장면과 병원을 방문하는 부분
3	13 : 16~ 20 : 49	① 성빈이 인규에게 장황스럽게 이야기하는 장면 ② 인규가 성빈에게 하는 말 중 기독교를 언급하는 부분 ③ 성빈이 경방단원에게 구두를 주었다고 말하는 부분 ④ 이에 대해 인규가 미리엘 주교를 언급하는 부분 ⑤ 아이가 구두 대신 돈을 달라고 하는 부분
4	20 : 49~ 25 : 49	① 마을 부인들이 부랑아들을 냉대하는 장면 ② 일남, 영팔, 화삼 등이 엿을 훔치고 도망치려는 장면
5	25 : 49~ 30 : 40	① 향린원의 첫날 아이들이 잠 못 드는 장면과 앉아서 자는 동돌이가 팔을 다친 이유를 성빈에게 설명하고 성빈이 동돌이를 자기 방에

		서 재우는 장면 **② 아침에 성빈의 설교하는 부분, 황국신민의 맹세 장면**
6	30 : 40~ 38 : 11	① 국수 기계를 들여온 것을 마리아가 냉소하는 부분 ② 점심식사 기도 장면, 성경, 찬송 부분 ③ 일남이 사라진 뒤 성빈이 안나에게 성경 구절을 인용하는 부분
7	38 : 11~ 45 : 44	① 인규가 명자를 카페에서 데리고 나와 집으로 가는 장면 ② 아이들이 밥도 잘 못 먹는 상황과 도망간 일남을 부러워하는 장면 ③ 피아노라도 팔아먹자는 이야기와 동돌이의 반지에 대해 말하는 장면
8	45 : 44~ 56 : 13	① 화삼이 영팔이가 오지 않을 것이라고 말하고, 성빈이 기도하는 방법밖에 없다고 말하는 장면
9	56 : 13~ 63 : 42	① 영팔이 편지를 전해 준 뒤 건달에게 끌려가는 장면 ② 남수와 아이들이 용길이를 위해 기도하고 찬송하는 장면 ③ 마리아가 성빈의 일을 이해하게 된 것을 인규가 칭송하는 장면 ④ 명자가 의사가 되겠다고 결심을 용길에게 말하는 장면
10	63 : 42~ 끝	① 권 서방 대사 중 '천주학쟁이'가 나오는 부분 ② 안인규의 연설 중 일부분

지금까지 확인된 바로는 C가 D로 바뀌는 과정에서 대략 26개 장면이 없어진 것으로 보인다(이 중에서 가장 많은 분량이 삭제된 장면은 표에서 굵은 글자로 강조한 부분이다). 이 표를 통해서 확인되듯 삭제된 부분 중 기독교와 관련된 부분이 가장 많다는 사실을 알 수 있다(표에서 밑줄 그은 부분이 모두 기독교와 관련된 부분이다).

우선 방성빈이 목사라는 사실을 드러내는 구절은 모두 비록 대사 중에 나타날지라도 대부분 삭제되고 있다. 저택을 빌려 달라는 성빈의 요구에 대답하면서 인규가 "모범적인, 크리스찬에게 주언부언 도리를써든다는, 그것부터, 벌서우수운, 일이니까"[20]라고 말하는 구절이나 향린원을 찾아온 권

20) 『家なき天使(全十卷)』, 아단문고 소장본, 제3권, 9-10쪽. 일본어 자막과 대사의 일본어 번역 부분은 분량 문제로 생략하였다. 이하에서는 '권수, 쪽수'만 표시한다.

서방이 성빈에게 "이게 누굴놀리나 되지못한 天主學쌩이가"(제10권, 3쪽)라고 말하는 부분은 특정 대사만 삭제된 대표적인 사례이다(방점—인용자). 또한 구두를 훔친 영팔이 경방단원에게 잡혀 오자 성빈이 자기가 구두를 주었다고 거짓말을 해서 영팔이 잡혀 가지 않도록 하는 장면에 이어 영팔이가 구두를 받으려거든 구두값을 달라고 하는 다소 희극적인 상황에서 『레미제라블』의 미리엘 주교를 연상시키는 인규의 대사 "이번에, 이사람아 미리엘 성경님에大참팰세"(제3권, 21~23쪽. 방점—인용자) 역시 삭제되었다. 이 대사 역시 성빈을 미리엘 주교에 비유하고 있기 때문이다.

또한 아래에서 보듯 비교적 장면의 길이가 긴 부분은 통째로 사라진 것도 확인할 수 있다.

㉮ 6-②

○ 喇叭ノ音

一男 야, 점심이다.

聖貧 우리를 사랑하여주시는, 하님아버지시여 감사함나이다. 오늘도이와갓치, 여러이함께, 밥을먹게하여주시니, 감사함나이다
이밥을먹고, 몸이건강하고, 정직하고다, 화목게해주시기를 주의일홈밧쓰러, 기도하옴나이다
「アーメン」

○ 子供達の騷音

○ 手をたたく音

聖貧 자, 조용히조용히 자, 늘불느는찬숑가를불늡시다
자, 시작

○ 讃美歌

예수께서, 오실때에그귀하신, 보배남난것이, 하나업시찬지스, 겟네
새벽, 별가흔보배멸루관에달여서, 밝고도, 명낭하게비치리로다
(二回)(제6권, 9~12쪽)

㉯ 6-③

安那　어머니 一男이라는, 얘가, 물을쓰로가서, 안왓서요.

聖貧　안나야, 걱정말아 일남이는, 쇽정거장에가잇을게다, 내가오늘, 차저가보지, 안나야 넌, 잘알지, 洋一百말이중에서, 한마리를일흐면 九十九홉말이를뜰에다두고,

그일은것을, 찻도록아니하겟나냐는, 성경에말삼을

安那　네

○ 音樂(제6권, 20～21쪽. 밑줄친 부분은 영화에서 부분삭제되었다.)

㉰

○ 音樂

聖貧　이제는, 하나님에 恩惠를비는슈박에업다

瑪利亞(マリア), 安那(アンナ), 耀翰(ヨハン), 化三(クサン), 우리는(제8권, 26쪽)[21]

㉱

南洙　おい，龍吉の奴，あんなに会ひ度がつてゐた姉さんも会えないで一人で淋しく死んで行くのは可哀想でならないんだ

少年　どうだ

南洙　おい，皆で歌を唄つてやらう

○ 讃美歌

화창한, 아참날이나캄々한방즁이라도사랑에, 예수우리를쌋뜻한품속에보호해 염한산골작이나흉々한바다에서도우리를보호하신쥬그큰신은헤찬송할지라

(二回)(제9권, 5～6쪽)

위에서 ㉮는 향린원에서 아동들이 점심시간에 식사를 하기 전에 기도를

21) 이 부분은 시나리오상에서 대사의 뒷부분이 잘린 것으로 판단된다. 일본어 번역과 자막에는 “모두 함께 하느님께 기도해 줄래(みんな一緒に神様にお祈りをして呉れ)”라고 되어 있다.

하는 장면이고, ㉯는 주전자를 들고 물을 길으러 간 일남이 사라진 날 밤 성빈이 길 잃은 한 마리 양에 대한 성경 구절을 인용하는 장면이다. 또한 ㉰는 인규에게 편지를 전해 주러 간 영팔이 돌아오지 않자 성빈이 아이들과 함께 기도하는 장면이고, ㉱는 혼수상태에 빠진 용길을 위해 아이들이 함께 찬송가를 부르는 장면이다. 찬송가를 부르거나 기도를 하는 장면(㉮, ㉰, ㉱)이나 성경 구절을 인용하는 장면(㉯)의 경우에는 비교적 긴 장면이라 할지라도 전체가 삭제되었다는 것을 알 수 있다.

한편 주인공의 대사만으로 된 C에서는 잘 드러나지 않지만 A와 C를 교차 검토해 보면 방 목사가 처음 등장하는 장면, 즉 다른 아이에게 개를 빼앗기고 얻어맞는 용길을 발견하는 장면의 앞부분 역시 삭제되었을 가능성이 크다. 아래에서 보듯 교회가 직접 배경으로 등장하고 십자가와 찬송가가 등장하기 때문이다.

> 2
>
> 敎會堂
>
> 翌朝
>
> 敎會の尖塔で日曜日の鐘が鳴つている
>
> 讃美歌の合唱も聞こえる
>
> やがて禮拜を終へた善男善女達が敎會の入口を出て來る
>
> その中に方聖貧もゐる
>
> 人々は挨拶し合つて散つて行く[22]

기독교와 관련된 부분 다음으로 많은 삭제 장면은 방성빈의 부랑아 구제 사업에 대해 주변의 사람들이 비협조적 태도를 드러낸 부분이다. 이를테면

---

22) 『家なき天使』(가와키타영화문화재단소장본), 25쪽. 아단문고본에서 이 장면은 '○ 음악 / ○ 개 우는 소리 / ○ 아이들의 소음'으로 처리되어 있는데, 당초의 시나리오대로라면 맨 앞부분의 '음악' 부분에서 찬송가가 흘러나오면서 성빈이 교회에서 사람들을 만나고 나오는 장면이 들어갔을 것이다.

경성의 방 목사 집 주변의 부인들이 아이들 때문에 뒤숭숭하다는 둥 물건을 잃어버렸다는 둥 하면서 불평을 털어놓은 부분이나(제4권, 5~6쪽), 국수 기계를 들여놓은 성빈을 향해 아내가 "흥, 당신쏘, 밋친일시작하는구려"(제6권, 3쪽)라고 냉소적으로 반응하는 장면이 그것이다. 이 같은 내용 때문에 삭제된 것으로 짐작되는 장면 중 가장 대표적인 것은 아이들을 무작정 집으로 데려오는 성빈에게 마리아가 불만을 털어놓는 장면에 등장하는 플래시백 부분이다.

マリア　당신 인제 엇득케 하실유 난 이 이상 더 못 참겟써요 요한이나 안나가 불상해서 못 견디겟서요. 그냥, 오늘 아츰에도, 그냥 요한이 옷에, 보리알 갓흔, 이가들끄러요.

聖貧　여보, 그건당신이 다른아이들에옷쏘 깻긋이 빨아주지안어, 그런게아니요. 당신이, 그런말하는것 무리는아니지만, 좀더 참어줘야하지안소. 나도 여러가지, 생각하는일이잇스니가.

實業家一　えーそれは誰氏も彼等に正業を與へて我が京城の町より、あの小さい妖怪共を一掃しようと云ふ事は些かの異論も挿む余地も無いのでありますが然し乍ら、
여하한대책을써서 이문제를 선처하여야 조흘는지는, 비상시국하에 당면한 문제로써 残念乍ら怎うにも手の付けやうの無い次第で御座居まして、まあ、折角の御申し出で御座居ますが何卒惡しからず

實業家二　응, 그러한이야기면은나는벌서 구세군에 육아홈이란다든가 쏘는 자선회가경업하고 잇는 고아원이란다든가, 엇잿든 그런곳에 벌서나는 기부를안한곳이업스니가요. 에— 이이상그를것이생긴다면, 그것은, 거지나, 부랑아를 구제하는것이 아니라 오히려 그런대 드러갈지원자를더 늘니게하는것이 아닐가요 으— 음

實業家三　彼等は追つても追つても又集まつて来る蝿を退治してもですね

○ ミシンの音

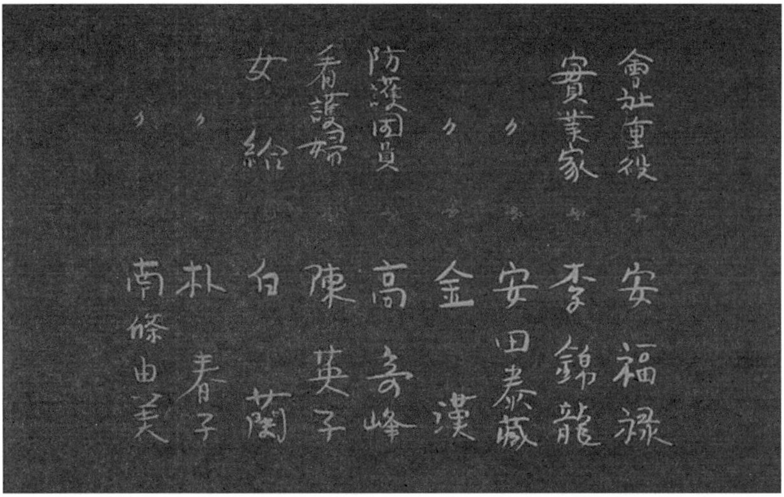

〔그림 4〕 〈집 없는 천사〉의 배역 소개 화면

マリア　또, 어데가세요. 世上 사람들말이다 올치뭐요. 웬간일이, 어디하나 나우리生覺한대로, 된거잇서요.
　　　　당신정말 情神차리지안어면, 난, 아이들, 대리고, 옵빠한태로 가잇을태요.

聖賓　옵빠한테?
　　　　응 그러지 안어도, 나도, 오날좀가볼야고(제2권, 8~15쪽. 밑줄친 부분은 영화에서 부분삭제되었다.)

여기에서는 부랑아 구제 사업에 대한 성빈의 원대한 포부에 아내가 반발하는 장면 중에 성빈이 지역 유지들을 찾아가서 도움을 구하지만 실패하는 장면이 플래시백으로 들어가 있다. 성빈의 부랑아 구제 사업을 당시 조선총독부가 심혈을 기울이던 '사회사업'의 일종이라고 볼 때,[23] 이에 비협조적인

23) 사회사업으로서의 고아 사업이 지닌 공공성이 파시즘 국가의 전쟁 동원으로 포섭되는 과정에 대해서는 소현숙(2010), 「경계에 선 고아들 : 고아 문제를 통해 본 일제 시기 사회사업과 공공성」, 윤해동·황병주 편, 『식민지 공공성, 실체와 은유의 거리』,

주변 사람들의 모습은 국책에 반하는 것으로 간주될 수 있기 때문에 삭제되었을 가능성이 크다. 그런데 흥미로운 사실은 실업가 1·2·3이 원조를 완곡하게 거절하는 장면이 DVD 복각본의 영상에서는 통째로 삭제되어 있음에도 불구하고 영화의 오프닝 크레디트에 실업가 세 명의 배역과 담당 배우의 이름이 등장한다는 사실이다([그림 4] 참조).[24] 영화 속에 등장하지 않는 인물들의 타이틀 롤이 오프닝 크레디트에 나타날 이유는 없으므로, 이는 역시 조선 내에서 상영할 때 문제가 되지 않던 장면이 일본 내 검열 과정에서 삭제된 것이 아닐까 한다.

Ⅳ. 국가를 초월한 프로테스탄트

영화 〈집 없는 천사〉가 일본 내 상영을 앞두고 재검열되는 과정에서 기독교와 관련된 부분이 가장 많은 '가위질'의 대상이 되었다는 사실을 이상의 고찰을 통해서 확인할 수 있었다. 기존의 연구에서는 언어적인 문제를 제외할 때, '비국민'인 부랑아들을 '소국민'으로 개조해 나가는 과정에 일본제국이 아닌 식민지인이 계몽의 주체로서 전면에 등장하는 점이 필름 검열의 가장 중요한 이유로 지적된 바 있는데, 주인공이 목사라는 점은 그다지 주목을 받지 못한 것 같다.[25] 이런 점에서 여기에서는 식민지의 남성 주체인 주

책과함께의 논의 참조.

24) 한편 C에서는 '실업가' 대신 '회사 중역'만 네 사람인 것으로 되어 있는 반면, A에서는 보다 구체적으로 '부회의원 金山씨', '모회사의 중역', '어느 실업가'로 기술되어 있다. A, B, C 공히 이 세 사람이 등장하고 배역을 맡은 배우의 이름까지 등장하고 있으므로 삭제된 부분이 분명하다.

25) 기독교 관련 부분은 사쿠라모토 도미오(櫻本富雄)에 의해 지적된 바 있는데, 그는 등장인물이 조선어로 말하고, 복장이 조선식이며, 부랑아 수용시설이 기독교 정신에 의해 운영된다는 점을 내무성이 문제 삼았음을 지적하면서 이를 영화가 황민화 정책에 저항하는 것으로 판단했다고 분석하고 있다[金京淑(2004), 앞의 논문 참조]. 실제로 『에이가준포(映畵旬報)』의 조선영화 관련 기사에서도 ① 대동아공영권의 국어 상용이라는 국책에 저해되는 점, ② 반도인들만으로 단체를 만들어 반도어만을

인공이 프로테스탄트이기도 하다는 점을 짚어 보려 한다.

전시체제기 일본의 기독교를 분석한 학자의 표현을 빌리면 이 시기 일본 기독교는 "국가를 넘어서지 못한 프로테스탄트 교회"[26]로 요약된다. 일본의 기독교는 개인의 구도와 같은 종교적인 동기에 의해서라기보다는 유교의 가치관이나 세계관에 근거를 두었던 몰락 무사층들이 선진 구미제국의 근본이 되는 정신을 취하는 것으로서 수용되었고, 이 과정에서 '국가사회에 유용한 종교'를 내세운 교회는 천황제 국가의 본질을 보지 못하고 국가사회 속에서 시민권을 얻는 데 몰두하게 됨으로써 진정한 의미의 '국민교회'가 되는 데에 실패할 수밖에 없었다는 것이다. 일본의 기독교계는 이에 의문을 제기하거나 주저하지 않았던 것은 아니지만, 결국은 침묵하거나 때로는 스스로를 납득시키면서 모든 것에 휩쓸려 파시즘과 전쟁 바람을 추종할 수밖에 없었다. 결국 천황제 국체의 국익에 자기를 안주시키고 이를 정당화하기 위해 끊임없이 기독교를 변증한 것이 전시체제기 일본 기독교의 본질이었다.[27] 이는 식민지 조선에서는 황민화정책에 협력하는 것으로 나타났는데, 신사 비종교 논리에 편승하면서 조선인의 신사 참배를 적극적으로 독려한 것이 그 대표적인 활동이었다.

〈집 없는 천사〉의 경우 잘 알려진 것처럼 실존 인물 방수원 목사를 모델로 하였기 때문에 주인공이 목사로 나타난다는 설정은 불가피한 면이 있었을 것으로 보인다. 『삼천리』에 실린 최정희의 탐방 기사나 방수원 목사의 수기를 보면 영화의 중요한 에피소드 역시 실제로 있었던 사건을 기반으로 하고 있다.[28] 그런데 여기에서 방수원이 일본에 체류하던 시기 일본의 기독

사용하는 것이 바람직하지 않다는 점, ③ 지도자가 기독교의 신념을 가지고 있는 점의 세 가지가 문부성 추천을 취소하게 된 사유라고 밝히고 있다〔「〈시사녹음 : 과도기의 영화업계〉 반도영화를 둘러싼 두 가지 문제」, 『映畵旬報』 第1卷 第29號, 6쪽(『일본어 잡지 3』, 90쪽)〕.

26) 하라 마코토(2009), 서정민 옮김, 『전시하 일본 기독교사 : 국가를 넘어서지 못한 일본 프로테스탄트 교회』, 한들출판사.

27) 도히 아키오(1991), 김수진 옮김, 『일본기독교사』, 기독교문사.

28) 최정희(1940), 「고아의 낙원 향린원을 찾어」, 『삼천리』 제12권 제10호 ; 방수원(1941),

교 사상가인 가가와 도요히코(賀川豊彦)로부터 영향을 받았다는 점은 강조될 필요가 있다.[29] 고베 출신의 가가와는 기독교의 속죄와 사랑을 인류사회의 보편적 원리로서 수용하고 타인을 위해 고난을 짊어진다고 하는 사회적 연대의식을 강조하였다. 미국 생활에서 돌아온 그는 빈민운동과 노동운동을 펼치면서 다이쇼시기 노동운동 지도자로서 활발히 활동을 펼친 바 있다.[30]

이 영화의 원작과 각색이 총독부 검열과에 근무한 이력이 있는 일본인 니시키 모토사다에 의해 행해졌음에도 불구하고 내지 상영을 앞두고 기독교 문제가 불거져 나온 것은 식민지 조선에서의 기독교와 일본사회에서의 기독교가 지니는 위상과 의미가 달랐고, 특히 천황제 파시즘체제에 완전히 포섭된 주류 기독교 교단과 달리 가가와류 사회주의적 색채를 지닌 기독교는 천황제 파시즘에 저항하는 것으로 여겨졌을 가능성이 있었기 때문일 것이다. 실제로 1930년대 이후 일본에서는 천황제에 저촉되는 것으로 여겨지는 신흥종교와 '붉은 집단(공산당)', 그리고 '야소(기독교)'가 이단자로 몰리기 십상이었고, '오사카 헌병대 사건'(1938)이나 '구세군 스파이 사건'(1940) 등에서 보듯 국가가 직접적으로 교회에 대한 통제를 강화하고 있었다.[31] 더구나 이 영화가 일본에 개봉된 것은 진주만 공습으로 시작된 태평양전쟁 개전을 목전에 둔 무렵이었기에, 국체 속에 포섭되어 있던 기독교에 대해서도 권력에 의한 새로운 통제가 필요한 시점이었다. 당시의 영화잡지 기사에서 재검열과 추천 취소 사유 중 하나로 기독교를 거론하면서 "기독교 정신 운운은 헌법이 규정한 '신앙의 자유'에 반하는 것이지만, 최근에 어떤 이유로 기독교에 대한 재검토가 이루어지고 있는 현실을 반영한 것이리라. 신앙의 자유도

「〈집 없는 천사〉의 낙원 향린원 생활기」, 『삼천리』 제13권 제6호.

29) 최정희에 따르면 방수원은 "賀川豊彦씨의 「死線을 넘어서」라든가 이런 種類의 書籍을 침독하게 되고, 賀川씨의 感化를 받게 되어서, 그로부터는 東京있는 朝鮮사람 사는 곳마다, 天幕과 적은 손풍금 하나를 가지고 다니며, 아이들을 모아, 글도 가르치고 노래도 가르치고 하기를 數年 間을 했다"〔최정희(1940), 앞의 글〕.

30) 도히 아키오(1991), 앞의 책 참조.

31) 하라 마코토(2009), 앞의 책 참조.

국책과 국시에 반한다면 이렇게 된다는 것은 당연한 일일 것이다"[32]라고 한 것은 바로 이러한 사정을 암시하는 것이다.

이 같은 상황을 염두에 두고 일체의 외부 정보를 무시하고 영화를 다시 보게 되면 주인공이 목사라는 사실은 영화 텍스트 속에서 전혀 표상되거나 전경화되고 있지 않다는 것을 새삼 깨닫게 된다. 최초의 시나리오에서 향린원 생활 첫날 장면에 등장한 황국신민의 서사 낭독과 라디오 체조 장면이 삭제된 대신, 대단원을 마무리하는 장면에서 소년들의 황국신민의 서사 낭독이 이루어지는 것은 이런 점에서 의미심장하다고 할 수 있다. 방성빈 목사의 헌신적인 노력과 그 완성이 기독교적 이념에 기반하고 있다는 것을 은폐하는 한편으로, 소년들을 일본제국의 충량한 신민으로 거듭나게 한 것이 천황제 국가였다고 하는 점을 드러내려 한 데에 〈집 없는 천사〉의 재검열 및 문부성 추천 취소 사건의 본질이 있었던 셈이다.[33] '국가를 넘어서지 못한 프로테스탄트 교회'와 달리 '국가를 초월한 프로테스탄트'들의 연대가 국가권력에 의해 불온시되는 상황 속에서 〈집 없는 천사〉의 필름은 속절없이 잘려 나간 것이었다.

V. 맺음말

식민지 말기의 아동영화 〈집 없는 천사〉는 식민지 조선에서의 호평을 등에 업고 일본으로 수출되어 조선영화로서는 최초로 문부성 추천을 받은 작품이다. 조선총독부는 물론 일본 내무성의 검열 과정을 거쳐 조선군 보도부

---

32) 「〈시사녹음 : 과도기의 영화업계〉 반도 영화를 둘러싼 두 가지 문제」, 『映畵旬報』 第1卷 第29號, 6쪽(『일본어 잡지 3』, 90쪽).

33) 경성에서 이 영화를 본 시게노 다쓰히코(滋野辰彦)는 이 영화 속에서 "크리스트교의 일본화, 조선인의 일본 국민으로서의 자각이 강조되는 점"〔滋野辰彦, 「〈시사실로부터〉 조선영화 두 편 : 〈집 없는 천사〉와 〈수업료〉」, 『映畵旬報』 第1卷 第8號, 51쪽(『일본어 잡지 3』, 25쪽)〕 등을 높이 평가하고 있지만, 검열로 삭제된 필름에서는 황민화된 조선인만이 강조될 뿐 "크리스트교의 일본화"는 거의 드러나지 않고 있다.

와 문부성 추천작이 되었음에도 이 영화는 내무성의 석연찮은 재검열 과정에서 필름의 상당 분량이 삭제당하고 일본어로 자막을 입힌 조선어 발성영화가 일본어 더빙판으로 바뀌게 되었다. 검열과 문부성 추천 취소 과정을 둘러싼 논란은 식민지시기 조선영화의 제국적 소비의 (불)가능성이라는 맥락에서 이 영화에 관한 논의에서 중심적인 위치를 차지하고 있었다.

본 연구에서는 새로 발굴한 시나리오를 중심으로 영화 필름과 잡지의 기사 등을 상호 비교하면서 〈집 없는 천사〉의 검열 문제를 검토하였다. 지금까지 확인된 바로는 검열의 과정에서 대략 26개 장면이 없어진 것으로 보이는데, 삭제된 부분 중 기독교와 관련된 부분이 가장 많다는 사실을 알 수 있다. 우선 방성빈이 목사라는 사실을 드러내는 구절은 모두 비록 대사 도중에 나타나는 경우라 할지라도 대부분 삭제되고 있다. 또한 향린원에서 아동들이 점심시간에 식사를 하기 전에 기도하는 장면, 주전자를 들고 물을 길으러 간 일남이 사라진 날 밤 성빈이 길 잃은 한 마리 양에 대한 성경 구절을 인용하는 장면, 인규에게 편지를 전해 주러 간 영팔이 돌아오지 않자 성빈이 아이들과 함께 기도하는 장면, 혼수상태에 빠진 용길을 위해 아이들이 함께 찬송가를 부르는 장면 등 찬송가를 부르거나 기도를 하는 장면이나 성경 구절을 인용하는 장면의 경우에는 비교적 긴 장면이라 할지라도 전체가 삭제되었다는 것을 알 수 있다. 한편 방 목사가 처음 등장하는 장면 또한 교회가 직접 배경으로 등장하고 십자가와 찬송가가 등장하기 때문에 삭제된 것으로 보인다.

기독교와 관련된 부분 다음으로 많은 삭제 장면은 방성빈의 부랑아 구제 사업에 대해 주변 사람들이 비협조적 태도를 드러낸 부분이다. 이를테면 경성의 방 목사 집 주변의 부인들이 불평을 드러내거나 냉소적으로 반응하는 장면이 그것이다. 이 같은 내용 때문에 삭제된 것으로 짐작되는 장면 중 가장 대표적인 것은 아이들을 무작정 집으로 데려오는 성빈에게 마리아가 불만을 털어놓는 장면에 등장하는 플래시백 부분이다. 부랑아 구제 사업에 대한 성빈의 원대한 포부에 아내가 반발하는 장면 중에 성빈이 지역 유지들을 찾아가서 도움을 구하지만 실패하는 장면이 플래시백으로 들어가 있는데 삭제된 것이다. 성빈의 부랑아 구제 사업을 당시 조선총독부가 심혈을 기울이던 '사회사업'의 일종이라고 볼 때 이에 비협조적인 주변 사람들의 모습은 국책에 반하는 것으로 간주될 수 있기 때문에 삭제되었을 가능성이 크다. 그런데 흥미로운 사실은 실업가 1·2·3이 원조를 완곡하게 거절하는 장면이 DVD 복각본의 영상에서는 통째로 삭제되어 있음에도 불구하고, 영화의 오프닝 크레디트에 실업가 세 명이 배역과 담당 배우의 이름이 등장한다는 사실이다. 이는 역시 조선 내에서 상영할 때 문제가 되지 않던 장면이 일본 내 검열 과정에서 삭제된 것이 아닐까 한다.

이 영화의 원작과 각색이 총독부 검열과에 근무한 이력이 있는 일본인 니시키 모토사다에 의해 행해졌음에도 불구하고 기독교 문제가 불거져 나온 것은 식민지 조선에서의 기독교와 일본사회에서의 기독교가 지니는 위상과 의미가 달랐고, 특히 천황제 파시즘체제에 완전히 포섭된 주류 기독교 교단과 달리 가가와류의 사회주의적 색채를 지닌 기독교는 천황제 파시즘에 저항하는 것으로 여겨졌을 가능성이 있었기 때문일 것이다. 실제로 1930년대 이후 일본에서는 천황제에 저촉되는 것으로 여겨지는 신흥종교와 공산당·기독교가 이단자로 몰리기 십상이었고, 이 시기 발생한 일련의 적색 조직 사건에서 보듯 국가가 직접적으로 교회에 대한 통제를 강화하고 있었다. 특히 이 영화가 일본에 개봉된 것은 진주만 공습으로 시작된 태평양전쟁 개전을 목전에 둔 무렵이었기에, 국체 속에 포섭되어 있던 기독교에도 권력에 의한 새로운 통제가 필요한 시점이었다. 〈집 없는 천사〉의 검열은 이러한 상황 속에서 이루어졌다.

김내성(金來成)의 방첩소설 재고

— 일본소설과의 비교를 통하여 —

강태웅

I. 식민지의 '고립'된 추리소설 작가 김내성

애니메이션으로도 알려진 동화 「도깨비감투」(1946)의 원작자 김내성(金來成), 그는 1931년 일본으로 건너가 와세다 제2고등학원에 입학하고 와세다대학 독법과(獨法科)로 진학하였다. 재학 중에 쓴 「타원형의 거울(楕円形の鏡)」이 1935년 3월 월간지 『프로필(ぷろふぃる)』에 실려 김내성은 소설가로 데뷔한다. 『프로필』은 1933년 5월 창간되어 1937년 4월 폐간된 탐정소설 전문잡지이다. 이 잡지는 에도가와 란포(江戸川亂歩), 고가 사부로(甲賀三郎), 유메노 규사쿠(夢野久作), 운노 주자(海野十三)와 같은 당시 추리소설계를 대표하는 작가들에게 활동의 장을 제공하였음은 물론이고 신진작가 발굴에도 큰 역할을 하였다.[1] 김내성은 에도가와 란포를 직접 찾아가기도 하고 동인 모임을 만드는 등 일본소설계와 교류를 하였다. 1936년 와세다대학 졸업 후

귀국한 그는 결혼과 더불어 조선에서의 활동을 시작하고, 소설 「백가면」(1937)·「마인(魔人)」(1939) 등의 성공으로 조선을 대표하는 추리소설 작가로 이름을 날린다.[2)]

이 글이 주목하는 바는 김내성이 1940년대 들어 발표한 소설들이다. 경성에서 펼쳐지는 스파이들의 첩보 활동과 이를 막아 내려는 조선인이라는 설정에, '방첩(防諜)'사상이 들어가 있음에 주목하려는 것이다. 이러한 일련의 소설은 '방첩소설'이라 불린다. 이에 해당하는 그의 작품으로는 1942년 『매일신보』에 연재한 「태풍」, 1943년에 쓰인 라디오방송용 단편소설 「수놓은 송학(松鶴)」과 「어떤 여간첩」, 그리고 1943년 7월부터 1944년 4월까지 『신시대』에 연재된 「매국노」이다. 「매국노」는 미완성인 채 10회 연재로 끝났다.

1937년 발표된 「백가면」도 일련의 방첩소설과 내용적으로 공통점을 지니고 있다. 「백가면」은 무시무시한 해골모양이 그려진 백가면을 쓴 사람이 온갖 철을 끌어당기는 자석을 발명한 강영제 박사를 납치하는 장면으로 시작한다. 이 사건을 해결하기 위해 두 소년과 탐정이 등장한다. 두 소년은 강영제 박사의 아들과 친구이고 탐정의 이름은 유불란이다. 그들은 백가면이 악인이 아니고, 각국의 스파이들이 강영제 박사가 연구하는 기계의 비밀을 탈취하려고 경성으로 모인다는 첩보를 미리 듣고 미연에 방지하려고 박사를 납치했음을 알게 된다. 백가면의 본명은 박지용으로, 해외에서 장사를 하며 돌아다니다가 말라카해협에서 해적에 잡혀 그들의 동료가 되어 버린 사내였다. 해적의 명령으로 세계 각국을 돌아다니며 도둑질을 하다가 그들의 손아귀에서 간신히 벗어난 그는, 조선으로 돌아와 스파이들의 음모를 저지하려 한 것이다. 두 소년과 유불란의 활약으로 강영제 박사는 무사히 돌아오고 그가 만든 기계의 비밀도 지킨다. 이와 같이 무기로 쓰일 수 있는 최첨단 발명품을 둘러싸고 탐정과 스파이가 대립한다는 「백가면」의 이야기 구조는 이후 유불란이 등장하는 방첩소설로 계승된다.

---

1) 吉田司雄(2009), 「『ぷろふぃる』解說」, 『ぷろふぃるカタログ』, ゆまに書房, 5쪽.

2) 김내성의 약력에 대해서는 조영암(1951), 『韓國代表作家傳』, 修文館, 33-51쪽 참조.

다음 작품 「마인」에서는 최첨단 발명품이나 스파이가 등장하지 않고, 유불란이 사랑하는 여인을 둘러싸고 사건이 전개되다가 결국 그녀가 죽고 만다. 이 사건의 정신적 충격으로 탐정 폐업을 선언하고 유불란은 유럽 여행길에 오른다. 「태풍」은 바로 그 여행길로 시작한다. 그는 배에서 영국계 밀수입선 선원 백상도와 몽테크리스토클럽 줄리아 사이에서 태어난 스파이 이본느, 조선 광산왕 오창세의 아들이자 화가인 오영훈, 그리고 파괴광선의 권위자 독일인 베크만 등을 만난다. 이들은 모두 조선 경성에서 재회하고, 파괴광선의 비밀을 둘러싼 첩보전을 벌이게 된다.

그다음 해인 1943년 발표된 라디오방송용 소설 「수놓은 송학」과 「어떤 여간첩」에는 유불란이 등장하지 않고, 스파이들은 일상생활 속에 숨어들어가 있다. 「수놓은 송학」은 백화점 문방구부에 근무하는 청년 신영호가 독일인 손님이 스파이임을 알아채고 신고하는 내용이고, 「어떤 여간첩」의 스파이는 반상회에서 사람들을 동요시키는 발언을 하다가 정체가 들통나고 만다.

식민지 조선에서 유일하게 '방첩소설'이라는 부제가 붙은[3] 작품 「매국노」에는 다시금 유불란이 나오고, 백가면을 연상시키는 흰 복면의 '화이트 이글'이 등장한다. 화이트 이글은 싱가포르에서 소련 스파이를 처치하고, 난징(南京)에서는 미국 스파이를 처치하는 등 '매국노의 사형(私刑)'을 행해 온 인물이다. 그는 고성능 폭탄의 설계도를 찾기 위하여 상하이에서 조선으로 들어온 국제 스파이들의 뒤를 쫓는다. 이에 유불란도 가세하여 쫓고 쫓기는 활극이 벌어진다.

이상과 같이 김내성의 방첩소설 및 그와 연관된 소설들을 일별해 보았다. 정종현은 김내성이 쓴 방첩소설의 특징을 "핵심적인 기술을 가진 자가 조선인이라는 사실, 또한 그러한 세계사적 변화를 결정지을 사건이 경성에서 이루어진다는 공간 설정 등은 모두 '조선'이라는 주체를 '대동아'와 세계의 중

---

3) 정혜영(2008), 「방첩소설 〈매국노〉와 식민지 탐정문학의 운명」, 『한국현대문학연구』 제24집, 278쪽.

심으로 각인하고자 하는 작가의 욕망이 투사된 설정"에 있다고 말한다.[4] 하지만 정혜영의 지적처럼 "중국의 상해도 아닌, 말 그대로 일본의 식민지 중 하나에 불과했던 조선을 이처럼 다국적 스파이전의 격전지로서 설정한 작품의 구성에 대해서는 상당히 무리감을 느끼지 않을 수 없다."[5] 또한 정혜영은 김내성이 『프로필』에 실릴 정도의 탐정소설 창작의 실력을 지녔지만, 조선 귀국 후에는 「매국노」와 같은 "기묘한 괴기소설 창작으로 흘러 버렸"다며, 이는 "제국 지향적이 될 수밖에 없었던 식민지 탐정문학의 근본적 한계"에서 비롯되었다고 설명한다.[6]

김내성의 「매국노」가 '기묘한 괴기소설'인지, 그리고 그것이 '식민지 탐정문학의 근본적 한계'에서 비롯된 결과인지에 대한 판단은 다른 유사한 소설과의 비교가 필요할 터이나, 김내성과 비교할 만한 조선의 작가는 찾기 힘들다. 그렇다면 당시 일본에서 창작된 유사한 소설과의 비교로 판단이 가능하지 않을까. 하지만 그 또한 용이하지 않다. 김성연에 의하면 1930년대 후반 탐정소설이 "일본에서는 탄압을 받고 조선에서는 꽃을 피우기 시작"한 장르이기 때문이다.[7] 김성연은 이건지의 논문을 인용하여 일본을 대표하는 탐정소설가 에도가와 란포의 작품이 1941년부터 전 작품이 발행금지되고, 또한 국민끼리의 살상사건을 그려 국내 불안을 조성한다는 이유로 일본의 탐정소설은 쇠퇴하였지만,[8] 그에 반해 조선의 탐정소설은 탄압받지 않고 오히려 장려되었다고 한다. 이에 더해 김성연은 일본의 탐정소설의 쇠퇴가 이건지의 연구처럼 단순히 살상사건을 다루었기 때문이 아니라, 프롤레타리아문학과 인적 접점이 있는 탐정소설이 총동원시기에 적당한 문학이 아니

4) 정종현(2011), 『동양론과 식민지 조선문학』, 창비, 311쪽.

5) 정혜영(2008), 앞의 논문, 288쪽.

6) 정혜영(2008), 앞의 논문, 297쪽.

7) 김성연(2014), 「방첩소설, 조선의 총동원 체제와 '국민오락'의 조건 : 김내성의 『매국노』를 중심으로」, 『인문과학연구논총』 제37호, 219쪽.

8) 이건지(1997), 「일본의 추리소설 : 반문학적 형식」, 대중문학연구회 편, 『추리소설이란 무엇인가』, 국학연구원, 115-137쪽.

었기 때문이라고 부연한다. 그에 반해 "조선의 탐정문학은 '총동원시기'에 적당한, 혹은 조선인을 총후 '국민'으로 개조하기에 알맞은 문학으로 선택·발견되었다." 또한 조선에서 탐정소설이 장려된 또 다른 이유는 과학적 지식 습득을 위한 장치로 기능하였기 때문이고, 이는 1938년 경성제국대학 이공학부의 개설 추진과 맞물려 후방 국민이 갖추어야 할 소양으로 과학이 강조되어, 김내성의 「매국노」가 과학적 상식을 전달하는 매개체로 기능하였다는 것이다.[9)]

이처럼 일본의 탐정소설이 '탄압'받았기에, 김내성의 작품에 영향을 준 소설로 기존 연구에서 언급되어 온 것은 모리스 르블랑(Maurice Leblanc), 알렉상드르 뒤마(Alexandre Dumas) 같은 프랑스 작가의 작품들이다. 김내성의 소설에 자주 등장하는 주인공 캐릭터 유불란은, 김내성이 '아르센 뤼팽 시리즈'의 저자 모리스 르블랑을 존경하여 그의 이름에서 따온 것이다.[10)] 해외에 나가 죽을 고생하다 돌아와 복수를 꾀한다는 백가면, 백상도, 화이트 이글 같은 캐릭터는 알렉상드르 뒤마의 「몽테크리스토 백작」의 영향이라고 한다.[11)] 하지만 이러한 프랑스 작가들과의 비교는 김내성을 더욱 '고립'시킨다. 왜냐하면 당시 식민지 조선을 둘러싸고 있던 제국일본의 추리소설 작가들과의 비교가 전혀 이루어지지 않았기 때문이다. 김내성이 사사한 에도가와 란포의 작품과의 비교나 영향 관계, 『프로필』에서 같이 활동하던 당시 추리소설 작가들과의 영향 관계는 기존 연구에서 전혀 언급된 적이 없다. 이러한 연구 경향은 김내성을 조선뿐 아니라 제국일본에서 있어서도 홀로 존재한 '기묘한' 작가로 만든다. 과연 김내성은 식민지 조선, 그리고 제국일본에서 '고립'된 작가였을까?

본고는 이러한 의문을 두 단계를 통하여 풀어 나가려고 한다. 첫 번째 단계는 과연 일본에서는 탐정소설 또는 방첩소설이 탄압을 받아 저술되지 않

9) 김성연(2014), 앞의 논문, 219-220쪽.
10) 김성연(2014), 앞의 논문, 228쪽.
11) 정종현(2011), 앞의 책, 290-291쪽.

았고, 조선에서만 장려되었는지를 살펴보는 것이다. 만약 그렇지 않다면 김내성의 소설은 당시 일본 작품들과의 비교가 가능해지고, 김내성을 '고립'에서 벗어나게 할 수 있을 것이다. 두 번째 단계는 일본 작품들과 김내성의 소설들은 어떠한 연결성을 가지고 있는지를 분석하는 일이다. 먼저 방첩이라는 용어부터 살펴보도록 하자.

II. 전시기 일본의 추리소설과 방첩소설

육군방첩과 장교가 저술한 『방첩강화(防諜講話)』에 따르면, 방첩은 "외국이 자국에 행하는 비밀전(秘密戰)에 대한 방위전"으로 정의된다. 비밀전에는 첩보 · 선전 · 모략 등 세 가지 수단이 있고, 전선에서 군인들이 행하는 무력전과 동일한 비중으로 인식되었다.[12] 당시 일본인에게도 '방첩'이라는 단어가 낯설었던 모양이다. 방첩이라 물으면 부풀어 오르는 것(방첩과 팽창은 일본어로 발음이 같다)이라고 답하는 이들이 있었다고 한다.[13]

1940년대 들어서 방첩사상은 관련된 임무를 맡은 군인만이 아니라 일본인 전원에게 습득할 것이 강요되었다. 스파이들이 "변소에 떨어진 종이쓰레기조차 씻고 소독해서 살펴보"는 시대에, 방첩이 경찰관이나 헌병과 같은 공적 차원에서만 행해져서는 안 되고, 국민 모두가 하지 않으면 안 되는 일이 된 것이다.[14] 이러한 방첩사상 육성은 유소년에게도 강조되었다. "소년 시절부터 방첩 정신을 길러 두지 않으면 안 되기 때문에"[15] 간행된 『소년방첩독본(少年防諜讀本)』은 가정에서 부모나 형제로부터 들은 이야기를 친구에게 전하는 행위를 금지하며, "스파이는 너다(スパイは君だ)"라고 단도직입적

12) 大坪義勢(1941a), 『防諜講話：國家總力戰』, 大日本雄辯會講談社, 111-116쪽.
13) 大坪義勢(1941b), 『スパイは何處にゐるか：わかり易い防諜の話』, 名古屋新聞社, 1-2쪽.
14) 大坪義勢(1941b), 앞의 책, 25쪽.
15) 樋口紅陽(1943), 『少年防諜讀本』, 金鈴社, 2쪽.

으로 독자에게 말한다.[16] 이처럼 1940년대 들어서의 방첩사상 교육에는 일상생활과는 거리가 먼 존재로 여겨져 오던 스파이가 바로 일본인 자신일 수 있음을 계몽하는 내용이 많다. '방첩의 일상화'라 할 이러한 방향성에는 총력전체제하의 국방보안법(國防保安法)의 제정이 자리한다. 미국과의 전쟁을 앞두고 있던 1941년 3월 "완벽한 국방국가를 구축하기 위해서는, 군사영역에 한정된 현행의 군기보호법(軍機保護法)으로는 불충분하므로, 국가의 광범위한 중요기밀보호에는 새로운 포괄적 비밀보호법제가 필요하다"는 육군 측의 요구에 의하여, "국민 한 명 한 명을 강건한 방첩전사(防諜戰士)로 만들려는" 국방보안법이 제정되었다. "국가의 광범위한 중요기밀"에는 정치 · 경제 · 사회 등을 포함한 모든 분야의 정보가 해당되기에, 이러한 국방보안법은 결국 표현의 자유 제한 및 언론탄압에 이용되었다.[17]

김내성의 소설에는 이와 같은 '방첩의 일상화'가 매우 잘 녹아들어 있다. 1943년의 라디오방송용 단편소설 「어떤 여간첩」은 베이징에서 출발한 부산행 기차 안에서 한 여성(실은 여간첩 H88호)이 푸념하는 것으로 시작한다.

> "참 이렇게 물건이 작구만 없어지니 어떻게 살어요? 설탕이 없다. 쌀이 모자란다. 아지노모도가 없다 무엇이 없다 무엇이 없다. 이러다가는 내종에는 빽빽 마른 사람밖에 남지않을게에요."(원문 그대로 인용)

이 말을 들은 맞은편 노인이 버럭 화를 낸다.

> "그러한 쓸데없는 유언(流言)을 하여 인심을 소란하게 한다는 것은 알고하던 모르고하던간에 그 자체가 벌써 하나의 스파이 행동이라고 볼 수밖에는 없소! …군(軍)의 비밀서류라든가 무슨 발명(發明)의 설계도 같은 것을 도적해가는 것이 스파이가 아니요. 우리나라의 단결력을 약하게 하는 모든 행동이 곧 스파이

16) 樋口紅陽(1943), 앞의 책, 130-131쪽.

17) 纐纈厚(1991), 『防諜政策と民衆』, 昭和出版, 67-83쪽.

행동이라는 것을 알어야합니다. 스파이는 그러한 것을 공교롭게 선전하여 총후의 인심을 불안하게 하고저 하는 것이요. 이것을 소위 선전(宣傳)이라고 합니다. 그리고 군사시설을 파괴하거나 무슨 중요서류를 절취하여가는 것, 이것을 모략(謀略)이라고 하고, 상대국의 모든 정보를 교묘히 수집하여 본국으로 송달하는 것, 이것을 소위 첩보(諜報)라고 하는데 우리들 총후국민은 이러한 모든 것에 특별히 주의를 하여 스파이로 하여금 활약할 여지가 없도록 하여야 할 것입니다."[18](원문 그대로 인용)

선전 · 모략 · 첩보라는 비밀전의 세 가지 수단에 대한 설명, 그리고 일상에서 이루어지는 대화도 적을 이롭게 하는 스파이 행위가 될 수 있다는 방첩사상이 「어떤 여간첩」에 잘 드러나고 있다.

이 작품과 같이 실린 「수놓은 송학」도 '방첩의 일상화'를 강조한다. 백화점 문방구부에 근무하는 신영호는 합금의 원료로 쓰이는 안티모니(antimony)로 만들어진 잉크병의 재고를 몇 번이고 묻는 '독일인' 마리에를 의심한다. 그녀가 이러한 질문을 통하여 일본의 철재의 부족 정도를 알려고 하는 것이 아닐까라고 그는 추측한다. 결정적으로 서적부에서 『경성중요건물사(京城重要建物史)』를 구입하려고 한 사실을 전해 듣고는, 주인공은 마리에가 스파이임을 확신하고 신고한다. 체포된 마리에는 실은 독일인이 아니라 영국인과 독일계 유태인의 혼혈이고, 그녀가 아프리카 전선으로 출정한 오빠를 위해 만든 '센닌바리(千人針)', 그리고 상하이의 어머니를 위해 만든 '수놓은 송학'에는 점과 선으로 된 모스부호가 숨어 있었다. 그 부호는 경성의 방공시설과 한반도의 포대(砲臺) 위치를 알려 주는 암호였던 것이다.[19]

이러한 라디오방송용 단편소설들은 방첩사상에 대한 김내성의 이해가 매우 높았음을 말해 주고 있고, 방첩의 일상화를 듣는 이나 독자에게 잘 전달

---

18) 김내성(1943b), 「어떤女間諜」, 李弘基 編, 『放送小說名作選』, 朝鮮出版社, 273-279쪽.

19) 김내성(1943a), 「繡놓은松鶴」, 李弘基 編, 『放送小說名作選』, 朝鮮出版社, 245-270쪽.

하는 역할을 맡았을 것이다. 그렇다면 일본에서는 김내성과 같은 방첩소설이 창작되지 않은 것일까. 최근에 나온 연구서 『일본미스터리소설사(日本ミステリー小説史)』를 살펴보자.

> 다음 해(1939)에는 전시 통제에 의한 출판 검열은 더욱 엄해져 에도가와 란포 등은 내무성 검열부에 담당자가 있어 끊임없이 수정이나 삭제를 명령받았고, 이미 발표한 작품까지 절판을 당했다. 미스터리 발주(發注)는 격감하고, 그러한 출판계의 경향에 따라 미스터리 작가들도 방향을 전환하지 않을 수 없었다. 그래서 전쟁물(戰爭もの)이나, 도리모노초(捕物帳), 시대물 등의 방면으로 바꾸어 근근이 작품을 발표하였다.[20]

이 책의 저자는 추리소설 작가들이 당국의 관여로 추리물을 쓰지 못하고 '전쟁물이나 도리모노초, 시대물'로 장르를 바꿀 수밖에 없었다고 말한다. 도리모노초는 에도시대를 배경으로 하여 범인을 찾는 이야기라서 시대물에 포함될 수 있으니, 결국 당시의 추리소설 작가들이 시대물과 전쟁물로 '방향 전환'을 했다는 것이다. 이는 일본의 탐정소설이 탄압받았다고 하는 앞에서 언급한 이건지의 연구와 맥을 같이한다.

지금까지 언급된 추리소설과 관련된 장르의 명칭을 곰곰이 따져 보도록 하자. 탐정소설은 이야기를 풀어 나가는 주체가 탐정이라는 것이고, 방첩소설은 대부분 스파이가 등장하는 것을 말한다. 그리고 추리소설은 작가가 이야기를 풀어 나가는 방식을 가리키고, 전쟁물과 시대물은 시간적 배경을 말한다. 따라서 탐정소설, 방첩소설, 추리소설, 전쟁물과 시대물은 서로 다른 층위의 용어들이다. 어느 하나가 다른 것을 대체한다고는 말하기 힘들다. 따라서 '미스터리 발주가 격감하고', '전쟁물'이 늘었다는 식의 구분은 재고의 여지가 있다. 전쟁 때를 시간적 배경으로 하면서 주인공 탐정이 범인인 스파이가 누구인지를 추리해 나가는 소설이 가능하기 때문이다. 그렇다

20) 堀啓子(2014), 『日本ミステリー小説史』, 中公新書, 210쪽.

면 왜 이와 같이 교환 불가능한 장르를 교환케 하려는 식의 인식이 퍼져 있을까.

앞에서 몇 번이고 언급된 대표적 추리소설 작가 에도가와 란포의 경우를 살펴보도록 하자. 그는 추리소설 탄압의 상징적 인물이다. 이건지는 다음과 같이 설명한다.

> 이 소설은(에도가와 란포의 단편소설 「이모무시(芋蟲)」를 가리킨다 — 인용자) '시국에 알맞지 않기 때문에' 삭제 명령이 내렸고(1939. 3), 1941년에는 「이모무시」뿐만 아니라 그의 거의 전 작품이 발행금지되고 만다. 이와 같이 일본 추리소설은 제국시대에는 자유로이 성장하지 못했다.[21]

이 기술을 잘 따져 보도록 하자. 「이모무시」는 1929년 저술된 단편으로, 10년이 지난 1939년에 문고판으로 출간될 때 문제가 생긴 것이다. 전쟁에서 사지를 잃고 돌아온 상이군인이 그를 돌보아 주다 지친 부인에 의하여 눈마저 잃어 자살한다는 것이 「이모무시」의 내용이다. 따라서 「이모무시」는 추리소설과 거리가 있다. 이 삭제사건을 '황군(皇軍)' 이미지 손상에 대한 당국의 검열로 보아야지, 추리소설에 대한 탄압의 예로 보기는 힘들다. 게다가 이 문고판은 「이모무시」 딱 한 편만 삭제되고 출간되었다.[22] 같이 실린 소설들에는 추리소설가가 젊은 여성의 시체를 발견하는 「귀신(鬼)」, 부인을 살인하여 밀랍인형으로 만든 이를 찾아내는 「백주몽(白晝夢)」 등이 있다.[23] 추리소설이라 불릴 수 있는 이러한 소설들은 아무런 문제없이 게재되어 출판되었기에, 이건지의 주장과 같이 「이모무시」 삭제사건을 추리소설에 대한 탄압으로 보기는 힘들다.

또한 이건지가 기술한 에도가와 란포의 "거의 전 작품이 발행금지"되었다

---

21) 이건지(1997), 앞의 논문, 127쪽.

22) 『朝日新聞』 1939. 4. 1.자, 석간, 2면.

23) 江戸川亂歩(1939), 『鏡地獄』, 春陽堂書店.

는 것도 사실과 다르다. 에도가와 란포는 '삭제 소동' 이후에도 큰 변화 없이 작품 활동을 계속하였다. 1939년 3월 '삭제 소동'을 겪지만, 그는 그해 1월부터 잡지 『쇼넨쿠라부(少年倶楽部)』에 연재하던 「대금괴(大金塊)」를 12월까지 변동 없이 게재한다. 그리고 1940년 4월부터 같은 잡지인 『쇼넨쿠라부』에 「신보물섬(新寶島)」의 연재를 시작하였다. 『신보물섬』에서는 도쿄에 사는 세 소년이 주인공이다. 세 소년은 나가사키에 여행을 간다. 배를 구경시켜 주겠다는 선원의 말을 들은 세 소년은 그가 주는 수면제를 탄 커피를 마시고 쓰러진다. 그 배는 실은 동남아와 남양군도를 무대로 활동하는 중국인 해적선이었다. 허드렛일을 돕던 세 소년은 탈출하여 망망대해를 헤매다가 무인도에 도착한다. 무인도인 줄 알고 생활하던 세 소년은 황금갑옷을 입은 섬사람들과 조우한다.

이러한 소년모험소설을 1941년 3월까지 마친 에도가와 란포는 1942년 1월부터 1943년 4월까지 『쇼넨쿠라부』에 「지혜로운 이치타로(智恵の一太郎)」라는, 매회 다른 주제로 과학상식을 전달하는 글을 연재하였다. 그리고 그는 1943년 11월부터 1944년 12월까지 '방첩장편소설'이라는 부제가 붙은 「위대한 꿈(偉大なる夢)」을 연재하였다. 도쿄에서 뉴욕, 그리고 도쿄에서 런던을 다섯 시간에 날아갈 수 있는 비행기 엔진을 개발한 이가라시 박사가 스파이의 표적이 된다. '위대한 꿈'이란 빠른 여객운송의 실현을 의미하지 않는다. 이가라시 박사는 아들 신이치에게 자신의 발명에 대해 다음과 같이 말한다.

"신이치, 내가 이처럼 흥분하고 있는 의미를 알겠느냐. 육군대신이 안색을 바꾼 진정한 의미를 알겠느냐. 내 동력은 성층권이라는 무저항의 통로를 고려하지 않더라도, 현재 모든 나라의 비행기가 이용하고 있는 아성층권(亞成層圈)을 통과하더라도 도쿄와 뉴욕 간을 다섯 시간에 날아갈 수 있단다. 다섯 시간이야. 신이치, 여러 상세하고 정밀한 계산이 이를 입증해 주고 있어. 혼다 소장(少將)이 움직이기 시작한 의미가 여기에 있단다. 1천 대의 새로운 폭격기가 날개를 나란히 하여 뉴욕 상공에 쇄도하는 날을 상상해 봐라. 런던 상공을 뒤덮는 때를 생각해 봐라. 국민이 쾌재를 올리는 소리가 들리는 것 같지 않니?"[24)]

즉 이 소설에서 말하는 '위대한 꿈'이란 상상치도 못하게 빠른 시간에 미국과 영국을 날아가 공격할 수 있는 폭격기의 완성을 말한다. 이러한 '꿈'을 이루기 위하여 이가라시 박사는 철통같은 경비에 둘러싸여 연구를 계속한다. 하지만 그러한 경비를 뚫고 어디선가 스파이가 나타나 이가라시 박사를 죽이고 만다. 「위대한 꿈」은 그 스파이가 도대체 누구인지 추리하는 식으로 이야기가 전개된다.

평론가 나카지마 가와타로(中島河太郎)는 "탐정소설 집필이 사실상 금지되어" 작가들이 작풍을 전환하는 가운데 에도가와 란포는 「위대한 꿈」이라는 '과학소설'로 '도피'하였다고 서술한다.[25)] 하지만 나카지마의 말처럼 「위대한 꿈」을 단순히 '과학소설'이라고 받아들일 수 있을까. 이가라시 박사의 죽음과 설계도의 탈취를 시작으로 복면을 쓴 간첩단의 활동이 시작되고, 비행기 공장에 시한폭탄이 설치되기도 한다. 간첩단을 움직이는 이는 'F3호'라는 암호명으로 불리는 일본에 뿌리내린 지 오래인 고정간첩이다. 이 소설에 탐정은 나오지 않지만, 간첩단의 정체를 밝히고 사건을 추리해 나가는 인물로 헌병대 모치즈키 소좌가 등장한다. 「위대한 꿈」은 연재 당시에 붙었던 부제인 '방첩장편소설'이라는 말처럼, 무기로 쓰일 수 있는 최첨단 발명품을 둘러싸고 탐정과 스파이가 대립한다는, 김내성의 소설에서도 찾을 수 있는 방첩소설의 기본 플롯을 따르고 있는 것이다. 에도가와 란포 자신도 이 소설에 대해 다음과 같이 회상하였다.

나는 여기에서(「위대한 꿈」을 가리킨다 — 인용자) '범인 자신이 그 범행을 멀리에서 목격하여 부동의 알리바이를 만드는 트릭'을 사용하였다. 물론 이것도 모치즈키 소좌가 간파해 낸다. 이 트릭은 당시 내가 아는 한 서양의 탐정소설에도 선

24) 江戸川亂歩(2004), 『江戸川亂歩全集 第14巻』, 光文社文庫, 349쪽.

25) 中島河太郎(1999), 「日本探偵小說史」, 『日本探偵小說全集 12 : 名作集 2』, 創元推理文庫, 738-739쪽.

례가 없었다. 내 발명이라고 믿고 조금 득의양양하였다.[26)]

「위대한 꿈」에서 "서양의 탐정소설에도 선례가 없"는 새로운 트릭을 사용하고 있음을 이처럼 작가 자신이 인정하고 있다. 즉 탐정소설로서 이 작품을 창작했음을 알 수 있는 대목이다. 패전 후 에도가와 란포는 「위대한 꿈」에 대하여 "이 소설은 앞으로도 책으로 될 일이 없고, 이대로 사람들 눈에 띄지 않고 끝날 것"이라고 자신의 '꿈'을 말하지만,[27)] 이 '꿈'은 그가 죽은 지 5년이 지나 깨지고 만다.[28)]

물론 1930년대 후반 이후의 추리소설 작가가 그 이전 시대와 똑같은 표현의 자유를 가졌다고는 볼 수 없다. 그렇다고 추리소설 자체가 금지되었다고 보는 것도 무리가 있다는 것이다. 추리소설이 방첩이라는 소재로 편향되어 창작되었다고 보아야 할 것이다. 에도가와 란포뿐 아니라 『프로필』에서 김내성과 같이 활동하던 추리소설 작가들 대부분이 방첩소설을 집필하였고, 시국에 적극적으로 참여하였다. 이에 대한 연구는 한국은 물론이고 일본에서도 지금까지 너무나 미비했다.

몇몇 작가의 예를 들어 보자. 에도가와 란포의 라이벌로 일컬어진 소설가 고가 사부로(甲賀三郎)는 일본문학보국회(日本文學報國會)의 사무국 총무부장을 맡기도 하였다. 그는 여탐정이 중국옷을 입은 일본인 여스파이와 대결하게 되는 「중국옷의 여자(支那服の女)」(1942), 일본 재류의 영국인 스파이가 독일인으로 위장하여 비밀서류를 상하이로 빼내려고 시도하는 이야기인 「여권(旅券)」(1942) 등 많은 방첩소설을 썼다. 『완전범죄(完全犯罪)』(1933), 『흑사관살인사건(黒死館殺人事件)』(1934) 등으로 유명해진 오구리 무시타로(小栗蟲太郎)의 경우는 종군작가로 말레이시아에 파견되었다. 그는 이 경험을 바탕으로 1943년 3월 『신청년(新青年)』에 「탐정소설 해협천지회(海峡天地會)」를

26) 江戸川亂歩(1961), 『探偵小説四十年』(『江戸川亂歩全集 第29巻』에 재수록), 桃源社, 128-129쪽.

27) 江戸川亂歩(1961), 앞의 책, 124쪽.

28) 「위대한 꿈」은 『江戸川亂歩全集 第10巻』(1970, 講談社)에 처음 실린다.

발표한다. 남양의 화교(華僑)로 이루어진 비밀단체 천지회의 수장이 말레이시아로 잠입한다는 첩보가 들어온다. 그를 잡기 위해 일본군을 돕는 탐정 겸 작가가 주인공이다.[29)]

앞에서 평론가 나카지마 가와타로는 추리소설 작가들이 과학소설로 '도피' 하였다고 주장하였지만, 당시 과학소설은 도피처로 생각되지는 않은 것으로 보인다. 기타무라 고마쓰(北村小松)의 「불(火)」(1941)은 부제 '소년과학방첩작전'처럼 과학소설과 방첩소설이 합쳐지기도 하기 때문이다. 말라카해협의 정체 모를 불빛(不知火)을 방첩단과 더불어 찾아 나선 두 소년은 그것이 난파선을 이용한 영국과 미국의 해저첩보국임을 알게 된다. 두 소년과 방첩단은 극한 상황에 처하자 '원자폭탄'을 쓰겠다고 적군에 엄포를 놓는다.[30)]

방첩소설을 창작한 일본 작가들 대부분은 패전 후 일본소설계의 거장이 된다. 그들은 한결같이 전시기 창작행위에 대해서 말을 아꼈다. 이러한 은폐 경향이 「이모무시」 삭제사건을 계기로 추리소설이 금지되어 작가들은 다른 장르로 '방향 전환'을 하지 않으면 안 되었고, 그중에서 에도가와 란포의 작품은 '발행금지'되었다는 신화 아닌 '신화'를 만들어 낸 것이 아닐까. 이러한 신화의 도움으로 그들은 자신의 전문영역인 추리소설을 쓰지 못하게 된 것으로 이해되거나, 1939년 이후 창작 활동을 아예 하지 못한 것으로 잘못 알려져 당국의 검열에 탄압받은 '피해자'로 패전 후 인식될 수 있었던 것이다.

III. 김내성과 일본 방첩소설의 비교

김내성의 방첩소설들은 당시 일본의 그것들과 어떠한 연관성을 가지고 있었을까? 김내성이 소년들의 모험소설 창작에서 방첩소설로 변화했음은

29) 池田浩士(1997), 『「海外進出文學」論・序說』, インパクト出版會, 32-45쪽.

30) 「불」은 원래 도쿄니치니치신문사(東京日日新聞社)에서 1942년 출판되었고 최근 복간되었다〔北村小松(2013), 『火 前後編』, 密林社〕.

에도가와 란포와 비슷하다. 또한 서로의 방첩소설에 무기가 될 수 있는 최첨단 발명품을 둘러싸고 스파이와 탐정이 대립한다는 구도가 들어가 있음도 유사하다. 이러한 유사성의 발견은 김내성이 제국일본이라는 테두리에서는 '고립'되지 않은 작가였다는 증거가 되지 않을까? 좀 더 구체적으로 비교해 보도록 하자.

김내성의 데뷔작 「타원형의 거울(楕円形の鏡)」이 실린 『프로필』 1935년 3월호에 「설해(雪解け)」를 같이 게재한 오사카 게이키치(大阪圭吉)는 김내성보다 세 살 어리지만(1912년생) 작가 데뷔는 3년 빨랐다. 그는 일본문학보국회 회계과장을 역임하고 수많은 방첩소설을 썼다.[31] 1940년 10월 『고단쿠라부(講談俱樂部)』에 실린 그의 단편소설 「도쿄 제5부대(東京第五部隊)」의 무대는 마루노우치(丸ノ内)에 있는 제도극장(帝都劇場)이다. 그곳에서 일본인과 독일인 혼혈아 무용수 케네디 기시다는 탭댄스공연으로 관객들을 매료시키고 있다. 극장 안내원 하루키 모토코는 매일같이 공연을 보러 오지만 잠만 자고 가는 한 외국인을 수상히 여긴다. 그녀는 "수상한 거동을 하는 외국인이 있으면 경계하자"라는 국민방첩회의 전람회에서 본 어구를 생각해 내고 그 외국인의 뒤를 좇는다. 그녀의 도움으로 스파이 조직이 검거된다. 그 외국인은 고급문구 도매상 메이슨상회를 운영하는 영국 스파이였고, 케네디 기시다는 비밀통신문을 모스부호로 만들어 탭댄스의 스텝으로 그에게 전달하고 있었던 것이다.[32]

1940년 11월 오사카 게이키치는 「금발미용사(金髮美容師)」를 잡지 『킹(キング)』에 발표한다. 여기에서는 뉴욕미용대학 출신 외국인이 운영하는 전국 6대 도시에 체인점을 가진 '클라라미용원'이 알고 보니 스파이 조직이었음을, 서비스 쿠폰의 비밀코드를 통해 손님이 알아낸다.[33] 일반인이 자신들의

---

31) 오사카 게이키치는 1932년 『신청년』 10월호에 「백화점의 교형리(デパートの絞刑吏)」라는 작품으로 데뷔하였다[横井司(2010), 「解題」, 『大阪圭吉探偵小説選』, 論創社, 396쪽].

32) 「도쿄 제5부대」는 최근 大阪圭吉(2010), 『大阪圭吉探偵小説選』, 論創社에 재수록되었다.

33) 「금발미용사」는 大阪圭吉(2010), 앞의 책에 재수록되었다.

생활 주변에 파고들어 와 있는 스파이를 찾아낸다는 이러한 테마는, 김내성의 백화점 문방구점 직원을 주인공으로 한 「수놓은 송학」이나 기차 안과 반상회를 배경으로 한 「어떤 여간첩」과도 유사하다. 게다가 탭댄스 소리로 비밀통신문을 모스부호로 바꾸어 전달하는 방식은, 김내성의 「매국노」에서 고려음악학원 원장이자 스파이인 엘리자가 자신의 옆에 있는 제약회사 사원 허상철에게 눈치채지 못하게 정보를 피아노 선율로 바꾸어 수화기를 통하여 전달한다는 트릭이 생각나게 한다. 또한 김내성 소설에 자주 등장하는 탐정 유불란처럼 오사카 게이키치에게도 「가면의 친일(假免の親日)」(1941), 「해저첩보국(海底諜報局)」(1941), 「간첩 만주에 있다(間諜滿州にあり)」(1942) 등에서 사건을 추리해 가는 탐정 요코카와 데이스케(橫川貞介)라는 캐릭터가 있다. 탐정 유불란이 「매국노」에서 애국방첩협회의 회장으로 등장한 것처럼, 요코카와 데이스케도 국민방첩협회의 회장을 맡는다. 이는 1937년 군기보호법 개정을 계기로 일본 전역에서는 '방첩회', '방첩단'이라는 이름의 단체들이 조직되어 간 상황을 반영한 것으로 보인다.[34)]

김내성의 소설은 일본의 방첩소설 말고도 당시 만들어진 일본의 방첩영화와도 공통되는 트릭 및 반전요소를 갖고 있다. 김내성의 「태풍」에서 조선인과 스페인인의 혼혈로 태어난 이본느는 고아인 줄 알고 브라운 선교사에게 포섭되어 스파이로 활약을 한다. 하지만 체포되고 나서 자신에게 조선인의 피가 흐르고 있음을 알고 스파이 임무를 포기한다. 이는 1942년 개봉한 야마모토 히로유키(山本弘之) 감독의 영화 〈제5열의 공포(第五列の恐怖)〉와 비슷하다. 중국인 아버지와 일본인 어머니 사이에서 태어난 여자 스파이 YZ7호는 소리가 나지 않는 비행기 엔진의 개발 정보를 빼내기 위하여 상하이에서 도쿄로 잠입한다. 엔진의 완성 발표회장에 YZ7호는 시한폭탄을 장착하지만, 폭파 예정시간을 얼마 남기지 않고 헌병대에게 체포된다. 그녀에게 헌병대는 "당신 자신보다 당신을 더 잘 알고 있다"면서 한 장의 가족사진을 보여 준다. 거기에는 군복을 입은 아버지와 어머니, 그리고 그녀가 있다.

34) 纐纈厚(1991), 앞의 책, 84-91쪽.

헌병은 그녀의 아버지가 중국인이 아니라 실은 일본인, 그것도 군인이었음을 알린다. 이 사실을 알자 YZ7호는 헌병대를 도와 시한폭탄을 해체하러 간다.

두 작품에서 최첨단 발명품의 정보를 빼내기 위하여 혼혈의 여간첩이 파견되지만, 자신에게 '조국'의 피가 흐르고 있음을 깨닫고는 스파이 임무를 포기한다는 전개방식이 공통된다. 게다가 여자 스파이가 혼혈로 그려지는 점도 유사하다. 혼혈인 여자 스파이라는 캐릭터는 제1차 세계대전에서 활약한 마타 하리(Mata Hari)의 영향이 크다. 그녀는 네덜란드인과 인도네시아인의 혼혈로 당시 일본에서는 서적이나 영화로 잘 알려져 있었다. 그리고 영화 〈색, 계(色, 戒 · Lust, Caution)〉의 실제 모델인 스파이 정핑루(鄭蘋如)도 중국인과 일본인의 혼혈로, 이는 일본에 영화 〈상하이의 달(上海の月)〉(1941)을 통해 간접적으로 알려져 있었다.[35)]

영화 〈제5열의 공포〉는 김내성의 「매국노」와도 유사성이 많다. 〈제5열의 공포〉에서 일본에는 페인터스라는 무역상회 주인을 두목으로 하고, 일본인인 척하는 중국인 이성무, 그리고 스코트 목사로 이루어진 스파이 조직이 있다. 소리가 나지 않는 비행기 엔진 개발 정보를 빼내는 새로운 임무를 위해 일본어가 가능한 '혼혈' 여간첩 YZ7호가 상하이에서 파견된다. 그녀는 비행기회사에 타이피스트로 취직해 들어간다. 한편 「매국노」에서는 조선에 마르세상회 경성지점 지배인 폿세가 스파이 조직의 운영자이고, 중국인 장호명, 그리고 니콜라스 신부, 고려음악학원 원장 엘리자가 조직원이다. 이 조직에 오영세 박사가 발명한 살인균(殺人菌)의 탈취라는 새로운 임무를 해내기 위하여, 상하이에서 조선어가 가능한 '국적 불명'의 K13호가 파견된다. 그녀는 오영세 병원의 간호사로 취직해 들어간다. 이처럼 이야기의 기본적인 얼개가 비슷한 데다 두 작품은 세세한 트릭까지 유사하다. 앞에서 언급했듯이 「매국노」에서 스파이 엘리자는 정보를 피아노 선율로 바꾸어 전화수화

35) 방첩소설과 방첩영화 속의 혼혈 이미지에 대해서는 강태웅(2015), 「일본영화 속의 적(敵) : 아시아태평양 전쟁기 스파이 영화를 중심으로」, 『日本學報』 제105집 참조.

기를 통하여 전달한다. 〈제5열의 공포〉에서도 스파이 YZ7호가 항공기회사의 연회장에서 얻은 정보를 피아노 연주로 전달하고, 이는 연회장에 놓인 꽃병 속 무선마이크를 통하여 전달된다.

습득한 정보를 음표로 바꾸는 능력을 지닌 미모의 여간첩, 그녀는 YZ7호 또는 K13라는 영어와 숫자가 혼용된 이름으로 불린다. 이러한 캐릭터의 원형은 미국영화에 있다. 마를레네 디트리히(Marlene Dietrich)가 주연한 1931년 영화 〈간첩 X27(Dishonored)〉이 그것이다. 간첩 X27은 정보를 빼내 악보의 음표로 바꾼 후 피아노를 쳐서 정보를 복기해 낸다. 〈간첩 X27〉은 일본에 1931년 수입되어 흥행에 대성공을 거두었고, 이후 1936년과 1939년 등 두 번에 걸쳐 재개봉될 정도로 인기가 계속되었다. 〈간첩 X27〉은 1940년대 들어 제작되기 시작한 일본의 방첩영화에 많은 영향을 주었다.[36] 김내성이 〈간첩 X27〉을 직접 보았는지는 확인할 수 없지만, 방첩소설을 씀에 있어 이 영화의 영향에서 벗어나기는 힘들었을 것이다.

스파이가 아니면서 유불란과 더불어 사건을 해결하는 백가면, 화이트 이글은 어떠한가. 이들이 하얀 가면이나 복면을 쓰고 나타난다는 점에 대해서는 기존 연구에서 김내성의 흰색에 대한 집착을 읽어 내고, '백백교사건(白白教事件)' 등의 영향이 지적되었다.[37] 그런데 이는 흰색에 대한 김내성의 선호도를 설명할 수 있어도 가면 자체에 대한 설명은 되지 못한다. 해골모양의 가면을 쓰고 나타나는 '백가면'은 마찬가지로 해골모양의 가면을 쓰고 적을 해치우는 〈황금박쥐(黄金バット)〉를 연상시킨다. 〈황금박쥐〉는 1930년부터 거리의 미디어라 불리는 '종이연극(紙芝居)' 형태로 창작되어 거의 매일 상연되었다. 〈황금박쥐〉의 성공으로 종이연극의 인기는 높아져 하루에도 두세 번씩 보는 아이들이 부지기수였고, 종이연극업자가 도쿄에만 2천~3천 명에 이르렀다.[38] 〈황금박쥐〉의 절정기는 바로 김내성이 도쿄에 체재하던

36) 강태웅(2015), 앞의 논문.

37) 李建志(1995), 「金來成という歪んだ鏡」, 『現代思想』 第23巻 第2號, 84-90쪽.

38) 山本武利(2000), 『紙芝居 : 街角のメディア』, 吉川弘文館, 23-29쪽. 〈황금박쥐〉의 인기

시기와 중복된다. 김내성 자신도 1957년에 「황금박쥐」라는 소설을 발표하기도 하였다. 그리고 해골가면은 아니지만 가면을 쓴 사람이 도적이 된다는 소재는 에도가와 란포가 1930~1931년 연재한 「황금가면」을 연상시키기도 한다.

IV. 나가며

식민지 조선에서 추리소설 작가로 이름을 날린 김내성, 그는 1940년대 들어서 스파이가 등장하는 방첩소설을 창작하였다. 조선에서는 달리 비교할 만한 작가와 작품이 없고 일본에서는 추리소설이 당국으로부터 '탄압'받는 상황이어서, 김내성은 조선뿐 아니라 제국일본에 있어서 '고립'된 작가로 연구되어 왔다. 하지만 이 글은 일본에서의 추리소설이 '탄압'받기는커녕 활발히 창작되었음을 밝혀내었다. 따라서 김내성의 소설은 당시 일본의 방첩소설과 비교 가능해졌고 그러한 비교 속에서 많은 유사성을 찾아내었다. 김내성은 식민지 조선의 '고립'된 작가가 아니라, 오히려 제국일본의 창작 유행을 조선의 누구보다도 빨리 따라잡았던 소설가로 재평가될 수 있지 않을까.

는 전후까지 계속되어 1950년과 1966년 두 번 영화화되었고, 1967년 텔레비전 애니메이션으로 만들어졌다.

조선 하이쿠(俳句)의 전회(轉回)

―박노식(朴魯植)과 일·한 하이쿠의 인맥―

나카네 다카유키(中根隆行)
홍선영 옮김

I. 머리말

1956년 10월 에히메현 나카지마(愛媛縣中島)의 하이쿠 시인 무라카미 교시(村上杏史)에게 한국에서 9월 28일자 항공 편 서신 한 통이 도착했다. 보낸 이는 '이도구자(李桃丘子)'라고 적혀 있었다.

무라카미 선생님, 별고 없으신지요. 지난 9월 중순 박기종(朴琪鐘) 씨 댁에서 가족분들을 만나 뵌 적이 있습니다. 박기종 씨는 9년 전 결혼하여 현재 2남 1녀의 아버지가 되어 금호동(金湖洞)에 위치한 정부 관사에서 단란한 생활을 하고 있습니다. 어머님께서도 건강하셔서 박노식(朴魯植) 씨가 살아 계실 때와 돌아가신 후에도 무라카미 선생님의 따뜻한 호의가 담긴 보살핌에 대하여 여러 가지로 말씀을 하셨고 언젠가 꼭 다시 뵐 수 있는 날이 오기를 기대한다고 하셨습

니다.[1)]

상당히 감격했던지 무라카미 교시는 이러한 전말에 대해 이듬해 2월 잡지 『호토토기스(ホトトギス)』에 “이도구자 덕분에 박노식 유족의 소식을 알게 되어 기쁩니다”라는 다카하마 교시(高濱虛子)의 말과 함께 원고를 실었다. 박기종이 공직에 있어서 마음이 쓰였는지 이도구자는 편지에 “앞으로 무라카미 선생님이 박기종 씨에게 보내는 편지는 제게 보내 주십시오. 사정을 헤아려 주셨으면 합니다”라고 했다. 원고를 읽은 다카하마 교시 역시 “박노식 씨의 문장을 공개함으로써 그의 유족이 친일 가문으로 의심받는 것은 아닐지 걱정이 됩니다만, 어떨지요?”라는 서신을 보내왔다.[2)]

무라카미 교시는 다음과 같이 경위를 적고 있다. “잡영(雜詠)에 등장하는 한국 이도구자라는 이름에 의지하여 박노식 유족의 안부를 알아보아 달라고 의뢰한 지 3년 만에 도구자 씨가 지극한 노력으로 안부를 확인하고 종종 근황을 알려 주셨다.” ‘잡영’이란 『호토토기스』의 ‘잡영란’을 의미하며, 이도구자라는 이름은 1954년 2월 “해바라기 꽃잎은 시들었지만 꽃의 화려함은 잃지 않았네(末枯るゝ向日葵のなほ豪奢なる)”라는 하이쿠와 3월 “처마 밑 그늘 밖에는 날아가는 가을 나비(もの影の外を飛びをり秋の蝶)”라는 하이쿠에 등장한다. 전후 한국인의 하이쿠가 첫 번째로 게재된 사례이다.[3)] 1945년의 일본 패전과 한국 해방 이후 한국전쟁의 휴전협정 직후 비록 호(號)이기는 하지만 한국의 하이쿠 시인이 일본의 하이쿠 잡지에 투고했다는 사실은 주목할 만하다. 또 이 두 사람의 서신 교환은 일본의 패전과 한반도의 해방을 넘어

---

1) 村上杏史(1957), 「朴魯植とその遺族のこと」, 『ホトトギス』 第60巻 第2號.

2) 高濱虛子(1975), 「村上杏史宛書簡」(1957. 5. 19), 『定本高濱虛子全集 第15巻 : 書簡 · 資料集』, 每日新聞社.

3) 이도구자(李桃丘子)의 하이쿠는 주목받지 못했지만 1945년 이전의 『미즈기누타(水砧)』와 『호토토기스』에도 보인다. 그의 하이쿠 활동에 대해 필자는 「李桃丘子と俳句 : 朝鮮俳句の解放 / 敗戰前後から現在へ」, 『跨境 : 日本語文學研究』 第3號(2016. 6), 東アジアと同時代日本語文學フォーラム×高麗大學校GLOBAL日本研究院에서 논한 바 있다.

하이쿠를 통한 일본과 한국의 커뮤니케이션 네트워크를 만들어 내는 출발점이 되었음을 우선 밝혀 두고자 한다.

하이쿠는 순수 일본산 단시(短詩) 형식의 문예이며, 한국인의 입장에서 보면 서구에서 들어온 근대소설과 근대시에 비해 단카(短歌)는 대표적인 구 종주국 문예인 것이다. 그럼에도 불구하고 패전/해방 후 하이쿠에 의한 일·한 커뮤니케이션 네트워크가 다시 만들어지게 된 밑바탕에는 식민지 통치하의 조선 하이쿠의 상황과 조선 하이쿠 시인 박노식과 재조 일본인 무라카미 교시 등이 남긴 발자취를 확인할 필요가 있다. 본고에서는 식민지시대 조선의 하이쿠문단(俳壇)에서 뛰어난 시인으로 알려진 1933년 요절한 박노식을 중심으로 패전/해방에 걸쳐진 종주국 문예의 전회(轉回)를 검토하고자 한다.[4)]

II. 박노식과 조선 하이쿠의 전개

1920년대 후반부터 1930년대에 걸쳐 재조 일본인의 하이쿠 활동은 경성을 기점으로 한반도 각지로 퍼져 전례 없이 활발해졌다. 예를 들어 1927년『경성일보』 지상에는 김제(金堤) 미도리회 주최의 '호남하이쿠대회'(4. 29. 개최), 목포가리타고사(カリタゴ社)[5)] · 목포신보사 주최 '전조선하이쿠대회'(5. 22. 개최), 원산하이쿠회 주최 '우라(裏)조선하이쿠대회'(8. 7. 개최), 그리고『경성일보』 학예부가 후원하는 하이쿠대회의 광고가 가득하며, 학예란에도 지역마다 잡지에 수록되거나 하이쿠회(句會)에서 발표한 하이쿠로 넘쳐났다.

이러한 조선의 하이쿠문단의 상황에 대하여『경성일보』의 기자이자『청호(靑壺)』를 주재하는 기타가와 스케히토(北川左人)는 1930년『조선하이쿠선

4) 조선의 하이쿠에 대해 필자는「朝鮮詠の俳域：朴魯植から村上杏史へ」,『海を超えた文學：日韓を軸として』(2010), 和泉書院에서도 논하였다.

5) 가리타고란 목포에 서식하는 모기보다 작은 벌레를 가리키는 말이다.

집』 간행에 즈음하여 다음과 같이 서술하였다. "조선의 하이쿠문단은 다이쇼시대 말기와 비교했을 때 쇼와시대의 오늘날과는 격세지감이 느껴질 정도로 화려해졌다."[6] 당시에는 조선에 하이쿠결사의 기관지가 월간만 14개지가 존재하였고 선자(選者)가 『청호』에 야마구치 세이시(山口誓子), 『까치』(부산)에 이케우치 다케시(池内たけし), 『가리타고』(목포)에 기요하라 가이도(淸原枴童), 『토성(土城)』(평양)에 이다 다코쓰(飯田蛇笏), 『아리나레(アリナレ)』(신의주)에 요시오카 젠지도(吉岡禪寺洞) 등의 쟁쟁한 멤버였고 하이쿠 잡지명에서도 그야말로 조선 특유의 풍물시 느낌이 물씬 풍겼다. 이들 중 지방의 대표적인 하이쿠결사로 알려진 것이 박노식의 『가리타고』이다. 『목포부사』에는 "야요이긴샤(彌生吟社)의 구(句)는 당시 후쿠오카 하이쿠문단의 권위자 기요하라 가이도(현재 목포 거주)에게 보내 선정하게 했는데 1927년 1월 무렵 동인들이 하이쿠 잡지의 편집 간행을 희망하여 곧 실현하기에 이르렀다"라고 되어 있으며, 『가리타고』 창간에 임해 "조선 하이쿠 시인 박노식의 노력을 상세하게 소개할 만하다"고 기술하고 있다.[7]

이어 "목하 반도의 하이쿠문단을 돌아볼 때, 중앙에 『청호』, 북선에 『머루(山葡萄)』·『유한(有閑)』이 있고, 남선에 『까치』·『밭 가는 사람(耕人)』이 있으며, 우리 호남의 『가리타고』는 이러한 앞선 하이쿠 잡지와 견주어 매호 발행 부수 400부에 이르는 기반이 견고한 하이쿠 잡지 중에서도 우월하다"라고 설명하고 있다. 다소 자화자찬이기는 하나, 매호 400부 발행을 자랑하며 동인 16명, 찬조원 18명, 선자를 조선 및 내지에서 약 20명에게 의뢰했다는 사실은, 목포가 한반도 남서에 위치한 지방도시임을 감안할 때 이례적인 규모이다. 창간 직후 1927년 5월에 개최된 '전조선하이쿠대회'는 앞에서 언급했지만, 『경성일보』에 의하면 그 규모가 "전조선하이쿠대회는 『가리타고』 발행소 주최이다. 하이쿠 잡지 『가리타고』의 탄생은 올해 3월인데 이 방면의 중견인 박노식, 하라 산에로(原三猿郎) 씨의 노력 덕분에 지방에서는

6) 北川左人(1930), 「巻末の辭」, 『朝鮮俳句選集』, 青壺發行所.

7) 木浦府(1930), 『木浦府史』, 三秀社.

드물게 충실한 기관으로 금세 성장한 결과물이다. 특히 당일 잡영 선자 기요하라 가이도를 멀리 후쿠오카에서 맞이함으로써 지난번 이상의 훌륭한 성황을 이루었다"고 전하고, 앞에서 언급한 『목포부사』의 평가와 마찬가지로 높은 평가를 하고 있었다.[8)]

박노식은 1921년 하이쿠 창작을 시작하였는데, 그해 봄에 목포 시라모긴샤(白藻吟社)를 주재한 아쓰지 잇세이(厚地一靜)의 문하에 들어가 "잔디를 태우는 연기가 연못 위를 기어 가네(芝野焼く煙かるく這ふ池の面)"라는 하이쿠를 발표했다.[9)] 이듬해 1922년 6월에는 "살짝 날아 땅을 기는 벌레를 보니 여름이 가깝구나(僅か飛んで泥這ふ羽蟲や夏近し)"〔『마쓰노미(松の實)』 잡영, 구스메 도코시(楠目橙黃子) 선〕 외 총 다섯 수가 당시 조선 유일의 하이쿠 잡지였던 경성의 『마쓰노미』에 수록되었다. 그리고 『호토토기스』 잡영의 최초 입선 하이쿠는 1923년 9월 "강가의 마을 폭이 넓은 여름 버드나무(川添の町幅廣し夏柳)"였다. 하이쿠에 입문한 지 불과 2년 만에 잡영 입선에서 1933년 7월호까지 모두 64수의 하이쿠가 『호토토기스』의 잡영에 선정되었으며, 그 밖의 게재 하이쿠까지 더하면 방대한 숫자에 이른다. 여기에서 우선 박노식이 하이쿠 시인으로 살았던 동시대 조선 하이쿠 문단에 초점을 맞추어 보고자 한다.

재조 일본인에 의한 하이쿠 활동은 『경성일보』에 '경일하이쿠'란을 개설한 1910년 이후 본격적으로 시작되었다. 초대 경성일보사 사장은 『고쿠민신문(國民新聞)』 하이쿠란의 선자 요시노 사에몬(吉野佐衛門)이며, 이후 조선 하이쿠문단은 호토토기스계 하이쿠가 주류를 이룬다. '경일하이쿠'란의 선자는 이시지마 기지로(石島雉子郎)와 구스메 도코시가 맡았다. 그리고 이들을 중심으로 1920년 마쓰노미 동인(松の實吟社)의 『마쓰노미』를 창간한다. 조선 하이쿠의 기초가 되었고 조선 하이쿠 시인 박노식을 탄생시킨 출발점이 되는 『마쓰노미』는 "조선 및 만주에 거주하는 하이쿠인(俳人), 또 내지에 있지

8) 北川左人(1927), 「湖南俳壇を覗く(二近)ごろ二つの刺戟」, 『京城日報』(1927. 6. 19.자).
9) 村上杏史 編(1983), 『朴魯植俳句集 : 故朴魯植遺句集』, 柿發行所.

만 특별히 타 지역에 연고가 있거나 호감을 가진 하이쿠인 간의 친밀감을 이어 주는" 것을 목적으로 발간된 하이쿠 잡지다.[10] 나중에 조선 특유의 신계제(新季題)의 제창이라는 움직임도 나오지만, 아직 조선과 구만주의 지역적 분화가 이루어지지 않았고, 창간 당시에는 "조선색, 만주 취향"의 표현을 표방했다.[11]

1920년대 전반 조선 하이쿠의 특징을 간결하게 말하면 조선 향토색의 모색이었다. 구스메 도코시가 쓴 「조선색의 하이쿠(朝鮮色の句)」에서는 "이러한 향토예술로서 하이쿠를 우리 조선에 옮기되 새로운 조선 하이쿠의 특색을 갖추는 것이 재조선 일본인의 신문화 건설을 실현하는 것이 아니겠는가"[12]라고 한다. 원래 하이쿠는 해외 및 식민지에서 하이쿠 창작을 실천하는 것과 함께 지역에서의 "하이쿠 시인들 상호" 커뮤니티 네트워크 형성을 중시한다. 이러한 조선 하이쿠의 향토예술화는 단적으로 말하면 종주국 문예의 식민지로의 이식이지만, 재조 일본인의 지역적 정체성 문제와 연결되고 다카하마 교시의 '화조풍영론(花鳥諷詠論)'으로 상징되는 일본 세시기(歲時記)에 기초한 내지 하이쿠 혹은 내지 하이쿠문단에 대한 대항을 실질적으로 지향하는 것이었다.

이러한 흐름을 이어받은 1930년대는 소위 조선 하이쿠의 향토예술화가 질적·양적으로 동시에 추진된 시기에 해당한다. 예를 들면 앞에서 설명한 기타가와 스케히토가 엮은 『조선하이쿠선집』은, 1927년부터 3년간 발행된 하이쿠 잡지와 신문·잡지의 하이쿠란에 게재된 조선 하이쿠 5만 몇백 수를 모아, 그중에서 1만여 수를 선택해 계제(季題)별로 수록한 것이다. "조선 하이쿠문단의 조감도로서 가장 완전한 하이쿠집", "습작할 때 참고가 되는 가장 적합한 하이쿠집"을 목표로 편찬한 『조선하이쿠선집』은, 기타가와가 편찬한 『조선고유색사전(朝鮮固有色辭典)』과 함께 조선의 세시기다운 특징을

---

10) 楠目橙黃子(1922b), 「お別れの言葉」, 『松の實』 第19號.

11) 無記名(1922), 「句集出版のこと」, 『松の實』 第28號.

12) 楠目橙黃子(1922a), 「朝鮮色の句」, 『松の實』 第16號.

띠고 있고, 조선 하이쿠의 향토예술화를 실천한 성과이다.[13] 이러한 활동은 종주국 문예를 매개로 하는 오리엔탈리즘적 지(知)의 집성이 되었고, 『조선고유색사전』의 편찬 이유를 밝힌 다음 문장에서도 드러난다.

> 조선의 고유색 — 향토색, 지방색 — 의 모든 어휘를 망라하고 연혁 · 특징 · 이해 등을 상세하게 정리한 문헌, 가벼운 서적, 요긴한 서책을 아직도 발견할 수 없는 상태가 조선 출판계에 있어 일대 결함이었다고 하지 않을 수 없습니다.[14]

여하튼 조선 각지의 하이쿠결사 혹은 하이쿠 시인 간 교류를 연결하는 윤활유와도 같은 역할을 담당한 기타가와 스케히토뿐만 아니라, 재조 일본인 하이쿠 시인들의 큰 관심사 중 하나는 '조선의 고유색 — 향토색, 지방색'이었다. 기타가와와 스케히토의 일련의 작업은 구스메 도코시에 의한 '조선색'의 제창과 마찬가지로 직접적으로는 주로 내지 하이쿠에 대해 조선 하이쿠의 독자성 추구와 재조 일본인과 조선인에게 조선 향토색이란 무엇인가를 널리 호소하는 것이 목적이었으며, 여기에는 조선에 대한 이국정서적 관심과 함께 조선을 소위 제2의 고향으로 위치지우는 애향심이 담긴 사명감이라 할 특징이 보인다.

처음부터 조선 향토색 논의는 조선 하이쿠에 국한된 문제가 아니었다. 조선을 제2의 고향으로 보는 향토주의적 논의가 일찍이 1910년대 재조 일본인사회의 교육계에서 맹아를 엿볼 수 있다. 또 조선미술전람회와 관련한 담론을 보면 이후 '조선색', '향토색', '로컬컬러'와 같은 용어가 이를 칭송하는 측과 비판하는 측에서 빈번하게 나타난다.[15] 즉 1930년대 전반은 특히 조

---

13) 戸田雨瓢(1926), 『朝鮮俳句一萬集』, 朝鮮俳句同好會.

14) 北川左人(1932), 「卷末語」, 『朝鮮固有色辭典』, 靑壺發行所.

15) 예를 들어 와타나베 도요히코(渡邊豊日子)의 「서(序)」에는 "공예부가 같이 열린 지 겨우 3년이지만, 반도의 독자적 향토색이 넘치는 민예 작품들을 보고 장래에 대한 기대가 크다"라고 하였다〔渡邊豊日子(1934), 「序」, 『第十三回朝鮮美術展覽會圖錄』, 朝鮮美術展覽會〕.

선 향토색을 선전하던 시대이며, 1920년대부터 시작된 조선 하이쿠의 논의는 하이쿠라는 문예가 재조 일본인의 커뮤니티 네트워크와 지역적 정체성과 연관되기 때문에, 말하자면 선구적으로 조선 향토색의 문제로 소환되었다고 추측할 수 있다.

그렇다면 일본과 상이한 조선 하이쿠만의 독자성을 탐구하는 조선 향토색의 주장은 끝내 제국일본의 의사(疑似) 내셔널리티로 회수되어 갈 것인가? 물론 이를 심각하게 인정하지 않을 수 없다. 하지만 이러한 문맥 속에서 박노식이라는 조선의 하이쿠 시인을 함께 놓고 보면, 먼 길이기는 하나 무라카미 교시와 이도구자 사이의 왕복 서신에서 보이듯 일본의 패전/한반도의 해방 후로 이어지는 또 다른 여정을 검증해 볼 수 있다.

III. 박노식이라는 우성화음(偶性和音)

조선 하이쿠문단이 활기를 띠는 가운데 박노식이 폐결핵으로 오랜 요양 생활을 하다 사망한 것은 1933년 5월 13일 새벽의 일이다. 이날 오후 『가리타고』 발매소에서 "박노식 금일 새벽 3시 사망하다"라는 가타카나로 쓰인 전보를 받은 기타가와는 "스러지는 소리를 내는 모란꽃에 서성이다(崩れたる音の牡丹に歩を停む)"라고 답장하였다. 후에 전해 들은 바에 따르면, 박노식은 죽기 30분 전에 가족을 머리맡에 불러 "오랫동안 극진한 간호를 받았지만, 이제 30분 후에는 헤어져야 한다. 하지만 슬퍼하지 마라. 오전 7시에 친척 우인에게 부고를 알리도록 하거라. 경성의 기종(장남)은 공부 중이니 장례식에 부르지 않아도 된다. …잘 있거라"라는 말을 남겼다.[16] 이때 무라카미 교시와 함께 후일 가족을 맡긴 이노우에 도케이시(井上兎徑子)는 다음과 같이 말하였다.

16) 北川左人(1933), 「逝ける俳人朴魯植君(下)」, 『京城日報』(1933. 5. 31.자).

조선의 하이쿠 부처 박노식, 교시(虛子)(/) 이는 1933년 5월 13일 서거한 반도 하이쿠의 일인자 박노식의 죽음을 애도하며 보낸 교시 선생의 조구(弔句)이다. 그리고 누구랄 것도 없이 박노식을 조선의 시키(子規)라 칭하고 그의 위업을 칭송하였다. 내가 하이쿠 창작을 시작한 다이쇼 말기에 박노식은 이미 『호토토기스』의 잡영으로 활약하고 있었다. 그의 이색적인 하이쿠는 고향보다 오히려 일본에 잘 알려져 있었다.[17)]

'조선의 시키'라는 칭호는, 야나기하라 교쿠도(柳原極堂)가 마쓰야마(松山)에서 『호토토기스』를 창간한 1897년에 박노식이 태어난 점, 아까운 재능에도 불구하고 요절한 점, 또 가루타(歌留多) 명수이며 만요(萬葉)의 세계에 정통하고 하이쿠의 길을 걷기 이전에 단카와 센류(川柳), 나니와부시(浪花節) 등 종주국 문예에 대한 재능이 마사오카 시키(正岡子規)를 방불케 한 점 때문일 것이다.

'조선의 하이쿠 부처 박노식'이라는 조구는 예컨대 박노식의 신화를 만들었지만, 한 번도 만난 적이 없는 박노식에게 다카하마 교시는 『가리타고』 창간의 축구(祝句) "이 토지가 이 사람으로 인해 눈이 녹을까(此の土地に此の人により雪解かな)"(1927. 3), 폐결핵 악화에 대한 위문의 하이쿠 "청컨대 하이쿠의 신에게 첫 참배(勸請す俳句の神に初詣)"(1933. 1)를 각각 보냈다. 1934년 간행한 『신세시기(新歲時記)』에 박노식의 조선영 9수가 선택된 것으로도 짐작하듯, 다카하마 교시는 박노식을 높이 평가하고 마음에 두고 있었다. 성급한 시각일 수도 있겠으나, "이 토지에 이 사람으로 인해 눈이 녹을까"라는 구에서 보듯 박노식을 내선융화적인 문맥으로 파악하고 있음을 알 수 있다. 일찍부터 그를 주목한 다카하마 교시는 1924년 조선 체류 당시 "이러한 문학으로 내선인을 동화시킬 수 있다면 얼마나 좋은 결과를 이끌어 낼 수 있을까요? 박노식 군은 변함없이 활발히 하이쿠 창작을 하고 있군요"라고 하였다.[18)]

17) 井上兎徑子(1962), 「朴魯植居士」, 『ホトトギス』 第65巻 第10號.

18) 村上杏史(1933), 「朴さんの遺稿」, 『カリタゴ』 第7巻 第5號.

이는 종주국 문예에 탁월한 조선인을 친일이라는 정치성으로 해석한 전형적인 사례이자 문학에 의한 내선융화의 문제를 내포하는 것이다. 『가리타고』의 고문을 지낸 무라카미 세이도(村上星洞) 역시 "박노식 군은 하이쿠 시인으로서 조선인 가운데 일인자임과 동시에 내선융화의 연결고리와도 같다. 우리와 박노식 군 사이에서 내선 운운하는 서먹한 일은 전혀 없었다. 온전히 예술 안에 함께 녹아들었다"고 하였고, 그를 '조선 통치의 숨겨진 공로자'로 위치지우며 '하이쿠 예술을 통한' 융합을 주장하였다.[19] 이에 대하여 목포의 조선사회에서 박노식을 어떻게 평가하는지는 알 수 없다. 다만 "친일이라는 말 들어 가며 사는데 바가지꽃이 피었네(親日と言はれて住めり花ぱかち)"(『호토토기스』 1932. 10)라는 하이쿠에 나타나듯, 재조 일본인과 친밀하게 교류하고 종주국 문예에서 이름을 알린 박노식이지만, 늘 조선의 전통적인 백의 바지저고리를 고집한 점에서 민족적 정체성의 긍지가 엿보이는 한편, 친일에 상응하는 비난과 비판에 처했음은 쉽게 추측할 수 있다.

박노식의 하이쿠에서는 하이쿠와 민족 사이에서 흔들리고 있는 정체성을 발견하기도 하지만, 하이쿠 시인의 친일 여부는 논외로 미루기로 한다. 여기에서는 조선 하이쿠문단의 활황과 조선 향토색의 탐구라는 문맥에서 박노식이 어떻게 작용하였는가라는 문제를 주목하고자 한다. 예를 들면 기타가와의 추도기사에 "조선인의 하이쿠라는 점에 비상한 관심을 가진 나는, 하이쿠를 짓는 조선인들과 많은 친교를 가졌다. 조선인의 하이쿠는 급속도로 나아지고 있는데 향상할수록 조선인 하이쿠 시인과 맺은 친교가 더욱 깊어졌다"고 서술하고, 그러하던 차에 "하이쿠를 짓는 조선인으로서 그 분야 선배인 박노식 군의 죽음"을 접했다고 한다.[20] 그리고 『마쓰노미』 시절 박노식이 하이쿠를 첨삭하였고 "단카를 그만두고 하이쿠에 전념하라"고 결단을 재촉한 아다치 료쿠도(安達緑童)도 다음과 같이 언급하였다.

---

19) 村上星洞(1933), 「朴君のことども」, 『カリタゴ』 第7巻 第5號.

20) 北川左人(1933), 「逝ける俳人朴魯植君(上)」, 『京城日報』(1933. 5. 28.자).

> 지금 전 조선에는 다수의 조선인 작가가 있고 어느 하이쿠 잡지든 이름이 실리지 않은 데가 없다. 조선인 작가의 황금시대가 도래한 느낌이다. 이렇게 다수의 조선인 동호가 성장한 것은 박노식 씨처럼 태양과도 같은 존재가 하이쿠 입문에 큰 자극이 되었다고 생각한다.[21)]

그러한 의미에서 아다치 료쿠도는 "실상 박노식 씨는 조선인 마쓰오 바쇼(松尾芭蕉)다"라고 하였다. 이것은 『가리타고』의 박노식 추도호에 실린 글의 인용이지만, 박노식의 죽음을 둘러싼 담론을 보면 많은 조선 하이쿠 시인의 지도·육성에 애썼다는 사실을 그의 공적으로 거론하는 경우가 많다. 실제 『가리타고』에 박노식 선(選)에 의해 조선인을 대상으로 하는 신선로(神仙爐)하이쿠문단이 생겼고 하이쿠 투고자는 50명이 넘었다. "조선인에게 호토토기스 하이쿠가 유행하는구나 가을달(鮮人にホ句はやるなり月の秋)"(『호토토기스』 1933. 2). 그 가운데 장남 박기종, 시조 시인으로 조선 시단에 알려지고 지난해 죽은 의동생 김옥봉(金玉峰), 장봉환(張鳳煥), 유수련(柳睡蓮), 김대원(金大源), 이형철(李浡哲) 등이 있었다.

이러한 공적을 어떻게 볼 것인가? 이윽고 신선로 하이쿠문단을 독립시키고 조선 하이쿠 시인을 위한 하이쿠 잡지를 만들고 싶다는 꿈을 가지고 있던 박노식. 이러한 조선 하이쿠 시인을 육성하는 일은 분명 친일이라는 정치성과 문학에 의한 내선융화와 모순되지 않았다. 오히려 그에 철저히 순응하는 것이었다. 그러하기에 조선 향토색의 논의와 관련시킨다면 조선 하이쿠 시인의 배출은 재조 일본인에 의한 조선 하이쿠의 비친화화(非親和化)를 초래하는 과정과 연결될 가능성을 포함하고 있다. 애초에 이를 증명하기란 어려운 노릇이다. 다만 다른 한편으로는 종주국 문예로서의 하이쿠 시스템에 변용을 가져왔음은 분명하게 말할 수 있다. 박노식은 마사오카 시키와 다카하마 교시를 경애하고 기요하라 가이도를 스승으로 받들었다. 그러나 그의 하이쿠와 함께 무라카미 교시와 이노우에 도케이시를 감화시키고 재

21) 安達緑童(1933), 「鮮人と松尾芭蕉」, 『カリタゴ』 第7巻 第5號.

조 일본 하이쿠 시인을 지도·육성하였다. 다카하마 교시의 추천으로 '경일 하이쿠' 선자(選者)를 비롯하여 조선 및 내지에서 "과제 및 잡영의 선자로 관계하는 하이쿠 잡지만 16개, 직접 지도를 하는 지방 구회가 셀 수 없을" 정도였다고 한다.[22] '조선의 시키', '조선의 바쇼'라 불린 박노식에게 영향을 받은 일본인이 조선인 이상으로 다수 존재한다.

『가리타고』를 계승한 무라카미 교시는 말하기를, 박노식은 "단카 시절부터 지기였지만 나중에 나를 하이쿠로 이끌어 준 사람"이라고 하였다. 무라카미 교시의 스승은 기요하라 가이도이지만 그가 『가리타고』에 참가한 것은 "1927년 친구 박노식이 연하장에 '안고 있으면 만족하는 아이, 커다란 공(抱へゐれば事足る子なり大手毬)'이라고 써서 흥미를 갖게 된 것"이 계기였다.[23] 또 무라카미 교시의 『고려(高麗)』를 읽고 "마치 박노식의 작구를 만난 것처럼 착각할 정도로 두 사람의 인연이 깊음을 통감했다"라고 말한 이노우에 도케이시도 박노식에게 배운 사람이다. 스도 소도(須藤素童) 역시 "선생님은 하이쿠를 가르쳐 준 은인, 백의를 입은 자애로운 대선배"라고 언급하였다.[24] 박노식이라는 조선의 하이쿠 시인이 재조 일본인에게 하이쿠를 가르친다는 점. 이것은 조선에 하이쿠 시인들을 배출시킴과 동시에 자신의 하이쿠와 함께 조선의 하이쿠문단에 초래한 하나의 전환점이자, 넓게 보자면 일본 패전/조선 해방을 잇는 종주국 문예의 전회를 마련한 것이라고 할 수 있을 것이다.

IV. 결론을 대신하여

1956년 무라카미 교시와 이도구자의 왕복서간에 대한 논의로 돌아가자. "전후의 『호토토기스』에는 박노식이 점화한 등불이 하나 남아 있기라도 하

22) 村上杏史(1933), 앞의 글.

23) 村上杏史(1967), 『高麗』, 柿發行所.

24) 須藤素童(1969), 「朴魯植」, 『柿』 第23巻 第8號.

듯 한국 이도구자의 이름이 있었다. 모르는 사람이었지만 하이카이(俳諧)로 이어지는 인연을 통해 박노식 유족의 안부를 알아볼 것을 의뢰하였다." 여기에서 무라카미 교시의 심정을 읽을 수 있다. 그렇다면 이도구자, 즉 이한수(李漢水)와는 어떻게 '하이카이로 이어지는 인연'이 있었던 것일까. 후일에 그는 "선배에 박노식 있으나 동백꽃 계절에 떠나보내다(先輩に朴魯植あり椿の忌)"라고 읊어 박노식과 다카하마 교시를 존경하고 있었던 것은 확실하다. 이한수가 하이쿠에 입문한 것은 1941년이었다. "나는 중학교 2학년 교과서에 실린 시키의 싯구 '감 두 개(柿二つ)'가 좋아서 생각지도 않게 하이쿠를 시작하게 되었다"라고 언급했다. 여기에서 '생각지도 않게'라는 말이 매우 중요하다. 왜냐하면 "조선총독부시대 아버지는 미션스쿨의 반일사상 교육자로서 총독부 당국으로부터 탄압을 받아 오랫동아 감옥살이를 했고 그후에도 제2차 세계대전이 끝날 때까지 경찰의 엄중한 감시를 받았는데, 그런 가정환경에서 도대체 어떻게 하이쿠에 흥미를 가지게 되었는지 불가사의한 일이다"라고 언급하고 있기 때문이다.[25)]

여기에서 반식민주의자로서 아버지를 수감한 제국일본과 그 종주국 문예 하이쿠를 분리하여 파악하고자 하는 심성이 엿보이는 점이 의미심장하다. 그리고 친일이라는 정치적 의미와 문학에 의한 내선융화라는 관점에서 박노식을 파악한 다카하마 교시의 인식과는 분명히 차이가 있다. 한국 하이쿠 시인 이도구자, 즉 이한수의 말은 하이쿠라는 구 종주국 문예와 내선융화라는 이데올로기 사이에 오히려 쐐기가 박혀 있음을 의미하며, 여기에 친일이라는 정치성도 또한 문학과 내셔널 아이덴티티 사이에서 세분화를 요구하기 때문이다. 이한수는 그후 『호토토기스』와 무라가미 교시가 주재하는 에히메의 하이쿠 잡지 『감(柿)』을 비롯한 일본 하이쿠 잡지에서 활약하였으며 1971년에는 『하이쿠집 한국(句集韓國)』을 간행한다. 그는 하이쿠에 관심을 가진 한국인 중에서 가장 알려진 하이쿠 시인이다.

한편 무라카미 교시는 박기종 등의 유족과도 재회하고 첫 시집 『고려』를

25) 李漢水(1971), 『句集韓國』, 昔岩社.

출판한 후 『박노식 하이쿠집(朴魯植俳句集)』을 간행한다. 1965년 한일기본조약 체결 이후에는 종종 자선사업이나 시작(詩作) 여행으로 한국을 방문하여 한국 하이쿠 시인들과 교류하였다. 또 그가 주재한 『감』은 이한수를 필두로 최병련(崔炳璉), 조성국(曺星國) 등 한국인 회원이 많이 모이는 하이쿠 잡지이다. 박노식의 사후 50년이 되는 1983년 5월 15일에는 이영학(李永鶴)과 이한수, 최병련에 의해 서울 덕수궁에서 모란기구회(牡丹忌句會)가 개최되었다. 무라카미 교시도 일본에서 헌시를 했지만 이때 이한수가 "모란이 있어 어디에나 갈 수 있는 길(牡丹のありどちらにも行ける道)"이라는 하이쿠를 읊었다. 1933년 6월 『호토토기스』에 실린 박노식의 "봄의 근심이네 창문을 열면 원래의 산(春愁や窓を開くればもとの山)"과 비교하면 어떠한가. 규모는 작지만 『구사부에(草笛)』와 서울하이쿠회, 한국하이쿠연구회 등 한국인과 일본인에 의한 하이쿠 활동이 지금까지 이루어지고 있다.[26)]

26) 김은철(2007), 「동아시아에서의 하이쿠의 전개양상과 번역」, 『한국일본어문학회 학술발표대회논문집』 제4호.

식민지 대중문화와 대중의 부상

— 취향과 유행의 혼종성을 중심으로 —

조형근

I. 대중문화와 대중

내 유년시절의 기억이니 1970년대 말쯤의 일일 것이다. 친지들이 모이면 으레껏 돌아가며 노래 한 자리씩을 부르곤 하는 자리였다. 어른들은 대개 트로트를 불렀고 신민요도 곧잘 불렀다. 늘 들어서 익숙한 가락들이었다. 그리고 작은 '사건'이 일어났다. 그날 따라 유난한 친척들의 성화에 아버지가 처음으로 노래를 부른 것이다. "이난영이가 이 노래를 부를 때면 이렇게 담배 한 모금을 빰고서는 노래를 했지." 아버지는 마치 그 가수처럼 깊게 한 모금을 빨았다 길게 내쉬었다. 그리고 노래를 했다. "내뿜는 담배 연기 끝에 흐미한 옛추억이 풀린다. …."

생전 처음 듣는 노래였다. 아버지는 다시는 노래를 부르지 않았고, 그후로도 오랫동안 나는 그 노래를 듣지 못했다. 그래도 그 첫 구절은 곧잘 내

입술을 맴돌았다. 그만큼 기이하고 인상적이었다. 묘하게 세련되어서 늘 듣던 트로트와는 매우 달랐는데, 또 절묘하게 구슬펐다. 2000년대 중반의 어느 날 한 대중음악 연구자의 발표 자리에서 그 노래를 들었다. 이난영의 〈다방의 푸른 꿈〉(1939)이었다. 재즈의 블루노트 기법을 활용하면서도 트로트의 선법과 조화시킨 1930년대 말의 대표곡 중 하나라는 사실도 알게 되었다. 〈다방의 푸른 꿈〉이 나오고 회자될 무렵 아버지는 10대 초·중반이었을 게다. 식민지 주민들이 대개 그랬듯 그 무렵 아버지의 청춘도 곡절로 얼룩져 있었다. 그는 어디에서 그 노래를 배웠을까? 왜 — 내가 아는 한 — 단 하나의 노래로 그 노래를 선택했을까? 의문이 꼬리를 이었지만 대답을 들을 수는 없게 되었다.

공적인 연구논문을 사적 기억으로 시작하고 말았다. 이해해 주시면 좋겠다. 주제가 나를 이런 서사방식으로 이끈다. 근대의 대중문화는 대량생산에 기반한 산업적 형식에도 불구하고 곧잘 개인의 사적 쾌락, 위안의 제공을 특징으로 한다는 주장이 제기되곤 한다. 이 주제에서 유난히 내 사적 기억이 짙게 환기되는 것을 보면 그럴 법한 주장이다. 하지만 묘하게도 이 사적 기억에는 어떤 집합적 체험, 공유된 취향과 오래된 유행의 흔적들이 우러나온다. 내가 듣고 놀란 아버지의 노래는 그냥 재즈가 아니라 늘 듣고 자란 트로트와 혼종된 재즈였다. 익숙함과 새로움의 혼종이 나를 전율시켰던 것 같다.[1] 취향은 사람들을 집합적 체험으로 묶고, 때로는 일시성이라는 유행의 한계를 넘어 세대를 관통하며 역사성을 획득한다. 내 유년의 사적 체험도 바로 그런 순간이 아니었을까?

일제 식민지기는 기존의 전통문화가 서구와 일본에서 들어온 문화와 충돌하고 뒤섞인 시기였다. 지금 우리가 대중문화라고 부르는 영역 또한 이러

---

1) 1930년대 말이 되면서 '재즈송'의 하부 장르로서 블루스가 유행하게 되었다. 블루스의 애상적 분위기는 기존 트로트의 선법과 신파적 정서와 혼종되었다. 재즈라는 새롭고 낯선 양식은 트로트, 신민요 등 조선인 청중에게 익숙한 장르 어법과 혼용되면서 토착화되었던 것이다〔이소영(2010), 「1930년 한국대중가요의 장르 혼용 양상 : 재즈송을 중심으로」, 『음악학』 제19권, 217쪽〕.

한 충돌과 뒤섞임의 과정에서 탄생했다. 당연하게도 민중이 즐기던 통속문화 또한 근대적 미디어와 결합한 새로운 대중문화와 부딪히거나 융합되는 과정이 있었을 것이다.[2)]

바로 이 시기, 즉 한국 대중문화의 형성기에 관한 연구들이 그동안 매체별·장르별 연구의 축적을 바탕으로 꾸준히 진전되어 왔다. 하지만 대중문화의 궁극적인 목표대상이자 수용자, 향유자, 나아가 주체인 대중 자체에 대한 연구는 상대적으로 미흡했던 것이 사실이다. 대중이라는 개념은 오랫동안 정치적 주체나 소비하는 경제적 주체로서 중시되었을 뿐, 새로운 문화 및 취향의 생산자이자 소비자, 나아가 주체로서 대중이라는 측면에 대한 연구는 상대적으로 부족했다. 대중문화를 향유하던 대중은 도대체 누구였을까? 그들은 거기에서 무엇에 열광하고 무엇에 슬퍼했을까? 대중문화를 실컷 즐긴 다음, 그들은 무엇을 했을까? 그런 일들이 식민지의 비루한 현실 속에서 도대체 무슨 의미가 있었을까? 이 글은 대중문화를 관통하며 형성되던 식민지 대중이 어떤 존재였던지 더듬어 보려는 하나의 시도이다. 식민 권력과 자본이 주조한 구도 속에서, 대중문화의 텍스트 내부와 외부에서 대중들이 어떻게 느끼고 행동했는지 공감해 보려는 작은 시도이다.

---

2) 이 논문의 주제에서 벗어나지만, '정체된 전통 대 근대의 충격'이라는 고정된 이분법 또한 당연시되어서는 안 된다. 개화와 식민지화 이전에 이미 조선의 전통문화 내부에서 변화가 발생하고 있었기 때문이다. 시가사의 관점에서 볼 때 시조, 민요와는 구별되는 잡가가 19세기 중반 이후 성장하여 1920년대까지 강력한 흐름을 형성하였고 근대 미디어와 결합하면서 대중가요의 한 기원을 이루었다. 또한 이 시기는 전문적 고급예술과 통속적 대중예술이 분화한 시기이기도 하다[고미숙(1994), 「대중가요의 선구, 20세기 초반 잡가 연구」, 『역사비평』 1994년 봄호].

II. 기존 연구 검토

1. 예속화되는 대중 대 능동적 대중

대중문화를 통해 형성되는 대중의 성격을 둘러싼 대립은 잘 알려진 것처럼 20세기 전반 프랑크푸르트학파를 중심으로 전형화되었다. 아도르노와 호르크하이머는 후기 자본주의시대의 대중문화를 대중 자신으로부터 자발적으로 일어난 민중예술과 구분하여 '문화산업'으로 규정하고, 대중매체를 통해 대량생산·소비되는 대중문화가 동일화의 도구라고 비판하였다. 문화산업이 모든 사람을 동질적으로 사고·반응·행위할 수 있게 만드는 효과적 수단이라는 비판이다. 동일화의 수단으로서 문화산업은 대중을 포섭·통제함으로써 기존의 지배 관계와 이데올로기를 정당화하고 재생산한다.[3] 문화산업 속에서 대중은 스스로 사유할 수 없으며, 문화산업의 "양식에 숨겨져 있는 비밀은 바로 사회적 위계질서에 대한 순종이다."[4] 따라서 "청중이 문화산업의 체계를 선호하고 있다는 것은 그 자체가 체계의 일부이지 체계를 변명하기 위한 구실은 아니다."[5] 대중, 즉 "문화상품의 고객들은 예술작품의 자율성이라는 것 때문에 예술이 그들 자신의 생각 이상의 것으로 되는 데에 격분한다."[6] 문화산업의 소비자들은 본질을 차단하는 외적 현상에 더욱더 집착하게 되기 때문이다.[7] 동일성원리에 대한 아도르노의 비판은 마르크스의 상품물신성 테제와 루카치의 사물화 이론의 영향 아래 형성된 것으로서,[8] 아도르노(와 호르크하이머)는 이를 주체의 자율성을 잠식하는 후기

---

3) 테오도르 W. 아도르노·M. 호르크하이머(1995), 김유동·주경식·이상훈 옮김, 『계몽의 변증법』, 문예출판사.

4) 테오도르 W. 아도르노·M. 호르크하이머(1995), 앞의 책, 198쪽.

5) 테오도르 W. 아도르노·M. 호르크하이머(1995), 앞의 책, 186쪽.

6) 테오도르 W. 아도르노(2005), 홍승용 옮김, 『미학이론』, 문학과지성, 37쪽.

7) 테오도르 W. 아도르노(2012), 문병호·김방현 옮김, 『신음악의 철학』, 세창, 26쪽.

8) 신혜경(2009), 『아도르노 & 벤야민 대중문화의 기만 혹은 해방』, 김영사, 90쪽.

자본주의사회의 가장 특징적인 지배원리로 간주했다.

반면 발터 벤야민은 이들과 지적 자장을 공유하면서도 다른 태도를 견지하였다. 벤야민은 사진술과 영화의 탄생으로 아우라가 사라진 시대에 오히려 새로운 저항의 가능성을 발견한다. 복제품의 대량생산에 따른 전통적인 것의 동요는 그 자체가 현대의 위기와 변혁의 또 다른 이면이었다. 그것은 당대의 대중운동과 긴밀하게 연관을 맺고 있었고, 특히 "영화는 이러한 대중운동의 강력한 매개체"였다.[9] 예술작품은 전통적인 의식적(ritual) 가치를 벗어던진 후 전시가치에 절대적 역점을 두게 되었고, 영화배우 연기의 카메라 촬영, 편집 등의 절차로 인해 관중은 비평가의 태도, 카메라의 태도를 취할 수 있게 되었다.[10] "예술작품의 기술적 복제 가능성은 예술을 대하는 대중의 태도를 변화시켰다. 이를테면 피카소와 같은 회화에 대해 가졌던 보수적 태도가 채플린과 같은 영화에 대해 갖는 진보적 태도로 바뀐 것이다."[11] 특히 벤야민은 영화관에서 "그 어느 곳에서보다도 관객 개개인의 반응이 처음부터 집단에 의해 직접적으로 영향을 받고 있다는 사실"에 주목한다.[12] 동일성의 논리인 아우라가 사라진 시대에 복제예술들은 '예술의 정치화'를 향한 가능성을 열어젖히고 있었다.[13]

아도르노와 프랑크푸르트학파의 대중문화론은, 몰취향의 다수 대중과 능동적 소수에 대한 1950년대의 데이비드 리즈먼의 연구를[14] 거쳐 다수

9) 발터 벤야민(1983), 반성완 옮김, 『발터 벤야민의 문예이론』, 민음사, 200쪽.

10) 발터 벤야민(1983), 앞의 책, 208-212쪽.

11) 발터 벤야민(1983), 앞의 책, 220쪽.

12) 발터 벤야민(1983), 앞의 책, 221쪽.

13) 벤야민의 견해에 대해 페터 뷔르거는, 첫째 중세 예술과 자율적 예술의 구별에 실패했고, 둘째 기술복제시대의 아우라 상실이 단지 기술적 변화만이 아니라 예술 제작 의도의 변화와 관련된다는 점을 간과했다는 점에서 문제가 있다고 비판한다[페터 뷔르거(2013), 최성만 옮김, 『아방가르드의 이론』, 지식을만드는지식, 54-61쪽]. 이런 비판에는 일리가 있지만, 벤야민이 예술의 변화를 낳은 기술적 가능성을 이중적으로 해석했다는 점을 간과한다. 기술복제시대에 파시즘에 의한 '정치의 미학화'에 대해 경고한 것도 벤야민이었다.

14) Riesman, David(1990), "Listening to Popular Music," in S. Frith and A. Goodwin,

대중의 수동성과 하위문화의 능동성을 대비하는 일련의 접근으로 이어져 왔다.[15)]

수동적 대중과 능동적 소수를 대비하는 엘리트주의적 접근에 대해서는 이후 문화 연구 진영에서 많은 비판이 제기되었다. 예술작품의 자율적 생산과 비판적 감상을 강조하는 이들의 논리에는 고급문화(high culture)와 저급문화(low culture)를 나누는 이분법이 깔려 있다. 여기에서는 전복적 · 해방적 계기들은 고급문화의 특권적 생산물들에만 귀속된다. 대중은 오직 수동적 소비자로 간주될 뿐이다. 하지만 대중은 종종 능동적인 수용자로서 대중문화 산물들의 코드들을 해독하며, 자신의 독자적 의미를 생산하고 이용하기도 한다.[16)] 수용 주체는 텍스트들의 특징에 따라 협상적 · 저항적 또는 대항적 해독을 수행한다.[17)] 팬들은 능동적으로 의미 창조에 참여하는 상상력 넘치고 식별력 있는 사람들이며, 집합적으로 정체성 감각을 공유하는 공동체를 창출한다.[18)]

물론 수용자의 능동성에 대한 주목은 저항의 형식과 유형을 구별하지 않고, 저항 자체를 찬양하는 수용자 물신주의(fetishism)에 빠질 염려가 있다. 자칫하면 정치투쟁과 "의미와 즐거움을 쟁취하기 위한 투쟁"이 혼동될 우려도 있다. 문화적 저항이 사실은 탈정치화의 대가일 수도 있다. 단순한 차이에 저항의 표지를 부여함으로써 차이를 파는 자본주의 문화산업의 장사를 도와줄 수도 있다.[19)] 우리는 그 가능성을 항상 경계해야 한다.

부르디외 · 스윈지우드 등이 문화사회학을 통해 지적하는 것처럼, 문화의 부분적인 자율성원리와 자본주의적 산업화 및 산업 변동 사이의 관계는 맥

---

eds., *On Record : Rock, Pop and the Written Word*, Routledge.

15) Negus, Keith(1997), *Popular Music in Theory : An Introduction*, Wesleyan University Press, pp.12~25.

16) 더글라스 켈너(1997), 김수정 · 정종희 옮김, 『미디어 문화』, 새물결, 61-62쪽.

17) Fiske, John(1989), *Reading the Popular*, Unwin Hyman, p.98.

18) Lewis, Lisa(1992), *The Adoring Audience : Fan Culture and Popular Media*, Routledge.

19) 더글라스 켈너(1997), 앞의 책, 78-83쪽.

락적으로 이해되어야 하지만, 그렇다고 해서 문화를 사회의 맥락으로 환원하기는 어렵다. 문화는 사회적 맥락과 투쟁 속에 위치하고 속박되지만, 동시에 그 의미는 고정되고 완결되지 않는다. 문화는 사회적 삶의 환원할 수 없는 다원성을 긍정함으로써 맥락을 넘어선다. 미하일 바흐친이 대화원리(dialogic principle)를 통해 보여 주는 것처럼, 문화는 단지 사회적 투쟁의 산물이 아니라 다양한 목소리와 입장 사이의 대화의 산물이며, 미완결의 상태에 있는 다중적 의미의 영역으로 이해해야 한다.[20]

문화산업론과 문화 연구, 문화사회학 등에서 이루어진 연구들이 대중문화와 대중의 성격을 이해하는 데 큰 도움을 준 것은 사실이나, 주로 서구의 경험을 일반화하고 있다는 점에서는 여전히 한계를 갖는다. 식민지에서 대중문화와 대중의 출현, 성장 과정에는 서구적인 것, 근대적인 것과의 충돌과 저항은 물론 수용과 전유, 상호 참조를 포함한 매우 복잡다양한, 때로는 모순적인 동학이 수반되기 때문이다. 식민지 대중은 단지 저항할 뿐만 아니라 때로 근대적인 것을 환영하며, 식민권력 또한 때로 전통적 요소를 역사적 참조점이나 현대적인 상징적 수단으로 활용하기도 한다. 양자는 양방향에서 타자의 이용게임을 통해 결합한다.[21]

혼종성(hybridity), 혼종화(hybridization) 개념은 이런 점에서 유익한 돌파구를 제공한다. 이 개념들은 문화적 정체성이나 순수성과 같은 본질주의적 담론에서 벗어날 수 있도록 해주고, 식민지에서 일어나는 다양하고 때로 상호모순으로 보이는 결합들을 이해할 수 있도록 도와준다. 혼종문화라는 개념은 고급문화와 민중문화 사이, 도시와 지방 사이, 근대와 전통 사이에 허구적 대립 관계를 고정시키지 않도록 하는 방법론을 모색하는 텍스트로서 이해된다.[22]

---

20) 앨런 스윈지우드(2004), 박형신 · 김민규 옮김, 『문화사회학이론을 향하여 : 문화이론과 근대성의 문제』, 한울아카데미.

21) 네스토르 가르시아 칸클리니(2011), 이성훈 옮김, 『혼종문화 : 근대성 넘나들기 전략』, 그린비, 345쪽.

22) Franco, Jean(1992), "Border patrol," *Travesía : Journal of Latin America Cultural*

2. 식민지 조선의 대중

대중을 연구의 직접 시야에 넣지 않던 초기 연구들에서 일제 식민지기의 대중(문화)에 대한 시선은 긍정적이지 않다. 이는 이 시기의 대중문화가 전통과 충격의 변증법적 지양을 통해서 형성된 것이 아니라, 전통의 일방적 쇠퇴와 새로운 양식의 대체라는 '비극적 성격'을 띠고 있다고 보았기 때문이다.[23] 대중가요는 대중의 표피적 감성을 자극하고 현실에의 체념과 순응, 인간답게 살고자 하는 건강한 노력을 포기하게 만드는 결과를 낳은 것으로 평가되었다.

특히 대중가요 중에서도 가장 강력하고 지속적으로 유행한 트로트양식은 눈물과 통곡, 탄식을 두드러지게 강조하는 비애의 정서, 즉 신파정서를 통해 눈물의 원인을 개인의 사적 세계나 자연현상으로 축소하였고, 패배주의적 자기연민으로 치환하였다고 비판받았다.[24] 대중문화 대 민중문화의 이분법 속에서 체제에 포섭된 존재로 전제된 대중을 위한 자리는 없었다.

2000년대를 전후하여 수용자 대중의 저항성·능동성을 강조하는 연구 흐름이 문화 연구의 부상과 함께 성장했지만, 일제 식민지기와 관련해서는 여전히 일종의 '역사적 문제'가 제기되었다. 이 시기 대중문화가 민족문화의 '고유한 발전경로'가 봉쇄된 상황에서 일제의 동화정책 아래 일본문화에 의해 침윤되었음을 상기한다면, 대중문화를 즐긴 당대 대중에 대한 긍정적 평가로 이어지기는 어렵다는 것이다.[25]

이런 역사적 문제를 넘어서 2000년대 중반 이후 식민지기 대중문화와 대중의 성격에 대한 재평가가 진전되었다. 장유정은 대중이 같은 노래를 향유

Studies 1(2).

23) 김창남(1991), 「유행가의 성립과정과 그 문화적 성격」, 『삶의 문화, 희망의 노래』, 한울, 46쪽.

24) 이영미(1998), 『한국대중가요사』, 시공사, 67-78쪽.

25) 야마우치 후미타카(2000), 「일본대중문화 수용의 사회사 : 일제강점기 창가와 유행가를 중심으로」, 『낭만음악』 제49호, 32-33쪽.

하면서 일종의 공감대와 연대감을 형성하였고, 함께 눈물을 흘림으로써 극장을 일종의 정치적 집회장소로 만들고 감수성의 사회적 협정을 체결하게 했다고 평가한다.[26)]

일제 식민지기 대중문화와 대중의 관계, 성격을 정면에서 연구한 것으로는 유선영의 연구가 대표적이다.[27)] 그에 따르면 영화, 극장을 중심으로 한 새로운 근대적 문화 실천은 20세기 근대적 대중의 형성에 결정적이고 중심적인 역할을 수행했다. 이 과정에서 전통사회에서 성장해 온 구경하는 군중, 통속대중은 민족사회 내부의 상징적 폭력과 식민제국의 헤게모니 재편 기획 과정에서 배제되어 간 반면, 식민도시의 문화혼종성을 배경으로 한 사적 쾌락의 주체로서 새롭게 문화적 위계질서 속으로 편입·포섭되어 갔다.

장유정과 유선영의 연구는 이 글을 위한 중요한 두 기준점을 제공한다. 장유정이 대중문화의 텍스트 내적 실천과 의미작용에 좀 더 집중한다면, 유선영은 상대적으로 텍스트 외부의 구조적 조건들, 한계들에 더 주목한다. 이 글은 대중문화의 내부와 외부 사이를, 유행과 취향 사이를, 고급문화와 저급문화 사이를, 스타와 팬 사이를 연결하고 오가며 대중의 성격을 좀 더 적극적으로 이해하고자 하는 시도다.

Ⅲ. 대중문화를 즐긴 자는 누구인가

일제 식민지기의 근대적 대중문화를 수용자 측면에서 접근했을 때 대별되는 두 가지 이미지가 있다. 하나는 이 시기의 대중문화가 지식인, 중산층, 학생 등 신문물에 민감하고 경제력이 뒷받침되는 중상류층의 교양문화에 가깝다는 이미지다. 극장은 큰 도시를 중심으로 밀집해 있었고, 1930년대에

---

26) 장유정(2006), 『오빠는 풍각쟁이야』, 민음IN, 164-168쪽.

27) 유선영(2009), 「근대적 대중의 형성과 문화의 전환」, 『언론과 사회』 2009년 봄 제17권 제1호.

50전을 오르내리던 관람료는 노동자를 포함한 일반 서민대중이 감당하기에는 꽤 비쌌다. 1930년 무렵 공장 직공의 월급은 20원, 공무원과 교사 월급은 30~40원 정도였다.

레코드 축음기의 가격은 1930년대 후반 평균 70원 정도를 오갔고,[28] 라디오는 78~185원 사이를 오갔다.[29] 중산층 월급의 대략 2~5배에 달하는 가격이었다. "라디오 청취자가 날로 달로 격증하고 있"다던 1939년에 가서도 이 상황은 근본적으로 바뀌지 않았다. "라디오 팬의 격증은 주로 도시를 중심의 현상이고 중소도시와 농촌에는 아직도 구경조차 못한 곳이 절대다수를 점령하고 있"었다.[30] 1940년 3월 말 현재 전 조선의 라디오 청취자 수는 16만 7,049명, 그중 조선인은 6만 425명에 불과했다.[31] 따라서 조선인 라디오 '팬'이 늘어나고 이들이 가장 선호하는 프로그램이 유행가라는 조사 결과가 나왔다 하여, 그 결과를 선뜻 일반화하기는 어렵다.[32] 음악을 들을 수 있는 카페 같은 곳을 출입하는 것은 특권층이거나 별난 행동에 가까웠다. 궁벽한 시골의 농민들은 아직도 민요와 속요를 더 즐기고 있었다.[33]

하지만 또 다른 이미지가 있다. 이 시기의 대중문화가 일반 서민대중을 포함하여 다종다기한 집단이 함께 즐기던 "계급들의 전람회"라는 것이다.[34] 관람료는 비쌌지만 낮은 등급의 좌석이나 할인표가 종종 있어서 서민은 부유층과 같은 공간에서 영화를 즐겼다. 극장이 없는 지방에서도 종종 무료상영회가 개최되었는데 관객은 구름처럼 몰려들었다.

---

28) 「蓄音機는 못 만드나」, 『每日申報』 1938. 8. 9.자.

29) 손민정(2009), 『트로트의 정치학』, 음악세계, 78쪽.

30) 「千篇一律의 「푸로」는 실소 嗜好調査에 聽取者들의 投書 第二放送에 『팬』들의 所願」, 『東亞日報』 1939. 5. 20.자.

31) 「聽取者十六萬 : 朝鮮人 라디오 팬 增」, 『每日申報』 1940. 4. 5.자.

32) 총독부 체신국에서는 1939년 조선인 라디오 청취자를 대상으로 기호조사를 실시했는데 1위가 유행가, 2위가 조선어 뉴스였고 야담, 드라마, 만요, 기상통보 등이 뒤를 이었다(「라디오 '팬'의 嗜好傾向 點考」, 『每日申報』 1939. 5. 12.자).

33) 이영미(1998), 앞의 책.

34) 유선영(2009), 앞의 논문, 80쪽.

영화는 일반 서민이 그렇게 접근하기 어려운 매체가 아니었다. 수입가가 비싼 경우는 관람료가 1원을 넘기도 했지만, 재개봉관·4류관과 3~4등급의 할인좌석은 5~10전짜리가 있었다. 1922년 경기도 경찰부에서 조사한 경기도 내 활동사진 흥행일 수와 관객 수를 기초로 추정하면 이미 이 시기에 경성주민 1인당 연간 4~5회꼴로 영화를 관람하고 있었다.[35] 초기의 주관객은 중학생이었지만 곧 지식층, 젊은층이 합세하였고 중년의 신사, 노부인, 부녀자, 여학생, 기생들이 부인석을 가득 메웠다.[36] 연령에 따른 관람 제한이 없었기 때문에 어린이, 10대도 영화관을 가득 메웠다. 1930년대 영화관의 풍경은 "어린이, 늙은이, 사나이, 여편네들이 아래위층에 충만하여 학생과 노동자, 회계원, 기생, 부랑자, 교원, 부호, 가난뱅이 등 온갖 계급 사람들의 전람회"를 방불케 했다.[37]

축음기나 라디오는 비쌌지만, 할인표로 들어간 영화관에서 막간에 공연되는 애트랙숀(attraction. 막간 흥행을 위한 버라이어티쇼)에서는 음반을 감상하거나 때로는 진짜 악단, 가수들과 배우들의 공연을 관람할 수 있었다. 사람들은 축음기와 라디오를 개인적으로 감상하기보다는 어울려서 함께 즐기곤 했다. 유행가는 '거리거리 술집술집을 풍미'했다.[38] '라우드 스피커'가 울리는 거리가 곧 음악감상실이었다. 요즘 사람들이 거리에서 스마트폰으로 음악을 듣듯 그 시절 사람들도 거리에서 음악을 들었다.

두 이미지를 잘 살펴보면 전체적인 상이 잡힌다. 시기별 변화와 당대 대중문화의 향유 방식을 고려할 필요가 있다. 대중문화가 본격적으로 형성되기 시작하던 1920년대에 영화나 대중가요는 아직 소수의 도시지역, 젊은 세대의 전유물이었지만, 대략 1930년대를 넘어가면서 대중문화 향수는 상당히 일반화된 것으로 보인다. 첫째, 영화 관람 인원의 증가 추세는 폭발적이었

35) 유선영(2009), 앞의 논문, 71-72쪽

36) 「극장만담」, 『別乾坤』 제5호(1927. 3), 94-95쪽.

37) 「사랑하는 남녀들의 기쁨과 슬픔의 터전 : 극장에 밤 들면」, 『每日申報』 1930. 4. 4.자.

38) 「大衆演藝大會(本社學藝部 主催) : 滿都의 人氣爆發點에 天艶의 彩色舞臺 우에 花形歌手들의 交響樂 明夜에 開演될 歌謠祭」, 『東亞日報』 1938. 4. 21.자.

다. 연간 관객 수는 1932년 587만 4천여 명에서 1942년에는 2,639만 9천여 명까지 늘어났다. 10년간 4.5배가 늘었으니 폭증이었다. 극장 또한 1933년 79개에서 1940년에는 117개로 늘어났다. 특히 1930년대 초·중반을 기한 유성영화의 등장은 결정적이었다. 유성영화를 상영하게 되자 "영화계는 『캄풀』주사마즌 것가티 활기"를 띠었다.[39] 1930년대 후반이 되자 영화열은 폭발적으로 증가하여 "10시 반 조조흥행에도 긋득긋득 만원이 되는 것이 다반사로 되엿다."[40]

대중가요도 1930년대를 넘어가면서 "레코―드의 홍수"이자 "레코―드 예술가의 황금시대"가 도래했다.[41] 1933년 콜럼비아, 빅타, 시에론, 오케, 포리도루 등 다섯 음반회사가 제작한 음반 종수는 537종이었다.[42] 음반을 보급하는 판매점은 전 조선에 걸쳐 약 200개소에 달했고, 각 회사가 집계한 판매치를 더하면 한 해에 무려 600만~700만 매를 판매한다는 추정까지 나오고 있었다.[43] 음악을 같이 듣는 향유 방식 또한 대중가요의 확산에 기여했다. 집에 축음기나 라디오가 없어도 영화관에서, 길거리에서, 술집에서 음악을 접할 수 있었다. "레코―드의 흥행음반"들은 전 조선을 흘러넘쳤다. 여유가 있는 집은 집집마다 상비해 두고 들었고 길거리마다, 점포마다 노래가 흘러나왔다.[44]

---

39) 「가을은 映畵씨―슨 兩常設館의 競爭 一大名畵取得한 愛館의 巨彈 仁川팬의 興味集中」, 『每日申報』 1933. 9. 15.자.

40) 「京城을 휩쓰는 映畵熱 秘策을 다하는 常設舘과 配給側 館前에 長蛇陣을 치는 『팬』」, 『每日申報』 1937. 5. 21.자.

41) 「六大會社 레코드戰」, 『三千里』 제5권 제5호(1933. 5).

42) 「시대인의 정서를 캣취한 유행가곡의 범람」, 『每日申報』 1933. 12. 29.자.

43) 「레코―드 販賣店과 六百萬圓」, 『三千里』 제6권 제8호(1934. 8). 물론 이보다 훨씬 낮은 추정치도 있다. 김동환이 총독부에 가서 조사한 바에 따르면 연간 약 150만 장의 음반이 판매되며, 그 가운데 40만~50만 장이 조선소리반이라고 한다. 차이는 크지만 150만 장도 상당히 큰 수치임은 분명하다〔「人氣歌手 座談會」, 『三千里』 제8권 제1호(1936. 1)〕.

44) 異河潤(1933), 「流行歌 作詞問題 一考(上)」, 『東亞日報』(1933. 9. 22.자).

Ⅳ. 취향들의 긴장과 유행들의 혼종

다양한 세대, 지역, 성별, 계급 · 계층의 대중이 이 시기의 대중문화를 향유했다고 하더라도, 대중문화의 컨텐츠를 수용하는 방식과 태도에서는 차이가 있을 수밖에 없었고, 이는 대중문화의 장 속에서 적지 않은 긴장을 빚어내고 있었다. 이 긴장을 집약해 주는 두 단어가 취향과 유행이다. 취향이 공시적으로 그것을 공유하는 사람 · 집단 간의 공통의 정서 · 공감대 · 연대감을 반영한다면, 유행은 통시적 축 위에서 취향의 변화를 포착하고 특징짓는 용어라고 할 수 있다. 이런 점에서 역설적이지만 유행의 존재는 취향의 강력함, 전염성과 동시에 취약성을 드러낸다. 물론 유행의 변화 가운데에서도 집단이 공유하는 취향의 전체적 경향은 상대적으로 안정적인 경계를 형성하기도 하며, 때로는 취향을 공유하는 집단 간에 지속적인 긴장을 초래하기도 한다. 따라서 취향과 유행은 절대적으로 구분되기보다는 상호 연관되고 갈등하는 역동적인 관계에 놓인다고 볼 수 있다.

1. 취향들의 출현과 긴장

대중문화가 형성되던 초기 1920년대에 취향을 가른 중요한 기준은 세대와 지역이라는 변수였다. 예컨대 나이 든 세대는 전통음악을 선호했고, 젊은 세대는 신식 유행가를 더 듣고 싶어 했다. 라디오나 음반에서 자기 고향의 민요를 듣고 싶으니, 서도 출신과 남도 출신들이 듣고 싶어하는 음악도 달랐다.[45] 청소년들은 연속영화 즉 시리즈영화를 선호했는데, 이는 연속영화들이 대개 범죄영화나 탐정영화이고 활극 요소가 많았다는 점에서 이해할 수 있는 현상이다. 연속영화의 인기는 청소년들을 영화관으로 유인하는 최고의 미끼였고, 영화관이 '불량소년의 양성기관'이라는 비난을 받게 만드

45) 장유정(2012), 『근대 대중가요의 매체와 문화』, 소명출판, 25쪽.

는 구실이 되었다.[46)]

1920년대 후반, 1930년대에 접어들면서 대중문화가 성장하고 사회적 영향력이 커지자 새로운 취향의 경계가 부상하기 시작했다. 고상한 문화 대 저속한 문화, 고급문화 대 저급문화 사이의 대립이었다. 영화에서는 '저급' 활극에 대해 '고급'문예극이, 음악에서는 유행가에 대해 서양 고전음악이나 재즈가 대비되었다. 초창기 영화시장에서는 어린 중학생들이나 좋아한다고 간주되던 서부활극이 주류를 이루었지만, 1920년대 후반부터는 정극이나 세계명작을 영화한 것, "적어도 근대사상을 담아 가미한 연애물" 같은 것이 인기를 끌게 되었고, 1930년대에 들어서는 독일영화나 사회극도 관심을 받게 되었다. 조선색이 짙은 영화들도 인기를 얻기 시작했다. "조선을 배경으로 하야 조선 냄새가 물쿤물쿤하는 조선영화의 그 가치를 인정할 만한 의식이 일반 '팬'들의 머리에 떠오르고 잇"었다.[47)]

서로에 대한 시각은 종종 적대적이었다. 고상한 문화는 곧잘 허세라고 비난받았다. "유성기판 하나를 사는데도 우리 조선 사람은커녕 서양 사람 자신들도 잘 이해하기 어렵다는 『빼—토벤』의 『월광곡』 같은 것을 찾는 것을 일종의 자랑으로 아는 대신에… 조선음악을 말하며 조선음률을 아는 것을 일종의 치욕으로 아는 듯한 표정을 하는 사람도 적지 않다"는 비판이 일었다."[48)]

저급문화를 비판하는 가장 큰 명분은 퇴폐성과 저속성이었다. 특히 유행가, 즉 트로트는 가장 지속적인 비판의 과녁이 되었다. 유행가란 대부분 극히 말초신경적이어서, "〈사랑하여 주세요〉, 〈울면서 갑니다〉 등속의 노래가 그의 전부라고 해도 과언이 아니"었다. 저속한 유행가가 가정에 미치는 영향을 눈감을 수 없다는 주장이 커져 갔다.[49)] 유행가의 말초성 · 저속성 · 야

46) 김승구(2012), 『식민지 조선의 또 다른 이름, 시네마천국』, 책과함께, 30-31쪽.

47) 「變遷도 形形色色 十年間流行娛樂,米國流活劇에서 深刻한 社會劇 발성영화도 팬들이 환영 映畵趣味의 變遷」, 『東亞日報』 1930. 4. 6.자.

48) 「노래 뒤에 숨은 설음(四)」, 『每日申報』 1930. 11. 28.자.

49) 「유행가 시비」, 『朝鮮日報』 1939. 9. 16.자.

비함은 대중문화가 지닌 상업적 속성 자체에서 유래하는 것으로 이해되었고, 문화의 대량생산과 과대광고는 지식인의 "항쟁"의 대상으로 간주되었다.[50] 언론사를 포함한 다양한 단체가 저속한 유행가의 가사를 정화하려는 목적으로 각종 현상공모전을 개최하였다.[51]

이 취향상의 대립은 기본적으로 지식계급과 민중 사이의 대립을 반영하고 있었다. 고전음악과 고급문예극을 사랑하는 지식인에게 시류에 따라 변화하는 유행의 산물인 대중문화는 말초적이고 야비하게 여겨졌다. 반면 대중의 관점에서 지식인의 고급 취향은 서양 사람들을 흉내 내는 허세에 불과했다.

2. 유행이라는 사실

바로 이 지점에서 취향과 유행이 구별되고 갈등 관계에 놓이게 된다. 취향은 유행과 달라서 유행을 좇는 것이 아니라 자신의 개성을 표현하는 것이어야 했다.

> 개성은 인류의 진화이며, 생활의 근저이며, 너희의 생명이니라. …너희는 스스로 너희의 개성을 속이지 말라. 개성은 항상 최고한 진리를 향하나니라. 너희는 너희의 개성의 하고저 하는 바를 제어치 말아라. …유행아가 되고저 하지 말아라(밑줄—인용자).[52]

유행은 자신의 개성으로부터가 아니라, 우리 내부로부터가 아니라, 도쿄·뉴욕·파리로부터 밀려오고 있었다. 유행에 대한 부박한 추종은 자신을 잃는 것이었고, 나아가 민족을 잃는 것이었다.

50) 「사설 레코드와 流行歌謠 그 淨化를 期하자」, 『東亞日報』 1934. 4. 23.자.
51) 장유정(2006), 앞의 책, 141-143쪽.
52) 金君玉(1920), 「流行兒들에게 드리는 忠言」, 『東亞日報』(1920. 5. 5.자).

하지만 식민지의 지식인은 상징시장에서 안정적인 헤게모니를 행사하는 데 근본적인 제약이 있었다. 유행 추종에 대한 비판과 내적 개성에 기반한 취향의 고취라는 명제는 자기모순적이었다. 무엇보다도 그들이 지향하는 이른바 고급취향 자체가 이미 서구문명에서 유래했다는 사실을 부정할 수 없었다. 그런데 그 서구문명의 특징이 바로 유행이었다. 유행은 문명의 엄연한 사실이었다. "유행을 교묘하게 따라가는 것이 문명인의 특징이다. 유행이라는 말이 이미 시비선악을 초월하여 있는 이상 별로이 그에 대한 비판을 시험해 볼 필요도 없을 것이다. …유행을 좇는 것은 문명인의 특권"이다.[53] 유행은 우리의 삶을 뒤흔들지만 동시에 그 유행이 우리의 문화와 일상생활 자체를 규정한다.[54] 이런 맥락에서 유행에 대한 지식인의 태도 역시 분화하게 된다. 유행은 세상의 본질이 되었다. 그것은 수리해야 할 사실이었고, 그래서 지향해야 할 당위가 되었다.

새해가 오고 보니 세상도 새로워진 듯하다. 뿐만 아니라 반드시 새로워져야만 할 것이다. …모든 것이 새로워지면 우리네의 일상생활도 또한 변하고 말 것이다. 그런다면 이 새해부터는 반드시 또 새로운 유행이 있게 될 것이다(밑줄 — 인용자).[55]

구체적으로 유행가에 대한 태도를 보자. 유행가란 "대중생활의 음악적 거울"이며, "유행가가 존재하는 사회적 기능도 결국 민중의 기분과 사상이 발표되는 데 있다." 유행가는 "음으로 표현된 민중의 감정이 가장 솔직하고 직감적으로 나타나는" 것이며, "음악적으로는 저급하다 치더라도 민중의 정신생활 위에 한 커다란 위안물로서의 큰 힘을 차지하고 있는 것"이다.[56] 일

53) 「文明人과 流行」, 『每日申報』 1927. 10. 22.자.

54) 「諷刺諧謔, 新流行豫想記 : 새해에 올 流行中의 한 가지」, 『別乾坤』 제11호(1928. 2), 94쪽.

55) 「流行幻想曲」, 『每日申報』 1931. 1. 7.자.

56) 김관(1939), 『家庭之友』.

본 도쿄에서 성악을 전공하고 귀국 후 당대 최고의 인기를 누리던 지식인 가수 채규엽의 생각을 들어 보자.

> 대개 과거의 유행가에 대한 소위 식자들의 관념은 이러하였다. "유행가라는 것은 퇴폐한 하류계급에서나 부를 것이며 사회를 멸망에 이끌며 또 민심을 속악(俗惡)으로 끄는 예술의 타락한 쓰레기니, 다만 해독(害毒)만 주는 아무 소용이며, 가치 없는 것이라"고…. 이 유행가곡이라는 것은 그 시대시대의 민중의 심리를 가장 여실히 묘사한 음악이다…. 대중도 그것을 욕구하고 있는 것이다. 여기에 유행가곡의 사회적 존재가치가 있는 것이다. …유행가곡은 일반 민중의 소유물이며… 나날이 달려가는 민중의 심리를 더 빨리빨리 붙잡아 음악적으로 가장 단순하게 평이하게 표현한 것이다. 그러나 아무리 단순하고 평이하더래도 그것이 그 당시당시의 민중의 희로애락의 정서를 가장 교묘하게 표현한 것이라고 볼 수 있다. 그럼으로 좋은 유행가(민심에 꼭 맞는 유행가)는 불후의 예술이오, 훌륭한 음악이라고도 할 수 있는 것이다(밑줄 — 인용자).[57]

유행의 추종이 '시대시대의, 당시당시의 민중의 심리를 더 빨리 붙잡는 것'을 의미한다면, 유행은 식민지 조선을 휘감고 있던 모던이라는 시대의 확고한 징표일 뿐만 아니라,[58] 동시에 동시대 민중·대중의 정서를 표현하는 불후의 예술이라는 것이다.

---

57) 蔡奎燁(1933), 「流行歌는 嘆息한다」, 『三千里』 제5권 제3호.

58) 하버마스는 모던하다는 수식어가 고대와의 관련이라는 역사적 관련성을 상실하고, 이전에 비해 '새롭다'거나 '현대적'이라는 의미를 완전히 획득한 것은 19세기 낭만주의를 거치면서 형성된 급진적인 모더니티 의식을 통해서였다고 말하고 있다. 예를 들어 진정으로 모던한 작품은 어떤 고전적 규범과도 무관하게 한때 진정으로 모던했다는 바로 그 이유로 고전이 된다는 것이다. 벤야민의 말처럼 대상들의 역사적 힘은 "오로지 새롭다는 사실에만 존재한다"〔피터 오스본(1993), 김경연 옮김, 「사회-역사적 범주로서의 모더니티 이해 : 차별적 역사적 시간의 변증법에 관한 각서」, 『이론』 1993년 여름호, 38쪽〕. 하버마스에 따르면 우리는 바로 이러한 유의 미학적 모더니티의 동시대인이다〔위르겐 하버마스(1993), 「모더니티 : 미완성의 기획」, 할 포스터 편, 윤호병 외 옮김, 『반미학 : 포스트모던 문화론』, 현대미학사〕.

3. 유행의 만연, 유행의 혼종

무수한 것들이 덧없이 변해 가던 일제하 식민지근대에서 유행은 새로운 것, 변하는 것, 요컨대 거의 모든 것을 아우르고 있었다. 당대의 신문기사 제목들이 알려 주듯 참으로 모든 것이 유행하고 있었다. 유행이라는 새로운 현상은 대중의 기호 · 취향 · 정서를 반영했고, 동시에 수시로 변화해 나갔다. 유행의 형성과 변화는 그 자체가 이미 대중적 취향의 쏠림과 분열, 다양화를 동시에 의미했다.

대중가요의 경우 트로트 유행가와 잡가, 신민요, 만요, 재즈송 등이 이 유행의 장에서 경합했다. 음반산업 성립 이후 1930년대 중 · 후반까지 대중가요 유행의 흐름을 곡종별로 살펴보면 대체로 민요를 포함한 전통가요-(영화해설)-유행가-신민요-신속요 등으로 이어진다.[59)]

물론 이 유행의 흐름 저변에는 조선이 세계체계에서 차지하는 식민지라는 구조적 지위가 작동하고 있었다. 식민지 조선의 유행의 흐름에는 일본과 서구로부터 들어오는 외래의 영향이 중요했다. 태평레코드의 문예부장 민효식은 '전통적인 것'으로 보이는 신민요가 크게 유행하고 있던 1936년 시점에 "半島의 레코—드界는 언제던지 東京방면의 유행을 그냥 그대로 곳 받어드리고 잇슴은 非但 이 레코—드 문화뿐만이 아닌 줄로 압니다"라고 말하고 있다. 영화해설이나 유행가는 물론 따지고 보면 "『新民謠』 역시 東京방면의 고전풍에 따라서 우리도 우리의 옛것을 다시금 음미하여 보고 캐내여 다시금 불러 보리라는 데서 나타난 현상"이라고 보았다. "새해부터는 東京방면에서 가장 만히 지금 유행의 중심점을 이루고 잇는 짜—즈盤이 유행될 것을 미리 예측하고도 남음이 잇을 것"이라는 게 민효식의 예상인데, 이는 1930년대 후반 재즈송의 유행으로 실현되었다.[60)] 재즈송의 경우에서 보듯 "동경방

---

59) 이소영(2009), 「'조선적인 것'의 음악적 표상 : '비빔밥식 노래'」, 『낭만음악』 제22권 제1호, 133쪽.

60) 「新春에는 엇든 노래 流行할가」, 『三千里』 제8권 제2호(1936. 2), 128쪽.

면"의 유행은 그 자체가 혼종적인 경우가 많았다. 신민요 역시 그 선법은 서양음악에 기초하였다.

영화의 경우에는 서구의 영향이 두드러져서 할리우드영화의 인기가 식민지기를 내내 지배하였다. 그 가운데에서도 변화를 살펴보자면, 1910년대에 본격화된 할리우드 연속활극의 인기가 1920년대 초·중반을 거치 할리우드 멜로드라마로 옮겨 갔고, 코미디장르는 꾸준한 인기를 얻었으며, 1926년 〈아리랑〉의 공전의 히트 이후에는 조선색 짙은 영화들이 간간히 식민지 대중의 마음을 울렸다.

대중문화가 특정 시기 대중의 취향과 감수성을 반영한다면, 이토록 다양하고 심지어 대조적 취향들의 경합과 유행들의 빠른 부침은 이 시기 대중문화의 수용자이자 주체인 대중 자체의 극도의 혼종성을 보여 준다고 해야 할 것이다. 물론 이 유행의 혼종 와중에도 가장 견고하게 지속된 '쏠림'은 트로트가요, 즉 유행가와 영화감독 김유영이 '조선영화 고유의 암류'라고 표현한[61] 신파 정서였다.

V. 혼종적 대중 : 팬과 스타의 부상

1. 팬, 스타에 열광하다

대중문화의 성장과 함께 스타가 출현했다. 당연한 말이지만, 그것은 팬이라는 존재의 출현과 맞물렸다. "'팬'은 새로운 문화를 소비하고 싶은 대중의 욕망이 응축된 대표적인 어휘였다."[62] 스타를 주인공으로 삼는 문화상품의

61) 이영재(2008), 『제국 일본의 조선영화 : 식민지 말의 반도 : 협력의 심정, 제도, 논리』, 현실문화, 112쪽.

62) 김윤희(2010), 「한국 근대 新語 연구(1920년~1936년) : 일상·문화적 맥락을 중심으로」, 『국어사연구』 제11호, 55쪽.

소비에는 일반적인 문화상품의 향유와는 다른 구석이 있었다. 팬은 스타에 열광하고, 스타와 열애를 꿈꾸며, 스타의 성공과 실패를 자신의 삶과 동일시했다. 다시 말하면 스타를 소비함으로써 팬은 새로운 시대를 배경으로 자신의 삶을 극화할 수 있었다. 스타가 선 무대가 자신의 삶이었다.

〈타향살이〉의 히트로 1930년대 최고의 인기가수 중 한 명이 된 고복수는 "지방에 순회를 가게 되면 으레 무대에서만 『대통령』"이 되었다. 〈목포의 눈물〉로 역시 최고봉에 오른 이난영은 "花壇의 거의 王座를 찾이한 牧丹" 이었다.[63] 인기스타가 나오는 공연에는 라디오 예술가들의 얼굴을 보기 위해 관객이 인산인해를 이루었고, 못 보고 돌아가는 사람이 수천 명을 헤아렸다.[64]

새롭게 출현한 팬들은 수동적인 감상자에 그치지 않고 적극적인 의견표명자로 나서기도 했다. 라디오 청취자들은 청취자 조사에 응하고, 때로는 스스로 투서를 보내면서 적극적으로 자신의 의견을 제시하고 때에 따라서는 열띤 논쟁을 벌이기도 했다.[65] 팬들은 유성기 음반회사에서 주관한 '유행가 현상공모'나 '레코드 인기가수 투표' 등에 대거 참여하여 대중음악을 위시한 음반 전반에 대해 자신들의 관심과 입장을 적극적으로 표명하였다.[66]

스타에 대한 동경은 이성 스타에 대한 사랑의 감정으로도 곧잘 표출되었다. 스타들에게는 이성팬들로부터 러브레터가 쏟아졌다. 역시 1930년대 최고 인기가수 중 한 명이던 남인수에게는 "아츰마다 창문을 열면 추녀 밑에 수없는 큐피트의 화살이 날너와 꼽힌다는 소식"이었고,[67] 미남이라고는 할 수 없던 나운규 또한 "러부레타"나 "어데서 맛나자는 간곡한 편지"를 많이

63) 「當代人氣 스타, 羅雲奎氏의 對答은 이러함니다」, 『三千里』 제8권 제4호(1936. 4), 160쪽.

64) 「拍手와 歡呼로 始終한 大衆演藝의 밤 第一夜 殺到한 大觀衆으로 人山人海 府民舘開設以來의 初有事」, 『每日申報』 1938. 2. 23.자.

65) 장유정(2012), 앞의 책, 25쪽.

66) 장유정(2006), 앞의 책, 141-153쪽.

67) 「大衆演藝大會(本社學藝部 主催) : 滿都의 人氣爆發點에 天艶의 彩色舞臺 우에 花形歌手들의 交響樂 明夜에 開演될 歌謠祭」, 『東亞日報』 1938. 4. 21.자.

받았다.[68] 남성팬들도 열광적이기는 마찬가지였다. 미쓰 리갈이라는 예명으로 데뷔해서 인기를 얻은 가수 장옥조는 "『팬 · 렛터ー』는 구애 편지가 대부분"이라고 말했다.[69] 〈꼿을 잡고〉로 공전의 히트를 기록한 선우일선의 남자팬 중에는 자기 사진을 보내면서 선우일선의 사진을 보내 달라는 이들도 있었고, 심지어 매일 밤 담을 넘어와 선우일선의 노래를 휘파람으로 부는 이도 있었다.[70]

스타의 사생활에 대한 열광은 이상하지만 일상적인 현상이 되었다. "팬의 심리란 이상한 것이어서 자기가 좋아하는 배우의 일거일동에 대하야 모조리 알고 싶을 뿐 아니라… 비팬들은 저런 진문을 보고 『먹구서 할 일도 없나베』 하겟지마는 이것은 팬의 심리를 모르는 일종의 虛○言(해독 불가)"인 것이다."[71]

2. 욕망하는 대중, 통제하는 권력

그렇다면 도대체 왜 대중은 배우들에게 열광했을까? 한 해석을 들어 보자.

> 그러면 대체 무엇이 영화의 매력이냐… 50전 혹은 30~40전으로 세 시간 동안 어여쁜 여배우의 교태와 소름끼치는 자극과 노래와 음악과 춤을 실컷 맛보고 게다가 서양 원판 예술을 풍성하게 감상할 수 있으니까, 여기에서 더 바랄 것이 없다. …돌이켜 생각하면 그들 배우들이란 결국 관중의 돈으로 생활하는 일종 피보증자인 까닭에 관중의 코가 높아 갈 수밖에 없다. 지난날에 메리 픽포드가 '세

68) 「當代人氣 스타, 羅雲奎氏의 對答은 이러함니다」, 『三千里』 제8권 제4호(1936. 4), 160쪽.

69) 「流行歌手 푸로필(5) 覆面의 女歌手로 『떼뷰』하야 人氣沸騰 蔣玉祥孃」, 『每日申報』 1937. 4. 15.자.

70) 「鮮于一扇과 崔南鏞 : 流行歌에 對한 一問一答」, 『三千里』 제10권 제8호(1938. 8), 149쪽.

71) 「映畫「팬」의 珍問(行餘人)」, 『東亞日報』 1936. 7. 5.자.

계의 애인'이었던 것도 무리가 아니다. 즉 세계의 관중은 누구나 메리의 애인 될 자격이 있는 셈이다. '메리'뿐이 아니라 '가르보'도 '웨스트'도 '디트리히'도 다 애인이 될 수 있다(밑줄— 인용자).[72]

대중은 영화라는 꿈의 세계 속에서 아름답거나 잘생긴 주인공을 자신의 애인으로 삼을 수 있었다. 세계 최고의 미남미녀와 사랑을 꿈꿀 수 있는 환상의 공간이 영화였고, 배우는 만인의 애인이 되었다. 대중문화 속에서 대중은 주인공이 된다는 느낌을 받을 수 있었다.

그래서 스타의 결혼은 때로 대중에게 충격을 안겨 주었다. 〈아리랑〉에서 남주인공의 여동생 역으로 스타가 된 신일선의 사례는 흥미롭다. 16세에 불과한 그녀가 결혼한다는 소문이 퍼지자 『매일신보』 기자가 직접 그녀의 집을 찾아가 인터뷰를 한다. 신일선의 결혼은 자신에게는 경사스런 일이지만 "그의 재조를 사랑하든 『키네마 팬』들에게는 다시 없는 비보가 되는 것"이고, "영화계의 공유로 있던 우리 신일선 양이 어느 일개 청년의 사유물로 되어 버리는 것"이었다. 스타의 결혼 앞에서 "『키네마 팬』들이 일종 피해자격"으로 된다는 것이다.[73]

스타에 대한 동경, 열광은 일상의 통념상 쉽게 표현할 수 없는 금지된 욕망을 드러내는 통로이기도 했다. 1930년대 후반 이난영의 인기를 뛰어넘는다는 평가를 받던 가수 장세정(張世貞)이 화형가희(花形歌姬)로서 인기를 얻은 요인에는 "대동강의 청조(靑鳥), 능라도 늘어진 버들처럼 델리케이트한 그의 몸매"가 있었다.[74] 무용가 최승희는 "조선 사람은 나의 예술을 숭상하는 것보다 나의 육체를 구경하는 것이 한 자미"라고 불편한 감정을 토로했다. 민중은 최승희의 예술을 찬미하기보다는 "벌거벗고 춤춘다는 것"에 호

72) 夏蘇(1937), 「映畫街 白面相」, 『朝光』(1937. 12), 232쪽.

73) 「映畵界의 悲劇 申一仙孃의 約婚 팬제군에게 졔일회 보고」, 『每日申報』 1927. 8. 6.자.

74) 「大衆演藝大會(本社學藝部 主催 : 滿都의 人氣爆發點에 夭艶의 彩色舞臺 우에 花形歌手들의 交響樂 明夜에 開演될 歌謠祭」, 『東亞日報』 1938. 4. 21.자.

기심을 느꼈다.[75)]

외국영화, 특히 러브신은 이 "야비한 욕망", 원초적 욕망의 탈출구였다. "화면의 남녀"가 "포옹에 취하"면, "『으흥, 응』의 신음하는 소리가 관객석 한편에서 솟아낫다. 『망할 것들』 하는 크지 못한 소리가 이에 응하얏다. …그들의 얼굴은 모다 흥분되어 뵈엇다."[76)] 사실은 극장의 화면만이 아니라 극장 자체가 욕망의 은밀한 해방구였다. 어떤 이들은 일부러 부인석으로 가서 앉았고, 영화 구경보다 옆에 앉은 부인 구경에 더 몰두하였다.[77)]

금지된 욕망의 표출은 자연스레 도덕적 일탈과 연결되었다. 극장은 곧잘 미성년자들의 탈선 장소로 비난받았다. 학생들이 "공부의 눈보다 연애의 눈이 먼저 띄운" 시절이라 "소학생까지도 그저 사랑— 사랑— 하고 남녀학생 간에 편지질을 하"던 시절이었다.[78)] 학교들은 학생들의 풍기를 취체한다는 명목으로 극장 출입을 단속했다. 1940년 종로경찰서가 관할 우미관과 대륙극장에 대해 조사를 실시한 바에 따르면 관객의 12퍼센트 정도가 미성년자였다. 총력전체제 아래 조선영화령 제51조에 의해 1941년 1월 1일부터 14세 미만 미성년자의 극장 출입이 금지되었다.[79)]

배우나 가수의 화려한 생활에 대한 대중의 동경을 이용한 사기행각도 곧잘 일어났다. 남자배우가 "배우에 대한 시골처녀의 허영적 동경을 악용하야 부모의 허락 없이 어린 시골처녀를 유괴", 결혼하려다가 체포된 일도 있었다. "극단 여배우의 호화로운 생활과 시골처녀의 아이 보기 생활과를 비교하여 가며 감언으로" 꾀었던 것이다.[80)]

---

75) 「流行幻想曲 藝術보다도 肉躰 에로的歌舞劇」, 『每日申報』 1931. 1. 9.자.

76) SK생(1929), 「러브씬과 관객」, 『東亞日報』(1929. 4. 7.자).

77) 「가뎡평론 우리도 교양잇는 관객과 청중이 되자」, 『中外日報』 1929. 11. 10.자.

78) 「新流行! 怪流行!」, 『別乾坤』 제16 · 17호(1928. 12), 151쪽.

79) 「未成年者映畵팬 두劇場客의一割三分 映畵令實施 압두고 鍾路署調査」, 『每日申報』 1940. 8. 10.자.

80) 「俳優生活憧憬하는 시골 處女를 誘引, 남배우 외 一명 결혼 유인죄로 新義州法院公判廻附」, 『東亞日報』 1934. 10. 17.자.

식민권력의 입장에서 에로티즘을 경유한 "대중의 야비한 욕망"과 도덕적 일탈이 범람하는 것은 통제해야 할 사회문제였다. 이를 잘 보여 주는 지표가 검열이다. 특히 외국 수입영화가 풍속문란에 저촉된 것이 많았다. 추세로 보면 공안 위반이 해마다 줄어드는 반면, 풍속 위반은 해마다 증가했다. 1933년 4월부터 1934년 2월까지 총독부 경무국 영화검열계의 단속 실적에 따르면 공안 관련으로 검열된 컷이 525.98미터, 풍속 관련으로 검열된 컷이 1,117.73미터로 풍속 관련이 두 배 이상 많았다. 영화제작자들은 "대중의 이야비한 욕망을 만족식히고자" 풍속괴란에 이르는 에로영화 제작과 수입에 열을 올렸다.[81)]

1937년 중일전쟁의 발발 이후 제국일본 · 식민권력의 대중문화에 대한 억제가 본격화되었다. 대미 · 대서구 관계가 악화되자 일본정부는 위체관리법을 이용하여 1937년 9월부로 미국을 포함한 서구영화의 수입을 금지하였다. 하지만 금지는 쉽지 않았다. 영화팬과 업자들이 모두 반발하자 1938년 7월부터 이 조치를 제한적으로 완화했다. 신문들은 "영화 '팬'들을 웃기고 울릴 대망의 새로운 미국 영화가 착착 들어올 모양"이라며 영화팬들에게 희소식을 전하고 있다.[82)]

총력전체제 돌입에도 불구하고, 대중문화에 대한 대중의 욕구는 줄어들기는커녕 오히려 증폭하고 있었다. "총후 국민으로서 더욱 자숙자계하여야 할 터인데 불구하고 경무국 조사에 의하면 최근… 흥행가를 출입하는 남녀가 격증하였다."[83)] 사람들은 비상시국의 자숙자계 분위기 따위는 아랑곳하지도 않고 "극장과 영화구경들도 끔직이 다녓다."[84)] 영화령이 실시되고 상영통제

81) 「대중매체에 비초인 대중의 艶情傾向, 이런 것이라야 흥행이 잘된다」, 『每日申報』 1934. 5. 16.자.

82) 「洋畵"팬"들 깃버하라 映畵輸入을 緩和 산업문화 등 시국에 적당한 것 七月부터 解禁方針」, 『每日申報』 1938. 6. 8.자 ; 「映畫 『팬』에 喜消息, 양화를 수입하기로」, 『東亞日報』 1938. 10. 24.자.

83) 「興行街의 脫線 昨年入場者 千八百萬 그 中 映畫팬이 七割餘」, 『東亞日報』 1939. 8. 18.자.

84) 「귀염밧는 映畫, 觀客千四百萬名 突破」, 『每日申報』 1939. 8. 27.자.

가 본격화된 1941년에도 오락강행군들은 극장 앞에서 장사진을 치고 꼬리가 대로까지 뻗쳐 갔다.[85)]

대중음악 또한 마찬가지였다. "총후의 국민이 다갓치 국민정신총동원운동에 매진하면서 미증유의 비상시국을 극복하려고 노력"해야 할 때에, 악기점들은 국민정신총동원의 취지를 잊고서 점두의 라우드 스피커로 군가는커녕 퇴폐적인 유행가만 틀어대고 있었다. 당국의 여러 차례 주의에도 아랑곳하지 않았다.[86)] 휘날리는 총력전체제의 깃발 아래에서 사람들은 대중문화의 쾌락 속으로 심취해 갔다.

에로티즘과 도덕적 일탈의 범람, 그리고 그에 대한 식민권력의 대응, 통제 속에는 제국일본의 문화권력 자체가 지닌 내적 모순·균열이 존재했다. 안석영은 전시의 엄중한 시국에 조선에서 벌어지고 있는 배우이자 가수 이향란(리샹란)에 대한 열광을 그녀의 "에로티슴이 일반 가정에까지 침투되여 그 가정의 분위기에까지 밋치는" 현상으로 파악한 바 있다. 그것은 "저속한 대중의 감정에 호소하는 매력!"이었다.[87)] 하지만 주지하다시피 리샹란은 만주영화협회가 대륙 침략을 위해 전략적으로 기획하고 성장시킨 제국일본의 작품이었다.[88)]

---

85) 安夕影(1941), 「映畵街의 頹廢風景 : 大衆의 卑俗한 趣味를 排擊」, 『每日申報』(1941. 3. 6.자).

86) 「低劣한 流行歌 店頭放送團束」, 『每日申報』 1938. 8. 10.자.

87) 安夕影(1941), 「映畵街의頹廢風景 : 大衆의 卑俗한 趣味를 排擊」, 『每日申報』(1941. 3. 6.자).

88) 영화배우이자 가수인 리샹란(본명 야마구치 요시코)은 만주영화협회가 대륙 침략 이데올로기의 선전을 위해 의식적으로 발굴·성장시킨 당대 동아시아 최고의 대중스타였다. 리샹란과 그녀의 작품, 의미 등에 대해서는 다음을 참조[장동천(2008), 「리샹란 영화가 투사한 제국의 환영 : '대륙 3부작'에 대한 반향을 중심으로」, 『중국현대문학』 제46호].

3. 약자의 서사와 공감의 확장

팬들은 스타에게 편지를 보내고, 공연장을 찾고, 만남을 원하고 심지어 스토킹을 하거나 폭력을 행사하는 경우가 있었다. 그럼에도 불구하고 스타들은 팬을 원했다. 그것은 단순한 인기나 숭배자에 대한 갈망만은 아니었다. 스타와 대중 사이에는 어떤 '진정성'의 상호작용이 형성되어 있었다. 1930년대 후반 연극계의 스타였던 배우 지경순은 그동안 공연했던 연극 중 가장 기억에 남는 것으로 〈비련초(悲戀草)〉라는 작품을 꼽으면서 이렇게 말했다.

> 〈비련초〉라는 것은 신통한 내용이라고는 할 수 없지만은 현실에 있어서나 어느 때나 몰리우고 학대 받고 못나게 천대받다가 죽는 것은 여성인데 그 연극만은 못난이의 남자, 심술쟁이의 남자, 욕심꾸러기의 남자, 체면 모르는 남자를 여자 한 사람―즉 적은 처녀의 한 몸으로 이런 덜된 남자들을 완전히 정복하고 자기의 사랑하는 애인과 행복하게 지낸다는 것이였읍니다. 이 연극을 하고 나서 남자 분네들의 환영보다 여자 분네의 갈채를 많이 받은 것만은 사실입니다. 연극을 하는 중에 관중 속에 소리를 지르는 이가 있었으니까요. 그 소리가 여자의 소리일 적엔 제 마음도 옥으라지는 듯이 소름이 쪽 끼치도록 즐거웠습니다(밑줄― 인용자).[89]

대중문화와 유행의 세계에서 여성은 대개 비난의 과녁이 되는 일이 많았다. 예컨대 패션의 근대화는 여성의 것으로 논의되었고 비난의 대상이 되었다.[90] 이 서러운 세계에서 여성스타와 여성팬의 교감은 "소름이 쪽 끼치도록 즐거"운 사건이었다. 비극배우 이경설(李景雪) 또한 "부인석에 눈물의 홍수를 내게 한" 위력으로 유명했다.[91]

---

89) 「스타―의 告白 : 靑春座의 스타― 池京順 孃 : 카추사를 해보고 십답니다」, 『三千里』 제10권 제8호(1938. 8), 168쪽.

90) 소영현(2008), 『부랑청년 전성시대 : 근대 청년의 문화 풍경』, 푸른역사, 16쪽.

91) 「劇壇의 寵兒와 빗나는 明星들 그들의 생활은 어써한가? 舞臺스타― 巡訪記(一)」,

물론 이 교감이 늘 성별 경계에 갇히지는 않았다. 스타와 자신이 공유하는 어떤 약자의 지위를 인식함으로써 팬은 자신이 억눌린 현실을 직시하고 슬퍼하며 때로 기뻐했다. 거기에는 대중문화가 가진 동일화원리만으로는 설명하기 어려운 다른 차원이 존재했다. 식민지 주민들은 대개 "현실을 부정할 수도 없고 자기가 속한 곳에 일체감을 갖기도 어려운 주변인적 의식"을 공유하고 있었다.[92] 팬들은 물론 빛나는 스타조차 이 서러운 처지를 벗어나기는 어려웠다.

선우일선의 〈꽃을 잡고〉를 작사한 김안서는 작사 과정을 돌이키며, "지나간 옛일을 돌아볼 때의 서러운 심정은 누구라서 가엾다 하지 안을 수가 있읍니까"하고 묻는다. 〈타향살이〉의 작사가 김능인은 작사 당시를 회고하며, "漂泊생활 11년째 되는 가을", 낙엽이 떨어지는 황혼의 여관방 창가에서 "까닭 없이 눈물이 흘러 옷깃을 적시"다가 노래를 지었다고 말한다. 그래서 〈타향살이〉는 미문묘구(美文妙句) 따위가 전혀 없는, "솔직한 고백"이 되었다. 작곡가 손목인(孫牧人)도 마찬가지였다. "너! 나! 할 것 없이 집이 있어도 있는 것 같지 안은 우리네에 신세! …몇 날 동안 우는 마음으로 작곡한 것입니다."[93]

이 시기 대중연예인의 삶은 거리의 삶, 유랑의 삶이었다. "어제도 기차를 타고 오늘도 기차를 타고 또 내일도 기차를 타"는 인생이었다. 청춘좌 배우 복원규는 "기차 객실에서 늙었"다. 그들은 외로웠고, "사방 여섯 자가 못 되는 이 옹색한 여관 방에서… 작구 외로움을 사랑하는 습성을 배"워야 했다.[94] 〈아리랑〉으로 절정의 인기에 오른 나운규는 잡지 『삼천리』와의 인터

『每日申報』 1931. 6. 14.자.

92) 김영근(2000), 「일제하 식민지적 근대성의 한 특징 : 경성에서의 도시 경험을 중심으로」, 『사회와 역사』 제57권, 14쪽.

93) 「「거리의 꾀꼬리」인 十大歌手를 내보낸 作曲·作詞者의 苦心記」, 『三千里』 제7권 제10호(1935. 11), 153쪽, 157쪽.

94) 「俳優手記, 朝鮮代表劇團 綜合版」, 『三千里』 제13권 제3호(1941. 3), 188쪽, 197쪽, 206쪽.

뷰에서 무거운 역, 침울한 역이 가장 좋다고 대답했다.[95)]

화려한 스타들조차 슬프고 고달펐다. 대중은 스타를 동경했지만, 동경은 아픔에 대한 공감을 동반하는 것이었다. 스타의 스캔들에는 비난이 일었지만, 비난의 이면에는 서러운 공감이 깔려 있었다. 결혼 소식으로 뭇 남성팬의 마음을 아프게 했던 〈아리랑〉의 스타 신일선은 결혼했다가 연예계로 복귀했지만, 예전의 인기를 회복하지 못하고 끝내 한양권번의 기생이 되었다. "천분을 은막에서 발휘치 못하고 이리저리 천전하는 것을 일반 '팬'들은 애석하게" 여겼다.[96)]

〈황성의 적〉으로 유명한 가수 이애리수는 연희전문 학생 배동필과의 동반 정사(情死) 시도로 큰 스캔들을 일으켰다.[97)] 배동필의 아버지는 철이 없어도 분수가 있지, 하며 이들을 비난했다.[98)] 연희 전문 학감 유억겸은 크리스천 학교인 점을 감안하면 일반사회에 미안한 일이기는 한데, "남자가 미혼자인즉… 결혼하야 살 수도 잇슬 것 아닙니가? … 녀배우인들 무슨 상관이 잇겟습니가?" 하며 항변했다.[99)] 이애리수는 정사 직전 『매일신보』가 주최한 직업여성좌담회에 참석, 이런 발언을 남겼다. 이전의 동료 남성이 보성전문에 다니게 되자 학생이 배우나 유행가수 같은 여자와는 인사할 수 없다며 인사를 해도 받아 주지 않는다는 것이다.[100)] 이애리수의 가장 친한 동무 이경설은 이 비극을 안타까워하며 여배우의 애환을 한탄했다. "우리의 생활을 세상에서는 넘우나 방종한 생활로만 알기 때문에 진정한 사랑을 하지 못할 줄 알지만 사실은 세상에 쓰라린 경험이 만허서 진실한 인간미를

---

95) 「當代人氣 스타, 羅雲奎氏의 對答은 이러합니다」, 『三千里』 제8권 제4호(1936. 4), 158쪽.

96) 「昔日의 人氣스타 : 申一仙 花柳界로 轉向」, 『每日申報』 1937. 2. 2.자.

97) 春郎生(1933), 「李愛利秀의 情死騷動, 빅타專屬 流行歌手 李愛利秀, 劇團의 名花이든 李愛利秀」, 『別乾坤』 제60호, 14쪽.

98) 「지각이 업서도 분수가 잇지 죽을 것이 무엇이란 말이요」, 『每日申報』 1933. 1. 10.자.

99) 「開學日 學園에 큼직한 投石, 이곳저곳에서 수군수군들」, 『每日申報』 1933. 1. 10.자.

100) 「座談會席上의 李孃의 한 말, 긔히하게도 오늘 이 참변과 因緣이 잇섯던 듯」, 『每日申報』 1933. 1. 10.자.

알기 때문에 자기 자신으로 그이가 조은 이라고만 밋게 되면 엇더한 모험의 일이라도 주저치 안코 실행하고 맙니다."[101] 스타는 동경의 대상이자 경멸의 대상이었다. 특히 남성적 욕망의 대상으로서 여성스타에 대한 시선에는 그런 이중성이 더욱 극명했다. 『별건곤』 제16 · 17 합본호에는 기자가 여배우 지망자로 위장, 면접에 응하는 장면이 나온다.

> "저는 제일 무서운 것이 여배우라면 사회에서 아조 천하고 쌍스럽고 더러운 여자로 생각하는 것이야요."
>
> "그러치요. 그것이 큰 문제임니다. 그래서 우리들은 土○會(해독불가 — 인용자)를 처음 시작할 때부터 전과 달리 힘을 써서 女優選擇에 힘을 쓰노라고 인물보다도 품격을 먼저 봅니다."[102]

긍정적이든 부정적이든 스타의 스토리는 대중에게 개인적인 시련과 고난, 그 극복의 서사로 받아들여졌다. 이 시기 대중연예인 절대다수가 가난 속에 성장하여 가족의 반대와 시대의 시련을 뚫고 성공했다. 스타의 성공스토리는 대중의 가슴에 희망의 서사를 제공했다. 그들은 "모든 반대를 무릅쓰면서 이 길을 밟엇"고,[103] "부모와 학교와 사랑도 던저 바리고… 명성이 되얏다."[104] 시련을 극복하는 그들의 스토리는 개인적 성공의 서사였지만, 동시대 약자들의 희망의 서사이기도 했다.

---

101) 「그의 性格上 잇슴직한 일, 李景雪孃談」, 『每日申報』 1933. 1. 10.자.

102) 白시라(1928), 「婦人記者暗行記, 村에서 逃亡온 여자로 꾸미고 女俳優募集에 試驗본 記, 女優選擇의 珍奇한 試驗」, 『別乾坤』 제16 · 17호, 116쪽.

103) 「희망에 넘치는 그들의 전도 만흔동지를 구한다 : 舞臺스타 : 巡訪記(九)」, 『每日申報』 1931. 6. 26.자.

104) 「朝鮮女俳優 얼골 아룻키기 入賞者發表 적즁자즁에서 다시 추첨을 하야 상준다」, 『每日申報』 1926. 9. 26.자.

4. 텍스트 바깥으로 : 대중의 행동

일제 식민지기의 대중문화 속에서 대중이 약자의 서사를 공유하면서 정서적 집합체가 되어 갔던 데에는 당대 공연문화 내외부에 존재한 독특한 공연양식과 식민지적 억압이라는 변수를 고려해야 한다. 공연문화 내부의 측면에서는 오랫동안 무성영화가 지배적이던 상황에서 장면을 해설해 주는 변사의 존재가 주목된다. 변사들은 원래 대본에 존재하지 않는 새로운 대사의 첨가와 제스처, 감정 표현 등을 통해 영화라는 텍스트를 재창조해 냈다. 변사의 존재는 영화 관람을 어둠 속에서의 개별적 관람이 아니라 변사와 소통하는 집합적 체험으로 만들어 냈다.

> 변사가 전성이었던 시절에는 관중도 지금 관중과 달라 좀 광폭한 편이어서 사진이 흐리거나 잘못되면 '이층이다' 하고 떠들고, 변사가 서투르면 '변사 집어내라' 소리가 장내를 흔들었다. 한번은 사진이 워낙 헐은지라… 잘 보이지 않으니까 관중 속에서 '야아 사진 떤다!'고 고성을 치니 변사군 대왈 '동지가 지냈으니 사진도 떱니다' 하였다.[105)]

변사들은 관객들과 호흡하기 위해 아예 없는 말도 그럴듯하게 창작하여 집어넣어서 더 한층 갈채를 받았고, 존이나 메리를 김 서방, 박 서방, 빵덕어멈 따위로 바꾸기도 했다.[106)] 변사만큼이나 관객들도 매우 적극적이었다. 공연이 어설프면 곧잘 항의와 소동을 일으켜 경찰이 출동해서 진압해야 했다.[107)] 필름 상태가 나쁘다고 소동을 일으켜서 경찰이 출동하기도 했다.[108)] 변사가 마음에 안 들면 관객들은 변사에게 '야지'를 했고, 임석경관은 그런

---

105) 夏蘇(1937), 앞의 글, 236-237쪽.

106) 유홍태(1938), 「인가변사 서상호 자살사건의 전말」, 『朝光』(1938. 10), 122-123쪽.

107) 「인치기 劇團 서울舞臺 공연 중에 大騷動」, 『每日申報』 1933. 10. 6.자.

108) 「活動寫眞觀客騷動, 우미관에서 사진이 낫부다고」, 『東亞日報』 1923. 5. 11.자.

관객을 구타하기도 했다.[109] 한마디로 극장은 소란스런 곳이었다.

변사의 텍스트 재해석을 통해서 관중이 집합적인 민족적 정서 공동체로 전화하기도 했다. 그리피스의 1920년 작품 〈동도(Way Down East)〉가 1923년 서울에서 개봉했을 때 상황은 매우 흥미롭다. 이 영화는 크게 히트했다. 나아가 연속활극영화가 지배하던 조선의 영화계 지형을 흔들고 고급문예물, 명화의 시대를 연 걸작이다.

변사이자 영화감독, 시나리오 작가, 작사가인 김영환과 카프의 작가이자 이론가, 기자인 김기진은 가장 통쾌했던 경험으로 영화 〈동도〉 해설을 꼽는다. 김영환은 지방순회를 다닐 때 몇 번이나 "憤哉!, 痛哉!, 嗚呼!, 哀哉!"를 읊조렸고, 관객들 또한 함께 연호했다고 회고한다. 특이한 점은 이들이 특히 통쾌감을 느꼈다는 장면이 실제 영화 흐름상의 클라이맥스와는 무관했다는 데 있다. 대중은 김영환이 창작한 반항의 대사에 절정의 환호를 느꼈다. 변사가 창작한 이 대사는 식민지 주민인 자신과 관객이 하고 싶고 듣고 싶은 말이었다. 식민지인들은 〈동도〉의 등장인물들을 제국주의 일본과 식민지 조선 간의 대립구도로 전치하였다. "억압받던 약자가 히스테리컬하게 반항의 소리를 내지르고 돌발적 폭행이 일어날 때 통쾌하"다는 심정이었던 것이다.[110]

일제 식민지기 최대의 히트영화인 〈아리랑〉 또한 이런 '텍스트 외부성'에 의한 오도된 혹은 의도된 수용이라는 점에서 주목할 만하다. 김려실에 따르면 검열을 거쳐 제작된 〈아리랑〉은 텍스트상으로는 결코 항일영화가 아니지만, '의도된 모호성'과 관객과 변사의 능동적인 상호작용을 거치면서 관객, 나아가 조선인 민중에게 항일영화로 해석될 수 있었다. 영화에서 주인공 영진은 단순한 광인이었지만, 조선인 관객들은 그가 3 · 1만세운동에 참여했다 고문을 받아 미친 것으로 해석했다. 영화 〈아리랑〉은 수많은 변종의, 더 급

---

109) 「지방단평」, 『東亞日報』 1925. 10. 27.자.

110) 유선영(2014), 「할리우드 멜로드라마, 『동도(東道)』의 식민지적 영화 경험」, 연구모임 시네마바벨, 『조선영화와 할리우드』, 소명출판.

진적인 아리랑들을 낳았다. 상영을 거듭하면서 형성된 암묵적 해석의 지평을 경과하며 〈아리랑〉에 대한 평가는 "농촌을 배경으로 한 멜로드라마"에서 "조선의 현실을 사실적으로 그린 수작"으로 변모하였다.111)·112)

유행가 또한 이 점에서는 마찬가지였다. 이난영의 〈목포의 눈물〉은 원래 1935년 『조선일보』의 제1회 향토찬가 공모에서 당선된 향토색 짙은 '건전가요'였다. 이 노래는 음반 발매 직후 5만 장 이상 판매될 정도로 공전의 히트곡이 되었다. 하지만 가사 속 설움과 눈물이 민족적 저항정신을 환기한다 하여 이후 금지곡이 되었다고 오랫동안 믿어 왔다. 당대의 관계자 여럿이 노래가 금지곡이었다고 증언한 바 있다. 문제는 일제의 금지곡 목록 속에 〈목포의 눈물〉이 없다는 것이다. 검열 시 문제가 된 가사들을 더욱 '건전하게' 개사한 이 엔카풍 유행가에 내적으로 불온한 점은 없었다. 사실은 무엇인가? 정확한 진실을 알 수는 없지만, 이 또한 텍스트 외부성의 맥락 속에서 해석이 가능할 듯하다. 대중 앞 실연 상황 속에서 이 노래는 곧잘 텍스트의 내용을 넘어서 관객들을 눈물의 도가니로 몰고 갔고, 주체할 수 없는 정서적 고양 속에서 임석경관들은 곧잘 공연을 중지시키곤 했다. 이 공연 중지의 기억이, 이 텍스트 외부에서의 집합적인 상호작용이 〈목포의 눈물〉을 사실상 금지곡으로 인식하게 했다고도 볼 수 있지 않을까?

때로 대중은 대중문화의 장 속에서 직접 행동으로 식민지 질서에 직접, 간접으로 저항하기도 했다. 한 조선인 여학생 관객은 자기보다 늦게 온 일

---

111) 김려실(2006), 『투사하는 제국, 투영하는 식민지』, 삼인.

112) 조선인 대중은 대개 조선인 극장에서 조선영화를 집합적으로 관람했다. 변사의 존재로 인해 무성영화는 일종의 공연으로서 상연되었다. 변사의 즉흥성은 집합적 관객성과 조우하면서 언제든지 텍스트를 넘어선 잉여를 능동적으로 생산할 수 있었다. 임석경관의 존재는 거기에 인종적·정치적 긴장까지 부가하였다. 이미 검열을 거친 것인 한 그 텍스트가 체제에 근본적인 위협이 되지 못한다 하더라도, 이런 수용양식상의 특징은 조선인 관객들에 의해 텍스트를 넘어선 불온한 해석과 기대의 지평을 열어 주고 있었다. 이러한 텍스트 외부성에 대한 논의로는 이승희의 논의를 참조[이승희(2012), 「식민지 조선 흥행시장의 병리학과 검열체제」, 『상허학보』 제35집, 218-224쪽].

본인 관객에게 자리를 양보하라는 일본극장 측에 항의하며 소동을 일으켰다.[113] 다수 대중이 군집한 어두운 극장은 격문, 불온문건을 살포하기에 안성맞춤인 공간이기도 했다. 종종 독립과 노동자의 해방을 촉구하는 격문이 뿌려졌다. 광주학생운동의 여파가 진행되던 1930년 1월 16일, 경성의 조선극장에서는 한 청년이 극장 2층에서 "격문이다!" 하고 외치며 수백 장의 격문을 1층을 향해 살포하여 관객들이 동요하며 큰 소란이 일어나자, 30여 명의 경관이 출동하는 사태가 벌어졌다. 경찰은 관객 중 88명을 검거하여 이튿날까지 취조했다.[114] 8월 30일 오전 종로서는 관내 극장에 대해 만원 시에도 객석 이외에는 표를 팔지 못하도록 지시했다. 격문 사건의 집중 발생에 대한 대처였다.[115] 조치를 비웃듯 그래도 격문은 뿌려졌다. 10월 20일 밤 경성 모극장에서 또다시 불온 격문이 살포되자 종로서 경찰 전원이 총수색에 나서는 한편, 경찰 수뇌부는 비밀회의에 들어갔다.[116] 1931년 6월 30일 조선극장에는 다시 "조선○○만세"라고 쓴 격문이 뿌려졌고,[117] 1932년 5월 2일에는 인천의 애관에 메이데이 격문이 뿌려졌다.[118] 1936년 5월 1일에는 함흥극장에서 메이데이 격문이 뿌려졌다.[119]

113) 「平壤 日人劇場의 朝鮮人 觀客 差別, 조선녀학생을 모욕하여 그 여학생이 엄중한 항의」, 『中外日報』 1927. 5. 20.자.

114) 「朝劇에 怪靑年突現 觀客에 不穩紙撒布」, 『每日申報』 1930. 1. 18.자.

115) 「客席設置數以外의 觀覽券發賣嚴禁 종로서에서 관내극장에 시달 劇場側打擊莫大」, 『每日申報』 1930. 9. 1.자.

116) 「市內某劇場에서 檄文을 發見 안국동 길거리에도 부첫다 鍾路署緊張活動」, 『每日申報』 1930. 10. 22.자.

117) 「朝鮮劇場에서 檄文을 撒布 수십매 불온문을 쌔리고 달어나 鍾路署大活動開始」, 『每日申報』 1931. 7. 4.자.

118) 「仁川愛館에 不穩檄文撒布 관객 등 소동으로 대혼잡 二十餘名 檢擧取調」, 『東亞日報』 1932. 5. 4.자.

119) 「함흥극장 앞에 『메이데이의 격문』 경찰이 대경」, 『朝鮮中央日報』 1936. 5. 2.자.

VI. 맺음말

대중문화 체험의 집합성, 그 역동적인 상호작용들, 텍스트 외부적 해석의 가능성 등을 근거로 이 시기에 안정적인 취향공동체의 형성이나 능동적 · 민족적 주체성의 형성을 논하는 것은 비약이 될 수도 있다. 무수히 많은 유행과 장르가 경합하고 있었고, 대중의 취향은 합류하면서도 갈라지고 있었다. 대중의 '저속한' 욕망과 지식계급의 비난은 쉽사리 화해하지 못했다. 식민지 조선의 대중문화는 자본주의의 시장논리를 벗어나지 못하고 있었다. 아니 좀 더 정확히 말하자면 아직도 유치한 수준에 머물던 자본주의적 시장논리를 더 발전시키고자 애쓰고 있을 따름이었다.[120] 어떤 텍스트 외부적 불온성에도 불구하고 대중문화의 산물들은 식민권력의 검열을 통과할 만큼은 온순했다. 조선인이 모이던 극장은 정치적 불만이 극장 밖으로 비화되는 것을 막아 내는 분노와 욕망의 배설장소였고, 차라리 '치안' 유지에 기여했다고 볼 수 있다.[121] 수용자의 능동성이 권력과 자본이 주조한 이 장 자체를 전복하거나 벗어나는 것이 아니었음도 명백하다. 집합적 대중문화 향유의 체험 이후에도 식민지 조선의 대중은 집으로 돌아가 개별화되었을 것 같다. 대중문화를 매개로 한 별도의 집합적 행동이나 연대의 실물적 흔적은 거의 발견되지 않는다.

문화와 행동 사이에, 문화와 정치 사이에 그와 같은 직접적 인과관계를 설정하기에는 매우 무리가 따른다. 사실 대중문화의 영역에서 이런 직접적

---

120) 영화의 경우 조선의 영화제작 자본은 매우 영세했고, 제작에 많은 자본이 소요되는 유성영화의 등장 이후에는 상황이 더욱 어려워졌다. 많은 영화사가 영화 한 편을 제작한 후 도산했다. 1930년대 중반 토키화 이후 식민지 조선의 영화 제작자본의 생존 전략은 일본자본의 유치였다. 대중가요의 경우는 5대 음반사가 일본 음반회사의 지사 형식을 취하고 있었다는 점에서 상대적으로 형편이 나았다고 할 수 있다. 바로 그렇기 때문에 음반사들은 대중의 취향에 매우 민감했고, 대중음악의 상업화에 적극적으로 대응할 수 있었다.

121) 한기형(2005), 「문화정치기 검열체제와 식민지 미디어」, 『대동문화연구』 제51권, 75쪽.

인과관계의 출현은 그 자체가 예외적이라고 해도 좋다.[122] 물론 대중문화 또한 정치의 외부에 존재하지 않으며, 대중문화 자체가 근대 이후의 정치과정에 내재적이라고도 볼 수 있다. 다만 양자는 대개 간접적이고 매개적인 방식으로 관계한다. 바로 그것이 대중문화를 매개로 한 문화권력 작동 방식의 특이성인 것이다.

그럼에도 불구하고 우리는 근대적 문화산업이 막 발흥하면서 대중문화가 형성되어 가던 식민지 조선에서 사적 쾌락과 집합적 공감 사이의 경계가 허물어지는 어떤 순간들이, 스타와 팬이, 대중이 합류하는 혼종화의 순간들이 출현하고 있었음을 목격한다. 식민지 조선의 대중이 대중문화를 즐기는 방식에는 전통적인 통속문화 속 민중과 같은 집합적 향유의 체험이 있었다. 극장에서 관객들은 영화를 보며 소리 지르고 함께 울고 웃었다. 창작자의 '의도된 모호성'과 공모하며 과잉해석을 공유하기도 했다. 극장에서 가수와 함께 노래를 부르다 울고 웃었고, 거리에서 술집에서 함께 노래를 듣고 불렀다. 시련과 좌절을 극복한 스타의 서사에 공감했고, 스캔들에 화내면서도 비난하는 세상을 저주했다. 식민지의 주변인들은 대중문화 속에서 잠시 주인공을 체험할 수 있었고, 동시에 결코 주인공일 수 없는 서러운 현실을 깨달을 수 있었다. 그래서 스타도 팬도 서글펐다. 이 시기 대중문화 속에서 환상과 현실은 뜨겁게 뒤엉히다가 서늘하게 갈라섰다.

결국 "지렁이도 밟으면 꿈틀한다"는 진부한 결론일지도 모르겠다. 꿈틀댄다고 해서 지렁이가 자기를 밟은 발과 투쟁하는 것은 아니다. 그래도 나는 식민지의 대중문화 속에서, 대중의 꿈과 서러움 속에서 어떤 '혼돈스런 투쟁'

---

122) 한국에서 대중문화가 직접적으로 대중의 집합행동을 불러일으킨 사례는 2001년 서태지팬클럽이 주도한 공중파 방송사의 가요순위 프로그램 폐지운동이 거의 최초라고 할 수 있다. 당시 이들은 '문화연대', '대중음악 개혁을 위한 연대모임' 등의 시민단체들과 함께 가요순위 프로그램의 폐해를 비판하며 적극적 행동으로 나섰고, 결과적으로 가요순위 프로그램들은 폐지되었다. 이 사건 이후 스타의 팬클럽들은 기부나 봉사활동 등 공공선을 위한 활동 등으로 활동영역을 넓혀 나갔다. 물론 이 자체도 좁은 의미에서의 정치행동은 아니다. 다만 팬덤현상이 스타와의 직접 관계를 넘어선 영역을 향해 집합행동으로 옮겨졌다는 점에서는 중요한 변화라 할 것이다.

의 요소를 강조하고 싶다. 이 싸움판의 규칙제정자는 식민권력과 자본이었다. 하지만 대중은 그 위에서 자신들의 규칙과 세계, 꿈을 만들어 갔다. 싸움의 승패를 따지는 결과주의를 잠시 유보하면, 그 비루한 현실 속에서 대중이 만들어 가던 꿈과 욕망의 서사가 울려 나온다. 제국과 자본의 힘에 포획되기 이전의 순결한 꿈이나 욕망 따위를 찬미하려는 것이 아니다. 이미 누추하게 포획되고 오염된 꿈과 욕망들이었다. 그것들조차 불현듯 어떤 혼돈들, 혼종들, 차이들을 만들어 냈다는 사실을 기억하고 싶다.

제3부

공연예술

일제강점기에 변질된 조선조 종묘제례악 제고(諸考)

이종숙

I. 머리말

조선조 종묘제례악이란 조선의 왕실 사당인 종묘에서 제사를 지낼 때 사용하던 음악과 춤을 말한다. 음악 중에서도 가사는 의미 전달에 특히 중요한데, 태조(太祖, 재위 1392~1398) 이성계가 1392년 새나라 조선을 건국하기까지의 고려 말 정세의 어려움과 수차례의 외침을 용감하게 또는 슬기롭게 극복한 이야기를 노래의 내용으로 담고 있다. 종묘제례악무의 기틀을 세운 세종(世宗, 재위 1418~1450)은 그의 아버지 태종(太宗, 재위 1400~1418)으로부터 조부 태조, 증조부 환조(桓祖), 이상 도조(度祖), 익조(翼祖), 목조(穆祖)까지 6대조의 악장을 제작했다. 물론 자손 대대로 번창을 기원하는 악장도 ≪보태평(保太平)≫과 ≪정대업(定大業)≫에 각각 마련했다. 세종이 처음 만들었지만, 거의 사용하지 못하고 사망하자 아들인 세조(世祖, 재위 1455~

1468)가 이 음악과 춤을 국가의 다양한 의식에서 사용했다.[1] 세조는 이를 보다 구체적으로 종묘에 사용할 수 있도록 다각도로 연구한 후, 마침내 그의 재위 10년(1465)에 실용화한 것이 조선의 종묘제례악 ≪보태평≫·≪정대업≫이다.

조선의 제례악무는 중국 고대 예악제도의 영향으로 문(文)과 무(武)를 갖추는 것이 기본이다. 그래서 종묘제례악 역시 문악(文樂)은 ≪보태평≫으로, 무악은 ≪정대업≫이라는 이름으로 각각 11편의 소곡을 갖추게 했다. 여기에서 제왕(帝王)이 된 자가 악을 갖추게 되는 이유는 "대개 제왕은 공업(功業)이 이루어지면 악(樂)을 짓는 것이니 이룬 것을 형상화하는 것이다"[2]라는 이론에 근거한다. '제왕이 공업을 이룬다'는 것은 '왕이 나라를 일으키는 데 공로와 업적이 있다'라는 말로 바꿀 수 있다. 따라서 왕이 되면 나라를 세운 공업에 대해 노래와 음악을 제작해야 하고, 그에 대한 모습을 춤을 통해 표현해야 한다는 뜻이다. 또 문무의 악을 갖추는 것은 정치에 있어 내부에서는 읍손(揖遜)하는 문으로써 다스리고, 외부를 향해서는 정벌하고 주살하는 춤으로써 다스린다[3]는 의식에 바탕한 것이다. "문과 무의 용도는 서로 다른 것"[4]이므로 천하를 문덕(文德)으로 얻은 자는 문악을 중시하고, 무공(武功)으로 얻은 자는 무악을 중시[5]한다. 그러므로 세대 간 여러 업적을 악으로써 연행하는 종묘에서는 문악과 무악을 대대적으로 합주하

---

1) ≪보태평≫과 ≪정대업≫은 보통 회례연을 위해 세종이 처음 창제했다고 알려져 있으나, 세조 재위 연간에는 회례연은 물론 원구제(圜丘祭), 음복연(飮福宴), 양로연(養老宴), 등준시(登俊試) 사례(射禮)의 풍정(豊呈) 때도 연행했다[이종숙(2012), 『종묘제례악 일무의 왜곡과 실제』, 민속원, 46-47쪽].

2) 『禮記』「樂記 5」: "蓋帝王功成作樂, 所以象成者也" ; 陳暘, 『樂書』 劵166, 2b10-3a1. 국립국악원 편(1989), 『한국음악학자료총서 10』, 은하출판사, 142쪽 재인용.

3) 陳暘, 『樂書』 劵165, 1b6-7. 국립국악원 편(1989), 『한국음악학자료총서 10』, 139쪽 재인용 : "古者帝王之於天下, 入則揖遜, 出則征誅, 其義一也."

4) 陳暘, 『樂書』 劵165, 1a10. 국립국악원 편(1989), 『한국음악학자료총서 10』, 139쪽 재인용 : "文武異用."

5) 陳暘, 『樂書』 劵165, 1b7-8. 국립국악원 편(1989), 『한국음악학자료총서 10』, 139쪽 재인용 : "然以文得之者, 必先乎文 ; 以武得之者, 必先乎武."

여 대합악(大合樂)[6]을 이루게 하는 것이다. 이것이 문과 무를 종묘제례악에 함께 갖추도록 한 배경이다. 유교국가인 조선에서 선조의 뜻을 받들어 대대로 종묘제례악을 계승한 궁극적 이유이다.

조선 초기의 종묘제례악은 고려 예종(睿宗, 재위 1105~1122) 11년(1116)에 처음 수용하여 연행되던 아악(雅樂)의 예를 따랐다. 하지만 태종의 유지를 받든 세종은 자신의 선조들이 생전 평소에 듣던 음악을 종묘에 사용해야 한다[7]는 인식 아래 새로운 음악을 만들고자 했다. ≪보태평≫과 ≪정대업≫이 그 결과이다. 이에 따라 조선 6대조의 이야기를 가사로 담은 것은 물론이고, 음악에 사용하는 악기도 선조들의 귀에 익은 대표적 향악기(鄕樂器)를 당악기(唐樂器), 아악기(雅樂器)와 함께 편성하도록 제도화했다. 즉 조선의 종묘제례악 ≪보태평≫ · ≪정대업≫은 중국의 예악제도에 기본 바탕을 두고 조선의 가사 내용과 음악형식 및 악기를 추가하여 속악화(俗樂化)한, 조선식 독자성을 확립한 예악문화라는 점에 큰 의의를 둘 수 있다.

이상과 같은 의의를 갖고 있는 한국 전통악무로서의 현행 종묘제례악이 일제강점기에 그 형태와 내용에 변질이 있어 왔음을 비교 · 설명하려는 것이 이 글의 목표다. 악곡의 제목과 악장가사, 음악, 그리고 춤의 변질됨을 차례로 열거하고 그 의미를 살필 것이다.

---

6) 대합악(大合樂) : 『周禮』, 春官 · 大司樂, '大合樂' 鄭玄 注에 "大合樂者, 謂徧作六代之樂, 以冬日至作之, 致天神人鬼 ; 以夏日至作之, 致地祇物彪." 역대의 악인 육악(六樂)을 함께 순서에 따라 연주하는 대규모 공연을 말한다. 또 이는 '대합취(大合吹)'와도 같은 의미로 이해하는 경우가 있다. 錢玄 · 錢興奇(1998), 『三禮辭典』, 南京 : 江蘇古籍出版社, 86쪽 참조.

7) 『世宗實錄』 券30, 4a10-11〔『朝鮮王朝實錄』 券2, 696쪽, 7년 10월 15(경진)일〕 : "且我國本習鄕樂, 宗廟之祭先奏唐樂, 至於三獻之時, 乃奏鄕樂, 以祖考平日之所聞者, 用之何如, 其如孟思誠議焉."

II. 종묘제례악곡 제목의 변질

조선 종묘제례악의 악곡 제목은 ≪보태평≫·≪정대업≫임을 위에서 밝혔다. 그런데 이 곡이 각각 ≪보태화≫·≪향만년≫으로 바뀌었다. 1908년에 인쇄된 『증보문헌비고 : 악고』에도 그 제목은 ≪보태평≫·≪정대업≫이었다. 그런데 다이쇼(大正) 7년(1918)에 함화진(咸和鎭, 1884~1948)이 일본 궁내성에 헌납했다는 『조선악개요(朝鮮樂槪要)』에는 "大正六年現行保太和之舞… 享萬年之舞"라고 표기되어 있어서 1918년 당시에 이미 ≪보태화≫·≪향만년≫으로 변질된 이름이 쓰였음을 알 수 있다.

1908년으로부터 10년을 넘기지 못한 시간에 변화가 왔다. 그사이에는 조선이 공식적으로 국권을 빼앗긴 1910년 8월 29일이라는 사건이 있다. 국권을 잃은 조선의 왕은 일본 천황 아래 소속된 하나의 왕가(王家)인 이왕가로 전락했다. 이런 왕가를 위한 종묘의 제사음악 제목 ≪보태평≫·≪정대업≫이 ≪보태화≫·≪향만년≫으로 변화되었다는 것은 의미심장한 결과였다. 왜냐하면 조선의 ≪보태평≫·≪정대업≫은 태조와 태종이 국가를 건설하고 안정시킨 내용을 악장으로 지었고, 그에 적합한 제목을 지었던 것이기 때문이다.

≪보태평≫은 '국가의 태평을 보전하다'라는 의미이고, ≪정대업≫은 '대업을 안정시키다'라는 뜻이다. 그러면 ≪보태화≫·≪향만년≫은 어떤 뜻일까? 우선 ≪보태화≫는 '태화를 보전하다'라는 의미이다. 太와 大는 통용되는 글자이므로 태화는 '대화(大和)'와 같은 뜻이며, 대화는 일본 최초의 율령국가의 명칭으로 일본의 별칭이기도 하다. 결국 '태화를 보전하다'라는 것은 '일본을 보전하다'라는 뜻이 된 것이다. ≪향만년≫은 ≪정대업≫과는 글자조차 맞추지 않은 완전한 변질인데, 어떤 의미일까? ≪향만년≫은 '만년을 누리다'라는 뜻이다. 즉 조선이 '국가를 안정시키다'라는 것은 일본 입장에서는 완전히 불필요한 제목이다. 그러면 만년을 누릴 수 있는 주체는 누구일까? 대한제국의 황제가 '이왕'으로 격하된 사실과 함께 궁내부도 이왕직으로 축소되어 근시(近侍)와 제사, 능묘 관리, 박물관·동물원·식물원에 대한

관리 등의 기능만을 수행하게 되었는데, 이왕가를 위해 만년을 누리자고 말한 것은 아님이 분명하다. 동양에서의 '만년'은 황제에게 어울리는 단어임은 주지의 사실이다.

'대화를 보전하다'라고 했으니 다음은 '만년 동안 누리자'라는 엄청난 의미의 변화가 생긴 것이다. 조선 역대 제왕을 위한 제사음악의 제목으로는 전혀 맞지 않을 뿐 아니라 자연스럽지 못하다. ≪보태평≫ · ≪정대업≫이 ≪보태화≫ · ≪향만년≫으로 된 것은 조선의 전통문화 종묘제례악 말살을 위한 식민정책의 전횡이 분명하다.

III. 종묘제례악 악장가사 내용의 변질

조선에서 사용한 종묘제례악 ≪보태평≫ · ≪정대업≫의 악장은 문과 무로 나뉘어 다음과 같이 구성되었음을 이해하고 출발해야 한다. ≪보태평≫은 선왕의 문덕을 기리는 9개의 악곡으로 구성되었고, ≪정대업≫은 무공을 기리는 9개의 악곡으로 이루어졌다. 그리고 제사형식에 맞추어 제관을 인도하여 들어오는 음악〔인입곡(引入曲)〕 1곡과 나가는 음악〔인출곡(引出曲)〕 1곡을 더 갖추어 각각 11곡으로 구성되었다. 이를 표로 나타내면 〈표 1〉과 같다.

〈표 1〉을 중심으로 각 제목의 중요한 의미를 살펴보겠다. 우선 인입곡 〈희문〉이란 ≪보태평≫인 문악의 특성을 대표하는 곡이고, 〈소무〉는 ≪정대업≫인 무악의 특성을 대표한 곡이다. 인출곡인 〈역성〉은 나라의 안정을 이루어 예악까지 잘 갖추어졌음을 나타내며, 〈영관〉은 선조들의 문치와 무공의 업적을 잘 기억하고 귀감으로 삼아야 함을 당부한다.

본곡인 ≪보태평≫ 〈기명〉으로부터 〈정명〉까지, ≪정대업≫ 〈독경〉부터 〈혁정〉까지는 해당 악곡이 누구를 위한 악장인지를 분명히 알려 주는 글자가 표기되어 있었다. 대체로 감탄사인 오(於)와 함께 '오황성목(於皇聖穆)', '오황성익(於皇聖翼)', '성도(聖度)', '성환(聖桓)', '성조(聖祖)', '성고(聖考)'가 바로 목조, 익조, 도조, 환조, 태조, 태종을 왕으로서 극존칭한 문구들이다. '오황

〈표 1〉 세조조 종묘제례악 ≪보태평≫ · ≪정대업≫ 악곡구성과 내용

	≪보태평≫	내용	≪정대업≫	내용
인입곡	〈희문(熙文)〉	왕조의 문치(文治)를 빛냄	〈소무(昭武)〉	왕조의 무공을 밝힘
제1곡	〈기명(基命)〉	목조가 임금이 될 터전을 세움	〈독경(篤慶)〉	왕조의 터전을 돈독히 함
제2곡	〈귀인(歸仁)〉	여러 백성이 인자를 따름	〈탁정(濯征)〉	환조가 적을 정벌하여 깨끗이 함
제3곡	〈형가(亨嘉)〉	익조를 이어 도조가 기쁘고 즐거운 모임에서 대명을 받음	〈선위(宣威)〉	태조가 고려 말의 여러 적을 물리치는 위엄을 펼쳤음
제4곡	〈집녕(輯寧)〉	환조가 안정시킴	〈신정(神定)〉	태조의 신묘한 무공으로 안정시킴
제5곡	〈융화(隆化)〉	태조가 융성한 교화를 펼침	〈분웅(奮雄)〉	태조가 이끄는 군사의 웅건함
제6곡	〈현미(顯美)〉	태종의 훌륭함이 현저히 드러남	〈순응(順應)〉	태조가 천명에 응함
제7곡	〈용광(龍光)〉	태종의 빛나는 문치	〈총수(寵綏)〉	태조의 지혜로움으로 나라가 안정됨
제8곡	〈정명(貞明)〉	태종 왕비의 곧고 현명함	〈정세(靖世)〉	태종이 세상을 안정시킴
제9곡	〈대유(大猷)〉	대대로 나라를 다스리는 도리	〈혁정(赫整)〉	왜구와 같은 적에게 분노를 떨쳐 군사를 정비해야 함
인출곡	〈역성(繹成)〉	주악(奏樂)을 이룸	〈영관(永觀)〉	영원히 귀감으로 삼음

성목'은 '아! 목조 임금님이시여!' 정도로 해석할 수 있는 문장이다. 이렇게 악장 속에 표기된 왕들의 조상을 호칭한 글자들이 모두 '於惟我祖(아! 나의 조상님들)' 혹은 '猗與我祖(아! 나의 조상님들)'와 같이 '我祖'로 통일되었다. 필자는 이것이 악장의 목적을 상실함으로써 발생한 '격하(格下)'의 의미라고만 이해했었다.[8)] 하지만 제목의 변화가 이미 문화말살의 전초였다는 점을 감안하면,

8) 이종숙(2012), 『종묘제례악 일무의 왜곡과 실제』, 민속원, 342쪽.

이것은 단순한 목적 상실과 의미 격하가 아니라 ≪보태화≫ · ≪향만년≫에 맞춘 실질적인 목적에 대한 필요충족 조건이므로 계산되고 의도된 내용의 변질이라고 다시 생각하게 되었다.

4언 4구의 〈기명〉 악장 총 16자 중 비록 3자를 바꾸었을 뿐이지만, 악장 제작의 목적과 내용변질에는 확실한 성과를 얻을 수 있었다. ≪보태평≫ · ≪정대업≫ 총 668자 중 몇 자나 바뀌었는지 다음의 〈표 2〉로 알아보겠다.

〈표 2〉 ≪보태평≫ · ≪정대업≫과 ≪보태화≫ · ≪향만년≫ 악장의 변한 글자 수 비교

<table>
<tr><th></th><th colspan="2">≪보태평≫ 자구</th><th colspan="2">≪보태화≫로의 변환 글자</th><th colspan="2">≪정대업≫ 자구</th><th>≪향만년≫으로의 변환 글자</th></tr>
<tr><td>인입곡</td><td>〈희문〉</td><td>5언 4구(20자)</td><td colspan="2">6자</td><td>〈소무〉</td><td>5언 4구(20자)</td><td>2자</td></tr>
<tr><td>제1곡</td><td>〈기명〉</td><td>4언 4구(16자)</td><td colspan="2">3자</td><td>〈독경〉</td><td>4언 4구(16자)</td><td>6자</td></tr>
<tr><td>제2곡</td><td>〈귀인〉</td><td>4언 12구(48자)</td><td colspan="2">12자</td><td>〈탁정〉</td><td>3언 6구(18자)</td><td>5자</td></tr>
<tr><td>제3곡</td><td>〈형가〉</td><td>4언 6구(24자)</td><td colspan="2">8자</td><td>〈선위〉</td><td>4언 12구(48자)</td><td>19자</td></tr>
<tr><td>제4곡</td><td>〈집녕〉</td><td>4언 8구(32자)</td><td colspan="2">2자</td><td>〈신정〉</td><td>3언 12구(36자)</td><td>1자</td></tr>
<tr><td>제5곡</td><td>〈융화〉</td><td>4언 12구(48자)</td><td colspan="2">11자</td><td>〈분웅〉</td><td>4언 10구(40자)</td><td>8자</td></tr>
<tr><td>제6곡</td><td>〈현미〉</td><td>5언 4구(20자)</td><td colspan="2">6자</td><td>〈순응〉</td><td>4언 5구(20자)</td><td>2자</td></tr>
<tr><td rowspan="2">제7곡</td><td rowspan="2">〈용광정명〉</td><td>4언 6구(24자)</td><td>22자</td><td rowspan="2">열광정명(烈光貞明)</td><td rowspan="2">〈총수〉</td><td rowspan="2">4언 8구(32자)</td><td rowspan="2">0자</td></tr>
<tr><td>4언 6구(24자)</td><td>4자</td></tr>
<tr><td>제8곡</td><td>〈중광(重光)〉</td><td>4언 8구(32자)</td><td colspan="2">14자</td><td>〈정세〉</td><td>3언 6구(18자)</td><td>2자</td></tr>
<tr><td>제9곡</td><td>〈대유〉</td><td>5언 4구(20자)</td><td colspan="2">1자</td><td>〈혁정〉</td><td>4언 12구(48자)</td><td>48자</td></tr>
<tr><td>인출곡</td><td>〈역성〉</td><td>4언 8구(32자)</td><td colspan="2">2자</td><td>〈영관〉</td><td>4언 8구(32자)</td><td>0자</td></tr>
<tr><td>합 계</td><td></td><td>340자</td><td colspan="2">91자</td><td></td><td>328자</td><td>93자</td></tr>
</table>

이상의 표로 확인할 수 있는 ≪보태평≫ · ≪정대업≫ 악장은 총 668자인데, 이 중 184자를 바꾸었다. 한국진흥원콘텐츠 · 국립국악원에서 제작한 사이트에서는 "일제의 감시의 눈길을 피하기 위해 글자 몇 군데만 수정했을

뿐 원래 가지고 있었던 악장의 내용은 별반 달라지지 않았다"[9]고 했지만, 명백한 거짓이다. 왜냐하면 조선에서 일본을 호칭하던 '도이(島夷. 섬오랑캐)'라는 단어나 그들에 관련된 내용이 있는 악장이 주로 바뀌었기 때문이다.

〈기명〉의 예처럼 16자 중 3자를 바꾸어 내용을 살짝 다르게 하는 정도가 아니라 아예 악장의 제목이나 내용을 통째로 바꾸어 버렸다. ≪보태평≫ 〈용광(龍光)〉과 〈중광(重光)〉, ≪정대업≫의 〈선위(宣威)〉와 〈혁정(赫整)〉이 바로 그러한 악장이다. 4언 6구 악장 24자 중 22자를 모두 바꾼 것이 〈용광〉이고, 32자 중 14자를 바꾼 것이 〈중광〉이다. 또 〈선위〉는 48자 중 19자를, 〈혁정〉은 48자를 모두 바꾸었다. 그리고 〈용광〉은 〈열광(烈光)〉으로 제목까지 바꾸었다. 결국 〈용광〉은 제목과 내용이 모두 바뀐 악장이다. 〈용광〉과 〈혁정〉은 태종에 관련된 업적이고, 〈중광〉은 선조와 관련된 업적이며, 〈선위〉는 태조가 섬오랑캐와 나하추 등의 외적을 무찌른 이야기다. 태종은 조선의 건국 초기에 대외 관계를 현명하게 처리하여 국가를 안정시킨 공이 있다. 이것을 악장의 내용으로 삼은 것이 〈용광〉이다. 또 대마도의 섬오랑캐(도이)들을 섬멸하고 그들의 침략으로부터 영토를 지키고 안정시킨 공로를 노래한 것이 〈혁정〉 악장이다. 〈용광〉은 실제로 일본과 관련된 악장이 아님에도 불구하고 변화를 갖게 된 것은 어쩌면 〈혁정〉 악장의 주인 태종에 대한 보복이었던 것일까? 그리고 일본 천황 가계의 조상에게는 '용(龍)'이 부족한 단어였을까? 어쨌든 태종은 대마도의 도이를 무력으로 제압하여 나라를 안정시킨 왕이었다. 〈중광〉은 선조 때 임진왜란을 겪었으나 결과는 나라를 보전하고 중흥시킨 업적의 것이다. 그러니 이 역시 일본의 패배와 관련된 내용이므로 24자 중 14자를 바꾸었다. 이처럼 도이와 관련된 문구가 있는 악장이 집중적으로 바뀐 것은 계산되고 의도된 결과였음을 나타낸다. '글자 몇 자를 바꾸었을 뿐'이 아니다.

한편 〈혁정〉의 마지막 구 '영전접역(永奠鰈域 : 영원히 조선에 제사하네)'을 '약

9) 한국콘텐츠진흥원 & 국립국악원(http://jongmyojeryeak.culturecontent.com), 〈혁정〉; 다음문화원형사전(http://daum.culturecontent.com/dictionary), 일제강점기 악장의 변천.

사증상(禴嗣蒸嘗 : 종묘에 제사를 잇네)'으로 바꾼 점을 "황제국으로 격상된 대한제국기 악장의 변화"[10]로 보려는 점에도 반론이 필요하다. '접역(鰈域)'은 "가자미 모양으로 생긴 지역이라는 뜻으로, 또는 가자미가 많이 난다 하여 한때 우리나라를 이르던 말"[11]이다. 즉 한반도를 가리킨다. 그런데 이것의 주체인 접역을 없애고, 중국의 "태평성대로 여기는 삼대(하 · 은 · 주)에 천자가 지내는 제사"[12]를 노래하는 말로 바꾸었다. 이미 나라를 잃은 조선의 종묘제례 악장을 왜 중국 고대의 천자를 제사 지내던 문체로 바꾸었다는 말일까?

〈혁정〉 시의 마지막 구인 '약사증상(禴嗣蒸嘗)'에서 '약(禴)'은 '약(礿)'과 통용하여 쓰는 글자로, 그 의미는 중국의 하(夏)나라와 은(殷)나라에서 봄 제사의 의미로 사용하였으며, 주나라에서는 여름 제사의 의미로 썼는데, 이 둘 모두 천자가 행하던 제사를 말한다. 그리고 '증(蒸)'은 '증(烝)'과 통용하여 쓰며, 증상(蒸嘗)은 겨울에 지내는 조상제사이다. 즉 흔히 태평성대로 여기는 삼대(하 · 은 · 주)에 천자가 지내는 제사를 가리키는 글자가 바로 '약(禴)' 혹은 '약(礿)'인 것이다. 그런데 이 악장이 불린 당시는 일제강점기인데 어떻게 천자가 지내는 제사를 의미하는 글자는 용인하고 '성(聖)'이나 '황(皇)'이라는 글자만을 '아(我)'나 '조(祖)'로 바꾸었겠는가. 이렇게 보았을 때, 전체 내용이 개작되었다는 〈혁정〉은 제후국이었던 조선에서 황제국인 대한제국으로 이행되었을 때 바뀐 내용으로 여겨진다.[13]

황제국가의 천자에게 쓸 수 있는 말을 〈혁정〉에 사용했으니, 대한제국 때 악장 내용이 바뀌었을 것이라는 주장이다. 하지만 앞에서도 지적했듯이 1908년

---

10) 한국콘텐츠진흥원 & 국립국악원(http://jongmyojeryeak.culturecontent.com), 〈혁정〉; 다음문화원형사전(http://daum.culturecontent.com/dictionary), 일제강점기 악장의 변천.

11) 네이버국어사전(http://krdic.naver.com), 접역.

12) 다음문화원형사전(http://daum.culturecontent.com/dictionary), 일제강점기 악장의 변천.

13) 다음문화원형사전(http://daum.culturecontent.com/dictionary), 일제강점기 악장의 변천.

에도 ≪보태평≫·≪정대업≫에는 변화가 없었다. 그리고 대한제국의 예법서 『대한예전(大韓禮典)』의 ≪보태평≫·≪정대업≫의 가사 내용 역시 본래의 악장 그대로였다.[14] 조선으로부터 대한제국의 종묘제례악장은 선조 때 〈중광〉 악장을 추가한 것 이외에는 내용 변화가 없었다는 뜻이다. 그러므로 '약사증상'과 같은 천자국의 제사를 일컫는 말이 〈혁정〉에 쓰이게 된 것은 바로 '만년을 누리겠다'고 그 제목을 ≪향만년≫으로 바꾼 일제의 식민문화 말살의 야욕과 상통하는 구체적 표현임을 입증한다.

조선 왕실의 국가 건립과 관련하여 제작된 종묘제례악 ≪보태평≫·≪정대업≫ 악장을 ≪보태화≫·≪향만년≫에 맞추어 바꾼 목적과 결과가 확실하다. "我祖(우리의 조상)"가 "만년을 누리세!"라고 바꾼 지배자 일본 천황의 조상을 향해 "우리(我)"라고 호칭함으로써 조선 왕실의 강요된 내선일치 양상을 종묘로부터 엿볼 수 있다. 그러므로 ≪보태평≫·≪정대업≫ 악장이 ≪보태화≫·≪향만년≫에 맞추어 내용 수정을 갖게 된 점은 단순히 글자 수 몇 자가 바뀐 문제일 수 없다. ≪보태화≫·≪향만년≫으로 불린 악장은 조선의 종묘제례악도 아니면서, 조선의 종묘에서 일본의 안녕과 만년 누리기를 기원한 노래를 부른 것이다. 일제강점기 이왕가 가족이 참여한 가운데 ≪보태화≫·≪향만년≫을 종묘에서 연주하며 제사 지냈음을 생각해 보면, 고종과 순종·영친왕의 말 못할 치욕은 어떠했을까?

Ⅳ. 종묘제례악 음악 변질의 문제점들

1. 속악을 아악이라고 부르다

일제 치하에서 종묘제례악은 '아악'이라는 범주 속 음악이 되었다. 이왕직

---

14) 掌禮院 編(미상), 『大韓禮典』 권5. 俗部樂章(藏書閣 소장본) 도서번호 2-2123 MF35-427~428.

아악부라는 기관명칭 아래에서 일본인은 조선의 '궁중음악'을 아악이라고 통칭했다.[15] 일본의 궁중음악을 뜻하는 '아악(雅樂, 가가쿠)'[16]이라는 범주와 동일시한 것이라 여겨진다. 이왕직의 기본적인 업무나 기능은 일본 궁내부 체제하에서 일본의 그것과 유사한 측면을 갖게 되었는데,[17] 조선 왕실의 종묘와 문묘 제사 음악 및 궁중의 연향음악을 연주하는 기관을 아악대(雅樂隊, 이후 아악부로 개칭)[18]라고 부르면서, 결국 일본식 아악(가가쿠)의 범주에 조선의 속악과 아악이 흡수된 것이라 할 수 있다.

여기에서 분명히 구분해야 할 것은 일본의 아악은 일본 고유의 음악과 춤, 외국 전래의 음악과 춤, 10~11세기 경에 새롭게 만들어진 궁중 가요를 말한다.[19] 하지만 조선에서는 그런 장르의 음악과 춤은 속악이라고 불렀다. 조선의 아악은 중국 송 휘종(徽宗) 정화(政和) 6년, 고려 예종(睿宗) 11년인 1116년 6월에 수입되어 주로 제향에 사용되던 악무를 제한적으로 말한다. 즉 조선의 악은 크게 아악과 속악으로 구분했다. 보통 제사악은 아부(雅部)의 아악을 말하지만, 속악은 고유한 향악(鄕樂)과 당악 및 신악(新樂)을 포함한다.

조선의 종묘에서는 "조상 어른들이 평시에 들으시던 음악"[20]인 고취악(鼓吹樂)과 향악으로서 새로운 악(新樂)을 창제했는데, 그것이 속악 ≪정대업지

---

15) 다나베 히사오(1997), 김성진 옮김, 「조선음악기행(I)」, 『韓國音樂史學報』 제18집, 107쪽 : "이왕직은 재정 곤란으로 인하여… 수백 년 전래하여 온 아악을 폐지하기에 이르러 수백 명의 악인을 해산시키고…" ; 국립국악원 편(1991), 『이왕직아악부와 음악인들』, 국립국악원, 145쪽. 이시카와 기이치(1928), 「李王職 雅樂은 東洋의 最古典樂 音譜에 기록하야 영원히 保存」, 『매일신문』(1928. 7. 9.자) 재인용.

16) 이지선(2009), 『일본전통 공연예술』, 제이앤씨, 35쪽.

17) 네이버한국민족문화대백과(http://terms.naver.com), 이왕직.

18) 송방송(2012), 『한겨레음악대사전 하권』, 보고사, 1101쪽 : "1910년 조선왕조가 멸망하자 그 당시 궁내부 掌禮院 소속의 장악과는 1911년 아악대로 개칭했다. …1913년 아악대의 명칭은 雅樂部로 개칭되면서 (189명의 아악대원 중) 84명이 해고됐다. 1915년 다시 48명을 감원시켜 이왕직아악부에는 57명만이 남았다."

19) 이지선(2009), 앞의 책, 41쪽.

20) 『世宗實錄』 권30, 4a10-11〔『조선왕조실록』 권2, 696쪽, 7년 10월 15(경진(庚辰))일〕 : "且我國本習鄕樂, 宗廟之祭先奏唐樂, 至於三獻之時, 乃奏鄕樂, 以祖考平日之所聞者, 用之何如, 其如孟思誠議焉."

악(定大業之樂)≫과 ≪보태평지악(保太平之樂)≫이다.[21] 본래 조선 아악은 '조상 어른들이 평시에 듣던 음악'이 아니었다.[22] 그래서 조선의 세종은 종묘나 영녕전 등 조상들께 제사하는 공간에서만큼은 조상 어른들이 생전에 편안히 즐기던 음악을 들려 드리고 싶었다. 조상께서 평소 많이 듣던 음악인 고취악과 향악을 기초해서 새로운 음악을 만들었다. 세종 29년(1447) 6월 4일 마침내 속악 ≪정대업≫·≪보태평≫을 창제한 기록이 처음 보인다. ≪보태평≫ 문무와 ≪정대업≫ 무무의 악보가 1권씩 만들어진 것이다.[23] 그리고 세종 말년으로부터 문종(文宗, 재위 1450~1452)과 단종(端宗, 재위 1452~1455)을 거치는 우여곡절 끝에 세조 9년(1463) 12월 11일에 ≪보태평≫·≪정대업≫ 악무 가사의 자구수(字句數)를 조정하여 제사에 쓸 수 있도록 하였다.[24] 세조는 부왕 세종의 유지를 받들어 종묘제례악을 완성한 것이다.

그로부터 한 달 후 그 악은 세조 10년 1월 14일의 춘향대제(春享大祭)로 종묘에서 연주하는 음악과 춤으로 고정되었다.[25] 즉 세조 10년 이전까지의 종묘제례악은 조선 초기에 정해진 아악을 사용했는데, 1464년의 종묘제향부터는 속악 ≪보태평≫·≪정대업≫ 악무를 사용하게 되었다. 이처럼 여러모로 연구하고 고심한 끝에 결정된 종묘제례악은 일제강점기 이전까지 선조를 기리는 내용에 변화 없이 지속적으로 계승된 속악이었다.

그런데 이왕직의 아악부는 이왕직제 공포 이후인 1911년 '아악대'라는 이

---

21) 『世宗實錄』 권138, 「樂譜」(『조선왕조실록』 권5, 447쪽) : "國朝鼓吹樂曰 〈受寶籙〉·〈夢金尺〉·〈覲天庭〉·〈受明命〉 皆各主一事 未定以形容祖宗功德之盛大 締造之艱難. 世宗因鼓吹樂 及鄕樂 創爲新樂 曰 ≪定大業≫·≪保太平≫·≪發祥≫·≪鳳來儀≫ 今謹錄云."

22) 『世宗實錄』 권49, 31b16-32a2〔『조선왕조실록』 권3, 259쪽, 12년 9월 11〔기유(己酉)〕일〕: "雅樂, 本非我國之聲, 實中國之音也. 中國之人平日聞之熟矣, 奏之祭祀宜矣, 我國之人, 則生而聞鄕樂, 歿而奏雅樂, 何如?"

23) 『世宗實錄』 권116, 22a2-25b5〔『조선왕조실록』 권5, 25-27쪽, 29년 6월 4(을축)일〕: "後又作文武二舞, 文曰 ≪保太平≫, 武曰 ≪定大業≫, 譜各一卷."

24) 『世祖實錄』 권31, 31a12-33a1〔『조선왕조실록』 권7, 596-597쪽, 9년 12월 11(을미)일〕.

25) 『世祖實錄』 권31, 4a9-8b11〔『조선왕조실록』 권7, 601-603쪽, 9년 12월 11(을미)일〕.

름으로 이왕직 산하에 설치했다가 1925년에 '아악부'로 명칭을 바꾸었다. 이들을 통상 이왕직아악부라고 부른다.[26] 이왕직은 일제 강점기 이왕가와 관련한 사무 일체를 담당하던 기관이다. 조선총독부가 아닌 일본의 궁내성에 소속된 기구였다. 조선 종묘제례악은 속악임에도 불구하고 '아악'이라고 불리게 된 것이 일제 강점 이후이고, 일본 아악의 개념으로 궁중악을 이르게 되었다는 점이 주목할 만하다. 종묘제례 악대(樂隊) 역시 일본의 간겐(管絃)[27]처럼 관악기(피리 · 대금)와 현악기(아쟁 · 해금), 타악기(박 · 장고 · 절고 · 진고 · 축)로 간단하게 구성되었다. 여기에 선율 타악기로 편종, 편경, 방향이 추가되어 있을 뿐이다. 오히려 조선 속악의 핵심이자 향악의 특성을 나타내주는 고유악기 가야금 · 거문고 · 향비파가 악대에서 제외됨으로써, "조상께서 생전에 듣던 음악"이라는 의미를 상실하게 된 것이다.

결국 일본 궁내성 직제에 따라 이왕직에 소속된 음악기관 역시 이때부터 아악대라고 하였고, 속악마저 아악으로 불리게 된 계기가 되었다.

2. 일제강점기 종묘제례악 악기 사용의 문제점

조선조 속악의 음악적 특징은 크게 두 가지로 나누어 볼 수 있다. 첫째 어떤 악기를 사용하는가, 둘째 어떤 형식의 음악을 사용하는가로 구분된다. 특히 속악과 아악은 그 악기구성으로부터 비교 · 구별이 시작된다. 아악은 아부악기들로 악대를 편성한 반면, 속악은 속악기인 향악기와 당악기를 기본으로 하고, 그에 더하여 제사에 꼭 필요한 아악기를 함께 구성한다. 『악학궤범』에 제시된 아부악기와 속악인 당부(唐部) · 향부(鄕部)악기를 〈표 3〉에서 비교했다.

아악기는 팔음(八音)의 구성이 중요한 의미를 갖는다. 따라서 이를 기초로

26) 김수현 · 정창현(2011), 『제국의 억압과 저항의 사회사 : 사진과 엽서로 본 근대 풍경』, 민속원, 66쪽.

27) 이지선(2009), 앞의 책, 48-52쪽.

〈표 3〉『악학궤범』 아악기와 종묘의 속악기 진설의 팔음 편성 비교

		아부악기 (사직, 문묘 등)	종묘에서 사용한 속악기		
			당부악기	향부악기	아부악기
1	쇠(金)	특종(特鐘), 편종(編鐘), 순(錞), 탁(鐲), 요(鐃), 탁(鐸)	방향(方響)	대금(大金 : 징), 소금(小金 : 꽹과리)	특종, 편종
2	돌(石)	특경(特磬), 편경(編磬)			특경, 편경
3	실(絲)	금(琴), 슬(瑟)	월금(月琴), 당비파(唐琵琶), 해금(奚琴), 대쟁, 아쟁	거문고, 가야금, 향비파	
4	대나무(竹)	관(管), 약(籥), 소(簫), 적(篴), 지(篪)	당적, 당피리, 퉁소, 태평소	대금(大笒), 중금(中笒), 소금(小笒), 향피리	지, 관
5	바가지(匏)	화(和), 생(笙), 우(竽)			화, 우, 생
6	흙(土)	훈(塤), 부(缶)		라(螺 : 소라)(?)	훈
7	가죽(革)	고(鼓 : 건고·삭고·응고·뇌고·영고·노고·절고·진고·아·상), 도(鼗 : 뇌도·영도·노도)	교방고, 장고	대고(大鼓), 소고(小鼓)	고(노고·진고), 도(노도)
8	나무(木)	축, 어, 웅, 독	박	대각(大角), 소각(小角)	축, 어

악기 이름을 나열했다. 팔음이란 다른 재료 여덟 가지에 의해서 만들어진 여덟 종류의 악기에서 나는 음을 말하며, 그 재료는 쇠(金)·돌(石)·실(絲)·대나무(竹)·바가지(匏)·흙(土)·가죽(革)·나무(木)의 여덟 가지이다. 이 재료들의 악기는 8방위에 해당하는 주역 팔괘의 사상성을 내포한다. 여덟 가지 각각의 소리 특성이 각자의 위치에서 소리를 내어서 하나로 조화되는 것을 중화사상(中和思想)으로 이해했다. 이상의 표에서는 종묘에서 사용한 당악기나

향악기만으로는 팔음을 갖출 수 없는 한계를 볼 수 있다. 그것의 보충을 대표적 아부악기로 채워 팔음을 갖추게 한 것이 종묘제례악 속악기 구성이다. 그런데 아악기인 금슬에 대해서는 향악기인 거문고와 가야금·향비파로·당악기는 월금·당비파·해금·대쟁·아쟁으로 대치했다. 이 사실을 꼭 기억해 주면 좋겠다. 왜냐하면 일제강점기부터 우리 종묘에 사용하지 않게 된 대표적인 악기가 바로 가야금과 거문고, 향비파이기 때문이다. 당악기 중에는 등가(登歌)의 현악기로 오직 아쟁 1종이 남고, 헌가(軒架) 현악기로는 해금 1종이 남았었다.[28] 이 당악기들은 현행의 종묘제례악에서 그 숫자를 편의에 따라 2~4배까지 늘려 연주하면서도 향악기인 가야금과 거문고는 편성하지 않고 있다. 현행의 종묘제례악은 악기 편성마저 일제강점기의 것을 계승하고 있음을 반증하고 있다.

아악에서 악장을 노래할 때 반드시 필요한 반주악기는 금과 슬인데, 이 악기를 가야금과 거문고로 대치한 것은 조선의 종묘제례악이 한민족 고유의 음악인 향악으로의 변화를 추구한 쾌거이다. 그런데도 가야금과 거문고를 지금까지 사용하지 않고 있다는 점은 조선 600년 전통의 종묘제례악 전승에 문제가 발생했음을 나타낸다. 바로 일제강점기 종묘제례악에 고착되어 있는 현실을 반영하는 것이다.

『악학궤범』 성종조 당시(1493)의 속부 종묘제례악 등가와 헌가의 악기 편성은 다음 〔그림 1〕, 〔그림 2〕와 같다.

등가의 악공 수는 36명이고, 헌가의 악공은 72명이다. 『국조오례의(國朝五禮儀)』에는 등가에만 박으로 절주를 지휘하는 집박악사가 1명 있었는데, 성종조에는 등가와 헌가에 각각 1명의 집박악사가 있게 되었다.

임진왜란(1592~1598) 때 종묘는 물론 위의 악기들도 불에 타서 없어지거나 망가졌다. 그래서 전쟁 후에는 이를 복구하기 위한 노력이 있었다.[29] 결국 숙종 32년(1706)의 『종묘의궤』에는 등가 악현에서 악기 17종을 20명이

28) 장사훈(1997), 『韓國樂器大觀』, 서울대학교출판부, 147쪽.

29) 이정희(2002), 「조선후기 宗廟樂懸 고찰」, 『韓國音樂史學報』 제29집, 541쪽.

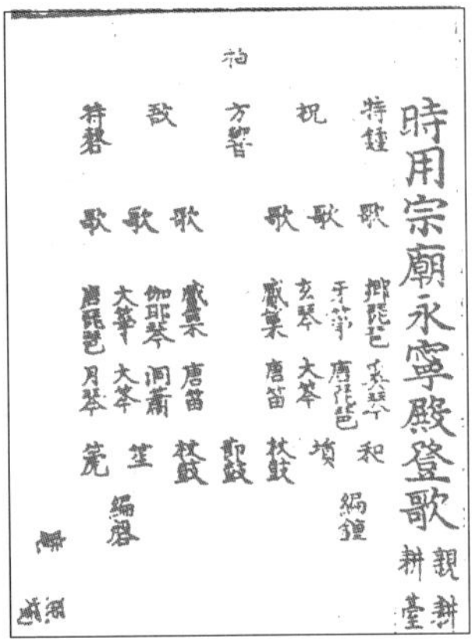

〔그림 1〕『악학궤범』 기록 당시의 종묘제례악 등가 악현

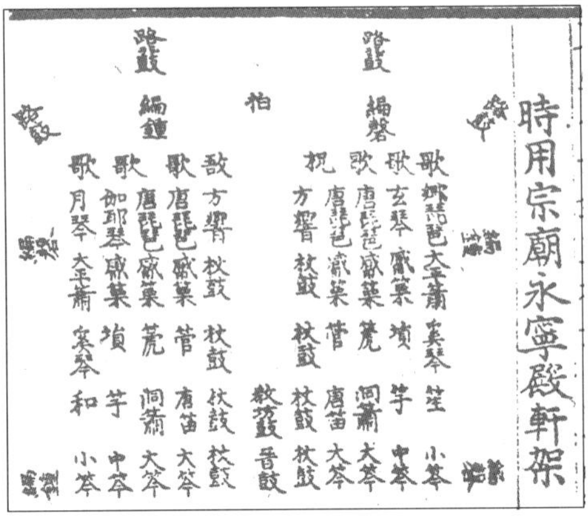

〔그림 2〕『악학궤범』 기록 당시의 종묘제례악 헌가 악현

연주했고, 헌가 악현에서는 악기 21종을 22명이 연주하게 되었다. 조선 초기 악대 편성을 담고 있는 『국조오례의』에 비해 『종묘의궤』에 배치된 연주자의 수는 대략 3분의 1 정도 축소되었다.[30] 게다가 이때 종묘의 등가에는 축과 어가 제대로 갖추어졌는데, 헌가에는 축만 있고 어를 갖추지 못했다. 또 대전(大殿)의 축하하는 잔치 자리에서 연주할 때는 팔음을 갖추지 못하는 문제가 생겼다. "등가에 훈(塤)과 생(笙)이 없고, 또 헌가에 생이 없으니 이로써 팔음이 조화를 이루는 데 어긋남이 있습니다"[31]라고 보고하고 있다. 그렇다고 이런 문제의 발생을 그대로 방치하지는 않았다. 병란 속에서 없어지거나 망가진 악기를 보충하려는 노력은 『춘관통고(春官通考)』(1789)를 통해서 완비됨을 볼 수 있다. 이후 조선 최종의 종묘제례악 악기 편성은 대한제국의 예법서 『대한예전(大韓禮典)』 권4의 속부악현도설(俗部樂懸圖說)을 통해서 알 수 있다.

30) 이정희(2002), 앞의 논문, 546-551쪽.

31) 『肅宗實錄』 권64, 10b10-12〔『조선왕조실록』 권41, 78쪽, 45년 8월 15(을묘)일〕: "宗廟, 永寧殿登歌柷, 敔俱存, 而軒架則有柷無敔, 大庭陳賀時, 軒架亦然. 至於登歌之無塤, 笙, 軒架之無笙, 亦有乖於八音克諧之義."

『악학궤범』의 종묘제례악 악기 편성과 마찬가지로 등가와 궁가(宮架)의 악기들로 팔음 구성이 이루어진 모습이다. 궁가는 황제국가가 된 대한제국의 당하(堂下) 악현을 말한다. 제후국일 때는 헌가라고 칭했다. 다만 박이 편성에서 제외되었음이 특징적으로 눈에 띈다. 박을 연주하는 집박악사를 표기하지 않고 악공들만 표기한 것인지, 실제로 집박악사를 두지 않았던 것인지는 분명하지 않다.

〈표 4〉『대한예전』 종묘 등가

<table>
<tr><td></td><td>어</td><td></td><td></td><td></td><td></td><td>축</td><td colspan="2"></td></tr>
<tr><td>비파</td><td>생</td><td>월금</td><td>가야금</td><td>현금</td><td>대쟁</td><td>아쟁</td><td colspan="2">비파</td></tr>
<tr><td>통소</td><td>대금</td><td>필률</td><td>가</td><td>가</td><td>대금</td><td>화</td><td>훈</td><td>당적</td></tr>
<tr><td>방향</td><td>특경</td><td>편경</td><td>장고</td><td>장고</td><td>절고</td><td>특종</td><td colspan="2">편종</td></tr>
</table>

〈표 5〉『대한예전』 종묘 궁가

<table>
<tr><td>편종</td><td>대금</td><td>우</td><td>어</td><td colspan="2">노도</td><td>축</td><td>노고</td><td>대금</td><td>편경</td></tr>
<tr><td>생</td><td>대평소</td><td>소금</td><td>대금</td><td>가</td><td>가</td><td>소금</td><td>중금</td><td>필률</td><td>훈</td></tr>
<tr><td>해금</td><td>향비파</td><td>관</td><td>진고</td><td>장고</td><td>장고</td><td>지</td><td>관</td><td>당적</td><td>방향</td></tr>
</table>

그러면 일제강점기에 변화된 악기 편성은 어떠했을까? 1917년 현황을 기록한 『조선악개요(朝鮮樂槪要)』에서 볼 수 있다. 『조선악개요』는 함화진이 다이쇼 7년(1918)에 일본 궁내성에 조선음악에 대해 보고하기 위해 만든 묵지 미롱지에 쓴 책자인데, 이를 다나베 히사오(田邊尙雄)가 필사하여 먼저 소장했고, 이어서 국립국악원에서도 소장하게 되었다고 한다. 함화진은 1913년에 이왕직아악부의 아악수장(雅樂手長)이 되어 1932년에는 제5대 아악사장(雅樂師長)이 된 인물로, 초대 아악사장 함재운의 맏아들이다. 1917년 당시 음악 편성의 소략함은 뒤의 〈표 6〉, 〈표 7〉과 같다.

박이나 휘를 제외한 등가와 헌가의 악기 연주자는 각 14명으로 편성되었다. 등가에서 노래의 반주 악기로 가장 중요한 현악기는 아쟁 하나뿐이다. 향악기인 가야금과 거문고는 이때부터 보이지 않는다. 축과 어는 동쪽과 서쪽에 마주하는 짝꿍 악기인데, 동쪽에 축만 있고 서쪽에는 어가 있어야 할

〈표 6〉『조선악개요』 1917년 종묘 등가

		박					아쟁	
대금		대금		가	가	피리	피리	피리
방향	편경	절고		장고		편종		축
휘(麾)								

〈표 7〉『조선악개요』 1917년 종묘 헌가

		박					
	가	가 겸대금					
진고		편종		장고	축	편경	방향
피리	피리	피리 겸태평소		대금	대금		해금

자리에 없다. 이 점은 헌가에서도 같다. 축은 시작을 알리는 악기이고 어는 마침을 표시하는 악기인데, 짝을 잃어버림으로써 의미와 상징성을 상실했다. 헌가의 편종과 편경은 그 위치가 바뀌어 있다. 종과 경 역시 짝꿍 악기로서 종은 동쪽에 경은 서쪽에 놓이는 악기인데, 이들의 위치를 엇바꾸어 놓았다. 마치 등가와 헌가 간에 자리를 바꾸어 짝을 이루어 배치한 듯 피리 3종과 대금 2종이 앞에 있다가 뒤로 바뀌고, 좌측은 우측으로 서로 엇바꾸어 장난스럽게 자리를 배열했다. 헌가의 현악기는 오직 해금 1종이었다. 팔음색을 갖추지 못함이 바로 이런 경우이다. 악(樂. 음악과 춤, 노래)을 예법의 중요한 방편으로 삼던 조선으로서는 당황스럽고 이해할 수 없는 변질이다. 등가나 헌가에 고대로부터 전승된 향악기 가야금과 거문고, 향비파를 제외함으로써 세종대왕이 종묘제례악을 신악으로 창제한 의미를 상실케 한 것임을 알 수 있다.

3. 종묘제례악 음악형식의 변화

이번에는 음악형식의 변화를 살펴보기로 한다.

세종대왕이 신악으로 처음 ≪정대업≫·≪보태평≫ 악을 제정했을 때는 32정간 악보에 선율을 삽입하고 박이라는 악기 연주로 음악의 마디를 삼았으며, 장고로 장단의 절주를 두었다. 악장가사의 길이도 매우 길었다. 세종은 선조의 공업에 대한 노래를 만들어 종묘제례나 회례연 등 각종 공식행사에 사용하고 싶었다. 세조는 아버지 세종의 그 뜻을 이어받아 ≪정대업≫·≪보태평≫ 악무를 종묘에 사용하기 위해 다각도로 연구하였다. 회례연, 음복연, 사신연 등에 직접 공연해 보기도 했다. 결국 세조 9년(1463) 12월 11일에 ≪정대업≫·≪보태평≫ 악장가사의 자구수를 줄여 제사에 쓸 수 있도록 정리하였다. 32정간 악보를 16정간 악보로 제작하였다. 16정간 악보에는 3·2·3/ 3·2·3의 정간 구분을 굵은 선으로 표시하여 이전보다 훨씬 보기 편리하게 만들었다. 32정간 악보는 네모 칸이 세로로 32개나 나열된 모습이어서 한눈에 읽기가 쉽지 않았다. 그러나 16정간 악보는 네모 칸을 3개, 2개, 3개로 구분해서 끊어 읽기 쉽도록 표기했다. 정간의 수는 음표의 시간적 길이를 표시하는 일정한 시간 단위를 나타낸다. 『세조실록』 권48에 새로 제정한 정간 악보를 게재하였다. 정간의 숫자를 통한 유량(有量)형식의 『세조실록』 악보는 영조(英祖) 35년(1759)에 편찬된 『대악후보(大樂後譜)』에도 계승되었다. 세 가지 악보의 모습은 다음과 같다.

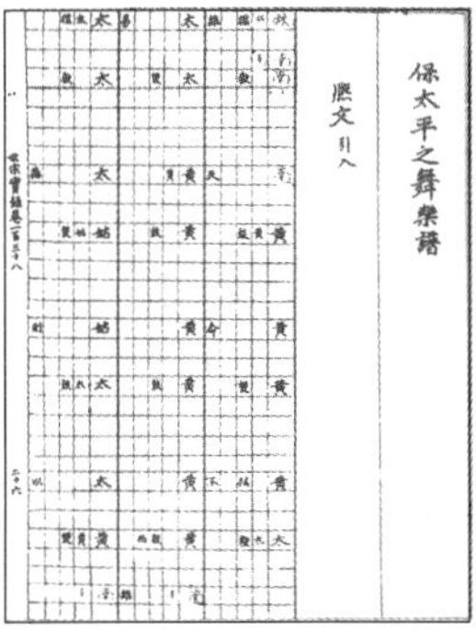

〔그림 3〕『세종실록』〈희문〉

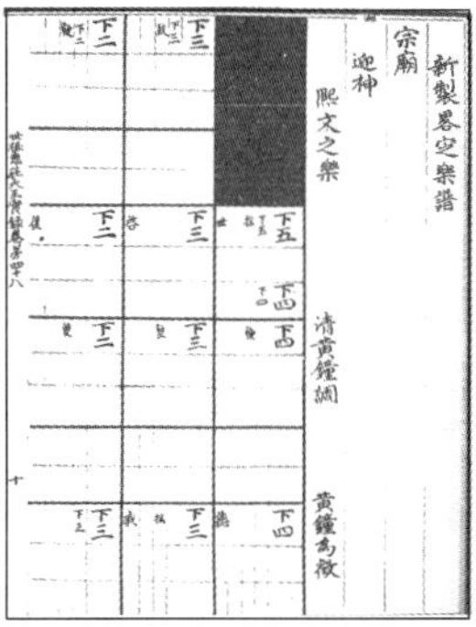
〔그림 4〕『세조실록』〈희문〉

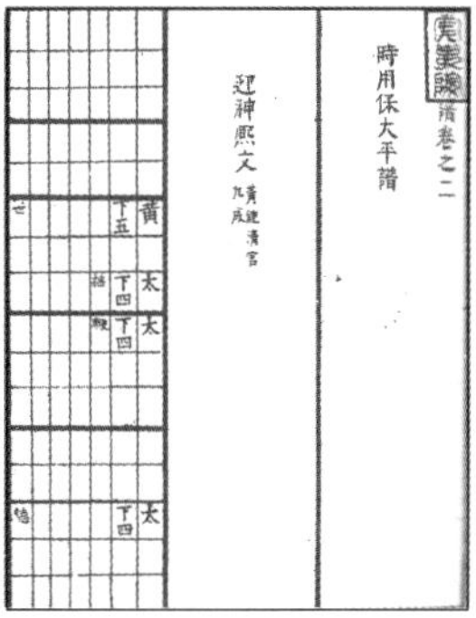

〔그림 5〕『대악후보』〈희문〉

고악보는 우측에서 좌측으로 읽어야 한다. 『세종실록』 악보는 우측 첫줄 세로 32정간에 임(林. 2), 남(南. 1), 남(5), 남(3), 황(黃. 5), 황(3), 황(5), 황

(3), 태(太. 5)가 표기되었다. 첫 음인 임종(林鍾)은 2정간수만큼의 시가(時價)를 갖는다. 이하의 정간 나눔을 모두 합하면 32정간 길이의 선율을 이룬다. 그리고 이 첫 번째 임종을 중심음 하(下5)로 삼았다는 것을 표시한다. 하5로부터 1옥타브 위의 음은 청임종(㴌)으로 실질적인 중심음 궁(宮)이 된다. 청임종을 중심음 궁으로 삼은 이러한 악보는 청임종조(淸林鐘調), 임종위치(林鐘爲徵)라고 표기하고, 임종청궁(林鐘淸宮)이라고도 한다. 『세종실록』의 ≪보태평≫ 악보는 임종으로 시작하고, ≪정대업≫ 악보는 남려로 시작음을 삼았다. 회례연과 같은 잔치에 사용할 수 있는 악조(樂調)로써 악보를 남긴 것이다.

『세조실록』 악보는 먹칠(5), 하5(2), 하4(1), 하4(5), 하4(3), 하3(5), 하3(3), 하3(5), 하3(3)이 표기되었다. 이 악보에는 이 음악을 청황종조(淸黃鐘調)이자 황종위치(黃鐘爲徵)라고 악조가 예시되어 있다. 세조 당시의 사람들은 이런 상하자(上下字) 기보가 익숙하여 오늘날의 우리보다 아주 쉽게 바로 그 내용을 이해했을 것이다. 그러나 현대의 우리에게는 낯선 기호일 뿐이다. 하지만 『대악후보』 시절에는 더욱 알기 쉽게 공간(5), 황(하5 : 2), 태(하4 : 1), 태(하4 : 5), 태(하4 : 3), 중(하3 : 5), 중(하3 : 3), 중(하3 : 5), 중(하3 : 3)처럼 율명과 상하 기보를 나란히 기록해 주었다. 즉 청황종조이자 황종위치는 그 음계가 황 · 태 · 중(仲) · 임 · 남으로 구성되는 ≪보태평≫악의 악조를 설명한 것이다. 이 세 악보의 속악으로서의 특징은 가사 1자에 1음으로만 구성된 형식이 아니고 가사 1자에 다음(多音)을 갖춘 형식이라는 데 있다. 즉 악장가사 1자마다 선율(일종의 계이름)이 오직 1음만 있다고 여긴 것이 아악의 음악적 형식[32]이고, 속악은 가사 1자에 여러 개의 음을 갖는 특징이 있다. 위의 악보 그림을 예로 들면, 『세종실록』 희문 1행과 2행에는 "유천명불이(維天命不易 : 대저 하늘의 명은 바꿀 수 없으니)"가 있다. '유' 자에 해당하는 정간은 8칸이고, 선율은 임(2), 남(1), 남(5)이 배속되어 있다. 천(8), 명(8), 불(8), 역(30)도 각각 2~8개까지의 선율을 갖고 있다. 제2행의 '역'

32) 『樂學軌範』권2 時用雅部祭樂 및 世宗朝 隨月用律 冬至雅樂, 正朝雅樂, 養老宴雅樂 등이 그 예이다.

자를 30정간만 헤아린 것은 31정간째에 제2구인 "유덕즉이흥(維德則以興 : 덕이 있음으로써 흥하나니)"의 '유' 자가 시작되기 때문이다. 또 28정간째에 박을 연주함으로써 악장의 단락을 맺기 때문이다. 『세조실록』이나 『대악후보』의 악보는 종묘제례악의 기본 악조를 '황종조'로 취하였다. 『세종실록』 희문의 경우 5언 12구였던 음악을 두 악보는 5언 4구로 3분의 1의 길이가 되었다. 그러나 음악적 형식과 장단은 각 악장에 따른 음의 길이를 일정하게 취하였기 때문에 동일 악곡에 악조를 다르게 한 음악이 된 것이다. 다음의 표로써 알 수 있다.

〈표 8〉 〈희문〉 악보의 정간과 율자 수 비교

정간	32												32											
	3	3	2	3	3	2	3	3	2	3	3	2	3	3	2	3	3	2	3	3	2	3	3	2
장고 장단	요	편			고			쌍		요	편			쌍			고			고			고	
『세종실록』〈희문〉	유			천			명			불			역										박	유
율자 수	3			2			2			2			8											
『세조실록』〈희문〉	세			덕			계			아			후										박	오
율자 수	3			2			2			2			8											
『대악후보』〈희문〉	세			덕			계			아			후										박	오
율자 수	3			2			2			2			8											

『세조실록』 악보체제는 『세종실록』 악보를 수용할 때, 32정간을 둘로 나누어서 16정간보로 만들었고, 16정간은 다시 8*8로 나누었으며, 8은 다시 3정간과 2정간을 구분하여 음양과 천지인의 사상을 도입한 6대강(大綱)의 악보로 제작하여 보기에도 편리하도록 했다. 그리고 악장가사 1자에 율자는 3개 · 2개 · 8개를 배속하여 음악적 고저와 리듬감을 갖춘 종묘제례악으로 발전시켰다.

유가(儒家)의 사상에서 중시하는 음양의 기본수는 2와 3이다. 2는 음=지(地), 3은 양=천(天)인데, 8을 3(천)+2(지)+3(인)으로 나누어서 천지인의 모양을 표시한다. 그 8을 상하의 음양 관계로 나눈 것이 16정간보이다. 16정간보 4행은 32정간보 2행과 같다. 즉 〈희문〉은 64정간을 하나의 박절(拍節)

로 삼아 4마디를 갖춘 악보이다. 희문 외 나머지 ≪보태평≫·≪정대업≫ 음악들도 각각의 박절과 마디가 악장의 구수에 맞추어져 있다.

이러한 조선조의 속악 종묘제례악이 일제강점기에는 급격한 변화를 일으켰다. 우선 현재 연주되는 종묘제례악의 정간 악보[33]를 살펴보자.

〈표 9〉 현행 종묘제례악 ≪보태평≫ 영신 희문 편종·편경·방향보(좌→우로 읽음)

황	태	태	태		중 중	중 중		임	임	임		중 중	중 중	중 중		태	임	임	임
세	덕				계	아		후								오	소		
	남	남		임	임		중	태	중	중		태 태	태 태	태 태		태 (汰)	태	潢	潢
	상			형					성							숙		숙	
	남	남	남		임	중	임	남	남		潢 潢	潢 潢	潢 潢		남	남	남		임
	천				명			인							수				아
남	태	潢	남	남		임	중	중	태		黃 黃	黃 黃	黃 黃						
			뇌			사		성											

〈표 10〉 『세조실록』과 현행 종묘제례악 〈희문〉 악보의 비교

	『세조실록』 〈희문〉 16정간 악보											합
1구	세	8	덕	8	계	8	아	8	후	8	22	62
2구	오	10	소	8	상	8	형	8	상	8	22	64
3구	숙	10	숙	8	천	8	명	8	인	8	22	64
4구	수	10	아	8	뇌	8	사	8	성	8	24	66
정간수		38		32		32		32		32	90	256

	현행 종묘제례악 〈희문〉											합
1구	세	1	덕	4	계	1	아	2	후	4	4	16
2구	오	1	소	4	상	3	형	5	상	3	4	20
3구	숙	2	숙	3	천	4	명	3	인	3	4	19
4구	수	4	아	4	뇌	3	사	2	성	3	4	20
정간수		8		15		11		12		13	16	75

33) 국립국악원 편(2004), 『종묘제례악(全)』, 민속원 ; 김기수(1980), 『국악전집 8 : 종묘제례악(全)』, 국립국악원 ; 김기수 편(1958·1971), 『보태평·정대업의 악장과 일무보』, 동광문화사.

이상의 현행 종묘제례악보는 1행을 20정간으로 사용한다. 현행의 악곡은 20정간보 4행도 미처 모자라는 짧은 악보로 급변했다. 악장가사를 기초로 정간수 단축을 구체적인 비교표로 제시하면 〈표 10〉과 같다.

조선의 〈희문〉은 256정간을 사용하던 음악으로 64정간마다 1회의 박을 쳐서 총 4회의 박절로 나뉜다. 현행은 전체 길이가 75정간으로 대략 3분의 1로 축소되었고, 박절도 일정하지 못하다. 〈기명〉은 본래 256정간이지만 53정간으로 축소되었다. 이로써 악보에서 볼 수 있었던 장고점·가사배자·박점의 규칙성[34]은 물론, 음양·천지인 등의 유가의 사상적 특성이 완전히 무너졌다. 조선의 ≪보태평≫·≪정대업≫ 총 22곡이 모두 이처럼 축소되어 '음악적 장단이 무너지고'[35] 길이가 짧아졌다. 이러한 변화는 이왕직아악부 『제4회 아악생교과철』[36]에서부터 볼 수 있는데, 일제강점기 종묘제례악 사용의 실례를 확인할 수 있다. 역시 〈희문〉을 예로 보면 〔그림 6〕과 같다.

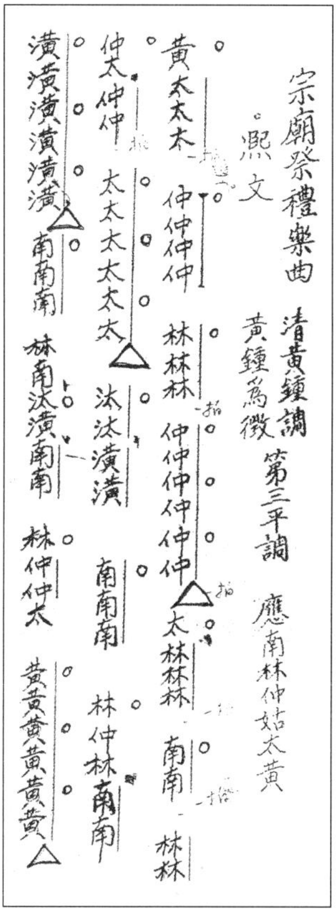

〔그림 6〕『제4회 아악생교과철』

제4회 아악생이란 1931년 이왕직아악부에 네 번째로 입소한 학생들을 말하며, 그 아악생들을 위한 음악 학습 교과 내용

34) 남상숙(2009), 『조선조 궁중음악의 단절과 속악원보』, 민속원, 366쪽.

35) 국립국악원 편(1983), 「속악원보」, 『한국음악학자료총서 11』, 은하출판사, 6쪽(장사훈 해제)

36) 아악생 4기 김성진 소장악보. 표지에 『第四回雅樂生教科綴』이라고 쓰여 있다. 1931년 전후에 사용한 악보로 알려져 있다〔남상숙(2009), 앞의 책, 14쪽〕.

을 필사하여 묶은 책이 『제4회 아악생교과철』이다. 그중 종묘제례악곡 〈희문〉 악보를 스캔한 것이 〔그림 6〕이다. 아악생들에게 종묘제례악은 2년차 학습과정[37]인데, 〔그림 6〕의 악보는 편종 학습을 위한 악보이다. 이 악보는 율자와 △, °, 세로줄 표기 및 박이라는 임시표시가 첨가되어 있어 연주법을 익힌 것인데, 현행 악보는 이 악보를 20정간 노트 속에 삽입하여 1박의 음악적 시가(時價)로써 유량(有量)을 표시하고 있다. △표시 앞의 '중중중중중중'과 같이 반복되는 음은 1정간 안에 2개의 음을 삽입하여 2분의 1 정의 길이로 축소된 양상의 악보이다. 20정간 노트에 기보된 율자 1음에 1박의 시가를 갖게 됨으로서 음악의 일정한 형식과 장단이 무너졌고, 전체 음악의 시간 길이가 단축되었다. 20정간 노트에 기보되기 전에 1931년에 입소한 아악생들은 이미 정간 없이 그림과 같은 악보로써 음악을 익혔다. 그리고 해방 후에 이왕직아악부 아악생 출신들에 의해 국립국악원이 설립되고, 체계적인 음악 전승을 위해 악보를 남긴 것이 현행의 20정간보인 셈이다.

4. 악장의 일률적인 기승전결법

조선의 종묘제례악은 ≪보태평≫ 11곡, ≪정대업≫ 11곡으로 이루어져 있음은 이미 설명했다. 이들 속악곡은 아악곡 4언 8구의 일정한 악장과는 달리 5언 4구, 4언 4구, 4언 6구, 4언 8구, 4언 10구, 4언 12구, 3언 6구, 3언 12구 등 다양하다. 악절은 가사의 1구가 끝날 때마다 박을 쳐서 박절로 삼았다. 5언 4구는 4박절, 6구는 6박절, 8구는 8박절, 10구는 10박절, 12구는 12박절이다. 그런데 이 모두를 기승전결 4박의 일률적인 박절을 만들면서 가사 배자의 규칙성은 그만 무너지고, 음악은 불규칙하게 변했다. 이것은 '아버지가 방에 들어가신다'를 '아버지 가방에 들어가신다'와 같이 무너진 것이다. 특히 6박, 10박의 음악은 4박으로 나누기에 쉽지 않았다. 현행의 종묘제례악은 기승전결 4박절의 나눔으로 인해 악장의 무너짐이 분명히 드러난다.

37) 국립국악원 국악연구실 편(1991), 『이왕직아악부와 음악인들』, 국립국악원, 83쪽.

4언 6구인 〈형가〉를 예로 보겠다.[38)]

〈표 11〉 〈형가(亨嘉)〉 4언 6구 박절과 기승전결의 박범

	〈형가〉 : 4언 6구	해석	현행 〈형가〉 박절	
1	오황성익(於皇聖翼)〈박〉	아! 거룩하신 익조시여!	기	오황성익지복〈박〉
2	지복궐벽(祗服厥辟)〈박〉	그 임금을 공경하고 삼가며 받들었네.	승	궐벽성도〈박〉
3	성도계지(聖度繼志)〈박〉	도조께서 그 뜻을 계승하시니	전	계지권의사독대형〈박〉
4	권의사독(眷倚斯篤)〈박〉	총애하고 의지함이 모두 돈독했네.	결	이가경명유복〈박〉
5	대형이가(大亨以嘉)〈박〉	크게 기쁘고 즐거운 모임에서		
6	경명유복(景命維僕)〈박〉	대명(大命)을 받으셨네.		

4언 6구의 〈형가〉는 6박으로써 4언의 가사 내용 전달이 분명하다. 그러나 현행 종묘제례악 〈형가〉의 가사는 기승전결의 4박 구조로 가사를 배자하면서 의미 전달을 할 수 없게 되었다. 4언 4구나 5언 4구의 악곡은 당연히 4박절의 음악이므로 적어도 박절이 무너지는 문제는 없다. 또 4언 8구 악곡은 본래는 8박이 되어야 하지만 2구씩 4박절을 사용하니 그나마 악장을 무너뜨리지는 않는다. 하지만 4언 12박인 〈귀인〉은 3구씩 묶어 4박절을 사용할 수도 있었을 텐데, 그러지 못하고 가사배자가 〈표 12〉와 같이 무너진다.

악장이란 곧 제목에 부합되는 의미를 갖고 있는 문장이다. 이러한 노래를 '아버지 가방에 들어가신다'와 같이 부르는 것이 현행 종묘제례악 악장가사 배자의 문제점이다. 이런 자연스럽지 못한 양상[39)]에서 의미를 찾거나 변화라는 말로 포장할 수 있겠는가? 음가(音價)를 잃은 이왕직아악부 악보 선율

38) 국립국악원 편(2003), 『국악전집八 : 종묘제례악(全)』, 국립국악원, 35-36쪽.

39) 남상숙(2009), 앞의 책, 200-202쪽.

〈표 12〉 〈귀인(歸仁)〉 4언 12구의 박절과 기승전결의 박범

	〈귀인〉 : 4언 12구	해석	현행 〈귀인〉 박절	
1	황의상제(皇矣上帝)〈박〉	위대하시도다 상제님!	기	황의상제 구민지막 내권오〈박〉
2	구민지막(求民之莫)〈박〉	백성의 안정을 구하셨네.		
3	내권오구(乃眷奧區)〈박〉	이에 오지를 돌보아 주시고자	승	구내천명덕 인불가 실우서경종 기종여시〈박〉
4	내천명덕(乃遷明德)〈박〉	곧 밝은 덕인(德人)을 옮기셨네.		
5	인불가실(仁不可失)〈박〉	인자(仁者)를 잃을 수 없어서	전	비아지사 비아지 사유〈박〉
6	우서경종(于胥景從)〈박〉	무리들이 그림자처럼 좇아갔네.		
7	기종여시(其從如市)〈박〉	추종자들이 저자를 이루는 듯하니	결	인지귀유 인 지귀탄 계홍 기〈박〉
8	비아지사(匪我之私)〈박〉	우리의 사사로움이 아닐세.		
9	비아지사(匪我之私)〈박〉	우리의 사사로움이 아니니		
10	유인지귀(維仁之歸)〈박〉	오직 인자를 따른 것이라네.		
11	유인지귀(維仁之歸)〈박〉	오직 인자를 따르니		
12	탄계홍기(誕啓鴻基)〈박〉	위대한 왕업을 크게 열었네.		

에 적절히 가사를 꿰어 맞추고, 이를 다시 기승전결의 4박절로 일괄 조작하였다. ≪보태화≫ · ≪향만년≫으로의 제목 변질, 악장가사 총 668자 중 184자의 변질과 함께 기승전결 4박절 악곡으로의 일괄적 변화는 조선조 종묘제례악의 고유성 파괴가 분명했다.

V. 종묘제례 일무의 변질

종묘제례 때의 춤은 일무(佾舞), 즉 줄 춤 형태로 춘다. 앞쪽에 8명이 횡렬로 가지런히 서면 그 뒤로 종렬 각 8명이 줄을 서서 8×8=64명이 정사각형을 이루게 되어 팔일무(八佾舞) 행렬이 된다. 팔일무는 황제가 사용할 수

있는 제사 및 공식회례 등의 의식용 춤양식이다. 일무는 계급에 따라 제한된 규모의 질서를 갖는데, 제후급에서는 육일무(六佾舞), 경대부급에서는 사일무(四佾舞), 사(士)급에서는 이일무(二佾舞)를 사용할 수 있다. 이것은 중국으로부터 계승한 조선 종묘제례악의 기초 이론이다. 그래서 조선이 독립국가를 표명한 고종과 순종황제 시절(1897~1910)에는 팔일무를 사용했고, 그전에는 중국에 대한 제후국의 예를 갖추어 육일무를 사용했다.

조선조 종묘제례 일무의 실상을 알 수 있는 무보(舞譜) 『시용무보(時用舞譜)』가 국립국악원에 전하고 있어서 옛 춤의 동작과 내용 및 진행 양상을 알 수 있다. 『시용무보』에는 『세조실록 · 악보』와 같이 궁상하(宮上下) 자가 춤그림 좌측에 기록되어 있고, 3 · 2 · 3 · 3 · 2 · 3의 정간을 묶은 대강(大綱) 속에 춤 모습이 아래와 같이 그려져 있다. 그림 옆에 붙은 글자는 동작을 지시하는 '술어'이다.

⇐

〔그림 7〕 시용무보 ≪정대업≫ 〈독경〉 16행 중 2행

〔그림 8〕 시용무보 ≪보태평≫ 〈희문〉 16행 중 2행

≪보태평≫ 11곡과 ≪정대업≫ 9곡의 무보가 있다. ≪정대업≫ 11곡 중 〈소무〉와 〈영관〉의 무보가 없고, ≪보태평≫ 중에는 〈귀인〉의 일부가 낙장되었다. 하지만 남아 있는 이 무보를 분석하면, ≪보태평≫은 춤동작 8술어·9술어·6술어의 조합으로 반복·구성되어 있다. 이를 8·8·6·9 무절(舞節) 조합이라고 한다.

8·8·6·9 무절이란 오른손을 움직이되 여덟 가지 동작 술어를 실행하고, 다음은 왼쪽손으로 오른손과 같은 여덟 가지 동작을 구사한다. 이것이 '8·8'이다. 다음은 여섯 가지 동작을 행할 때, 양손을 나란하게 동작하는 것을 '6'이라고 하고, 또 다음은 아홉 가지 동작을 양손이 대칭되도록 쌍을 이루어 행하는 동작을 '9'라고 한다. 즉 '8'과 '6'·'9'는 술어의 묶음을 말하며, 이 '8'이나 '6'·'9'를 하나씩의 무절로 정리한 것이 ≪보태평≫ 춤술어의 특징이다.

여기에 비해 ≪정대업≫은 신체를 중심으로 양팔 대칭동작이 '5' 이하의 숫자들로 무절을 이룬다. 1:1, 2:2, 3:3, 4:4, 5:5와 같은 술어의 조합이 사용된다. 이처럼 종묘제례악의 ≪보태평≫과 ≪정대업≫은 숫자에 의미를 두거나 그 춤의 모습(image : 形象)으로써 의미를 표현한다. 1~5의 숫자는 생수(生數), 6~10은 성수(成數)로 나누는데, 숫자 1~10까지를 음양의 이분한 것이다. ≪보태평≫의 춤술어가 6, 8, 9의 세 가지 무절을 갖는 것은 천지인을 대표하는 숫자를 취한 것이다. 또 3이라는 양의 특징을 표시한다. 반대로 ≪정대업≫은 동일 동작은 2회 반복하는 양식으로 2라는 음의 특징을 표시한다. 즉 음양과 천지인의 표기로써 종묘제례일무가 구성되었음을 나타낸다.

그런데 이런 모든 의미가 무시된 춤이 일제강점 초기에 종묘의례의 한 부분이 되었다. '삼방배(三方拜)'라는 양식이 그것인데, 조선의 음악기관인 장악원 악공 및 악생들을 해체하고, 일제강점기에 다시 정비된 이왕직아악부 내의 아악수의 숫자가 부족하여 일무를 춤출 인원은 처음부터 없었다. 그러나 춤이 없을 수 없는 것이 옛 제도이므로, 해당 제사 전날에 임시 방편으로 일반인 30여 명을 일무를 위해 임시고용(雇立樂手)하여 음악을 아는 아악수를 앞과 옆에 세워 두고 그들의 몸짓을 따라하게 했다.[40] 즉 이왕가의 제사에 사용할 춤은 고종황제의 8일에서 6일로 규모를 줄이고, 그 6일무를 출 사람도 아악부 안에 두지 않아서 제사일이 되면 임시고용인들을 모아서 본래의 춤은 무시하고, 세 방향으로 절하는 양식의 일무를 추게 했다. 이것이 일제 강점기 일무의 양상이다.

이런 세월이 1930년대 초까지 지속되었는데, 이왕직아악부의 악사장 김영제(金甯濟)[41]가 이를 재현할 뜻을 세웠다. 당시에 이왕직아악부에 소장되어 있던 『시용무보』를 기초로 조선조 종묘제례악의 일무 원형을 재현하고자 했다.[42] 그 결과물이 현행의 종묘제례 일무이다. 즉 1930년대 아악사장 김영제가 삼방배를 고쳐 조선의 춤으로 재현한 것이 오늘날의 종묘제례 일무인데, 일찍이 일제강점 초기에 무패턴·무절주 음악으로 변질된 종묘제례악에 춤그림을 적절히 배열한 모습이 현행 종묘일무이다. 김용과 이종숙에 의해 일무 왜곡의 문제점이 제기되고 있는 이유가 바로 여기에서 출발한다.[43]

---

40) 김천흥(1995), 『心韶金千興舞樂七十年』, 민속원, 70쪽.

41) 김영제(金甯濟·金寧濟, 1883~1954)는 근세조선(고종~일제강점기)의 국악 이론가이자 연주가이다. 충청북도 괴산군에서 출생하였고 호는 괴정(槐庭), 본관은 경주이다. 조선 말기 유명한 국악의 가문에서 태어났다. 순조 때 악사로 가야금과 정재춤의 명인으로 익종(翼宗)을 도와 공을 세운 김창하(金昌河)가 증조할아버지이고 초대 악사장을 지낸 가야금의 대가 김종남(金宗南)이 양(養)할아버지이며, 철종 때 가야금 명인 김종표(金宗杓)가 할아버지이다. 어려서 한문을 공부하였고 1897년 장례원 전악에, 1908년 궁내부 국악사에 임명되었으며, 1911년에는 이왕직 아악사로 임명되었다. 1928년에는 4대 아악사장을 역임했다. 국악 자료의 수집, 악서 편찬, 악보 정리, 악기 정리 등의 공이 있다.

42) 김천흥(1995), 앞의 책, 70쪽.

43) 김용(1998), 「時用舞譜 纂刊 年代考」, 『韓國音樂史學報』 제20집 ; 김용(2001), 「宗廟祭禮樂과 宗廟祭禮佾舞를 調和롭게 一致시키는 方法研究 : 現行宗廟祭禮樂과 時用舞譜의 〔保太平之舞〕를 중심으로」, 『한국음악연구』 제30호 ; 김용(2002), 「宗廟佾舞 術語 語法에 대한 理論的 考察」, 『韓國思想과 文化』 제17집 ; 김용(2003), 「宗廟佾舞의 舞具 把持法과 運手法 研究 : 時用舞譜의 舞的 構造原理를 中心으로」, 한국무용사학회 제2회 학술발표회(2003. 11. 28, 용인대 세미나홀) ; 이종숙(2002), 「時用舞譜의 舞節 構造分析과 現行 宗廟 祭禮佾舞의 비교 연구」, 용인대학교 박사학위논문 ; 이종숙(2003), 「종묘제례악 일제강점기 왜곡과정 연구」, 『이화사학연구』 제30집 ; 이종숙(2012), 앞의 책.

일제강점기 종묘제례 일무의 변질은 수리적(數理的) 의미와 음양의 사상성, 천지인의 구조적 특징을 모두 잃은 '삼방배'로부터 시작되었다. 그리고 이미 절주를 모두 잃어버린 상태의 음악에 춤그림을 적당히 배치하여 원형을 재현했다는 것이 현행 종묘일무의 양상이다.

VI. 맺는말

조선 조종(祖宗)의 제사악인 종묘제례악이 일본제국의 통치 아래에서 종합적으로 변질된 양상과 그 의미를 살펴보았다. 그 결과를 요약하면 다음과 같다.

① ≪보태평≫·≪정대업≫이 ≪보태화≫·≪향만년≫으로 이름을 바꾸었다. 이름의 변화는 그 가사 내용의 변화를 전제한 것이다. 하지만 일단 제목의 문제만 보더라도 변질의 양상이 심각하다. ≪보태평≫은 조선이 건국 과정에서 백성의 삶의 안정과 평화를 보전할 수 있도록 덕치(德治)를 편 태조 이성계와 태종 이방원의 이야기가 중심 내용이다. ≪정대업≫은 국가(조선)의 안정을 이루었음을 노래한 것이다. 그런데 ≪보태화≫는 태화(太和)=대화(大和)로 불리던 일본의 옛 국가 명칭을 사용하여 '일본제국을 보전하다'라는 뜻으로 바뀌었다. '태평'을 '태화'로 한 글자 바꾸었을 뿐이지만, 내용과 의미는 엄청난 변질이 이루어졌다. ≪향만년≫은 글자 그대로 '만년을 누리자'이다. ≪보태평≫·≪정대업≫은 문악(文樂)으로써 태평을 보전하고 무악(武樂)으로써 국가를 안정시키다라는 뜻이었는데, ≪보태화≫·≪향만년≫으로 인해 '일본을 보전하고 만년을 누리겠다'는 뜻의 염원까지 담은 제목의 변질이 이루어졌다.

② 악장의 가사 내용 변질이 있었다. ≪보태평≫·≪정대업≫을 ≪보태화≫·≪향만년≫으로 바꾼 것의 실상이 가사 내용의 변질로부터 시작됨을 밝혔다. 중광(重光)곡을 포함한 ≪보태평≫·≪정대업≫의 글자 수는 총 668자인데, 이 중 184자를 바꾸었다. 주로 바뀐 글자는 임금의 시호인 태종,

태조, 목조, 환조, 도조를 거론한 부분과 임금을 높여서 호칭하는 성황(聖皇)과 용(龍) 같은 글자들을 모두 '我祖(우리의 조상)'로 통일시켰다. 이런 글자 바꿈의 간단한 방법을 썼지만, 그 내용의 의미변화는 엄청나게 작용했다. 제목에서 '일본을 보전하고 만년을 누리겠다'는 뜻의 염원을 담았듯이 조선 역대 왕의 제향의식 중에 일본 천황가를 '우리조상(我祖)'으로 부르며 만년을 누리시라고 함께 염원해 준 꼴이 되었다.

한편 조선과 일본의 관계 속에서 일본을 낮추어 지칭하던 '도이(島夷 : 섬오랑캐)'라는 글자가 등장하는 노래는 악장 전체를 바꾸기도 하고 일부를 바꾸어서 전혀 다른 내용으로 만들었다. 물론 '만년'을 누릴 일본제국을 위해 노래하도록 하기 위함이었을 것이다. 조선 역대 왕조를 제사하게 하고, 실제로는 일본제국을 위해 정기적인 의식을 치르게 한 것이 일제강점기 조선조 종묘제례악 내용의 실상이었다.

③ 종묘제례악 음악의 문제는 크게 세 가지의 변화 및 변질의 양상을 살필 수 있었다.

첫째는 속악을 아악이라고 부르게 된 점이다. 종묘제례악 ≪보태평≫ · ≪정대업≫은 조선의 세종이 처음 계획할 때부터 "조상들이 평소에 듣던 음악을 제향에서 들려 드린다"는 취지에서 향악과 당악을 기초한 속악이라는 새로운 악곡을 제정한 것이다. 그리고 조선의 아악은 중국의 아악제도를 수용하여 주로 제사에 사용되는 악곡을 지칭하던 단어였다. 조선에서는 아악과 속악이 엄격히 구분되어 있었는데, 일제강점 후에 일본제국의 궁내부 소속 이왕직제가 발동하면서 일본식 아악제도를 수용하게 되었고, 그들과 유사한 의미로 이해되기 시작했다. 즉 일제강점기 아악은 제사와 잔치음악을 모두 포함하는 궁중음악이라고 이해하게 되었다.

둘째는 일제강점기에 들어서 악기 편성이 매우 소략화되었고, 『삼국사기』에도 거론되는 우리의 대표 향악기 가야금 · 거문고 · 향비파가 종묘제사 악현에 오르지 못하게 되어 오늘까지도 그것을 연주하지 않는 것이 전통이 되었다는 점이다. 제사음악에서 팔음을 갖춘다는 의미를 잃음은 물론, 소략한 악기 구성마저 일본 아악식 간겐 악대를 닮은 모습으로 변화된 양상이었다.

세 번째 문제점으로는 음악형식이 전체적으로 망가졌다는 것이다. 음악의 박자와 절주가 사라지고 선율의 음가를 잃게 되어, 조선시대 악보가 갖고 있던 천지인의 사상성과 음양적 구성 요소들이 온전히 무너져 버렸다. 오직 선율(요즘의 계이름)만 남았다. 이로써 조선시대 종묘제례악의 음악적 변질은 곧 그 고유성을 파괴되었음을 의미한다.

④ 마지막으로 음악을 형상화하는 춤인 종묘제례악 일무의 변질을 가져왔다. 악보에 표기된 춤그림 기록 『시용무보』는 춤술어의 수리(數理)를 통해 음양과 천지인의 동양 전통사상을 표현하는 방식이었다. 하지만 일제강점기의 이왕직아악부에는 일무를 춤출 인원을 처음부터 남겨 두지 않았다. 그래서 제향일 전날에 임시고용원을 뽑아서 일무대를 편성했다. 춤출 수 있는 사람이 아니라 일반인 중에 고용했으므로 음악의 악절을 아는 아악수 몇 명이 음악에 맞추어 세 방향으로 절을 하도록 인도하는 모습이었다고 한다. 이것이 소위 '삼방배'이다. 이것은 진정한 일무라고 할 수 없다. 이후 1930년대 초에 김영제 악사장은 절주가 없어진 음악에 『시용무보』의 춤그림 술어를 적당히 배열하여 일무를 조선의 춤으로 복원했다고 여겼다. 하지만 그림을 보고 춤을 재현하고자 한 노력은 가상했지만, 음악의 문제로부터 비롯된 종묘제례악 변질을 고려하지 않은 것이므로 춤을 더하여 종합적으로 왜곡된 양상을 갖게 되었다. 한편 그나마 당시의 재현 과정이 없었다면, 오늘날 그 춤의 맥락은 온전히 사장되었을지도 모른다. 그렇다고 왜곡을 조장한 것이 잘한 일은 분명 아닐 것이다.

일제강점기를 살아야 했던 악사와 악수, 악생의 고된 삶을 부인하려는 것이 아니다. 일제강점기 우리문화 말살의 문제가 현재로 계승되어 왜곡된 종묘제례악의 전반적인 양상으로 나타나 있고, 2003년 이후 일부 수정 노력이 있었으나 여전히 왜곡되어 변질된 그것이 오늘로 계승되어 올바름을 찾고자 하는 의논을 외면하고 있다. 이것이 중요무형문화재 제1호이자 세계무형문화유산으로 등록된 대한민국 종묘제례악 왜곡의 현황이라는 점이 안타까울 뿐이다.

일제강점기 궁중악무의 재현을 살피며

—〈무동정재(舞童呈才)〉의 〈향령무(響鈴舞)〉를 중심으로—

박태규

I. 들어가며

국립국악원과 국립예술자료원에는 각각 『이왕가고전조선무악(李王家古傳朝鮮舞樂)』과 〈무동정재(舞童呈才)〉[1]라는 자료가 남아 있다. 『이왕가고전조선무악』은 일본어로 작성된 일종의 해설서로 궁중악무인 〈춘앵전(春鶯囀)〉, 〈가인전목단(佳人剪牧丹)〉, 〈처용무(處容舞)〉, 〈향령무(響鈴舞)〉에 관한 내용이 간략하게 기록되어 있다. 〈무동정재〉는 1931년 원산프로덕션에 의해 제작된 무성영화 필름으로 〈향령무〉와 〈처용무〉의 영상이 담겨 있다. 그런데 흥미롭게도 〈무동정재〉의 영상에 담겨 있는 자막과 『이왕가고전조선무악』의

1) 국립예술자료원에 남아 있는 〈무동정재〉라는 필름은 고 김천흥 옹이 기증한 것으로 실재 영화제목이 〈무동정재〉였는지는 알 수 없다. 단지 자료명이 〈무동정재〉라고 되어 있기 때문에 편의상 〈무동정재〉로 표기하기로 한다.

내용이 같고 또한 『이왕가고전조선무악』의 마지막 장에 원산프로덕션(遠山プロダクション)이라는 기록이 보인다. 따라서 『이왕가고전조선무악』과 〈무동정재〉는 상호 유기적인 관계 속에서 서로를 연구하는 데 좋은 참고자료가 될 것으로 판단된다.

한국은 일제강점기라는 역사적 어려움 속에서 전통의 굴절과 변형 등 시련을 겪어야만 했다. 궁중악무 또한 예외는 아니어서 궁중예술로서 본래 지니고 있던 위상의 격하는 물론 각각의 종목이 지닌 의미와 상징이 축소되고 변질되는 등 큰 어려움을 겪었다. 그리고 당시의 어려움은 오늘날까지 영향을 미쳐 궁중악무의 전승상 다종다양한 문제를 유발시키고 있다.

경술국치 100년을 뒤돌아보며 한국 궁중악무의 원형과 순수성을 회복하기 위해서는 일제강점기의 변형에 대한 검토와 수정이 이루어져야만 한다. 또한 그에 앞서 해당 시기의 궁중악무를 둘러싼 환경적 변화 및 당시 재현된 궁중악무에 대한 면밀한 고찰이 선행되어야만 한다.[2] 본고는 이러한 시각에서 〈무동정재〉의 〈향령무〉를 예로 들어 일제강점기 궁중악무의 재현에 관해 생각해 보고자 한다.

II. 조선 말 궁중악무를 둘러싼 외적 환경

일반적으로 궁중악무인 정재는 약 56여 종목으로 알려져 있다. 그리고 이 정재들은 앞선 시대의 전통을 그대로 이어받거나 조선 전후기에 새로이 창작된 종목들로 구성되어 있는데, 특히 조선 후기 순조시대에는 23종에 달하는 정재가 새롭게 창작되기도 하였다.[3]

---

2) 일제강점기 궁중악무의 굴절과 변형 등에 관해서는 이전부터 날카로운 지적과 연구가 진행되었다. 일부를 적어 보면 이종숙(2003), 「종묘제례악 일제강점기 왜곡과정 연구」, 『梨花史學硏究』 제30권 ; 강인숙(2005), 「한국 근대 전통춤의 변모 양상과 그 원인」, 『대한무용학회논문집』 제43권 ; 이애현(2006), 「홀기(笏記)와 무의(舞儀)에 나타난 수연장(壽延長)의 변천 연구」, 『대한무용학회논문집』 제46권 등이 있다.

3) 김영희 · 김채원 · 김채현 · 이종숙 · 조경아(2014), 『한국춤통사』, 보고사, 196쪽.

예악사상을 표방한 조선은 건국 초기부터 장악기관을 설치하였다. 태조시대에 아악서(雅樂署)와 전악서(典樂署)·봉상시(奉常侍)·관습도감(慣習都監)의 네 기관이 설치된 이래, 태종 때에는 악학(樂學)이 새롭게 첨가되었다. 그후 예종 때인 1468년에는 장악원(掌樂院)이 설치되어 이것이 조선 말까지 이어져 내려오게 된다. 그러나 경술국치 이후 1911년 이왕직관제가 시행되면서 장악원은 사실상 해체되어 이왕직아악대(李王職雅樂隊)로 위상이 격하되었다가 1925년 이왕직아악부(李王職雅樂部)로 변화되고 만다. 원래 장악원은 악공(樂工), 악생(樂生), 관현맹인(管絃盲人), 무동(舞童), 여악(女樂) 등으로 구성되어 1900년 당시 규모는 약 722명에 달하였다고 한다. 그러던 것이 합방으로 인해 인원이 270여 명으로 감축되었으며 궁중의 여악도 폐지되었다. 이왕직아악대는 1915년 154명으로 규모가 축소된 후 1917년에는 57명만이 남아 그 명맥을 유지하게 된다.[4] 그리고 다시 1921년에는 상황이 더욱 악화되고 마는데, 이하 다나베 히사오(田邊尙雄)의 글은 당시의 상황을 잘 나타내 주고 있다.

> 재정 곤란에 빠진 지금 경영하고 있는 동물원이나 아악부 중 하나를 폐지해야 할 지경에 이르렀다. …총독부의 대답은 동물원은 대중에게 도움이 되지만, 이왕가의 아악 같은 것은 아무런 도움도 되지 못하므로 아악을 폐지하고 동물원을 남기라는 것이었기 때문에….[5]

장악원의 해체와 여악제도의 폐지는 궁중공연의 위축은 물론 이에 따른 예술인들의 자리 변동 및 감상 주체의 변화 등과 직결되었다. 여악이란 문

---

4) 이상 조선시대의 음악기관에 관한 명칭 및 규모에 관한 것은 송방송(1984), 『한국음악통사』, 일조각, 526-527쪽 ; 강인숙(2005), 앞의 논문, 4쪽에 의한다.

5) 田邊尙雄(1970), 『中國·朝鮮音樂調査紀行』, 音樂之友社, 28-29쪽 : 財政困難に陥り今やその經營するところの動物園かまたは雅樂部のいずれか一つを廢止するの止むなきに至った。(中略)總督府の答えには、動物園は民衆のために利益を及ぼしているが李王家の雅樂の如きは民衆には何の利益にもならないから、雅樂を廢止して動物園を殘せという意見であったので(以下者省略)。

자 그대로 '여성에 의한 악'으로, 노래 · 춤 · 악기 연주를 하는 여자를 여공인(女工人), 여령(女伶), 여악(女樂), 여기(女妓)라 하였다.[6] 궁중에서 악무를 담당한 것은 이와 같은 여령이었는데, 이들은 궁중의 내외연에서 노래와 악무를 공연하는 것[7] 외에도 외국의 사신을 위한 연향이나 각 지방의 공식행사에서도 공연 활동을 펼쳤다.

그러나 음악기관의 축소와 해체로 궁중과 지방의 공식행사에서 밀려난 여령들은 생계를 위해 궁중 이외의 장소에서 자신들의 기예를 펼칠 수밖에 없었다. 조선왕조의 대규모 행사를 통해 여령들이 궁중악무를 공연한 것은 1923년 3월 25일 순종황제 탄신 오순을 기념해 창덕궁 인정전에서 거행된 진연이 마지막으로,[8] 이후 궁중연향과 더불어 여령들에 의한 궁중에서의 공연은 일제강점기에 맥이 끊기고 만다.

일제강점기 궁중악무의 변형을 논할 때 간과할 수 없는 것은 정치적 · 사회적 · 문화적 변화에 따른 위상 및 공연 환경의 변화이다. 주지하는 바와 같이 조선의 의례는 상황에 따라 달라지기는 하지만 규범화된 형태가 정해져 있었다.[9] 규범화된 형태를 구체적으로 살펴보면, 각 의례에는 목적과 성격 · 절차에 따라 그에 적합한 악대가 주악을 담당하였고, 진연의 경우 출궁－배례－작헌례－진탕－진찬－진화－진대선－진소선－환궁－예필을 골자로 하여 의례 중간 음악과 정재가 올려졌다.[10] 여기에서 중요한 것은 음악과 정재가 의례 중간에 연행되었다는 점인데, 이것은 음악과 정재가 단순한 오락이 아닌 의례의 일부로서 인식되고 또한 기능하였다는 것을 의미한다. 하나의 의례는 한 공동체가 지향한 이상이 담겨 있으며 국가와 왕실의 행위양

---

6) 여악에 관해서는 김종수(2002), 「조선전기 여악연구」, 『한국공연예술연구논문선집』 제6호, 173-175쪽 ; 이혜구(1976), 『한국음악논총』, 수문당, 309-311쪽 등 참조.

7) 이혜구(1976), 앞의 책, 309-311쪽.

8) 순종 탄신 오순 경축 기념연에 관한 연구로는 이수정(2016), 「순종 탄신 오순 경축 기념연의 무동정재와 음악」, 『무용역사기록학』 제42권 ; 이종숙(2016), 「순종 탄신 오순 만찬연의 무동정재 연구」, 『무용역사기록학』 제42권 등이 있다.

9) 이수정(2016), 앞의 논문, 68쪽.

10) 이수정(2016), 앞의 논문, 68쪽.

식을 구체적으로 드러내는 '지표'와 같은 유의미한 내용과 상징이 포함되어 있다.[11] 또 의례란 사람과 사람(間)의 관계와 질서 및 그에 수반되는 행위들을 세부적으로 규정하므로 그것이 품고 있는 내재적 외부적 질서는 국가와 왕실이 추구하고자 하는 이상과 지향을 보여 준다.[12] 따라서 의례는 쉽게 변하거나 변화시킬 수 없는 것으로 국제정치 상황에 따른 외압적 변형은 일국의 정체성을 흔드는 중대 사안임이 틀림없다.

그런데 일제강점기에 이루어진 순종황제 탄신 오순 경축연은 지금까지의 연향의례와 여러 면에서 차이를 보였다. 이수정의 연구에 의하면 당시의 오순연은 정전 앞마당을 비워 두고 행각에서 연회가 진행되어 악대 배치가 조선식 전정헌가도 등가도 아니었으며, 또한 의례 중간에 음악과 무용을 헌상하던 것과는 달리 행사 이후에 진행하였다고 한다.[13] 이것은 예악사상을 바탕으로 한 조선 의례문화의 변형은 물론 '국가의례의 일부'로 기능하던 궁중악무가 의례에서 분리되어 일종의 '여흥'으로 위상이 달라졌음을 의미하는 것이라 할 수 있다. 문자 그대로 의례란 일정한 법식을 기준으로 한다. 이에 반해 여흥은 흥을 돋우기 위한 것으로 법식을 필요로 하지는 않는다. 일제강점기 궁중악무의 변형 등을 논할 때 결코 묵과할 수 없는 것 중 하나가 바로 이 의례에서 여흥으로의 위상 변화라 할 수 있는데, 의례에서 여흥으로의 위상 변화는 단절된 궁중악무의 재현에도 일정 부분 영향을 미쳤을 것으로 생각된다.

한편 일제강점기 궁중에서의 연향 등이 단절됨에 따라 왕립기관에 소속되어 있던 여령들은 본래의 공연장을 잃고 생계를 위해 일반인을 상대로 무대에 서게 되었다. 궁중 밖으로 나온 여령들에 의한 최초의 공연은 소춘대유희(笑春臺遊戲)이다.

---

11) 송지원(2011), 「정조대 의례 정비와 『春官通考』 편찬」, 『규장각』 제38집, 100쪽.

12) 송지원(2011), 앞의 논문, 100쪽.

13) 이수정(2016), 앞의 논문, 68쪽.

協律社(廣告)

본사에서 笑春臺遊戱를 금일 위시하오며… 등표는 황지상등표에 가금이 일 원이오 홍지중등표에 가금 칠십 전이오 靑色紙하등표에 오십 전이오니 완상하실 내외국검자 조정래임하시되….

1902년 12월 2일 協律社 告白[14)]

소춘대유희가 공연된 곳은 최초의 근대식 극장 협률사(協律社)였다. 1902년 설립된 협률사는 한국 최초의 실내극장으로, 원래는 고종황제의 재위 40주년 칭경예식을 위하여 세운 황실극장이다. 그러나 그해 역병이 돌아 칭경예식이 다음 해로 미루어지자 일반 공연을 할 수 있도록 하였고, 그 첫 번째 공연이 바로 유료공연인 소춘대유희였다. 이후 협률사는 1906년 관인구락부로 명칭이 바뀌게 되는데, 관인구락부에서도 여령들에 의한 공연이 자주 연행되었다. 대표적인 것이 1907년 경성고아원의 경비보조를 위한 자선공연으로, 이때 여령들은 〈검무〉와 〈가인전목단〉·〈선유락(船遊樂)〉·〈항장무(項莊舞)〉·〈포구락(抛毬樂)〉·〈무고(舞鼓)〉·〈학무(鶴舞)〉 등을 연행하였다. 그런데 흥미로운 것은 당시 연행된 궁중악무의 종목과 출연자의 일부가 1901년 연행된 고종황제 탄신 50주년 기념 진연과 일치한다는 것이다.[15)] 송방송의 연구에 의하면 『고종신묘진연의궤(高宗辛卯進宴儀軌)』와 1907년의 자선공연을 비교해 볼 때, 1901년 진연에서는 위의 자선공연에 〈항장무〉가 더해져 공연되었으며 출연자 중 일부가 자선공연에 발기인으로 참가하였다고 한다.

궁중 밖에서의 여령들의 공연 활동으로 인해 한국의 궁중악무는 자연 소멸되는 일 없이 그 명맥을 유지할 수 있었다.[16)] 그러나 공연 기회나 공간의

14) 『황성신문』 1902. 12. 4.자.

15) 이하 고종황제 탄신 50주년 기념공연과 1907년 자선공연의 관련성에 관한 내용은 송방송(2008), 『한국전통음악의 전승양상』, 보고사, 423-463쪽에 의한다.

16) 물론 당시 궁중 외의 장소에서 궁중악무를 공연한 것은 장악원이나 교방에 소속되어 있던 여령들만은 아니었다. 이 여령들 외에도 일정 기간 전문교육을 받은 기예

축소, 출연 인원의 감소 및 전통예술의 상업화 등 많은 변화를 겪어야만 했고, 그러한 소용돌이 속에서 궁중악무는 춤사위의 변형이나 축소, 증대 등의 치명적인 굴절 또한 겪어야만 했다.[17] 그뿐만 아니라 기울어 가는 국운과 함께 전승이 단절되었다가 다시 복원되고 재현되는 과정에서 재차 변형되는 경우 또한 있었다.

III. 〈향령무〉의 재현 양상

1. 〈향령무〉에 내재된 함축적 의미

〈향령무〉는 순조시대에 새롭게 창작된 것으로, 그림처럼 6명의 무원(舞員)이 연행을 한다. 〈향령무〉에 관한 첫 기록은 1828년 『순조무자진작의궤(純祖戊子進爵儀軌)』에서 볼 수 있다.

> 또한 금령 10개를 나누어 좌우의 손에 묶고 박자에 맞추어 손뼉을 치며 돌면 소리가 나는데, 이름을 향령이라고 한다. 무동 1명이 앞에 있고 1명은 뒤에 있으며, 또 4명이 두 대가 되어 그 뒤에 있는다. 각각 방울을 좌우의 손가락에 매달고 모두 북향하여 음악의 박자에 맞추어 따라 향령을 흔들면서 춤춘다.[18]

이것에 의하면 〈향령무〉라는 악곡명은 '향령'에서 유래한 것으로, 향령이란 일종의 방울과 같은 무구이다. 향령을 흔들어 방울소리를 내는 것이 특징으로, 〈향령무〉는 여령에 의해서도 무동에 의해서도 연행되었다. 단 여령

인(技藝人)에 의해 궁중악무가 공연되었음은 주지의 사실이다.

17) 강인숙(2005), 앞의 논문, 5-6쪽.

18) 원문 : 又以金鈴十枚, 分絡左右手, 隨拍抃轉有聲, 名曰響鈴. 舞童一人在前, 一人在後, 又四人作二隊, 在其後, 各繫鈴於左右手指, 並北向, 隨樂節, 搖響而舞. 원문 및 번역은 이의강 책임번역(2006), 『국역 순조무자진작의궤』, 보고사, 308쪽.

〔그림 1〕『순조무자진작의궤』의 〈향령무〉

과 무동은 동작 등에서 차이를 보이고 있다. 『순조무자진작의궤』 외에 〈향령무〉에 관한 기록은 여령과 무동을 합해 총 8종의 홀기[19]와 『헌종무신진찬의궤(憲宗戊申進饌儀軌)』, 『고종신축진찬의궤(高宗辛丑進饌儀軌)』, 『고종신축진연의궤(高宗辛丑進宴儀軌)』, 『고종임인진연의궤(高宗壬寅進宴儀軌)』 등에서 볼 수 있다. 이 중 〈무동정재〉의 영상처럼 무동에 의한 공연 기록이 남아 있는 것은 『외진연시무동각정재무도홀기(外進宴時舞童各呈才舞圖笏記)』와 『외진연시무동각정재무도홀기(辛丑)』, 『무동각정재무도홀기(舞童各呈才舞圖笏記)』의 3종과 『순조무자진작의궤』 외 『고종신축진연의궤』, 『고종임인진연의궤』 등이다.

주지하는 바와 같이 춤의 진행순서 및 동작, 음악과 창사를 보다 상세하게 기록한 것은 홀기이다. 〈무동정재〉를 기록하고 있는 홀기 3종 중 연대가 가장 빠른 것은 『외진연시무동각정재무도홀기』이다. 『외진연시무동각정재무도홀기』는 1894년의 궁중연향에 관한 기록으로 추정되며, 『외진연시무동각정재무도홀기(신축)』는 1901년의 기록으로 추정된다. 『무동각정재무도홀기』의 경우는 정확한 연대는 알 수 없으나 당시 공연된 〈향령무〉의 창사에 '유원종금왕모수(惟願從今王母壽)'라고 기록되어 있는 것으로 보아 자전(慈殿)과 관련된 연향의 홀기로 시기적으로는 1901년 이전 것으로 추측된다.[20]

19) 1901년 고종황제의 50세 탄신 축하 연향을 기록한 『외진연시무동각정재무도홀기(辛丑)』는 한문과 한글로 각각 기록되어 있다.

20) 성무경 · 이의강 책임번역(2005), 『완역집성 정재무도홀기』, 보고사, 778쪽.

이하 『외진연시무동각정재무도홀기』의 순서와 그에 따른 음악 및 창사를 적어 보면 다음과 같다.[21)]

〈표 1〉 〈향령무〉의 순서 및 창사

『외진연시무동각정재무도홀기』	창사	비고
음악은 〈악주축성인지곡(樂奏祝聖人之曲)〉을 연주한다. 계락[22)]이다(樂奏海之屋添壽之曲 界樂).		『외진연시무동각정재무도홀기(신축)』[23)]에는 악곡 아명(雅名)이 〈축성인지곡(祝聖人之曲)〉으로, 『무동각정재무도홀기』[24)]에는 〈옥련환(玉連環)〉으로 되어 있다.
박을 친다. 무인 6명이 염수하고 족도하면서 나아간다(拍 舞六人 斂手足蹈而進).		『외진연시무동각정재무도홀기(신축)』, 『무동각정재무도홀기』도 동일하다.
박을 친다. 척요를 네 차례 한다. 음악이 그친다(拍 尺腰四次樂止).		『외진연시무동각정재무도홀기(신축)』는 동일하나 『무동각정재무도홀기』는 '봉심(捧心)'을 네 차례 한다.
박을 친다. 계락을 연주한다. 모두 좌우로 수수쌍불하고 악절에 맞추어 〈무두사〉를 창한다(拍 界樂 並左右垂手雙拂 隨樂節響鈴 唱務頭詞).	옥전 요궁에 관현악이 연주되니 신선들이 늘어섰네. 봉황 무늬 적삼과 기린 무늬 띠에서 향내 흩날리며 너울너울 춤추네. 오직 원하는 건 군왕께서 수를 누리시어 길이 하늘과 나란하시고 봄바람이 살며시 부는 온갖 꽃 앞에서 만만년 즐기옵소서(玉殿瑤宮奏管絃, 列神仙,	『외진연시무동각정재무도홀기(신축)』는 동일하나 『무동각정재무도홀기』에는 '유원종금왕모수(惟願從今王母壽)'로 되어 있다.

21) 이하의 인용은 성무경 · 이의강 책임번역(2005), 앞의 책, 195-198쪽에 의한다.

22) 계락은 가곡의 곡목으로 유유자적하고 흥겨운 노래이다.

23) 『외진연시무동각정재무도홀기(신축)』에 관한 내용은 성무경 · 이의강 책임번역(2005), 앞의 책, 514-517쪽에 의한다.

24) 『무동각정재무도홀기』에 관한 내용은 성무경 · 이의강 책임번역(2005), 앞의 책, 843-845쪽에 의한다.

	鳳杉麟帶拖香烟, 舞翩翩, 惟願從今君王壽, 永齊天, 春風澹蕩百花前, 萬年年).	
마친다. 박을 친다. 왼쪽으로 조금 돌리고, 오른쪽으로 조금 돌리면서 합선하고 악절에 맞추어 향령을 울리며 〈중박사〉를 창한다(訖 拍 左小轉 右小轉 合蟬 隨樂節響鈴 唱中拍詞).	요지에 꽃들이 활짝 피어 수놓은 병풍처럼 펼쳐 있는데, 멀리 푸른 하늘에서 내려오는 난취소리 들리네. 비경이 새로운 곡에 맞추어 춤추는데, 연리지의 쌍고리에 백자령을 손에 들었네(花暖瑤池敞繡屛, 逈聞鸞吹下靑冥, 飛瓊試舞新翻曲, 連理雙環百子鈴).	『외진연시무동각정재무도홀기(신축)』는 동일하나 『무동각정재무도홀기』에는 중박사(中拍詞)가 생략되어 있다.
마친다. 박을 친다. 좌타장·우타장을 하고, 좌정수·우정수·합정수를 하고 악절에 맞추어 향령을 울리며 〈미후사〉를 창한다(訖 拍 左打場 右打場 左呈手 右呈手 合呈手 隨樂節響鈴 唱尾後詞).	자줏빛 옷소매로 악절에 맞추어 금방울 흔드니, 바람에 눈송이처럼 꽃잎 날리는 곳에 화려한 연회를 열었나이다. 아름답게 나는 봉황을 타고 구름 속에서 이르고, 손뼉 쳐 길들인 신령스런 거북 타고 바다 건너옵니다. 박을 치는 소리에 원추리 싹을 북극에 드리니 곡조 소리에 난초 잎새 남해에 자라납니다. 동궁은 다시 색동옷 만들어 입고 춤추며 해마다 만세를 기원하는 술잔을 친히 올립니다(紫袖金鈴赴節催, 回風吹雪錦筵開, 翔隨彩鳳乘雲至, 抃學神鰲駕海來, 拍裡萱芽呈北極, 曲中蘭葉長南陔, 靑宮更作班衣舞, 歲歲親擎萬歲杯).	『외진연시무동각정재무도홀기(신축)』는 동일하나 『무동각정재무도홀기』에는 미후사(尾後詞)가 생략되어 있다.
마친다. 박을 친다. 손을 여미고 족도하여 물러난다. 음악이 그친다(訖 拍 斂手足蹈而退 樂止).		『외진연시무동각정재무도홀기(신축)』, 『무동각정재무도홀기』도 동일하다.

앞에서 언급한 바와 같이 〈향령무〉는 무원 6명이 각각 두 손에 향령을 들고 추는 춤으로, 이에 수반되는 음악은 가곡 〈계락(界樂)〉이다. 대략적인 구성은 초두에 무두사(務頭詞)를 부른 후 좌우로 방향을 바꾸거나 하면서 악절에 맞추어 향령을 울리고 중박사(中拍詞)를 부르며 계속 춤추다가 다시 미후사(尾後詞)를 부른 뒤 퇴장하는 것으로 되어 있다.

〈향령무〉에 내재된 함축적 의미를 단적으로 보여 주는 것은 창사이다. 위에 인용한 바와 같이 무두사에는 "오직 원하는 건 군왕께서 수를 누리시어 길이 하늘과 나란하시고 봄바람이 살며시 부는 온갖 꽃 앞에서 만만년 즐기옵소서"라는 구절이 나온다. 그뿐만 아니라 미후사에는 "해마다 만세를 기원하는 술잔을 친히 올립니다"라는 구절 또한 나온다. 즉 〈향령무〉는 임금의 장수를 기원하고 축수하기 위한 춤이라 할 수 있다. 단지 무동이 춤을 춘 세 종류의 홀기, 즉 『외진연시무동각정재무도홀기』와 『외진연시무동각정재무도홀기(신축)』 그리고 『무동각정재무도홀기』를 비교해 보았을 때, 전자의 두 기록이 대부분 일치하고 있음에 반해 『무동각정재무도홀기』는 무두사의 창사가 군왕에서 왕모로 바뀌어 있고 중박사와 미후사가 생략되어 있다. 이 중 군왕에서 왕모로 창사가 바뀐 것은 연향의 주체가 군왕이 아니라 왕모였기 때문일 것으로 판단된다. 그리고 창사를 생략해 짧게 공연한 것은 연향의 성격이나 상황에 맞게 유동성을 발휘한 것이라 볼 수 있다. 그러나 중요한 것은 그럼에도 불구하고 〈향령무〉가 지니고 있는 가장 중요한 의미, 즉 군왕이나 황실을 송축하는 함축적인 기능에는 변함이 없었다는 점이다. 일제강점 이전 궁중악무로서 〈향령무〉에 관한 마지막 기록이 보이는 것은 1902년 『고종임인진연의궤』이다. 그리고 일제강점 이후 1930년대에는 아악사(雅樂師) 이수경(李壽卿)의 지도에 의해 〈향령무〉가 전수되었다고 한다. 물론 이수경의 지도하에 본 영상이 촬영되었는지는 알 수 없다. 어쨌든 〈무동정재〉를 통해 1931년의 〈향령무〉를 확인할 수 있는데, 그렇다면 당시의 〈향령무〉는 과연 어떠한 모습을 하고 있을까.

2. 〈무동정재〉의 〈향령무〉

알려진 바에 의하면 〈향령무〉는 창덕궁 인정전에서 촬영된 것이라고 한다. 먼저 영상을 살펴보면 성장을 한 악사들이 자리하고 있는 곳에 무동 6명이 화관을 쓰고 손에는 길게 늘어진 향령을 들고 등장한다. 그리고 이어 박이 울리면 손을 모으고 무대로 나와 척요를 한다. 척요 후 무인들은 팔동작을 하는데 먼저 왼손 1번, 오른손 2번, 다시 왼손 1번, 오른손 1번, 양손 1번의 순서로 한다. 양손을 올렸다 내리며 왼쪽으로 몸을 돌려 비슷한 동작을 반복한 후 다시 반대 방향으로 몸을 돌려 손동작을 반복한다. 다시 정면을 향해 선 후 합선(合蟬)을 해 향령을 울린다. 다시 왼쪽으로 돌아 왼손 1번, 오른손 1번, 양손 1번 하는 식으로 손을 들어 향령을 울린다. 방향을 바꾸어 반복한 후 정면을 향해 왼쪽 1번, 오른쪽 1번, 양손 1번, 왼쪽 2번, 오른쪽 1번, 양손 1번을 반복하며 향령을 울린 후 왼쪽으로 돌아 합선을 한다. 정면을 향해 합선을 한 후 좌타장(左打場), 우타장(右打場), 좌정수(左呈手), 우정수(右呈手), 합정수(合呈手)를 한다. 이후 손을 모으고 물러나면 박이 울린다.

그런데 〈무동정재〉의 이상의 진행절차 및 동작을 통해 볼 때, 우선 초두 부분의 수수쌍불(垂手雙拂)동작이 팔을 약간 들어 향령을 울리는 동작으로 바뀌었음을 알 수 있다. 수수쌍불이란 두 팔을 한일자로 벌려 위로 들었다가 다시 뒤로 여미는 동작을 말한다. 그러나 〈무동정재〉의 무인들은 수수쌍불이 아닌 손목을 약간 들었다 내리는 정도로 향령을 울리고 있다. 앞에서 살핀 바와 같이 〈향령무〉에 관한 춤동작 등 보다 자세한 기록을 볼 수 있는 것으로는 8종의 홀기가 있다. 그런데 그중 앞부분에 수수쌍불이 기록되지 않은 것은 『무동각정재무도홀기』뿐으로, 이외의 7종에는 공동적으로 수수쌍불이 기록되어 있다. 또한 기록에 의하면 무두사를 창하게 되어 있다. 그러나 〈무동정재〉의 〈향령무〉에서는 이 부분 창을 하지 않고 있다. 물론 〈무동정재〉는 무성 필름이다. 따라서 음향을 확인할 수는 없다. 그러나 화면상 무동들이 입을 굳게 다물고 있는 것으로 보아 창을 하지 않고 있음을 알 수 있다. 이후 합선에서는 중박사를, 마지막 부분의 합정수 동작에서는 〈미후사〉

를 창하게 되었다. 그러나 〈무동정재〉에서는 마찬가지로 합선 부분에서도 창을 하지 않고 있다. 무동들이 창을 하고 있는 듯이 보이는 부분은 마지막의 합정수 부분으로 손을 모으고 족도하여 뒤로 물러나기 전에 입을 움직이는 화면이 보인다. 물론 창사에 관한 한 『외진연시무동각정재무도홀기』에서도 중박사와 미후사가 생략된 바 있다. 또한 『순조무자진작의궤』에도 "정재만 올리고 노랫말을 창하지 않았기 때문에 기재하지 않는다"[25]라고 되어 있어 창사 자체가 생략된 것은 그리 특기할 만한 일은 아니다. 그러나 창사가 생략되었다 하라도 국왕의 장수를 기원하고 축복하는 무두사가 아닌 그 외의 부분으로 가장 중요한 부분인 초두의 무두사만은 대부분 불렀던 것으로 기록되고 있다. 일례로 이미 국운이 기운 상태에서 민생을 염려해 고종이 연향을 허락하지 않아 어렵게 열린 1902년의 진연에서도 무두사를 비롯한 창사가 모두 불렀다. 그렇기 때문에 만일 〈무동정재〉에서 초두가 아닌 뒷부분에서 창사를 하였다면 과연 어떤 내용의 창사가 불렸는지 궁금하지 않을 수 없다.

앞에서도 밝힌 바와 같이 1930년대 당시 〈향령무〉는 이수경에 의해 전수되었다고 한다.[26] 거문고의 명인으로 알려져 있는 이수경은 1892년 장악원에 들어가 1913년 아악수장(雅樂手長)을 거쳐 아악사를 역임하였다. 그는 연주가이면서 동시에 무동으로 활동한 경력이 있어 궁중정재에도 뛰어났다고 한다. 그러한 까닭에 〈향령무〉가 이수경을 통해 전승될 수 있었던 것인데, 단 일제강점이라는 특수한 상황 속에서 〈향령무〉가 원형을 얼마나 잘 보존하고 있으며 그것이 지닌 함축적 의미가 얼마나 잘 전달되었는가, 다시 말해 얼마나 충실하게 재현되었는가 하는 것은 되짚어 보아야 할 문제임이 틀림없다.

〈향령무〉는 1902년 『고종임인진연의궤』에 기록된 후 1923년 순종황제 탄신 50주년 기념 연향에서 공연되기까지의 약 20여 년간 거의 전승이 단절된

---

25) 이의강 책임번역(2006), 앞의 책, 308쪽.

26) 장사훈(1977), 『한국전통무용연구』, 일지사, 325-326쪽 참조.

것이나 마찬가지였다. 당시 이왕직아악부 소속 무동으로 1923년의 연향에 참가한 성경린의 기록에 의하며 조선 왕가의 붕괴로 궁중에서의 연향이 사라지자 연향의 주역이던 여령들 또한 궁중에서 사라져 정재의 전통은 단절 일보 직전에 있었다고 한다.[27] 그러다 궁중에서의 마지막이 된 순종황제 탄신 50주년 기념 연향이 계획되자, 무동과 무원을 선발해 정재를 익히게 하였다. 이때 공연이 계획된 정재는 〈처용무〉와 〈향령무〉 등을 비롯해 10여 종이었다고 하는데, 문제는 20여 년 가까이 연향이 이루어지지 못했던 까닭에 정재의 춤사위나 복식, 의물 등을 정확하게 전승하고 있는 악인이 없었다는 것이다. 이에 김영제, 함화진, 이수경 등이『악학궤범』등의 문헌을 참고로 모든 것을 새롭게 만들어 낼 수밖에 없었다. 성경린의 다음과 같은 글은 당시의 상황을 잘 나타내 주고 있다.

> 〈처용무〉에 관한 한 전래하는 꼬투리가 한 가지도 없는 모양이었다. …무슨 본보기가 있으면 제작의 과정이 훨씬 빨라질 텐데 없으니 일일이 문헌을 상고해서….[28]

즉 1923년 궁중연향에서 펼쳐진 정재공연은 기울어 가던 조선왕조의 붕괴와 합방으로 인해 일시적으로 단절되었던 것을 당시 이왕직아악부에 소속되어 있던 악인들이 문헌기록을 바탕으로 재현해 낸 것이라고 한다. 상기의 인용문은 〈처용무〉와 관련된 내용이지만, 일시적으로 전승이 단절되어 원형을 알 수 없게 된 정재는 비단 〈처용무〉만이 아니었다. 〈향령무〉 또한 같은 맥락에 위치해 1902년 진연에서 공연된 후 1923년에 다시 궁중무대에서 공연되기까지 전승이 단절되어 이수경에 의해 새롭게 재현되는 과정을 거쳤을 것으로 보인다. 실질적으로 궁중악무의 단절이 없었다면 재현의 과정 또한 불필요했을 것이다. 〈향령무〉를 포함한 궁중악무의 재현 과정은 일제강

27) 이흥구 · 손경순(2010),『한국궁중무용총서 8』, 보고사, 342-348쪽에 수록된「궁중정재(宮中呈才)의 재현 : 성경린의 나의 인생(人生)「노을에 띄운 가락」의 기록」참조.

28) 이흥구 · 손경순(2010), 앞의 책, 345쪽 재인용.

점기 궁중악무의 굴곡진 전승사의 한 단면이 아닐 수 없다.

VI. 나오며

일국의 오랜 전통과 문화를 대표하는 궁중악무는 단순한 예술로서가 아닌 그 이상의 의미를 지니고 있다. 왜냐하면 궁중악무는 당대의 정치는 물론 사상, 종교, 사회, 생활상 등에 이르기까지 다양한 요소를 종합적으로 내포하고 있기 때문이다. 특히 조선은 예악사상을 바탕으로 초기부터 왕립음악기관을 설치·운영하였으며, 그 관리하에 있던 정재는 궁중문화의 정수이자 표상이나 다름없었다. 순조시대에 새롭게 등장한 〈향령무〉 등의 궁중악무는 당대의 정치상을 그대로 반영해 왕권을 강화하려는 의도가 담겨 있었다. 따라서 그 춤사위나 창사는 그 하나하나에 깊은 의미가 함축되어, 춤동작이나 창사 등에 변화가 생길 경우 춤이 지니고 있는 본래의 의미나 기능에 차질이 생기는 것은 지극히 당연한 일이다. 다시 말해 당대의 정세와 문화지형 및 가치관을 대변하는 궁중악무를 바르게 이해하고, 또한 그것을 통해 당대를 투사하기 위해서는 재현된 것이 아닌 본래의 것을 전승해야만 했다.

이러한 부분에서 한국은 역사적 굴곡으로 인해 치명적인 손상을 입었고 오늘날까지 그 잔상이 남아 전통문화의 계승과 전승에 많은 논란을 불러일으키고 있다. 경술국치 100년을 돌아보며 짙은 잔상 속에서 굴절되고 변형된 궁중악무의 원형을 바로잡아야만 할 것이다.[29)]

---

29) 이 글은 「韓國の宮中樂舞に關する硏究：日本の強制占領期の〈響鈴舞〉と〈處容舞〉の屈折を中心に」라는 제목으로 『日本文化硏究』 제37집(동아시아일본학회, 2011)에 발표되었던 것을 발췌·수정·보완한 것임을 밝혀 둔다. 이 글의 수정·보완에 이종숙 박사의 도움이 있었음을 밝혀 둔다.

1910년대 일본인의 조선음악 연구
—가네쓰네 기요스케의 「조선의 음악」을 중심으로—

이지선

I. 머리말

이 글은 1910년대 일본인에 의해서 행해진 조선음악 연구를 살펴보는 것이다. 일본인에 의해 작성된 글이나 저서는 기본적으로 일본인을 독자로 한다. 따라서 집필 내용의 정확성이나 저자의 시각에 따라서 조선음악에 익숙하지 않은 일본인에게 올바른 정보가 전달되기도 하고 부정확하거나 왜곡된 정보가 주입되기도 한다. 일제강점기에 일본인에 의한 조선음악 조사 결과는 오늘날까지 수용되고 활용될 수 있기 때문에 그 내용이 어떠한지에 대해서는 면밀한 검토가 필요하다.

일제강점기에 조선음악을 조사한 대표적 인물로는 가네쓰네 기요스케(兼常淸佐 · 1885～1957, 1912년경 조사), 다나베 히사오(田邊尙雄, 1921년 조사), 이시카와 요시카즈(石川義一, 1920～1930년대), 다카하시 도루(高橋亨, 1930년대), 야마다 사나에(山田早苗, 1920~1930년대), 히타카 에이스케(日高英介, 1930년대 말) 등이 있다. 이 중 본고에서 대상으로 삼는 1910년대에 활약한 인물은 가네쓰네 기요스케이다.

1912년경에 조선음악을 조사한 가네쓰네 기요스케는 일제강점기 최초의 조선음악 연구자이다. 그럼에도 불구하고 지금까지 다나베 히사오의 연구에 가려져 거의 주목받지 못했고,[1] 최근 일본인의 국악연구를 다룬 논문에서도 가네쓰네의 연구에 대한 언급은 찾아볼 수 없다.[2] 그러한 가운데 우에무라 유키오(植村幸生)는 가네쓰네의 조선음악 조사에 관한 논문을 『가네쓰네 기요스케 저작집(兼常清佐著作集)』에 게재하고,[3] 이를 같은 해 한국에서 열린 학술대회에서 발표했다.[4] 우에무라의 연구는 가네쓰네의 조선음악 연구를 학계에 소개하고 그의 연구 성격과 의의에 대해 밝히고 있는 점에 매우 유의미하다. 하지만 가네쓰네의 연구를 전반적으로 간략하게 다루고 있을 뿐 구체적인 내용은 심도 있게 고찰하고 있지 않다.

본고에서는 가네쓰네가 조사한 조선음악의 내용이 어떤 것인지를 구체적으로 살펴보고, 그 연구의 특징 및 그의 조선음악에 대한 인식을 파악하고자 한다.

---

1) 이왕직아악부 관계자의 회고록에서도 다나베 히사오를 '조선음악의 은인'이라고 하며 그의 활동에 대해 서술하고 있는 반면, 가네쓰네 기요스케에 대한 언급은 전혀 찾아볼 수 없다. 가네쓰네의 연구 내용으로 미루어 보면, 이왕직아악부에서 분명히 조사가 이루어진 것으로 생각되는데 가네쓰네는 화젯거리가 되지는 않았던 듯하다. 조선총독부의 지원을 받으며 대대적으로 조사에 임했던 다나베에 비한다면 개인적 연구 성격이 강한 가네쓰네의 조사는 당시 주목할 만한 것이 못 되었을 것이다. 그렇다고 하더라도 이왕직아악부 관계자들이 가네쓰네의 조사 활동에 대해 언급하고 있지 않은 것은 매우 유감스럽다고 하겠다.

2) 김수현(2013), 「일제강점기 국악 관련 학술적 연구 경향 고찰」, 『한국음악사학보』 제48집, 82쪽, 111-114쪽.

3) 植村幸生(2010b), 「兼常清佐の朝鮮音樂調査について」, 蒲生美津子・土田英三郎・川上央 編, 『兼常清佐著作集 別巻』, 大空社, 189-204쪽.

4) 우에무라 유키오(2010a), 「가네쓰네 기요스케의 조선음악조사 : 그 내용과 평가」, 『2010년 한국음악사학회 학술대회논문집』, 한국음악사학회, 137-154쪽.

II. 조선음악 조사 경위

가네쓰네 기요스케는 1900년대 전반에 활약한 일본의 대표적인 음악학자이자 음악평론가이다. 음악학 연구자로서는 최초로 일본에서 박사학위(교토대학)를 취득했다. 2년여 동안 독일에서 유학한 그는 서양음악에도 조예가 깊어 서양음악에 대한 많은 평론을 남겼는데, 도발적이고 역설적인 논조로 인해 여러 차례 오해와 비난을 사기도 했다. 또한 일본음악 연구자이면서도 일본음악의 가치를 평가절하하는 발언을 자주 하여 일본음악계에서 격한 논쟁을 일으키기도 했다. 이러한 특이한 평론 활동과 학계에서의 논쟁, 그리고 교육기관에 소속되지 않았던 점 등으로 그의 연구 업적에 대한 평가는 매우 제한적으로 이루어질 수밖에 없었다.[5)]

그의 첫 저서 『일본의 음악(日本の音樂)』(1913)에는 조선음악을 조사하고 작성한 글이 「조선의 음악」과 「동양에서 발달한 악론」(일부)이라는 항목으로 약 80쪽에 걸쳐 수록되어 있다.[6)] 지금까지 한국에서 조사된 바에 의하면, 일제강점기에 발표된 조선음악에 관한 최초의 글은 1914년 12월 『경학원잡지』에 실린 글이라고 하는데,[7)] 가네쓰네는 이보다 1년 앞서 조선음악에 관한 글을 발표하고 있어, 가네쓰네의 「조선의 음악」이야말로 일제강점기 조선음악을 조사하고 집필한 최초의 저술이라 볼 수 있다.[8)]

『일본의 음악』에 수록된 「조선의 음악」과 「동양에서 발달한 악론」의 구성을 보면 다음과 같다.

---

5) 우에무라 유키오(2010a), 앞의 논문, 137-138쪽.

6) 兼常淸佐(1913b), 「朝鮮の音樂」, 『日本の音樂』, 六合館, 349-421쪽 ; 兼常淸佐(1913a), 「東洋に於て發達した樂論」, 『日本の音樂』, 六合館, 474-484쪽.

7) 김수현(2013), 앞의 논문, 86쪽.

8) 가네쓰네의 연구보다 앞선 시기인 1910년 (가네쓰네에게 도움을 준) 나이토 고난(內藤湖南)은 『중외일보(中外日報)』(1910. 6. 25~27.자)에 「조선의 음악(朝鮮の音樂)」이라는 기사를 기고한다[植村幸生(2010b), 앞의 글, 190쪽]. 하지만 이것은 조선무용과 창극을 관람하고 쓴 짧은 기사로, 조선음악에 대한 '연구'라고는 할 수 없다.

〈가네쓰네 기요스케 『일본의 음악』 중 조선음악과 관련된 부분〉

제3편 조선의 음악

1. 궁중음악
   1) 역사
   2) 현재의 음악
      악기
      아부제악
      속부제악
      내취
      향악
      여민락 · 영산회상
2. 민간음악
   1) 민간의 정악
   2) 민간의 속악
      기생의 음악
      역사
      현재의 기생의 음악 : 기악, 성악
      기생의 무용
      배우의 음악

제4편 동양에서 발달한 악론

4. 악률의 절대음고 및 여타에 관한 실험
   1) 조선에 현존하는 악기에 관하여
   2) 조선의 중국 음악가에 관하여

책의 머리말에는 가네쓰네의 조선음악 조사 일정이나 경위가 자세히 적혀 있지 않아 불분명한 점이 많다. 다만 "「조선의 음악」은 필자가 지난겨울 짧은 기간 조선을 방문했을 때 듣고 왔던 음악에 대해 쓴 것으로, 이것은 모두 나이토(内藤) 교수 덕분이다.[9] …내가 이 원고를 쓰고 난 후 인쇄의 문제로 (출판하게 된) 지금까지 1년여가 지났다. …다이쇼(大正) 2년 새잎이 돋을 무렵"[10]이라는 내용에 의해서 조사시기나 집필시기, 협력자 등에 대해서 어느 정도는 추정이 가능하다. 즉 머리말 끝의 날짜로 보아 집필은 1913년(다이쇼 2) 봄에 이루어진 것이라 생각되고, 여기에서 1년을 역산하면 1912년 봄에 원고 집필이 끝난 것으로 보인다. 또한 '지난겨울'이라는 점에서 1911년 12월에서 1912년 2월이 조사 시점이라고 추측된다. 우에무라 유키오도 가네쓰네가 1911년 12월과 3월에는 일본의 심리연구회에 참석했으나 1912년 1월 간담회에는 불참했다는 점 등을 고려하여, 가네쓰네의 조선음악조사를 대략 1911년 연말부터 1912년 2월 사이에 실시된 것으로 보았다.[11] 또한 「조선의 음악」의 끝부분에 '내가 지난겨울 약 2주 동안 들은 조선의 음악'[12] 이라는 문구로 그가 조선음악을 조사한 기간은 약 2주 정도였다는 것을 알 수 있다.

머리말에는 나이토 교수에게 고마움을 표하고 있는 부분이 있다. 나이토는 교토제국대학의 교수를 역임한 동양사학자 나이토 고난(内藤湖南)으로, 그는 1906년 조선을 방문했을 때 친일단체인 일진회의 안내로 무용과 창극을 관람했다.[13] 이러한 점으로 미루어 본다면 나이토는 가네쓰네에게 자신이 조선에서 경험한 음악이나 관련 정보를 알려 주었을 것으로 추측되는데, 가네쓰네가 언급한 '모두 나이토 교수의 덕분'이라는 말도 그 추측을 가능하게 한다. 다만 나이토에 관해서는 '덕분'이라는 짧은 언급밖에 없어 나이토에게 구체적으로 어떠한 도움을 받았는지는 알 수 없다.

「조선의 음악」의 구성을 보면, 가네쓰네의 조사 범위는 궁중음악부터 민간음악에까지 이르고 있다. 2주 동안의 짧은 기간에 이렇게 다양한 분야를 조사하기 위해서는 사전 준비 · 조력자 · 후원자 등의 협조가 있었을 것으로

---

9) 이하 '중략'은 '…'로만 표시한다.
10) 兼常清佐(1913d), 『日本の音樂』, 六合館, 4쪽.
11) 植村幸生(2010b), 앞의 글, 190쪽.
12) 兼常清佐(1913b), 앞의 글, 417쪽.
13) 植村幸生(2010b), 앞의 글, 190쪽.

추측되는데, 이에 관해서는 머리말에도 본문의 내용에도 밝히고 있지 않아 지금으로서는 자세한 상황을 알기 어렵다. 다만 궁내성이나 조선총독부, 또는 어떤 기관이나 단체의 도움을 받았다면 어떤 형태로든 그에 대한 언급을 했을 것이고 보고서 형식의 글도 발표되었겠지만,[14] 가네쓰네의 글에서는 이러한 내용을 찾아볼 수 없는 것으로 보면 그의 조선음악 조사는 개인적인 연구의 일환으로 이루어진 것이라 생각된다.

III. 음악의 분류

「조선의 음악」의 구성에서 보듯이 가네쓰네 기요스케는 조선의 음악을 궁중음악과 민간음악으로 분류하고 있다. 그런데 궁중음악은 '중국의 음악'이라고 하고 민간음악은 '조선의 음악'이라고 하여, 조선음악을 두 가지 의미로 사용했다. 넓은 의미로는 '조선에서 연주되는 음악'을 말하고, 좁은 의미로는 '(중국의 영향을 받지 않은) 조선 고유의 음악'을 가리키는 것이다.

궁중음악은 다시 아부제악(아악 : 문묘제례악) · 속부제악(속악 : 종묘제례악) · 내취 · 향악으로 나누고, 민간음악은 민간의 정악과 민간의 속악(기생음악 · 배우음악)으로 구분했다.

가네쓰네의 궁중음악 분류가 이왕직아악부 관계자가 분류한 것과 어떠한 차이점이 있는지를 보기 위해서 1917년에 편찬된 『조선악개요』[15]와 비교하

---

14) 다나베 히사오는 1921년 후원단체로부터 연구기금을 받고 궁내성악부의 강사 자격으로 조선을 방문하여, 조선총독부의 협조를 받으며 조사를 진행했는데, 이에 대해서 다나베는 여러 글을 통해서 밝히고 있고, 후원단체에서는 보고 발표도 하고 있다.

15) 1917년 함화진 저술. 일본 궁내성과 이왕직에 헌납하기 위해 편찬되었다. 함화진의 자필 이력서에 의하면 이 책이 여러 권 제작된 것으로 보인다고 하는데〔성경린(1979), 『나의 인생관 : 노을에 띄운 가락』, 치문출판사, 311쪽〕, 현재 국립국악원에는 '李王職'이라고 인쇄된 종이에 쓰인 『조선악개요』 원본(679 이496)과 다나베 히사오가 필사한 것의 복사본(679.09 전927 ㅈ2)이 소장되어 있다. 책의 내용은 악가무용별 · 고려악명 · 고려가명 · 고려무명 · 고려제례주악도식 · 조선악명 · 조선가명 · 조

〈표 1〉 가네쓰네 기요스케와 함화진의 궁중음악 분류 비교

가네쓰네의 「조선의 음악」(1913)	함화진의 『조선악개요』(1917)	
아악(문묘)	아악	제악(문묘)
		연악(폐절)
속악(종묘)	속악	제악(종묘)
(당악 없음)		법악(연례용)
향악	연악	연악(공사용)
내취	군악	군악(폐절)

면 〈표 1〉과 같다.

〈표 1〉에서 보듯이 『조선악개요』에서는 궁중음악을 크게 아악 · 속악 · 연악 · 군악으로 구분하고 있는데, 이 분류법은 용어의 차이는 있지만 내용상으로는 가네쓰네의 분류법과 가까운 모습이다. 가네쓰네의 분류에서는 당악계 음악이 누락되었고, 연악이라는 용어 대신 향악이, 군악이라는 용어 대신 내취가 사용되었다. 당악계 음악에 대한 언급이 없어서 확인할 수는 없지만, 만약 당악이 속악에 포함되었다면 『조선악개요』와 더욱 유사한 형태를 보였을 것이다. 『조선악개요』가 가네쓰네의 글보다 4년 후에 작성된 것이라는 점을 고려한다면, 가네쓰네는 완전하지는 않지만 참고자료도 없는 상태에서 조선음악의 성격을 어느 정도 잘 파악하고 분류했다고 할 수 있다.[16)]

가네쓰네는 궁중음악과 민간음악의 각 항목에서 음악의 특징과 악기 편성에 대해 언급하고 있는데, 이를 정리해서 나타내면 〈표 2〉와 같다.

선무명 · 조선악기명칭 · 조선제례악의 · 조선일무도식 · 조선연례주악도식 · 조선악기연혁 · 조선의물부 · 조선관본도면으로 구성되어 있다. 이 중 다나베 히사오의 필사본에는 조선악기연혁 · 조선의물부 · 조선관본도면이 누락되어 있다.

16) 가네쓰네 기요스케보다 10여 년 후인 1921년에 조선음악을 조사한 다나베 히사오는 궁중음악을 크게 아악과 속악으로 나누고, 아악에는 문묘제례악과 종묘제례악이, 속악에는 법악(궁중악)과 연악(보통악)이 속한다고 보았다. 즉 종묘제례악을 속악인 아닌 아악으로 잘못 분류하고 있다[田邊尙雄(1921a), 「朝鮮音樂考(上)」, 『東洋學藝雜誌』 第38卷 第478號, 1-8쪽].

〈표 2〉 가네쓰네 기요스케가 1912년에 조사한 조선음악의 분류와 악기 편성

<table>
<tr><th colspan="3">음악 종류</th><th>악기 편성</th></tr>
<tr><td rowspan="5">궁중음악</td><td colspan="2">아악
(문묘제례악)</td><td>편종(1) · 편경(1) · 절고(1) · 도(1) · 축(1) · 어(1) · 약(2) · 지(2) · 적(2) · 훈(2) · 소(2) · 금(1) · 슬(1)</td></tr>
<tr><td colspan="2">속악
(종묘제례악)</td><td>편종(1) · 편경(1) · 방향(1) · 절고(1) · 장고(1) · 노도(1) · 박(1) · 축(1) · 어(1) · 대금(5) · 당피리(6) · 태평소(1) · 현금(1) · 가야금(1) · 해금(1) · 아쟁(1)</td></tr>
<tr><td colspan="2">내취</td><td>나발(2) · 나각(2) · 자바라(1) · 호적(2) · 대금(大金, 1) · 북(4) · 장고(2) · 피리(2) · 대금(大笒, 1) · 해금(3)</td></tr>
<tr><td colspan="2" rowspan="2">향악</td><td>(관악)영산회상 : 피리(2) · 대금(2) · 해금(1) · 장고(1) · 북(1)</td></tr>
<tr><td rowspan="2">여민락 : 현금 · 가야금 · 해금 · 피리 · 대금 · 단소 · 장고
영산회상 : 현금 · 가야금 · 해금 · 피리 · 대금 · 장고</td></tr>
<tr><td rowspan="4">민간음악</td><td colspan="2" rowspan="2">민간 정악</td></tr>
<tr><td>가곡(악기 언급 없음)</td></tr>
<tr><td rowspan="2">민간
속악</td><td>기생
음악</td><td>영산회상 : (주로) 현금 · 가야금 · 양금
성악(가곡 · 가사 · 시조 · 속요) : 가곡은 현금 중심</td></tr>
<tr><td>배우
음악</td><td>우창가(판소리) : 장고
입가(선소리)</td></tr>
</table>

* ( )의 숫자는 연주자 수

〈표 2〉를 보면 '문묘제례악'에 사용되는 악기 중에서 특종 · 특경 · 노고 · 진고 · 부 · 박이 빠져 있다. 특종과 특경은 등가의 악기이고, 노고 · 진고 · 부 · 박은 헌가의 악기이다. 이러한 점으로 보면, 가네쓰네가 나타낸 문묘제례악의 악현은 특종과 특경이 누락된 등가의 편성이거나 노고 · 진고 · 부 · 박이 빠진 헌가의 편성인데, 전자로 보는 편이 자연스럽다. 그는 문묘제례악에 대해 다음과 같이 말하고 있다.

> 아악은 공자에게 제사를 지낼 때 사용하는 음악이다. 악기와 악기의 수는 다음과 같다.
>
> 타악기 6　축 1　어 1　도 1　절고 1　편종 1　편경 1
>
> 현악기 2　슬 1　금 1

관악기 10 약 2 지 2 적 2 훈 2 소 2

관악기는 음을 연결해서 불지 않고 한 숨 한 숨 끊어 불기 때문에 악곡은 마치 사람이 숨이 차서 노래를 부르는 것과 같이 들린다. …아악에서 주의할 점은 12율의 어떤 율이라도 이조할 수 있다는 것이다. 옛날에는 제사의 대상인 천신지기의 종류에 따라 조가 달랐던 것 같다. …아악의 선율이 어느 정도까지 고대의 모습을 전하고 있는지는 모르겠지만 아무튼 아부제악은 악기에 잡음이 많은 데 비해 음이 낮고 약해 잠시 들어도 고풍(古風)적이다(365～367쪽).[17]

가네쓰네는 문묘제례악이 일본에는 없는 고대 중국의 의식음악이라는 것을 인식하고 있으면서도 신기하다는 시각을 갖거나 의식절차에 주목하지 않고,[18] 다른 장르와 같이 '음악'의 특징에 관심을 보이고 있다. 악기 편성, 연주 방법, 이조 방법, 아악에 사용하는 악기의 특성을 상세히 설명하고 있는 것을 보면 직접 음악을 감상했다는 것을 알 수 있다.

'종묘제례악'에 대해서는 다음과 같이 서술하고 있다.

속악은 아악과는 취향이 다르다. 속악도 물론 궁중음악이지만 이것은 연녕전, 경효전, 의효전에서 청력 1월, 4월, (7월), 10월의 4번 종조(宗祖)에게 제사 지낼 때 사용하는 음악이다. 아악과는 전혀 악기가 다르다.

… 악기 16명

타악기 방향 1 절고 1 장고 1 노도 1 박 1 축 1 어 1 편종 1 편경 1

관악기 대금 5 당피리 6 태평소 1

현악기 해금 1 아쟁 1 현금 1 가야금 1

가장(歌章. 성악) 6명…

---

17) 兼常清佐(1913b), 앞의 글, 365-367쪽. 이하 인용문은 모두 『일본의 음악』에서 발췌한 것이므로, 그 출처는 일일이 각주에 달지 않고 인용문 끝에 쪽수만 표시한다.

18) 다나베 히사오가 문묘제례악과 종묘제례악에 대해 음악적인 특징보다는 의식절차나 일무 등에 관심을 갖고 있었던 것과는 대조적인 모습이다[田邊尙雄(1921b), 「朝鮮音樂考(中)」, 『東洋學藝雜誌』 第38卷 第479號, 7-12쪽].

원래 악곡은 약 40곡이 있는 것 같은데, …(현재) 곡수는 우조가 22곡, 계면조가 17곡, 연례용 우조가 2곡이다. …가사는 한일병합 때 완전히 새롭게 만들어진 것이다. 제례 때는 의식의 진행 순서에 따라 이러한 소곡을 차례로 연주해 간다 (367~369쪽. 밑줄 — 인용자)

상기 인용문에서 먼저 눈에 띄는 것은 종묘제례악의 악기 편성이다. 오늘날에는 사용하지 않는 노도 · 가야금 · 현금(밑줄 부분)이 포함되어 있어 주목된다. 1897년 고종이 즉위한 이후의 문헌인 『대한예전(大韓禮典)』의 종묘악현에는 현금 · 가야금 · 노도 · 어가 편성되어 있지만,[19] 1917년 함화진이 편찬한 『조선악개요』의 「다이쇼 6년 현행종묘헌가」와 「다이쇼 6년 현행종묘등가」의 악현도에는 이 악기들이 빠져 있다. 이러한 점으로 인하여 기존 연구에서는 '1910~1945년 일제강점기'의 종묘제례악에는 현금 · 가야금 · 노도 · 어가 악기 편성에서 제외되었다고 보았다.[20] 그러나 이것은 『조선악개요』만을 참고로 했기 때문에 발생한 오류이다. 위 인용문에서 보듯이 가네쓰네가 조선음악을 조사한 1912년 초에는 아직 종묘제례악에 현금 · 가야금 · 노도 · 어가 사용되고 있었다. 따라서 이 시기가 종묘제례악의 악기 편성상의 이행기[21]임을 보여 주고 있으며, 1912~1917년 사이에 종묘제례악의 악기 편성에 많은 변화가 발생한 것으로 생각된다.

가네쓰네 기요스케는 조선의 음악 중에서 특히 '내취'에 큰 관심을 보였는데, 내취에 대해 언급한 부분을 발췌하면 다음과 같다.

조선에는 일본에서는 전혀 찾아볼 수 없는 궁중음악이 있다. 그것은 내취이다. 내취는 아악이나 속악과 같은 제례악이 아니고 연례악이다. 따라서 아악이나 속악과는 달리 전상(殿上)에서 연주한다. 따라서 악기 등도 전혀 다르다. 전상의

19) 이정희(2002), 「조선후기 종묘악현 고찰」, 『한국음악사학보』 第29집, 559-564쪽.
20) 조유희(2012), 「현행 종묘제례악의 악기편성에 관한 소고」, 『국악교육』 제34집, 168-169쪽.
21) 植村幸生(2010b), 앞의 글, 192쪽.

음악에서 사용하는 것은 해금 · 대금 · 장고 · 대금(大金) · 북 · 자바라 · 호적 · 피리 · 나발 · 나각이다. …곡의 중심이 되는 것은 피리와 호적과 같은 관악기로 음이 높고 날카로운데, 이 악기들은 외침이나 울음소리와 같이 묘하게 떨려서 일종의 비장함을 준다. 여기에 북이 중간중간 들어오고, 대금(大金), 그리고 맹수의 울음소리와 같은 나각의 강하고 낮은 음이 섞인다. 내취는 이렇게 복잡한 음의 무리이다. …악기 중에서 나각 · 나발 · 자바라 · 북 · 호적으로 연주하는 부분을 군악이라고 칭한다. 생각건대 이 곡은 실제의 군악이었을지 모른다. 군악으로서 매우 적합하다. 조선 궁중의 식악(式樂) 중에서 가장 이색적인 색채를 띠고 있다(370~371쪽).

그는 내취에 대해 '일본에서는 전혀 찾아볼 수 없는 음악', '조선 궁중의 식악 중에서 가장 이색적인 색채를 띠고 있다'고 하고 있다. 일본에는 행진하면서 음악을 연주하거나 군영음악으로서 연주하는 악곡은 존재하지 않기 때문에 가네쓰네의 눈에는 내취의 존재가 이색적으로 비쳤을 것이다.

앞의 글에서 무엇보다도 주목되는 점은 아직 내취가 존재하고 있었다는 점이다. 내취는 조선시대 선전관청에 소속된 악인으로 취고수와 세악수로 구성되어 있었다. 19세기 말에 편찬된 것으로 알려진 『내취정례(內吹定例)』와 『취고수군안(吹鼓手軍案)』에는 취고수 · 세악수의 인원이 각각 162명과 126명으로 기록되어 있어,[22] 이 당시까지만 해도 내취가 궁중행사에서 중요한 역할을 담당하고 있었음을 짐작할 수 있다. 그러나 1915년 당시 이왕직 아악부의 악원에 대해 기록하고 있는 『장악원악원이력서』에 의하면, 세악수 및 선전관청의 내취 출신자는 5명에 불과하다. 즉 박용식 · 한광운(이상 고종 당시 내취), 김수천(대한제국 당시 내취), 김계선 · 황종순(이상 1911. 당시 내취)이 그들이다. 그런데 이들은 모두 1913년 8월 아악수가 되었다.[23] 또한 『조선아

22) 우에무라 유키오(1998), 「19세기 말의 취고수와 세악수」, 『한국음악사학보』 제20집, 653-654쪽, 662-663쪽.

23) 송방송(2009), 「자료 : 조선후기 장악원 관련 인물 열전 : 『악장등록』 · 『장악원악원이력서』 · 『전악선생안』을 중심으로」, 『한국음악사학보』 제42집, 222쪽, 227-228쪽,

악요람』의 「아악부의 연혁」을 보면, 1913년(다이쇼 2)에는 취타내취가 10명이 있지만 1915년(다이쇼 4)에는 아악수장 · 아악수의 축소와 더불어 취타내취는 완전히 없어진다. 『조선아악요람』(1926~1927년경)[24]의 1913년의 기록이 몇 월까지의 기록인지는 정확하지 않지만, 이상의 내용을 정리해보면 내취는 가네쓰네의 조사 시기인 1912년 초에는 연주되고 있었으나 그 뒤 점차 쇠퇴되어 1913년 8월 이후로 존속하지 않게 되었고 1915년에는 완전히 사라진 것이라 할 수 있다. 악기편성으로 보면, 19세기 말에는 정 · 라 · 대각 · 호적 · 나발 · 나각 · 자바라 · 북 · 장고 · 피리 · 대금 · 해금이 사용되었는데,[25] 1912년경에는 대금(징) · 호적 · 나발 · 나각 · 자바라 · 북 · 장고 · 피리 · 대금 · 해금이 사용되고 있어, 라와 대각의 차이가 있을 뿐 나머지의 악기는 모두 일치하고 있다. 다만 연주자의 수로 보아 규모는 많이 축소된 것으로 보인다.

다음으로 가네쓰네는 '향악'에 대해서 다음과 같이 연주 장소와 악기 편성, 그리고 악곡에 관한 자신의 느낌을 기술하고 있다.

> 향악은 내취와 같이 연례에서 사용하는 음악인데, 내취와 같이 정상(庭上)에서가 아니라 전내(殿內)에서 연주한다. 향악에서는 순수한 중국음악의 악기는 전혀 사용하지 않고, 타악기로 장고와 북이 1명씩, 관악기로 피리와 대금이 2명씩, 현악기로 해금이 1명뿐이다. '향악'이라는 말에서 보듯이 결코 중국음악이 아니고, 조선인의 선율이 섞여 있다. 곡명을 물어보니 〈영산회상〉이라고 한다. …들었을

244쪽, 282쪽, 289쪽.

24) 『조선아악요람』의 발행 시기에 대해서는 의견이 분분하여 1921년에 발행된 것이라는 설과〔송방송(1981), 『한국음악학논저해제』, 한국정신문화연구원, 199쪽 ; 국립국악원(1911), 『이왕직아악부와 음악인들』, 국립국악원, 121쪽〕, 1926년경이라는 주장〔김수현(1999), 「다나베 히사오의 '조선음악 조사'에 대한 비판적 검토」, 『한국음악사학보』 제22집, 132쪽〕, 1927년이라는 설이 있다〔田邊尙雄(1940), 『東洋音樂史』, 28쪽〕. 김수현이 지적한 바와 같이 '아악부연혁'의 끝 연도가 다이쇼 15년(1926)으로 되어 있고 마지막에 현아악부원표가 나와 있는 점을 본다면 1926년이 될 것이고, "쇼와(昭和) 2년(1927)에 이왕직아악대에서 편찬한 것"이라는 다나베의 의견까지 종합적으로 수용한다면, 『조선아악요람』의 발행은 1926~1927년경으로 보는 것이 타당할 것이다.

25) 우에무라 유키오(1998), 앞의 논문, 656쪽.

때 가장 재미있는 것은 향악이다. 아악이나 속악과 같이 과장되지 않고 내취와 같이 웅장하지도 않지만, 선율에 변화가 있고 박자에 완급이 있으며, 굳이 육성의 소리는 없지만 뭐랄까 가요를 듣는 것 같은 느낌이다. 조선궁중음악 중 들었을 때 가장 기분이 좋고 아름다운 곡이다. 박자에도 서(序)와 급(急)의 변화가 있다(372～373쪽).

향악의 곡으로 언급하고 있는 것은 〈영산회상〉이다. 악기로는 해금·대금·피리·장고·북을 들고 있는 것을 보면, 악곡은 〈관악영산회상〉으로 추측된다. 가네쓰네는 향악을 듣고 다른 장르에 비해 소박하지만 선율의 변화나 박자의 완급 등을 갖춘 점에서 매우 듣기 편한 악곡으로 평가했다. 악기는 아악이나 속악·내취에서 사용하는 것과는 다르고, 악기 편성이나 연주인원도 적어 각 악기의 음색이 명확하게 들렸을 것이다.

이상에서 보았듯이 가네쓰네가 제시하고 있는 궁중음악은 문묘제례악, 종묘제례악, 내취, 향악이다. 그런데 이 분류에는 〈보허자〉, 〈낙양춘〉, 〈여민락 만〉·〈여민락 영〉 등의 연례악이 누락되어 있다. 다만 〈보허자〉는 뒤에서 설명하는 〈여민락〉의 서술에서 가례나 연례 때 사용하는 음악으로 소개하고 있다. 가네쓰네의 분류에는 연례악이 없지만, 〈보허자〉의 언급이라든지 향악으로 〈(관악)영산회상〉을 들고 있는 점을 보면 연례악도 조사한 것으로 보이는데, 향피리 중심의 음악에 대해서는 서술하면서도 당피리 중심 음악은 빠뜨리고 있다. 연례악을 분류항목으로 설정하지 않고 향악으로 분류했기 때문에 당악계 음악이 누락된 것으로 보인다.

한편 가네쓰네는 궁중음악과 민간음악 사이에 따로 〈여민락〉과 〈영산회상〉에 대한 항목을 설정하고 있다. 그 이유는 이 음악들을 '궁중음악과 민간음악의 연결고리'로 보고 있기 때문이다(후술). 〈영산회상〉과 〈여민락〉에 대해서는 상당히 자세하게 서술하고 있는데, 그중 일부분을 발췌하면 다음과 같다.

〈여민락〉이라는 이름은 『악학궤범(樂學軌範)』에 보인다. …지금은 곡 구성이 크게 변화했고 가사는 없어졌으며 장도 7장으로 되었다. …악기는 장고·대금·피리 · 단소 · 가야금 · 현금 · 해금 · 양금이다. …곡의 진행 속도가 너무 느려 전부를 연주할 경우 한 시간 이상이 걸린다.

〈영산회상〉은 불교의 음악이었다고 한다. …고악보에 〈영산회상〉이 전하고 있다. …오늘날 가사는 없어졌지만 곡은 상당히 복잡한 구조로 되어 있다. 즉 뒤에 점점 다른 분자를 더해 가는 것이다. 현행의 〈영산회상〉은 다음과 같이 11곡으로 되어 있다. 〈상영산〉 4장 · 〈중영산〉 4장 · 〈세영산〉 4장 · 〈가락도드리〉 4장 · 〈상현도드리〉 4장(혹은 〈삼현도드리〉) · 〈하현도드리〉 4장 · 〈염불〉 4장 · 〈타령〉 4장 · 〈군악〉 4장 · 〈양청도드리〉 · 〈세환입〉… 〈영산회상〉은 이와 같이 복잡한 구조로 된 긴 곡으로 전체를 연주하면 역시 한 시간 정도 걸린다. 다만 이것은 〈여민락〉보다 선율의 변화가 많다. 곡의 진행 속도도 음계와 같이 현저히 변화한다. …〈상영산〉부터 〈타령〉까지는 매우 느리고, 군악이 되면 빨라져서 〈양청도드리〉에 이르면 가장 빠르게 된다. 그리고 〈세환입〉에 이르면 다시 조금 느리게 되어, 서 · 파 · 급의 세 단계로 되어 있는 것이다(374-379쪽).

가네쓰네는 〈여민락〉과 〈영산회상〉에 대해 현행 곡뿐 아니라 『악학궤범』과 고악보[『속악원보(俗樂源譜)』, 후술]의 악곡도 조사한 것으로 보인다. 두 악곡 모두 원래는 가사가 있었으나 현재는 기악화되었다는 점, 〈영산회상〉은 불교음악이었다는 점을 설명하고 있다. 또한 두 음악을 직접 감상하고 그 특징을 서술하고 있는데, 특히 〈영산회상〉에 대해서는 파생곡이 첨가되는 구조를 갖고 있는 점과 점차 빨라지는 음악이라는 특징을 잘 파악하고 있다. 위 인용문에서 의문이 가는 점은 〈영산회상〉이 〈상영산〉부터 시작하여 〈군악〉까지 이어지고 그 뒤에 〈양청도드리〉와 〈세환입〉이 오는 구조로 나타나 있는 점이다. 오늘날의 연주 관행으로 본다면 〈영산회상〉에 〈천년만세〉가 이어지거나, 〈영산회상〉에 〈미환입〉이나 〈세환입〉을 삽입하는 별곡 형태가 일반적인데, 가네쓰네가 제시한 연주 방식은 이 두 경우 어디에도 해당하지 않는다. 그런데 가네쓰네가 채보한 〈양청도드리〉를 보면,[26] 〈양청도드리〉

26) 兼常淸佐(1913c), 「朝鮮の音樂附錄」, 『日本の音樂』, 六合館, 부록 28-33쪽.

한 곡이 아니라 〈계면가락도드리〉·〈양청도드리〉·〈우조가락도드리〉(일부)를 수록하고 있다. 이렇게 보면, 실제 가네쓰네가 감상한 연주는 〈영산회상〉에 〈천년만세〉, 그리고 〈세환입〉이 이어지는 형태로, 현행의 연주 방식과 다르지 않았음을 알 수 있다.

가네쓰네는 궁중음악에 이어 민간음악에 대해서도 서술하고 있다. 앞의 〈표 2〉에서 보듯이 민간음악을 크게 '민간 정악'과 '민간 속악'으로 분류하고, 후자를 다시 '기생의 음악', '배우의 음악'으로 나누어서 살펴보고 있다. '민간 정악'에 대해서는 다음과 같이 설명하고 있다.

> 민간 정악은 궁중 아악대의 음악과 그리 밀접한 관계에 있지는 않다. 하지만 첫째, 악기는 동일하다. 장고·대금, 피리·(해)금·현금·가야금 등을 사용한다. 하지만 인원은 4~5명으로 궁중음악과 같이 수십 명을 필요로 하는 일은 결코 없다. 둘째, 악곡이 동일하다. 민간의 악사가 가장 많이 연주하는 것은 〈영산회상〉이다. 그 외 〈여민락〉도 있지만 그렇게 일반적이지는 않다. 물론 민간의 악사는 아악이나 속악, 내취 등은 연주하지 않는다. 이렇게 하여 궁중의 악대와 민간의 정악은 〈영산회상〉으로 연결되어 있다. 또한 민간의 악사는 한편으로는 가요를 부르는 점에서 기생과도 가깝게 닿아 있다. 민간의 소위 정악은 이러한 위치에 있다. 현재 경성에서는 학교와 같은 것을 만들어 양악과 함께 정악을 전습하려고 하고 있는데 그것이 '조선정악전습소'이다. 이 단체는 조야의 유명인사로부터 많은 후원을 받고 음악가 하규일 씨 등이 그 장을 맡고 있는 것 같다[383~384쪽. '(해)' — 인용자 첨가].

정악은 〈영산회상〉을 중심으로 궁중음악과 연결되고, 또 가요(가곡·가사·시조)를 중심으로 기생의 음악과도 연결된다고 하고 있다. 〈영산회상〉의 악기로서 거문고·가야금·해금·대금·피리·장고를 들고 있어, 〈현악영산회상〉이나 〈평조회상〉의 편성을 가리키고 있다. 한편 가네쓰네 기요스케는 '조선정악전습소'를 언급하고 있는데, 정악의 연주는 이곳에서 접했을 것이고, 그 수장인 하규일에게는 음고 측정(후술)이나 채보 등과 관련하여 많은 협력을 받았던 것으로 보인다.

'기생의 음악'에 대해서는 역사, 현재의 음악, 무용으로 나누어 23쪽에 걸쳐 매우 상세하게 기술하고 있다. 이 중 '현재의 음악'의 주요 부분을 발췌하면 다음과 같다.

> 기생의 음악은 두 종류로 나눌 수 있다. 하나는 성악이고 다른 하나는 기악인데, 주된 것은 아마 성악일 것이다. 기악은 주로 현금과 양금, 가야금을 연주한다. 그 곡은 기생 사이에서 〈영산(永山)〉이라고 부른다. 분명히 〈영산회상〉을 잘못 쓴 것일 것이다. …아악대의 〈영산회상〉은 느려서 지루한데, 기생의 악곡은 활발하고 재미있다. 조선에 있는 기악 중에서 아마 이것이 가장 재미있는 것일지도 모른다. …성악은 민간의 악사도 부르지만 한마디로 기생의 전유물이다. 조선의 노래는 네 종류의 구분이 있어서 그것을 각각 가(歌), 사(詞), 조(調), 요(謠)로 부른다. …'가'는 가장 고상하고 가장 어려운 것이다. 이것은 기생뿐 아니라 남성 악사도 많이 부른다. …우조·계면조 중에도 매우 많은 구분이 있다(우조 5곡, 계면조 13곡 제시). 이것이 여창이 되면 우조에서 〈소용〉이 없어지고, 계면조에서 〈만횡〉·〈언락〉 등이 없어지고 그 대신 〈환계락〉이라는 것이 들어간다. …초·중·대엽의 선율은 〈편락〉의 선율과는 크게 다르다. …〈이중대엽〉이 가장 느리고 〈율당〉에 이르면 가장 빠르게 된다. …우조에서 계면조로 넘어갈 때가 있다. 그 때는 박자도 특히 느려진다. …'사'라고 하는 것은 '가' 다음으로 고상한 것이다. '사'에는 12종류가 있다(12가사 종류 제시). …'조'는 '사' 다음에 오는 것이다. 선율은 한 종류이지만 문구는 물론 무수히 많다. …이상의 세 종류가 주로 기생에 의해 불리는 것이다. '요'는 속요로, 이것은 다른 종류의 노래이다. …조선의 노래는 소리를 길게 끌 때 매우 가늘게 흔든다. …이것은 조선의 노래를 들었을 때 가장 현저하게 느끼는 점이다(393~404쪽).

기생의 음악을 기악과 성악으로 나누고 이 중 성악을 주된 것으로 보았다. 기악에 관해서는 〈영산회상〉에 대해 언급하고 있는데, 이왕직아악부와 비교하여 활발하고 재미있다고 한 점으로 보면 '민간풍류'임을 짐작할 수 있다. 성악에 대해서는 가곡(歌), 가사(詞), 시조(調), 속요(謠)로 나누어 자세히 설명하고 있다. 특히 위 인용문에서 보듯이 가곡에 대해서는 우조·계면조의 차이, 악곡의 종류, 남창과 여창의 차이, 선율·박자의 특징, 노래하는 방법, 요성의 특징 등을 상술하고 있다. 또한 〈초수대엽〉(초·중·대엽)의 노래 선율과 거문고 선율을 채보하여 수록한 점이나 서술 측면으로 보면 다른 장르에 비해 기생의 음악, 특히 가곡에 큰 관심을 갖고 있었음을 알 수 있다. 이외에 기생의 음악으로서 가사와 시조를 가곡과 비교하면서 설명하고 있고, 가곡·가사·시조와는 구별되는 음악으로 삼패기생이 주로 부르는 속요가 있다고 하여 그 음악적 특징을 서술하고 있다. 또한 일반인이 부르는 속가(민요)가 있어 〈아리랑〉이 가장 유명하다는 점과 피리나 단소로 연주하는 속가도 아주 발달하여 서양음악에 필적할 만하다고 호평하고 있다.

마지막으로 '배우의 음악'으로는 우창(優倡. 광대)이 부르는 우창가를 들고 있다. 우창 혼자서 여러 사람의 역할·동물소리까지 낸다는 점, 반주로는 장고만 사용한다는 점, 공연작품은 〈춘향전〉이라는 점, 객석에서 추임새를 한다는 점 등으로 미루어 보아 우창가는 판소리를 가리키는 것을 알 수 있다. 가네쓰네는 극장 공연 상황을 상세하게 묘사하고 있는데, 당시 공연에서는 판소리와 함께 입가(立歌. 선소리), 기생의 춤, 잡예 등을 함께 감상한 것으로 보인다.

이상과 같이 가네쓰네는 민간음악을 정악과 속악으로 나누고 〈영산회상〉·가곡·가사·시조·속요·판소리 등을 제시하고 있는데, 대표적인 민간 기악인 산조(散調)에 대한 언급은 없다. 1910년대 서울에서 가장 유명한 음악가 중 한명이었던 심정순은 판소리뿐 아니라 가야금 독주로도 유명했고, 충청제 가야금산조의 중시조 중 한 명인 박팔괘 역시 극장에서 가야금을 연주했다고 하는데,[27] 당시에는 그들이 연주하는 가야금 독주도 아직 '산조'라는 용어로는 사용되지 않은 것으로 이해된다. 1913년 9월 9일 덕수궁에서 열린 고종 탄신 기념 진연에서 궁중음악과 함께 민간음악의 하나로 '산조(酸調)'가

27) 권도희(2004b), 『한국 근대음악 사회사』, 민속원, 142-143쪽.

공연되었다고 기록되어 있어(한자도 '散調'가 아니다)[28] 이즈음에 산조라는 용어가 사용되기 시작한 것으로 추측된다. 이러한 점을 고려한다면 가네쓰네가 조선음악을 조사한 1911년 말이나 1912년 초에는 극장에서 산조라고 불리는 음악을 흔히 듣지는 못했을 것이다. 따라서 그의 민간음악의 분류에 산조에 대한 언급이 이루어지지 않은 것이라 생각된다.

IV. 음계

가네쓰네는 여러 장르의 음악을 조사하면서 음계나 선법, 이조 등에 서 많은 관심을 보였다.

문묘제례악의 설명 중에는 다음과 같은 부분이 있다.

> 아악에서 주의할 점은 12율의 어떤 율이라도 이조할 수 있다는 것이다. 옛날에는 제사의 대상인 천신지기의 종류에 따라 조가 달랐던 것 같다. …예를 들어 천신일 경우는 협종궁, 지신일 경우는 임종궁, 인신일 경우는 황종궁이다. 하지만 이것은 정확한 의미로 보면 이조가 아니다. 왜냐하면 조가 변하는 동시에 선율도 변하기 때문이다(366쪽).

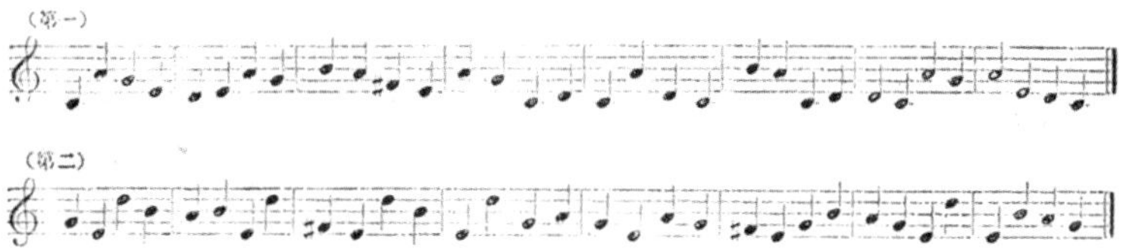

〔악보 1〕 가네쓰네가 제시한 문묘제례악의 황종궁(위)과 임종궁(아래)

---

28) 권도희(2004a), 「장서각 소장 『조선아악』의 해제와 근대 음악사료적 가치에 대한 고찰」, 『동양음악』 제26집, 54쪽.

앞의 인용문에서 보듯이 가네쓰네는 제사의 대상에 따라 궁을 달리하여 연주한다는 점과 이조(移調)의 관계에 대해 서술하고 있다. 조를 변화시키면 선율도 함께 변하기 때문에 일반적으로 생각하는 이조와는 개념이 다르다는 점을 지적하고, 그 예로서 〔악보 1〕과 같이 황종궁과 임종궁의 선율을 채보하여 수록하고 있다. 오선보로 문묘제례악의 실제 선율을 보여 주고 있는 점, 그리고 문묘제례악이 일반적인 이조와는 다른 방법을 사용하고 있다고 한 것은 좋은 지적이지만 왜 이조를 하면 다른 선율이 되는지에 대한 것, 즉 12율 4청성과 관련된 설명은 놓치고 있다.

종묘제례악의 음계에 대해서는 다음과 같이 서술하고 있다.

> 『악학궤범』 당시와 크게 다른 점은 우조, 계면조라고 해서 서양음악의 단음계, 장음계와도 다른 두 종류의 음계가 있다는 것이다. 이 둘의 차이는 주음 위에 2도가 오는지, 단3도가 오는지의 차이와 5도 위에 2도가 오는지, 단3도가 오는지의 차이이다. 즉 다음과 같다(악보 제시). …이 둘은 구조로 보아도 하나의 조가 전조되어 이루어진 것이 아니라 (원래 서로 다른) 두 종류의 음계라고 보는 것이 적합하다(368쪽).

〔악보 2〕 가네쓰네가 제시한 종묘제례악의 우조 및 계면조의 음계

종묘제례악의 우조와 계면조의 차이를 설명하기 위해서 가네쓰네는 이를 〔악보 2〕와 같이 오선보로 나타내고 그 구조를 분석하고 있다. 오늘날 종묘제례악을 평조와 계면조로 설명하는 것과는 용어에서 다소 차이가 있지만, 악보에서 보듯이 기본적인 내용은 다르지 않다는 점에서 그의 음악적 안목을 엿볼 수 있다.

〈여민락〉의 음계에 대해 다음과 같이 설명하고, 〔악보 3〕과 같이 오선보로 그 음계를 제시하고 있다.

〈여민락〉은 궁·상·각·치·우의 5음으로 전부를 만들었다고 하지만, 실제 현존하는 곡은 그 외의 음도 많이 사용하고 있다. 음계는 5음이 아니라 거의 7음의 음계로 보인다(375쪽).

황 태(협) 중 임 남(응) 황 태 중 임 황

〔악보 3〕 가네쓰네가 제시한 〈여민락〉의 음계(율명—인용자)

가네쓰네가 제시한 음계 악보에는 음고만 표시되었을 뿐 율명은 표기되어 있지 않다. 그런데 부록으로 수록한 〈여민락〉 채보악보를 보면,[29] 황종을 'C'로 하여 채보하고 있어 이를 기준으로 〔악보 3〕에 율명을 표시해 보았다. 이렇게 보면, 가네쓰네가 파악한 〈여민락〉의 음계(출현음)[30]는 '황·태·(협)·중·임·남·(응)·황·태·중·임·황'이고, 이를 정리하면 앞의 설명과 같이 '황·태·(협)·중·임·남·(응)'의 7음음계를 나타낸다고 하겠다.

〈영산회상〉의 음계에 대해서는 〔악보 4〕와 같이 악곡에 따라 크게 셋으로 나누어서 나타내고 그 특징을 서술하고 있다.

(〈영산회상〉은) 음계도 (〈상영산〉부터) 〈군악〉까지(완전한 5음음계)[31]와 〈군악〉(반음이 1개 정도 들어간다)은 서로 다르다. 또 〈군악〉과 〈양청도드리〉(7음음계로 가는 과도기)의 음계도 차이가 있다(〔악보 4〕). …이와 같이 현존의 선율

29) 兼常清佐(1913c), 앞의 글, 부록 33쪽.

30) 가네쓰네가 나타낸 악보를 보면, 음계라기보다는 출현음을 나타낸 것으로 보이는데, 본고에서는 그의 표기에 따라 '음계'로 표시하기로 한다(이하 동일).

31) 가네쓰네의 글에는 제1의 음계를 〈상영산〉부터 〈군악〉까지라고 표기하고 있으나 제2의

에는 여러 종류의 음계가 사용되지만 광서(光緒) 18년에 출판된 악보에는 한 종류의 음계가 사용되고 있다〔378~379쪽. '( )' — 인용자〕.

제1：〈상영산〉~〈타령〉

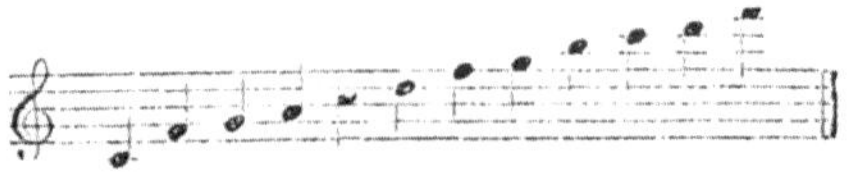

황 중 임 남 황 태 중 임 응 황 태 중

제2：〈군악〉

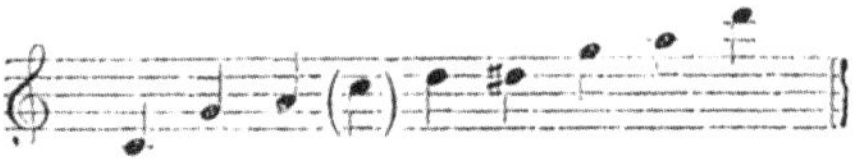

황 임 남 (황) 태 협 임 남 태

제3：〈양청도드리〉

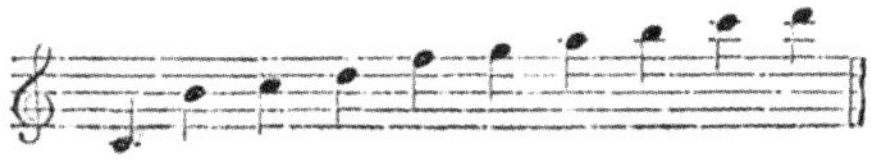

황 응 황 태 중 임 남 응 황 태

〔악보 4〕 가네쓰네가 제시한 현행(1912) 〈영산회상〉의 음계(율명 — 인용자)

원래의 악보에는 음고만 나타냈을 뿐 율명은 표기되어 있지 않지만, 오선보로 채보한 〈상영산〉·〈군악〉·〈양청도드리〉의 악보를 보면,[32] 황종을 'C'로 하여 채보하고 있어 이를 기준으로 〔악보 4〕에 율명을 표시해 보았다. 이렇게 보면, 〈상영산〉부터 〈타령〉까지의 음계는 '황·중·임·남·황·태·중·임·응·황·태·중'이고, 〈군악〉은 '황·임·남·(황)·태·협·임·남·태'이며, 〈양청도드리〉는 '황·응·황·태·중·임·남·응·황·태'를 나타낸다. 이를 각각 정리하면 '황·태·중·임·응', '태·협·임·남', 그리고 '황·태·중·임·남·응'으로 표시할 수 있다. 이에 대해 가네쓰네는 〈상영산〉부터 〈타령〉까지를 '완전한 5음음계'라고 하고, 〈군악〉은 '반음이 1개 들어간 음계', 〈양청도드리〉를 '7음음계로 가는 과도기'로 표현했다.

가네쓰네가 파악한 1912년 당시의 〈영산회상〉의 음계가 현행의 음계와 어

음계가 〈군악〉을 나타내므로, 제1의 음계는 〈상영산〉부터 〈타령〉까지를 나타내는 것이라 하겠다.

32) 兼常淸佐(1913c), 앞의 글, 부록 26-33쪽.

떠한 차이가 있는지를 보기 위해서 양자를 비교해 보면, 〈상영산〉부터 〈타령〉까지의 음계〔황 · 태 · 중 · 임 · 응 / 황 · (태) · 중 · 임 · 무〕는 '응'과 '무'의 차이를 보이고 있고, 〈군악〉(태 · 협 · 임 · 남 / 태 · 고 · 임 · 남)은 '협'과 '고'의 차이를 나타내고 있다. 가네쓰네는 〈영산회상〉의 음계를 정간보에서 역보하기보다는 음악을 듣고 채보한 것으로 보이는데, 그 과정에서 '무'를 반음 높은 '응'으로 듣거나 '고'를 반음 낮은 '협'으로 들었을 가능성이 있다. 그는 악기 제조 상황을 언급하면서 "동일한 율을 불어도 반음 정도의 높고 낮음이 있다"[33]라고 하고 있어, 이와 같은 가능성을 뒷받침해 주고 있다. 이러한 반음의 상이점을 제외한다면 가네쓰네가 파악한 음계는 현행 〈영산회상〉의 음계와 크게 벗어나지 않고 있다고 할 수 있다.

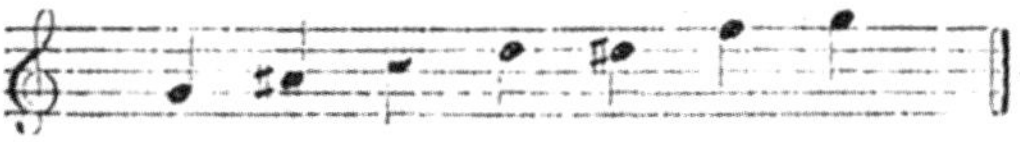

〔악보 5〕 가네쓰네가 제시한 광서 18년 악보(『속악원보』)의 〈영산회상〉의 음계(율명—인용자)

가네쓰네는 현행의 악곡 외에 고악보도 조사한 것으로 보인다. 앞의 인용문에는 "광서 18년에 출판된 악보"라는 대목이 있는데, 『속악원보』(제7권 5책)의 각 책의 말미에는 "光緖十八年 壬辰三月 日 重修"라는 기록이 있어, 이에 의해 가네쓰네가 조사한 고악보는 1892년(광서 18, 고종 29)에 중수(重修)된 『속악원보』[34]임을 알 수 있다. 그는 『속악원보』 〈영산회상〉을 분석하여 그 음계를 〔악보 5〕와 같이 나타내고, 현행 세 종류의 음계와는 달리 『속악원보』에서는 한 종류의 음계가 사용한다고 지적하고 있다. 참고로 〔악보 5〕에 율명을 표시해 보면, '임 · 무 · 황 · 태 · 협 · 중 · 임'이다. 그런데 『속악원보』

33) 兼常淸佐(1913b), 앞의 글, 386쪽.

34) "光緖十八年 壬辰三月 日 重修" 중 '중수(重修)'라는 점에서 이 악보가 언제 제작되었는지는 명확하지 않으나 1892년(광서 18, 고종 29)에 재정리된 것으로 볼 수 있다.

의 〈영산회상〉의 구성음은 '중 · 임 · 무 · 황 · 협 · 중 · 임(하3 · 하2 · 하1 · 궁 · 상1 · 상2 · 상3)'[35]으로, 가네쓰네가 나타낸 것과는 '중(하3)'과 '태'에서 차이를 보인다. '중(하3)'은 1회만 출현하므로 이를 제외한다고 해도 '태'는 출현하지 않는 음이다. 가네쓰네는 『속악원보』의 율명을 보고 그것을 오선보로 나타낸 것으로 보이는데, 실제 『속악원보』에는 없는 '태'를 왜 표시했는지는 의문이다.

가곡의 음계에 대해서는 다음과 같이 상세하게 기술하고 있다.

> '가'는 옛날에는 평조 · 우조 · 계면조의 세 종류가 있었다고 하는데, 지금 평조는 없어졌다. …우조와 계면조는 전술한 궁중속악의 우조 · 계면조와는 전혀 의미가 다르다. 궁중 속악의 우조 · 계면조는 음계의 성질의 차이이지만 '가'의 그것은 오직 음 높이의 차이이다. 평조는 황종, 우조는 태주, 계면조는 중려이다. 서양음악의 용어로 말하면 평조는 예컨대 'C', 우조는 'D', 계면조는 'F'이다. 간단히 말하면 두 음계는 궁중의 속악에서는 단음계 · 장음계와 같은 차이라면, '가'에서는 라장조 · 바장조와 같은 차이를 말한다. 즉 전자는 음계의 성질의 차이이고, 후자는 단지 어떤 음계의 이조에 불과하다. 이 둘은 원래는 관계가 있었을 것이다. 아니 '가'에서도 처음에는 우조 · 계면조와 같은 서로 다른 음계가 존재하고 있었지만, 그것이 점차 없어지고 그 의미도 변하여 오늘날과 같은 것이 되었을 것이다(395～396쪽).

여기에서 주목되는 점은 가곡의 우조 · 계면조를 종묘제례악(궁중속악)의 우조 · 계면조와 비교하고 있는 점이다. 같은 용어를 사용하지만 종묘제례악의 우조 · 계면조는 음계의 차이를, 가곡의 그것은 음 높이의 차이(이조)로 보는 것이다. 가네쓰네는 가곡에도 처음에는 우조 · 계면조처럼 서로 구분되는 음계가 있었지만 점차 그 차이가 없어졌다고 하고 있는데, 주지하는 바와 같이 가곡의 우조는 5음음계(황 · 태 · 중 · 임 · 남)를 사용하지만 계면조

35) 황준연(1999), 『영산회상연구』, 서울대학교출판부, 93쪽.

는 5음음계(황 · 협 · 중 · 임 · 무)에서 『유예지』 이후 황 · 중 · 임의 3음음계로 변하여 우조에 가깝게 되었다는 점을 고려한다면, 계면조의 성격 변화를 인식하고 있는 가네쓰네의 시각은 주목할 만하다.

V. 악기

가네쓰네 기요스케는 궁중음악 중에서 '현재의 음악' 안에 '악기' 항목을 설정하여 몇몇 악기에 대해 설명하고 있다. 또한 그 외 악곡(아부제악 · 속부제악 · 내취 · 향악)의 항목에서도 악기 편성과 함께 각 악기의 특징이나 악기에 대한 자신의 감상을 서술하고 있다.

궁중음악에서 사용하고 있는 악기로 들고 있는 것은 편종 · 편경 · 축 · 어 · 박 · 장고 · 도 · 적(篴) · 약 · 훈 · 지 · 당피리 · 태평소 · 대금 · 소 · 나발 · 나각 · 자바라 · 징(鉦) · 호적 · 슬 · 금 · 가야금 · 현금 · 비파 · 해금 등이다. 이중

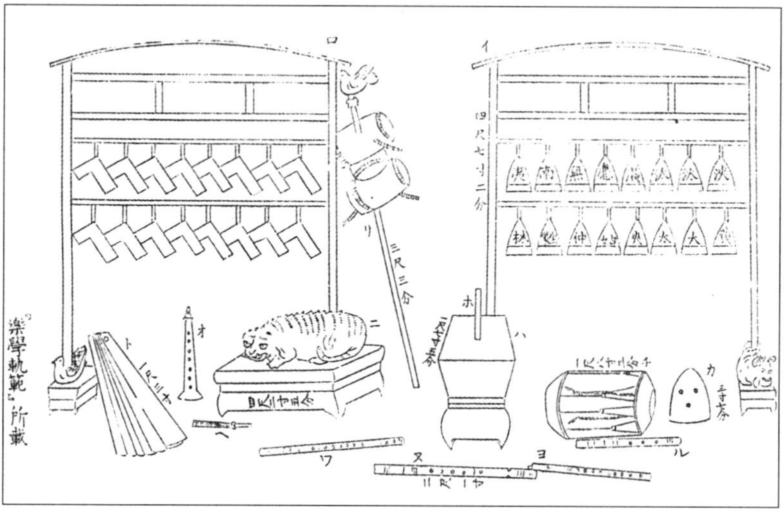

〔그림 1〕 가네쓰네가 제시한 조선 악기 그림

편종부터 대금까지의 악기 14종에 대해서는 '『악학궤범』 소재'라는 제목과 함께 〔그림 1〕과 같이 나타내고 있다(イ·ロ·ハ·ニ 등의 일본식 번호를 매겼다). 악기에 대한 설명 중에서 몇 부분을 발췌하면 다음과 같다.

· 편종(イ)·편경(ロ) : 부드럽고 따뜻한 종의 소리와 딱딱하고 차가운 돌의 소리는 참으로 아름다운 조화이다. 두 악기는 12율을 갖추고 있어 피아노와 같이 선율을 연주할 수 있는 선율타악기이다.
· 축(ハ)·어(ニ) : 나무 상자 속을 지(止)라는 막대로 딱딱 치는 악기이다. 어는 나무로 조각한 호랑이로, 그 등을 진(籈)이라는 대나무솔로 문지른다. 음악은 축 소리를 신호로 시작하고 어 소리를 신호로 끝나, 일본의 전통극이나 기다유(義太夫) 연주회에서 박자목(拍子木)을 치는 것과 같다.
· 장고(チ) : 박자에 사용할 뿐 일본의 악기〔갓코(羯鼓) — 인용자〕와 같이 끊임없이 치지는 않는다.
· 도(リ) : 축과 동시에 탕탕 흔든다.
· 당피리(ヨ)·태평소(オ)·대금(ワ) : 적·약 등에 비해 이 악기들은 형태도 크고 음도 높고 강하다.
· 훈(カ) : 가장 재미있는 악기. 작은 흙 항아리로, 위 구멍으로 불고 주위의 구멍을 개폐하기 때문에 술병을 부는 것 같은 잡음이 난다. 물론 아름다운 소리는 아니다. 중국의 오래된 제례악의 악기로서 중시된다. 오늘날 신라지방에서 훈이 발굴되었는데, 이것은 의문의 여지없이 중국 고대의 제례악 악기이다. 발굴된 훈 중에서 하나는 경성의 박물관에 소장되어 있다.
· 양금 : 금속제 실을 매고 그것을 작은 대나무채로 통통 친다. 가늘고 아름다운 피아노풍의 음이 나는 악기이다.
· 슬·금·가야금·현금 : 모두 금 종류. 슬은 25현, 금은 7현, 가야금은 12현, 현금은 6현으로 일본의 고토(箏)와 비슷한 형태로 줄 수가 다를 뿐이다. 다만 현금은 줄받침의 형태가 특이한데, 고토의 줄받침과 달리 나무판을 세운 것이다.
· 비파·소 : 고대 일본에도 전래되었다. 조선의 현존 악기와 정창원 소장 악기를 비교하는 것은 역사상 매우 흥미로운 문제이지만 지금은 생략해 둔다.

· 자바라 : 일본의 마주쳐 치는 정(合せ鉦)과 유사하다. 『악학궤범』에는 안 보인다.
· 피리 : 일본의 히치리키(篳篥)와 흡사한 악기이다.
· 나발 : 선율을 연주할 수 있는 나팔. 부는 방법에 따라 세 종류의 음이 난다. 그것은 황종 · 유빈 · 응종으로, C · F# · H(B — 인용자)이다. 『악학궤범』에 안 보인다.

가네쓰네는 "여기에서는 악기에 대해서 하나하나 정밀하게 기재할 수 없다"고 밝히고 있는데, 그의 말처럼 전체적으로 악기 설명은 매우 간략하다. 〔그림 1〕은 『악학궤범』을 참고로 하여 제례악의 악기를 모아 그려 놓은 것인데, 많은 악기 중 왜 이 악기들을 선택했는지는 밝히고 있지는 않다. 다만 악기의 종류로 본다면 대부분 일본에는 찾아보기 어려운 악기들(편종 · 편경 · 축 · 어 · 박 · 도 · 훈 · 태평소 · 대금 등)로, 이러한 점이 가네쓰네의 흥미를 끈 것으로 생각된다. 훈은 옛 신라지방에서 발굴되어 경성의 (조선총독부) 박물관에 보존되어 있다고 하는데, 이에 대해서는 1921년 조선음악을 조사한 다나베 히사오도 언급했다.[36] 다나베에 의하면 총독부박물관에 소장되어 있는 훈은 주대의 것으로 안에 방울이 들어 있다고 한다. 가네쓰네도 다나베도 고대의 제례악에서 사용하던 악기를 직접 접할 수 있다는 데에 깊은 인상을 받은 것으로 보인다.

앞의 악기 설명 중 주목되는 점은 일본 악기와 비교하는 관점이 나타나 있는 점이다. 축 · 어 · 장고 · 금 종류 · 비파 · 소 · 자바라 · 피리 등에서 그러한 점을 찾아볼 수 있는데, 이러한 시각은 1920년대와 1930년대 일본인의 조선 악기 설명에서[37] 나타나는 공통점이기도 하다. 이것은 일본인을 독자로 삼기 때문에 그 이해를 용이하게 하기 위한 방법이라고 할 수 있다.

이외에 그는 악기에 대한 개인적 감상도 기술하고 있다. 편종과 편경에 대해서는 '대조적인 음색의 아름다운 조화'라고 하고, 당피리 · 태평소 · 대금

---

36) 田邊尙雄(1921a), 앞의 논문, 3쪽.

37) 田邊尙雄(1921b), 앞의 글, 12-16쪽 ; 山田早苗(1935), 『朝鮮雅樂器解說』(京城).

은 '음이 높고 강한' 데 비해 적 · 약은 '음이 낮고 약하다'고 했으며, 훈에 대해서는 '가장 재미있는 악기'라고 평했다.

위의 예시에는 표시하지 않았지만 가네쓰네는 종묘제례악의 악기 편성과 문묘제례악의 악기 편성을 비교하면서, "(속악의) 관악기로는 음이 낮고 약한 적과 훈 대신 음이 높고 강한 대금 · 태평소 · 피리가 사용된다. 현악기로는 음이 있는지 없는지도 모르는 것 같은 슬이나 금 대신 음이 높고 강한 현금과 가야금이 들어간다. 그리고 해금도 사용된다"라고 하여, 종묘제례악에서 사용하는 악기는 문묘제례악의 악기보다 대체로 높고 큰 소리가 난다는 악기 편성상의 특징을 기술했다. 또한 내취에서 사용하는 악기에 대해서는 "피리와 호적은 음이 높고 날카로운데 그 소리는 외침이나 울음소리와 같이 묘하게 떨려 일종의 비장함을 주고, 맹수 소리와 같은 나각의 강하고 낮은 음이 섞인다. 내취는 이렇게 복잡한 음의 무리이다"라고 하여 악기의 음색과 특징을 서술하고 있다.

그의 설명 중에서 또 다른 흥미로운 점은 편종과 편경을 선율타악기라는 측면에서 피아노에 비유한 점이나 나발의 음고를 나타내고 있는 점이다. 오늘날 나발은 언제나 일정한 음이 나는 것이 아니라서 기본음에 맞춘 나발이 필요하다는 의견이 많은데,[38] 가네쓰네는 나발에서 황종(C) · 유빈(F#) · 응종(B)의 3음이 난다고 했다. 당시 연주자가 낸 음이 우연히 황종 · 유빈 · 응종의 음이었을 가능성도 배제할 수는 없지만, 만약 1910년대의 나발에서 일정한 음이 났다면 오늘날 나발 제작에 참고가 될 수 있을 것이다.

VI. 음고 측정

가네쓰네는 「제4편 동양에서 발달한 악론」의 일부로서 '조선에 현존하는

38) 송혜진(2001), 『한국악기』, 열화당, 169쪽.

악기에 관하여'라는 항목을 제시하고, 그가 실시한 두 가지 실험에 대해 설명하고 있다. 첫째는 편종과 편경의 음고를 측정한 것이고, 둘째는 가야금·피리·단소의 연주를 통하여 조선음악가의 음고 인식을 실험한 것이다.

그가 편종과 편경의 진동수를 측정하는 데 사용한 기계는 1현의 음향측정기(monochord)와 음진동측정기(tonometry)이다.[39] 그는 먼저 '영락어사(永樂御賜)'라고 새겨진 황종의 중국제 종의 진동수를 252Hz로 측정하고, 영락 당시(1403~1425)에는 이를 삼분손익하여 12율을 만들었을 것이라는 가정하에, 252Hz를 기준으로 삼분손익에 의해서 16음의 진동수를 계산했다. 그리고 이어서 편경 및 편종의 진동수를 측정하고 이를 삼분손익으로 계산한 진동수와 비교했으며, 나아가 서양음악의 진동수와도 비교했다.

음고 측정 결과에 대해서 "당시 존재하던 편종과 편경의 진동수는 황종의 종을 삼분손익으로 계산한 진동수와 다를 뿐 아니라, 편종과 편경 사이의 진동수도 서로 다르고 서양의 음고와도 차이를 보였다"고 지적하고, "이것은 조선의 악기 제작법이 충분히 발달하지 못한 면도 있지만 편경과 편종의 제작 연대가 다르다는 것을 고려하면 음고의 차이가 발생할 수 있다"고 하고 있다. 가네쓰네가 음고를 측정하는데 사용한 편종〔임자(壬子)·정유(丁酉)·을축(乙丑)·계축(癸丑)의 간지가 새겨졌다〕과 편경〔갑자(甲子)·계축〕이 어느 곳에 소장되어 있는 것인지는 알 수 없다. 당시 경성에서 편종과 편경을 소장하고 있던 곳은 문묘, 종묘, 이왕직아악대의 세 곳이다. 가네쓰네의 조사 내용으로 본다면 이왕직아악대 소장의 악기를 조사했을 가능성이 가장 크다. 다만 종묘에 소장되어 있는 편종에는 간지가 다른 종 25종류가 있는데,[40] 그중에

39) 가네쓰네는 자신의 음고 측정 방법에 대해 2종류의 기계를 사용할 뿐이라서 측정한 진동수는 정확하다고는 할 수 없고 대략적인 근사치라고 하고 있다. 여러 종류의 오차가 있을 수 있는데, 첫째는 악기의 소리를 들었을 때의 자신의 오차, 둘째는 음진동측정기의 진동수를 계산할 때의 자신의 귀의 오차, 셋째는 음진동측정기의 기계상 오차가 발생할 수 있으므로, 자신이 계산한 숫자는 완벽하게 정확하다고는 할 수 없고 근사치에 가까운 정도라고 했다.

40) 장사훈(1983), 「종묘 소장 편종과 특종의 조사연구」, 『국악사론』, 대광문화사, 172-173쪽.

는 가네쓰네가 조사했던 4종류의 간지가 포함되어 있어, 그가 조사한 편종과 편경은 종묘의 악기였을 가능성도 배재할 수 없다.[41)]

황종의 종을 삼분손익으로 계산하여 얻은 음고와 서양의 음고를 비교하면 전자의 황종이 252Hz, 후자의 'C'가 258.7Hz로 약 7Hz의 차이가 나고, 전체적으로 16개의 음고는 ±3~13Hz의 차이를 보인다. 편경은 황종의 음고가 많은 차이를 보이기 때문에 이를 제외하고 편종의 경우를 보면, 편종의 황종은 서양음고의 'C'와 약 4Hz의 차이가 나는 데 비해 전체적으로는 ±3~48Hz의 차이를 나타내고 있다. 특히 임종은 33Hz, 응종은 48Hz의 차이가 난다. 이것은 당시의 편종의 악기상의 문제로도 보이지만 가네쓰네의 측정상의 오류일 가능성도 있다.

한편 편종과 편경에 이어 가네쓰네는 연주자들에게 가야금 · 피리 · 단소를 연주하게 하여 그 악기들의 음고를 측정하는 실험을 실시했다. 먼저 하규일에게 가야금을 조현하게 하고 황종을 1로 했을 때의 5음(황 · 태 · 중 · 임 · 무)의 음정 비를 측정했는데, 하규일이 조현한 가야금의 음정 비가 삼분손익법에 의해 계산된 음고와 매우 가깝게 나온 점을 들어, 조선 악사의 음고 인식을 호평했다. 이외에 이봉기와 이재근에게 피리와 단소를 연주하게 하고 7개음의 진동수를 측정했다. 다만 이 악기들의 운지법이나 율명을 표시하고 있지 않아 7개음이 어떤 음을 가리키고 있는지는 알 수 없다.

VII. 채보

가네쓰네의 조선음악 연구에서 특히 주목되는 것은 악곡 채보에 관한 것이다. 그는 문묘제례악을 시작으로 종묘제례악 · 가곡 · 영산회상 · 민요에 이르기까지 총 18곡의 악곡을 오선보로 채보하고 있다. 가네쓰네의 채보에 관해서는 지면을 달리하여 상세하게 고찰할 필요가 있으므로, 본고에서는

41) 植村幸生(2010b), 앞의 글, 193쪽.

간략하게만 살펴보기로 하겠다.

그가 채보한 악보 중 본문에서 제시하고 있는 것은 아부제악 〈문묘제례악〉의 황종궁과 임종궁, 가곡 〈초 · 중 · 대엽〉(초수대엽), 〈조(調)〉, 〈삼현도드리〉, 〈엿장수소리〉이고, 책의 말미에 부록으로 수록한 것은 〈열광정명〉, 〈독경〉, 〈영산회상〉, 〈군악〉, 〈양청도드리〉(계면가락도드리 · 양청도드리 · 우조가락도드리), 〈여민락〉(〈영산회상〉부터 〈여민락〉까지는 거문고보), 〈진양산도〉, 〈난봉가〉, 〈자진양산도〉, 〈아르령〉(경성), 〈아르령〉(지방), 〈아르령〉(피리보), 〈영변가〉(피리보)이다.

이왕직아악부의 오선보 채보 작업은 1928년 영친왕의 유럽 여행 중 조선의 아악을 오선보로 채보하라는 훈령에 따라[42] 백우용에 의해 1929년에 시작된 것으로 알려져 있다. 민간에서는 이보다 앞서 정악곡의 오선보 채보 작업이 이루어져 1914년 김인식 편저로 『조선구악영산회상』(양금보)의 오선보가 발행되었다.[43] 이러한 점에서 볼 때, 조선에서의 오선보 채보 작업은 1914년경부터 시작된 것으로 추측된다.

그렇다면 1913년 출간된 가네쓰네 기요스케의 저서에 수록된 조선의 궁중음악 · 정악 · 민요의 오선보 채보는 조선에서의 작업보다 앞선 것으로, 가네쓰네는 최초로 조선음악을 채보한 인물일 가능성이 크다. 가네쓰네의 채보 악보 중에서 피리보 〈아르령〉과 〈영변가〉에는 "평양 사람 김인제(金仁堤)씨의 역보에 의함"이라고 목차에 쓰여 있는데, 김인제는 김인식(金仁湜, 1885~1962)의 오기로 보인다.[44] 조선정악전습소에서 서양음악 교사로 재직한 김인식은 오선보 『조선구악영산회상』(1914)의 편저자이기도 하다. 가네쓰네가 인용한 김인식의 악보의 존재는 현재로서는 확인할 수는 없지만, 적어도 그가 이왕직아악부뿐 아니라 조선정악전습소와 같은 민간의 단체와도 접촉하면서 조사를 시행했다는 것을 알 수 있다.

---

42) 성경린(1979), 「악보편찬사업」, 『나의 인생관 : 노을에 띄운 가락』, 치문출판사, 324쪽.
43) 박은경(2000), 「한국 최초의 작곡가 김인식 연구」, 『음악과 민족』 제19집, 20쪽.
44) 植村幸生(2010b), 앞의 글, 199쪽.

VIII. 조선음악에 대한 인식

가네쓰네는 조선음악의 여러 분야를 조사하면서 각각에 대해 자신의 생각을 피력하고, 조선음악을 일본음악과 비교하는 관점에서도 논했다. 여기에서는 가네쓰네의 서술을 통해서 그가 당시 조선음악을 어떻게 인식하고 있었는지에 대해 알아보기로 하겠다.

> 어떤 국민의 음악의 영고성쇠는 그 국가와 때를 같이하는 것이 아니다. …국가는 멸망해도 국민의 가슴속 깊은 곳에서 아직 그 국가의 국민다운 감성과 사상이 솟아나는 동안에는 음악은 결코 없어지는 것이 아니다. …그러나 한편으로는 외계의 압력 또한 매우 큰 힘이 있어 풍속을 바꾸게 하고 다른 언어를 강요하며, 다른 교육을 실시하면 그 국민의 감정이나 사상의 색도 점차 변하여, 결국에는 그 나라의 언어도 없어지고 음악도 사라지게 된다. …만약 어떤 멸망한 국민에게 천재도 나타나지 않고 또한 감정과 사상을 유지하는 것도 어려운 상황이 된다면 그 나라의 음악은 결국에는 국가와 운명을 함께할 수밖에 없다. 조선의 음악은 실로 그러한 경우에 있다. 오늘날 한일병합은 아직 정치상의 한 사건에 머물고 있어 조선인의 감정생활까지 일본인과 같게 할 정도의 효력은 없다. 하지만 곧 조선인은 외계의 압력 때문에 그 감정과 사상을 유지할 수 없게 될 것이다. 그때가 되면… 조선의 음악도 없어지게 된다. 그 시기는 비교적 빨리 도래할지도 모른다. 그렇다면 우리는 없어진 조선의 문물을 온전하고 오랫동안 보존해 둘 의무가 있다. …오늘날에는 노악사의 손에 남아 있지만 그 사람들이 세상을 떠나면 더 이상은 없게 된다. 지금이 조선의 음악을 들을 수 있는 마지막 시기일지도 모른다. 조선의 음악을 보존하려고 생각한다면 지금이 그 최후의 기회이다(349~350쪽).

가네쓰네는 한일병합으로 인하여 조선음악이 온전히 남아 있기 어려운 상황에 처해 있는 것에 대한 애석함과 이를 보존해야 한다는 의무감을 토로하고 있다. 국민의 감성과 사상이 있는 한 음악은 국가의 흥망성쇠와 큰 관련 없이 이어 갈 수 있지만, 외부로부터 강한 압력이 가해진다면 국민의 감정에도 변화가 일어 결국에 음악은 없어지게 된다는 점을 말하고 있는데, 당시 일본을 비유해서 '외계의 압력'이라는 말을 두 번이나 사용하고 있는 점이 눈에 띈다. 그는 일본에 의해 조선의 문화가 사라져 가고 있는 상황에서 지금이 보존할 수 있는 마지막 기회라는 점을 강조하고 있다. 이것은 가네쓰네의 조선음악 조사가 이러한 생각이 바탕이 되어 시도되었다는 것을 추측케 하는 대목이다. 우에무라도 지적했듯이,[45] 조선의 전통문화를 보존할 책임이 있다고 하는 동기 부여는 일제강점기에 일본인의 발언에서 흔히 찾아볼 수 있는 것이었지만 가네쓰네는 일본음악에 대한 우월성을 주장하지도 않고, 조선음악의 일본음악으로의 융합을 요구하고 있지도 않았다.

다음 글은 가네쓰네가 조선음악을 일본음악과 비교하면서 그의 견해를 밝히고 있는 부분이다.

> 원래는 같은 중국음악이지만 조선에 들어온 것과 일본에 전해진 것은 크게 다르다. 제례악 등은 전혀 전해지지 않았기 때문에 조선과는 비교도 되지 않는다. 일본은 악기와 악곡으로는 절대 조선에 필적할 수 없다. 특히 내취와 같은 장대한 행진곡은 일본에서는 꿈에서도 들을 수 없다. …기교 면에서도 음악의 기량 면에서도 일본의 가가쿠(雅樂)는 도저히 조선의 중국음악에 미치지 못한다. 전래한 악기, 악곡의 차이는 어쩔 수 없어도 일본인은 전해진 중국음악을 점차 퇴락시켰고 조선인은 그것을 발달시키는 것까지는 아니어도 잘 보존해 왔다. …요컨대 중국음악이라는 범위에서는 조선인이 일본인보다 한 수 위라고 해도 과언이 아니라고 생각한다(387~388쪽).

궁중음악의 경우 조선과 일본은 모두 중국에서 음악을 들여왔지만, 일본은 전래된 음악을 퇴락시킨 반면 조선은 그것을 잘 보존했다는 자조적인 평을 하고, 조선에 전해진 음악이 기교에서도 기량에서도 일본의 음악보다 우

45) 植村幸生(2010b), 앞의 글, 202쪽.

월하다고 평가했다. 이러한 관점은 조선의 전통문화를 하등한 것으로 취급하거나 일선융화(日鮮融和)를 주장하며 일본문화에 조선문화를 융합시키려는 당시 분위기와는 구별되는 것이다.

민요에 대해서도 조선의 노래와 일본의 노래를 비교하여 서술한 부분이 보인다.

> 속요(민요)는 음계도 선율도 소리의 용법까지 일본의 노래와 완전히 동일하다. 같은 인종, 같은 어원의 언어를 사용하는 조선인의 속요와 유사하다는 것은 전혀 이상할 것이 없고, 당연한 것이다(407쪽).

> 조선의 음악을 일본보다도 발전한 것이라고는 말하지 않겠다. 하지만 큰 진보의 차이는 없다고 생각한다. 우선 속요를 생각해 보면, 조선의 속요가 일본의 속요보다 뒤떨어지는 하찮은 것이라고는 결코 말할 수 없다. 〈양산도〉 등을 일본의 민요와 비교해 보아도 조금도 손색이 없다. 훌륭한 것이다. …민요라는 점에서는 조선인은 당당히 세계의 무대에서 크게 손을 흔들며 걸어도 좋다고 생각한다(418쪽).

그는 두 나라의 민요를 동일선상에 올려놓고 평가하고 있다. 양국의 민요가 유사한 것은 동일 인종이고, 동일한 어원의 언어를 사용하고 있기 때문이고, (모든) 조선의 음악을 일본보다 우월하다고는 할 수 없지만 민요의 경우는 동등한 위치에 있다고 보았다.

궁중음악에 관해서는 조선음악이 우월하다는 견해, 민요에 관해서는 동등하다는 입장이었다면, 예술로서의 음악은 조선인이 일본인보다 뒤처져 있다고 평하고 있다.

> 예술로서의 음악이 되면 이야기가 달라진다. 예술로서는 조선인은 결코 일본인보다 뛰어난 것을 갖고 있지 않다. 오히려 일본인보다 뒤져 있다. 서양음악도 조선음악과 같은 것을 가지고 있었다. …단조로운 음악이었다. …피아노의 완성

과 더불어 형식음악이 매우 발전하고 이후 내용이 있는 강렬한 음악이 나왔다. 일본에서는 형식음악은 별로 발전하지 않았는데, 그 대신 내용이 있는 음악으로서 여러 종류의 조루리(浄瑠璃)가 발달해 왔다. …조선음악은 지금 그 어느 방향으로 나아갈지의 기로에 서 있다. …조선음악에 미래가 있다면 지금이 그 운명을 정하는 시기이다(418~419쪽).

조선음악을 형식음악으로 발전해 간 서양음악에 비유하고 내용음악이 발달한 일본음악을 소개하면서, 조선음악이 어느 쪽의 음악으로 발전하면 좋을지에 대한 물음을 던지고 있다. 그리고 그 물음에 대해 다음과 같은 견해를 밝히고 있다.

지금 조선음악은 형식음악으로 발전할 만한 여지가 매우 많다. 조선인은 아직 일본인과 같이 음악에 표정을 요구하고 있지 않다. 오히려 형식음악의 쪽을 요구하는 것 같다. 조선인의 이러한 음악의식에 크게 변화가 없다면, 그리고 지금부터 조선음악이 다소 미래를 갖게 된다면 당분간은 형식음악, 바흐류의 음악, 교우타(京歌)류의 음악이 성행하지 않을까 생각된다. 혹은 가야금, 양금은 조선의 피아노가 될지도 모른다. 나 한 개인의 견해로 보면, 이쪽이 건전하고 순조로운 음악 발전의 길이고, 처음부터 표정을 요구하고 감정을 요구하는 것은 그 나라의 음악을 옆길로 빠지게 해서 일종의 뒤틀린 것을 만들게 될 뿐이라고 생각한다. …그 미래의 운명은 교우타, 에도우타(江戸歌), 기다유, 나니와부시(浪花節) 등의 음악 외에는 현재 살아 있는 음악을 가지고 있지 않은 우리 일본인의 손에 달린 것이다. 지금 원고를 끝내면서 조용히 묵상하니, 바위로 덮인 추운 남산 아래에서 들었던 그 노래, 그 곡이 무한한 분함과 훈계로서 아직 내 귀에 울리는 것 같다(420~421쪽).

가네쓰네는 조선인의 음악적 성향으로 본다면 조선음악은 형식음악으로 발전할 가능성이 많다고 제안하고, 이와 더불어 감정이나 표현을 강조하는 일본인의 음악 성향을 비판적 논조로 말하고 있다. 그리고 그러한 음악의식을 가진 일본인 손에 조선음악의 운명이 달려 있다는 것에 대한 책임감을 토로하고 있다. 마지막에는 "그 노래, 그 곡이 무한한 분함과 훈계로서"라고 표현함으로써, 조선음악이 처한 상황과 일본인에게 그러한 상황을 자각하라는 어조로 경고의 메시지를 주고 있다.

IX. 맺음말

이 글에서는 1910년대 초에 조선음악을 조사한 가네쓰네 기요스케의 연구에 대해 살펴보았다. 고찰 결과는 다음과 같다.

첫째, 조사 경위의 측면이다. 가네쓰네는 1911년 말부터 1912년 초 사이에 약 2주 동안 조선을 방문한 것으로 보이는데, 조사 경위는 자세히 밝히고 있지 않아 불분명한 점이 많다. 다만 기금의 후원자나 협력 기관 등의 언급이 없는 점으로 보아, 자신의 음악적 관심에 의해서 개인적으로 조사를 실시한 것으로 추측된다.

둘째, 조사 대상에 관한 측면이다. 그는 문묘제례악을 시작으로 종묘제례악 · 내취 · 여민락 · 영산회상 · 가곡 · 가사 · 시조 · 속요 · 판소리 · 엿장수소리에 이르기까지 당시 연주되고 있던 조선음악을 대부분 조사했다. 다만 당악계 음악에 대한 언급이 없는 점은 의문이다. 1912년경 조선에는 고문헌을 제외하면, 당시의 음악을 정리한 문헌이 없었다. 사전 예비지식이 없는 상태에서 균형 잡힌 조사를 행한 점은 그의 안목을 엿볼 수 있는 측면이기도 하다.

셋째, 조사한 음악에 관한 서술적인 특징이다. 그는 각 장르에 대해 선율, 음계, 이조, 연주 수법, 악기의 음색, 악곡의 분위기 등 음악적 특징을 분석적으로 기술했다. 내취와 향악, 기생음악에 큰 관심을 보이고 있는데, 이는 1920년대 초에 조선음악을 조사한 다나베 히사오가 제례악에 큰 관심을 가진 것과는 대조적인 모습이다.

넷째, 음계에 관한 측면이다. 문묘제례악의 이조 방법, 종묘제례악 · 여민락 · 영산회상 · 가곡의 음계를 오선보로 제시하고 그 구조와 특징을 분석했다. 특히 종묘제례악의 우조 · 계면조와 가곡의 우조 · 계면조는 용어에서는 같지만 그 성격은 다르다는 점을 지적하고, 가곡의 경우 계면조가 우조에 가깝게 변한 점을 인식하고 있다. 현행 악보 외에 『속악원보』도 조사하고 있으며, 다른 고문헌으로는 『악학궤범』과 『난계유고』 등을 참고로 하고 있다.

다섯째, 악기에 관한 것이다. 가네쓰네는 악기 자체에 대한 관심은 그리 많지 않았던 것으로 보인다. 악기에 대한 서술은 대부분 간략하고 악곡 설명에서 악기를 언급하고 있는 경우가 많다. 설명에는 일본 악기와 비교하는 관점이 나타나 있는데, 이것은 일본인 독자의 쉬운 이해를 위한 한 방편으로 보인다.

여섯째, 악기 편성에 관한 측면이다. 일제강점기에는 종묘제례악에서 현금 · 가야금 · 노도 · 어가 악기 편성에서 제외되었다고 알려지지만, 가네쓰네의 조사 내용에 의해 1912년 초까지는 이 악기들이 사용되고 있었다는 것이 밝혀졌다. 1912～1917년 사이에 종묘제례악의 악기 편성에 변화가 발생한 것으로 보인다. 또한 그의 조사 내용에 의해 내취는 1912년경까지 존재하고 있었고 1913년 8월 이후 더 이상 존속하지 않게 되었다는 것도 알 수 있다. 1912년경의 내취는 19세기 말에 비해 규모가 축소되기는 했지만 악기 종류에는 거의 변함이 없다(라 · 대각 제외).

일곱째, 채보에 관한 측면이다. 가네쓰네는 문묘제례악을 시작으로 종묘제례악 · 영산회상 · 가곡 · 민요 · 엿장수소리에 이르기까지 20여 곡을 오선보로 채보했다. 이는 최초의 조선음악 오선보 채보 작업일 가능성이 크다.

여덟째, 음고 측정의 측면이다. 가네쓰네는 최초로 조선악기의 음고를 측정한 것으로 보인다. 크게 두 종류의 실험을 했는데, 하나는 음고가 고정되어 있는 편종과 편경의 진동수 측정이고, 다른 하나는 가야금 · 피리 · 단소의 조현과 연주를 통한 음고 측정이다. 후자의 경우는 악사들의 음정 인식에 대한 실험으로, 가네쓰네는 이를 통해 조선 악사의 음감에 대해 호평했다.

아홉째, 조선음악에 대한 인식이다. 한일병합으로 인하여 조선음악이 사라져 가고 있는 상황에 대한 애석함과 그 음악 보존의 의무감을 인식하고 있다. 하지만 일본음악의 우월성이나 조선음악의 일본음악으로의 융합을 강요하지는 않았다. 궁중음악에 관해서는 조선음악이 우월하다는 견해, 민요에 관해서는 동등하다는 입장이고, 예술로서의 음악은 일본인이 앞서 있다는 시각을 보이고 있다. 또한 내용음악을 강조하는 일본인의 손에 조선음악의 미래가 달려 있다는 것에 책임감을 토로하고 그러한 상황에 대해 일본인에게 경고하고 있다.

요컨대 가네쓰네 기요스케의 연구는 일제강점기 조선음악의 선구적인 연구라는 점에서 매우 유의미하다. 이왕직아악부 관계자들에 의한 음악 기록이 1910년대 후반기에 시작되었다는 점을 고려하면, 1910년대 초에 이와 같이 방대한 연구 결과를 발표했다는 점은 높이 평가될 만하다. 특히 여러 악곡의 채보를 통해 당시 음악의 실제 모습을 전해 주고 있고, 민간음악에 대한 많은 정보를 제공하고 있다는 점에서도 중요하고 가치 있는 연구라 하겠다.

1915년 경성 연예관의 일본공연단 연구
—극장, 퍼포먼스, 문화권력—

홍선영

I. 머리말

1915년 10월과 1916년 4월에 경성(京城)과 타이베이(臺北)에서는 각각 '시정5년기념 조선물산공진회'와 '시정20년기념 타이완권업공진회'가 열렸다. 이 식민지 도시들에는 공진회를 계기로 각각 연극장 '연예관(演藝館)'이 완성되었으며 공진회가 열리는 50일 동안 다양한 장르의 공연이 무대에 올려졌다. 1862년 런던만국박람회가 시작된 이래 근대산업의 성과물을 전시하는 공진회 및 박람회는 그 성격에 있어서 1900년대 이후 중요한 변모를 이루었는데, 그것은 다름 아닌 '축제성'이다. 이는 상설기관인 박물관, 미술관 등과 달리 박람회는 제한된 기간 동안 열리는 비일상적인 축제공간이기 때문이다. 일본에서는 1903년 제5회 내국권업박람회 당시 '여흥'의 필요성을 통감하여 회장 내에 '연무장'이라는 극장을 만들어 '흥행장'은 박람회의 중요한 일부가 되었고, 결과적으로 관객을 모으는 원동력이 되었다. 당시 '여흥'의 등장은 입장 인원에서 한계점에 가까워진 상황을 한꺼번에 타개하였고, 새로움을 잃어버리고 있던 박람회에 신풍을 불어넣었다. 박람회는 보다 '유원지화'해 갔으며 축제성 이벤트를 담보하는 것은 무엇보다 극장에서 펼쳐지는 다양한 장르의 공연 및 퍼포먼스들이었다.[1)]

1915년 조선총독부가 '시정5년'을 기념하여 개최한 공진회는 정궁인 경복궁을 주 무대로 삼았다. 선행연구에 의하면 조선왕조의 중심부를 공원화하고 일반에 공개함으로써 식민권력의 억압적 상황을 이면에 감추면서 식민지 통치의 성과를 과시하고자 한 제국일본의 문화장치였다.[2)] 특히 1915년 조선물산공진회는 '총화적인 근대산업의 달성도를 제시'하려 의도하였으며, 상품을 보여 주고 소비 심리를 자극하기 위한 박람회의 공간[3)]으로 자리매김하려는 목적을 뚜렷이 제시한 행사였다. 그런데 시정5년이라는 식민지 조선의 불안한 정국하에서 경복궁 내 연예관이라는 극장은, 제국일본의 문화권력이 작동하는 공간이자 다양한 장르와 이중 언어의 공연들이 서로 공존하고 있었고 지배/피지배의 공연 주체들이 복잡하게 경합하는 공간이었다. 그럼에도 불구하고 1915년 공진회 기간 동안 연예관에 초빙된 일본공연단에 대한 연구는 전무하다. 본고는 다른 일본 공연단의 존재와 공연 내용을 확인하고 연예관 무대에 등장한 예술공연의 성격과 의미를 고찰하고자 한다. 1910년대 경성의 일본인 연극에 관한 극장 상황과 공연 실태에 관한 연구는 자료의 어려움으로 인하여 단편적 기록과 데이터를 모아 제한적 판단을 할 수밖에 없으므로, 재조 일본인 연극과 문화에 대한 구체적인 실상을 파악하는 데 한계가 있었다. 그러나 1915년 공진회 기간 중 행해진 연극 공연 및 퍼포먼스가 관급행사로 진행되었던바, 오늘날까지 공공 기록

1) 國雄行(2010), 『博覧會と明治の日本』, 吉川弘文館, 4쪽.

2) 李泰文(2003), 「1915年「朝鮮物産共進會」の構成と內容」, 『慶應義塾大學日吉紀要 : 言語・文化・コミュニケーション』 第30號, 25-61쪽 ; 주윤정(2003), 「조선물산공진회(1915)에 대한 연구」, 한국학대학원석사학위논문 등 참조.

3) 이각규(2010), 『한국의 근대박람회』, 커뮤니케이션북스, 168-173쪽.

이 남아 있고 이 자료들에 기초하여 퍼포먼스의 내용, 공연을 주최하는 단체와 제반 과정에 대한 추론을 가능하게 한다. 구체적으로는 첫째 연예관 공연의 레퍼토리, 공연단의 면모에 대한 검토를 진행함으로써 1915년 재경성 일본인 예술인 및 관련 단체들의 공연과 그것이 의미하는 바를 도출해 내고자 한다. 연구 방법으로는 당시의 신문 자료와 공진회 보고서 등의 기록을 통해 연예관 공연이 어떻게 실현 가능했는가를 검증한다. 둘째 공연단의 프로그램 및 레퍼토리에 대한 정리, 그리고 공연을 주관한 인물 및 단체에 대해 검토함으로써 공연 전반을 가늠할 수 있다. 이때 몇 가지 쟁점이 존재한다. 즉 전문적인 공연예술인의 동원은 어떻게 가능했는가, 이 공연단들의 레퍼토리가 의미하는 바는 무엇인가, 그리고 경성 연예관에서 드러나는 예술장르 간 긴장 관계, 공연 주체 간 경합 관계, 문화권력의 문제를 주목하게 될 것이다.

II. 경복궁이라는 장소

1915년 연예관 공연에 관한 선행연구에서는 덴카쓰이치자(天勝一座)의 전위연극과 퍼포먼스에 주목함으로써 조선총독부 시정5년이라는 역사적 시점에 조선왕궁에서의 오스카 와일드[4]의 〈살로메〉 공연이 갖는 문화적 의미와 제국일본의 문화영유(文化領有)의 방식임을 지적한 바 있다.[5] 1923년 10월 5일부터 10월 24일까지 20일간 조선농회 주최, 조선총독부 후원으로 '조선부업품공진회'가 역시 경복궁에서 개최되었으며 이는 1915년 조선물산공진

---

4) 오스카 와일드(Oscar Wilde, 1854~1900)는 영국의 탐미주의 극작가, 시인, 소설가이다. '반사회적인' 삶과 데카당예술을 이끈 문학자로서 다양한 장르의 문락에서 빅토리아 시대의 영국을 날카롭게 풍자 · 비판하였다. 그의 관능적이고 퇴폐적인 문학적 표현은 추함과 악함, 병폐 등에서 미학을 끄집어 낸 탐미주의 예술가이다. 대표작으로 장편소설 「도리안 그레이의 초상」(1891) 등이 있다.

5) 홍선영(2011), 「제국의 文化領有와 外地巡行 : 天勝一座의 〈살로메〉 景福宮 공연을 중심으로」, 『일본근대학연구』 第33호, 333-335쪽.

회의 축소판이었다고 한다.[6] 1926년의 조선박람회, 1929년의 시정20주년 기념 조선박람회 등이 개최된 장소 역시 경복궁이었다. 연예관은 경복궁의 서쪽 문에 해당하는 영추문(迎秋門) 가까이에 위치하여 가장 넓고 광화문에서 입장한 공진회의 입장객들이 쉽게 접근할 수 있도록 위치가 선정되었다.[7] 주변의 경관과 조화로우면서 '시세션(secession)' 양식의 건축물로 지어졌으며 외벽은 석회칠을 하여 화사한 흰색 건축물이었다. 이 당시 공진회의 전시시설로 새로이 신축된 건물들은 르네상스 양식을 기조로 하면서 시세션 양식이 가미된 흰색 건물들이었다. 또 이와 같이 르네상스 양식에 시세션 양식을 가미한 수법은 비슷한 시기 일본의 박람회 건축에도 등장한 것인데, 1914년 다이쇼박람회에서 나타난 박람회 건축물은 아르누보와 시세션 양식의 것으로 분류된다고 한다.[8] 총 건평 229평이라는 큰 규모이며 1층 내부는 무대쪽 정면이 평면 바닥이고 후면으로 갈수록 경사가 있어 관람석의 시야를 고려한 설계이다. 연예관이라는 극장의 특성은, 1915년 시점에 경성(용산 포함)에는 단성사, 광무대 외에 일본인 관객을 주로 대상으로 하는 극장이 수관(壽館), 수좌(壽座), 황금관(黃金館), 어성좌(御成座), 대정관(大正館), 유락관(有樂館), 낭화관(浪花館) 등이 있었지만 설비 면에서 압도적으로 큰 규모의 극장이었다.[9] 이처럼 이미 연극장 및 요세(寄席),[10] 활동사진관이 경성 내에 10여 곳 존재했음에도 불구하고 다시금 큰 규모의 극장이 등장한 것은 '시정5년'의 조선 통치 성과를 과시하는 데 있어 극장의 존재가 얼마나 중요한지를 미루어 짐작할 수 있다. 〔그림 1〕과 〔그림 2〕는 연예관의 외관과

6) 이각규(2010), 앞의 책, 167쪽.

7) 始政五年記念朝鮮物産共進會京城協賛會残務取扱所 編纂(1916), 『始政五年記念朝鮮物産共進會京城協賛會報告』, 始政五年記念朝鮮物産共進會京城協賛會残務取扱所, 112쪽.

8) 강상훈(2006), 「일제강점기 박람회 건축을 통해 본 건축양식의 상징성」, 『건축역사연구』 제15권 제3호, 12쪽.

9) 홍선영(2009a), 「경성의 일본인 극장 변천사 : 식민지도시의 문화와 '극장'」, 『일본문화학보』 제43집, 287-292쪽.

10) 요세(寄席)는 일본의 대중예능인 라쿠고(落語), 고단(講談), 만자이(漫才) 등을 공연하는 소극장이다.

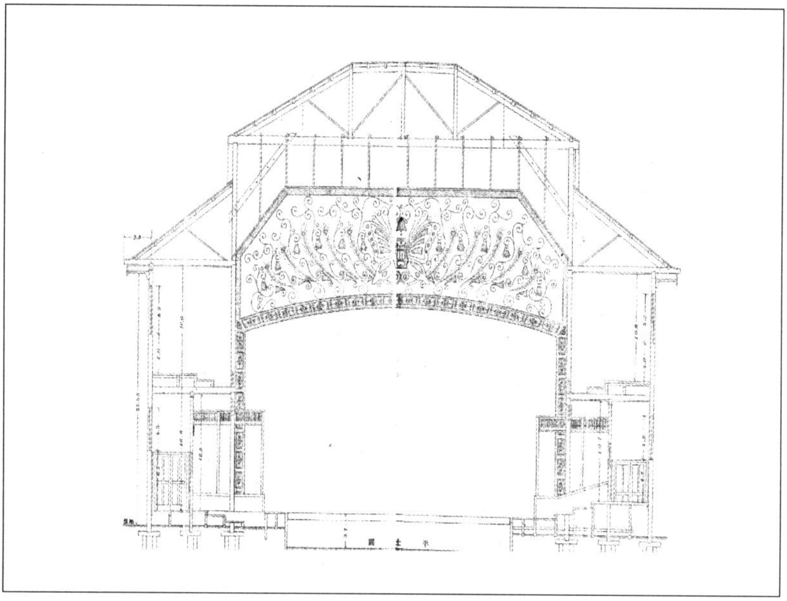

〔그림 1〕 연예관 설계도 1

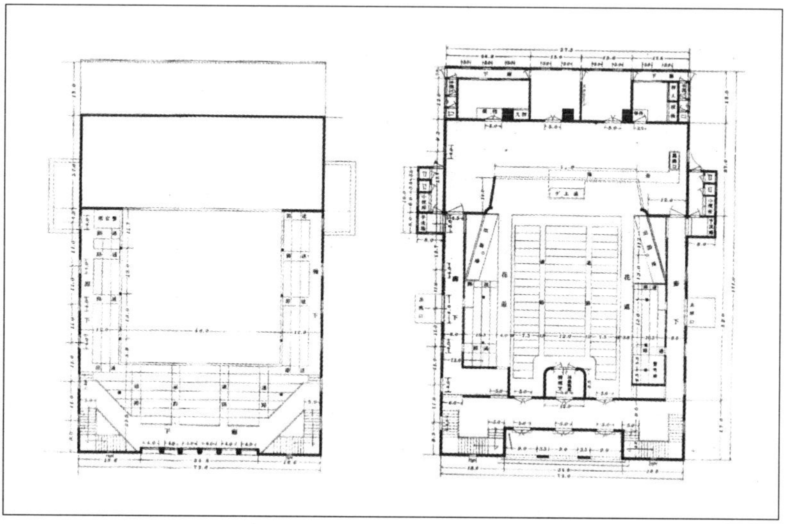

〔그림 2〕 연예관 설계도 2

내부 설계도이다.

이 설계도를 참조하여 극장 내부를 보다 상세하게 살펴보면, 1층은 평면 바닥의 양쪽 날개에 반주자석이 마련되어 있으며 2층은 전부 객석으로 채워졌다. 이 건축물의 특징은 유럽의 장점을 채택하면서도 일본 극장 고유의 형태인 하나미치(花道)[11]를 설치함으로써 일본 연극과 서양 연극의 흥행이 가능하도록 했을 뿐 아니라 활동사진의 영사 또한 가능하도록 설계되었다. 연예관은 현재 남아 있지 않으므로 내부 장식 역시 당시의 기록을 통해 추측할 수 있을 뿐인데, 천정은 중앙이 돔 형태를 이루고 조명을 설치하였다. 2층의 천정과 벽 전체에 천을 걸어 화려하게 장식하였으며 음향에도 최선의 조건을 마련하였다. 정면에 장식된 미인화가 있고 이를 중심으로 조명을 비춘 점 등을 미루어 짐작건대 상당히 관객의 시선을 끄는 화려한 형태를 갖추고 있었다. 그리고 공진회장 내부에는 연예관 외에 5평 넓이의 150석 규모의 객석을 갖춘 활동사진관이 있었으며, '조선연예장'이라는 명칭으로 별도의 공연장이 건설되었다. 건평 120평, 천막 지붕과 판자 벽이라는 연예관에 비해서는 다소 소박한 건축물로 존재하였다. 다만 연예관이 설계도와 사진을 비롯한 상세한 기록이 산재한 것에 비해 조선연예장에 대한 기록은 매우 부실하다는 점에서 기록 주체들의 인식이 아쉽기만 하다.

III. '연예관'의 흥행 레퍼토리 : 예술인가, '여흥'인가

기록에 의하면, 9월 11일부터 10월 31일까지 51일간 연예관 및 조선연극장, 야외활동사진관에서 다양한 장르의 공연이 진행되었다. 공진회의 공식 행사(개장식 · 개막식 · 폐막식 및 각 전시장의 전시) 외에도 연예관, 조선연극장, 야외활동사진관 등에서 진행된 제반 엔터테인먼트 행사 프로그램 가운데 연예관

11) 하나미치(花道)는 가부키 무대에서 왼편에 배우가 객석을 통과하여 무대로 드나드는 폭 약 1.5미터의 길이다. 처음에는 관객이 배우에게 선물을 건네는 통로이다가 18세기 초에 완성되었다.

무대에 오른 레퍼토리를 중심으로 조사한 결과를 정리하면 〈표 1〉과 같다.[12]

연예관의 경우, 1일 2회 공연에 주간 공연은 예기(藝妓), 기생(妓生)의 무용(手踊)이, 야간 공연은 덴카쓰이치자의 기술극(奇術劇)인 〈살로메〉, 하카타니와카(博多俄),[13] 기생 및 조선인 연무 등의 공연이 진행되었다. 보다 상세하게는 주간 공연의 중심은 일본 예기의 무용이고 나카권번(中券), 경성권번(京城券)이라는 이름의 권번에 소속된 경성 거주 일본 예기들의 공연단이다.[14]

〈표 1〉 일본공연단의 흥행 내용

주간/야간	일 자	장 르	공연단	공연 제목	비 고
주 간	9월 11일	무용, 노래	나카권번	〈천황의 치세(御代の榮)〉, 〈최후의 의지처(ついのよるべ)〉	곡명, 공진회축하회(개장식)
	9월 12일~10월 2일	무용, 노래	경성권번	〈천황의 치세〉, 〈최후의 의지처〉	10월 2일까지 교대로 공연
	10월 3일	무용, 노래	나카권번	〈최후의 의지처〉, 〈머나먼 곳의 바람(千里の風)〉	철도국 천리축하회(千里祝賀會)
	10월 4일	무용, 노래	경성권번	〈천황의 치세〉, 〈최후의 의지처〉	10월 7일까지 교대로 공연
	10월 8일	무용, 노래	경성권번	〈고조바시(五條橋)〉, 〈천황의 치세〉	
	10월 9일	무용, 노래	나카권번	〈천황의 치세〉, 〈최후의 의지처〉	

12) 始政五年記念朝鮮物産共進會京城協贊會殘務取扱所 編纂(1916), 앞의 책, 150-155쪽.

13) 하카타니와카는 규슈 하카타에 전해지는 구연 예능의 일종이다. 하카타니와카의 특징은 하카타니와카 가면을 쓰고 한다는 점, 하카타 방언을 사용한다는 점, 반전(オチ)을 원칙으로 하는 동음이의어(同音異義語)로 마무리하는 점이다. 혼자서 하는 히토리니와카, 1분 이내 정도의 히토구치니와카, 두 명이 주고받는 만담 형식의 가케아이니와카(掛け合いにわか) 등이 있고, 촌극 혹은 극 형식을 띤 단모노니와카(段ものにわか) 등의 종류가 있다.

14) 일본어에서는 券番(겐반)이 아니라 検番(겐반)으로 표기한다. '겐반'은 그 지역의 요릿집(料理屋), 게이샤야(藝者屋. 게이샤를 거느리고 있는 집), 마치아이차야(待合茶屋. 손님과 게이샤의 유흥을 위해 장소를 빌려 주고 술과 음식을 제공하는 집), 이 세 업자가 모여 꾸리는 사무소를 부르는 속칭.

	10월 10일	무용, 노래	경성권번	〈고조바시〉, 〈천황의 치세〉	이하 10월 31일까지 나카권번, 경성권번이 〈천황의 치세〉, 〈최후의의지처〉, 〈고조바시〉를 교대로 공연
야 간	10월 8일	무용	일본인 소녀	〈검무(劍舞)〉, 〈혼노지(本能寺)〉, 〈비바람(飛雨)〉, 〈버려진 아이(捨子)〉	
	10월 10~19일	연극, 기술	덴카쓰이치자	다양한 무대 마술, 바이올린 독주, 〈곡예통 속 미인(曲藝筒中の美人)〉, 〈그로잉 돌(グローイング・ドール)〉, 〈비단 속 미인(絹中の美人)〉, 〈살로메〉, 〈이중 트렁크(二重トランク)〉, 〈미인각(美人閣)〉	
	10월 23일	와게이(話藝)[15]	하카타니와카	〈대담한 게이샤(大胆な藝者)〉, 〈북래토산 호매입(北來土産虎の賣込)〉, 〈보물찾기 축하떡던지기(寶探し祝ひの餠まき)〉, 〈산바소(학, 거북이)〔三番叟(鶴, 亀)〕〉[16]	
	10월 27~31일	연극, 기술	덴카쓰일좌	동화극 〈신 신나는 호궁(お伽劇新浮れ胡弓)〉, 다양한 무대 마술, 우스꽝스러운 무대 마술, 〈통 속의 미인〉, 〈반지의 변신(指輪の變轉)〉, 〈그로잉 돌〉, 〈신비한 문(不思議のドア)〉, 〈골계 장난꾸러기 소년(滑稽イタヅラボーイ)〉	29일 우천 휴연

15) 와게이(話藝)는 만담, 라쿠고(落語)처럼 화술로 재미를 주는 구연예능.

16) 일본 전통예능의 하나. 시키산바(式三番)에서 오키나 춤(翁の舞)에 이어 춤추는 역할, 혹은 그 춤을 말한다. 노(能)에서는 오키나(翁)라는 역할명이고 교겐가타(狂言方)가 담당한다. 혹은 노의 오키나를 산바소 부분만 무용으로 만든 가부키 무용을

〈표 1〉에서 정리한 다양한 장르의 퍼포먼스, 즉 마술을 가미한 연극, 전통무용, 거리예능은 각각 입장료에서도 차이를 보였다.[17] 주간과 야간 공연은 공연단이 동일하더라도 입장료에서 차이를 보였다. 예기·기생의 전통무용은 주간 공연이 야간 공연의 두 배로 특등석 30전, 20전, 15전 등이고 야간은 20전, 10전, 5전으로 반액이다. 연예관 공연 가운데 가장 입장료가 비싼 공연은 덴카쓰이치자로 특등석 1원을 비롯하여 일등, 이등, 삼등석이 각각 70전, 50전, 30전이므로 연예관 공연 전체를 통틀어 가장 고가의 공연이다. 나머지 하카타니와카와 같은 구연예능은 활동사진과 함께 10전, 5전 정도의 가장 저렴한 구경거리로 볼 수 있다. 이처럼 입장료의 차별화는 레퍼토리에서 일정하게 위계를 반영한 것이다. 공연 실현 과정에서 예술의 위계 문제가 드러났으며 마술·연극, 일본 전통무용, 조선 전통무용, 거리예능의 순으로 일정하게 장르 간 위계가 실재함에 대한 증거이다. 특히 주간과 야간의 입장료가 배 차이가 나는 이유는 주간 공연에서는 일본 전통무용과 조선 전통무용을 공연하였고, 야간 공연에서는 조선 전통무용 공연만을 진행했으므로 프로그램에서 근본적으로 차이가 있었다. 일본 전통무용이 오로지 주간에만 배치되었고 조선 전통무용을 야간에 배치한 것은 주간에 진행되고 있는 공진회의 관람객이 주요 대상임을 의미하는 것이며, 공진회장 내부에 위치한 연예관의 일본 전통무용 공연이야말로 가장 비중 있는 즉 '상위'에 위치한 프로그램이었음을 짐작하게 한다. 그러나 〈표 1〉에서 확인하듯이 시정 5년을 기념한 공진회 기간 동안 연예관 무대에는 일본 전통극인 노와 가부키 공연은 찾아볼 수 없다. 다만 연예관 공연에서 이른바 '고급'예술의 배제가 의미하는 바가 무엇인지는 단언하기 어렵지만, 공진회 흥행의 축제성을 담보할 레퍼토리로서 일본을 대표하는 노, 가부키가 선택되지 않았다는 점을 확인할 수 있다. 그렇다면 연예관 공연의 입장객 상황을 통해 흥행의 주

가리키기도 한다.

17) 마술은 당시에 기술(奇術)이라는 용어로 쓰였는데 지금은 '근대마술'의 의미로 쓰인 역사적인 용어로 이해할 수 있겠다. 문맥에 따라 기술(奇術), 기술극(奇術劇), 기술연예(奇術演藝)를 그대로 사용하였음을 밝혀 둔다.

역이 된 레퍼토리를 확인하고 연예관 무대에 대한 관객 반응의 스펙트럼을 입체적으로 파악할 수 있을 것이다.

〈표 2〉 연예관 입장 인원

(단위 : 명)

일 시	주 간				야 간			
	입장 인원			장르	입장 인원			장르
	유료	무료	계		유료	무료	계	
9월 11일	535	23	558	예기기생무용	260	9	269	활동사진
9월 12일	1,264	27	1,291	예기기생무용	328	19	347	활동사진
9월 13일	793	18	811	예기기생무용	267	6	273	활동사진
9월 14일	664	31	695	예기기생무용	515	12	527	활동사진
9월 15일	752	18	770	예기기생무용	220	11	231	활동사진
9월 16일	688	9	697	예기기생무용	204	15	219	활동사진
9월 17일	690	12	702	예기기생무용	219	0	219	활동사진
9월 18일	527	28	555	예기기생무용	510	2	512	활동사진, 기생무용
9월 19일	978	45	1,023	예기기생무용	583	18	601	활동사진, 기생무용
9월 20일	685	76	761	예기기생무용	186	10	196	활동사진, 기생무용
9월 21일	497	16	513	예기기생무용	258	8	266	활동사진, 기생무용
9월 22일	392	18	410	예기기생무용	236	5	241	활동사진, 기생무용
9월 23일	710	17	727	예기기생무용	128	5	133	활동사진
9월 24일	137	0	137	예기기생무용	0	0	0	활동사진
9월 25일	1,025	0	1,025	예기기생무용	390	0	390	활동사진, 기생무용
9월 26일	868	91	959	예기기생무용	227	6	233	활동사진, 기생무용
9월 27일	1066	60	1126	예기기생무용	747	5	752	활동사진, 기생무용

9월 28일	667	34	701	예기기생무용	523	0	523	활동사진, 기생무용
9월 29일	739	61	800	예기기생무용	0	0	0	활동사진, 기생무용
9월 30일	769	59	828	예기기생무용	689	2	691	활동사진, 기생무용
10월 1일	701	47	748	예기기생무용	849	9	858	기생무용, 선인잡기
10월 2일	1,183	31	1,214	예기기생무용	607	8	615	기생무용
10월 3일	458	14	472	예기기생무용	478	0	478	기생무용
10월 4일	917	46	963	예기기생무용	422	4	426	기생무용
10월 5일	606	27	633	예기기생무용	0	0	0	기생무용
10월 6일	594	38	632	예기기생무용	308	11	319	기생무용, 낭검무
10월 7일	545	59	604	예기기생무용	440	8	448	기생무용, 낭검무
10월 8일	498	20	518	예기기생무용	0	0	0	기생무용, 낭검무
10월 9일	757	35	792	예기기생무용	563	7	570	기생무용
10월 10일	565	28	593	예기기생무용	936	165	1,101	덴카쓰일좌 기술연예
10월 11일	636	26	662	예기기생무용	757	180	937	덴카쓰이치자 기술연예
10월 12일	579	39	618	예기기생무용	1,008	252	1,260	덴카쓰이치자 기술연예
10월 13일	461	21	482	예기기생무용	981	213	1,194	덴카쓰이치자 기술연예
10월 14일	420	35	455	예기기생무용	1,018	208	1,226	덴카쓰이치자 기술연예
10월 15일	396	12	408	예기기생무용	937	161	1,098	덴카쓰이치자 기술연예
10월 16일	581	16	597	예기기생무용	881	158	1,039	덴카쓰이치자 기술연예
10월 17일 (1)	1,098	0	1,098	덴카쓰이치자	0	0	0	덴카쓰이치자 기술연예

10월 17일 (2)	556	18	574	예기기생무용	974	194	1,168	덴카쓰이치자 기술연예
10월 18일	471	11	482	예기기생무용	814	138	952	덴카쓰이치자 기술연예
10월 19일	306	8	314	예기기생무용	499	262	761	덴카쓰이치자 기술연예
10월 20일	238	9	247	예기기생무용	137	17	154	기생무용
10월 21일	404	11	415	예기기생무용	157	0	157	기생무용
10월 22일	348	12	360	예기기생무용	185	6	191	기생무용
10월 23일	583	39	622	예기기생무용	490	5	495	하카타니와카
10월 24일	1,143	25	1,168	예기기생무용	482	10	492	하카타니와카
10월 25일	786	31	817	예기기생무용	225	8	233	하카타니와카
10월 26일	471	18	489	예기기생무용	120	6	126	하카타니와카
10월 27일	277	27	304	예기기생무용	574	195	769	덴카쓰이치자 기술연예
10월 28일	348	18	366	예기기생무용	707	257	964	덴카쓰이치자 기술연예
10월 29일	495	25	520	예기기생무용	907	219	1,126	덴카쓰이치자 기술연예
10월 30일	461	19	480	예기기생무용	1,082	271	1,353	덴카쓰이치자 기술연예
10월 31일	957	22	979	예기기생무용	984	262	1246	덴카쓰이치자 기술연예
합 계	**33,285**	**1,430**	**34,715**		**25,012**	**3,367**	**28,379**	

각 공연단과 장르에 따른 입장객 수를 비교해 보면 덴카쓰이치자의 공연이 매번 1천 명 이상의 관객을 동원했음을 확인할 수 있다. 그리고 전통무용의 관객에서는 현저한 차이를 발견할 수 없다. 다만 관객 구성의 문제가 중요하게 대두하게 되는데 현재로서는 조선인 관객과 일본인 관객의 통계자료가 없다. 다만 공진회 관람입장 '인원통계'에 의하면, 주간 일본인 관람객이 20만 6천여 명, 조선인 관람객이 47만 2천여 명이다. 그리고 야간은

일본인 관람객이 9만 3천여 명, 조선인 관람객이 25만 4천여 명이다.[18] 공진회 관람객과 연예관 관객의 비율이 그대로 일치할 수는 없지만 비슷한 비율을 적용할 수 있다면, 주간 공연에서는 일본인 관객의 비중이 많고 야간 공연에서는 조선인 관객의 비중이 압도적으로 많았음을 추측할 수 있다. 당시 공진회 주최 측에서 각 도 장관 및 각 부·현 지사에게 의뢰장을 발송하여 단체관람을 유도하였으므로 이러한 추론은 크게 벗어나지 않으리라 생각한다.[19] 이상에서 공연예술단의 구분, 장르의 문제, 입장료, 관객의 구성 문제를 살펴보았는데 연예관이라는 장소는 흥행성과 오락을 추구하였으며 이는 식민권력의 '지배' 논리와 대립하지 않았음을 짐작케 한다.

IV. 연예관 공연의 주역들 : 흥행사 및 주관단체

경성은 3~4월의 봄에 바람과 비가 많지만 9~11월의 가을에는 청명한 하늘과 상쾌한 날씨가 이어져 공진회가 열리는 시기 또한 이러한 기후와도 관계가 있었을 것이다.[20] 1915년 공진회의 회장 내에는 여러 시설과 설비들이 들어섰는데, 공진회 진열관 서쪽을 구획하여 경회루를 중심으로 전체 면적 약 3만 5천 평에 이르는 구역이었다. 구체적으로는 연예관 외에 ① 조선연극장, ② 불사의관(不思議館), ③ 곡마관, ④ 동물원, ⑤ 미로관(迷路館), ⑥ 활동사진, ⑦ 유희(遊戱), ⑧ 그네(ブランコ廻り) 등의 다양한 축제 공간과

18) 주간 공연은 일본인 20만 6,039명, 조선인 47만 2,503명, 중국인 3,326명, 외국인 1,905명, 무료 8만 8,953명, 합계 77만 2,745명이고, 야간 공연은 일본인 9만 3,502명, 조선인 25만 4,651명, 중국인 1,333명, 외국인 938명, 무료 4만 1,214명, 합계 3만 9,638명으로 주야간 합계 116만 4,383명이다〔始政五年記念朝鮮物産共進會京城協贊會殘務取扱所 編纂(1916), 앞의 책, 152-181쪽 참조〕.

19) 조선 각 도의 단체 인원은 보통단체 5만 7,750명, 학생단체 2만 3,156명이고, 내지단체 인원(실업단·시찰단) 1,028명 등의 기록이 남아 있는 것으로 보아 단체관람이 많은 비중을 차지했다〔始政五年記念朝鮮物産共進會京城協贊會殘務取扱所 編纂(1916), 앞의 책, 120-121쪽〕.

20) 石原留吉(1916), 『京城案內』, 京城協贊會, 18쪽.

설비가 마련되었다. 그렇다면 51일간의 일본 전통무용, 마술, 연극, 거리예능 등 다양한 장르의 공연단을 경성으로 불러모아 연예관 공연을 실현시킨 주체들은 누구이며 그것은 어떻게 가능했을까. 연예관 공연을 기획하고 '흥행사' 역할을 한 인물로는 먼저 구기모토 도지로(釘本藤次郎)를 주목하지 않을 수 없다. 구기모토는 공진회 기간 중 연예관을 비롯한 회장 내에서 이루어지는 흥행물 전반과 각종 행사 등에 관한 사항을 결정하였으며, 그 가운데 연예관의 공연에 관한 전반을 기획하고 실행한 인물이다. 1867년 사가현 가라쓰시(佐賀縣唐津市)에서 출생하여 당시 49세의 재조 일본인 사업가로서 1895년 조선에 건너와 경성에서 철물 판매업부터 시작하였다고 알려져 있다.[21] 구기모토상점을 운영한 상업인으로서 1915년에는 경성 상업계의 거물로 성장한 그가 연극을 애호한 인물이라는 기록이 남아 있으며, 경성의 흥행계와 직접적인 관련이 있었음을 짐작할 수 있다.[22] 1915년 공진회 기간의 흥행 기획의 경험을 기반으로 하여 구기모토는 1929년 '시정20년기념 조선박람회' 당시에도 다시금 경성 공연계의 핵심적 역할을 하였다.

두 번째로 주목할 인물은 나카무라 요시헤이(中村與資平, 1880~1963)이다. 나카무라는 1880년 시즈오카현 하마마쓰(静岡縣濱松)에서 태어나 1905년 도쿄제국대학 건축학과를 졸업하고 1907년 제일은행 한국총지점(1910년 이후 조선은행 본점) 건축에서 임시건축부공무장(臨時建築部工務長)을 맡은 데에서 식민지 건축과의 인연이 시작되었다. 1908년 경성에 이주하여 1912년 조선은행 본점을 준공하고 조선은행 건축고문이 되었으며, 이때 경성 황금정(黃金町)에 나카무라건축사무소를 개설하였다. 1917년 다롄, 1921년 유럽 시찰을 거쳐 1922년 도쿄로 돌아가 나카무라공무소(中村工務所)를 열었고 1934년 나카무라 요시헤이 건축사무소로 개칭하여 운영하며 다양한 건축물을 남긴 일본의 대표적인 건축가이다. 1915년 공진회 당시는 경성에 위치한 나카무라건축사무소의 대표로서 경성의 주요 건축물의 설계를 맡아서 진행한 건

21) 高橋刀川(1908), 『在韓成功之九州人』, 虎與號書店, 160쪽.

22) 「釘本藤次郎, 京城商業會議所會頭」, 『京城日報』 1924. 1. 1.자.

축가이다. 식민지 조선과 구 만주 및 시즈오카 등에서 은행, 공공건축 설계를 다수 남긴 것으로 알려진 그는 1921년 천도교중앙대교당, 1937년 덕수궁 미술관(당시 이왕가미술관) 등의 식민지 건축물을 설계하였고 1915년 연예관 설계의 장본인이 아닌가 짐작하게 한다. 다만 1915년에 완공된 연예관이 어떤 이유에서인지 소실되는 바람에 설계도와 사진 등의 자료가 현존함에도 불구하고 설계자를 단정할 수 있는 기록은 발견되지 않아 현재로서는 추측에 머무를 수밖에 없다.

끝으로 1910년대 경성에서의 재조 일본인 연극의 현황을 파악하는 데 결정적인 자료인 『경성안내(京城案內)』(1915. 9)의 출간에서 등장하는 이시하라 도메키치(石原留吉, 1875~?)를 주목하지 않을 수 없다. 경성안내서와 공진회 기념 그림엽서의 발행 등 공진회 기간 동안 홍보를 담당한 것으로 보인다. 그가 간행한 책자 『경성안내』는 공진회 관람을 위해 경성에 온 이들을 위하여 최근 경성의 제반 정세 및 명소·유적 등을 정확하게 소개할 의도로 협찬회가 편찬하여 판매 혹은 증정했다. 그 밖에도 책자 『경성안내』의 일부 내용과 회장 안내도, 여관·요릿집·오락장 등에 관한 정보를 실어 단체관람객 증정용으로 제작한 한 쪽 분량의 안내서가 있었다.[23] 이시하라 도메키치는 가가와현(香川縣) 출신으로 1904년 문관고등시험에 합격하여 관리의 길로 들어섰다. 1909년 한국으로 건너와 1910년부터는 경성부에서 근무하였으며 이후 신의주부, 원산부 부윤(府尹)을 역임하였고 이후 일본에 돌아가 다카마쓰시(高松市) 시장을 역임(1924~1928)한 관리이다. 하지만 구기모토 도지로, 나카무라 요시헤이에 비해 일본에 귀국한 이후의 행적이 구체적으로 알려진 바가 없어서 베일에 싸여 있다.

이상 연예관의 공연을 기획한 구기모토, 연예관 설립을 주도한 나카무라, 경성부 관리로서 연예관 공연의 홍보와 자금을 담당한 이시하라 등 연예관 예술공연에 결정적인 역할을 한 이 세 인물 사이에는 공통점이 있었는데 '경성협찬회'라는 조직이다. 즉 이들은 1915년 당시 경성협찬회라는 조직에서

23) 始政五年記念朝鮮物産共進會京城協贊會殘務取扱所 編纂(1916), 앞의 책, 109-110쪽.

각각 여흥계, 설비계, 서무계의 책임자라는 핵심적 위치에 있었다. 다음은 공진회의 '익찬'을 위해 설립된 조직, 정식 명칭 '시정5년기념 조선물산공진회 경성협찬회' 설립 취지이다.

> 올가을 시정5년 조선물산공진회 개최에 있어 경성협찬회를 설립함으로써 협찬의 실질을 강구하여 회장 내부는 물론 (경성)부 내 여러 요소에 각종 장식을 준비하여 맑은 경성 천지를 진동시킨다는 계획이다.[24]

이처럼 공진회 사업의 익찬, 공진회의 융성을 도모하고 관람자의 편의를 도모할 목적으로 설립된 경성협찬회의 조직 성격과 그 구성을 살펴보도록 하겠다. 경성협찬회는 1914년 설립이 추진되어 1915년 1월 발기인총회를 거쳐 공식 출범하였다. 조선총독부 및 경기도청이 선임 혹은 추천하는 이들 중 경성 거주자 17명으로 1914년 12월 임시발기모임을 개최하여 움직임이 구체화하였다. 이후 경성부 내 유지 154명을 발기인으로 하여 이듬해 1월 11일 발기인총회를 개최하였다. 협찬회규칙 등을 참조하면, 구성은 회장과 부회장·상의원을 선임하여 총독에 신고하고, 상의원회(商議員會)의 상의원(常議員)을 호선, 이사장·이사·정동(町洞)위원을 위탁하고 사무원을 채용하였다. 임원에는 회장 1명, 부회장 4명을 총회에서 선출하였고 이사장 1명, 이사 10명, 위원 약간 명은 회장이 촉탁하였으며, 상의원(常議員) 10명, 상의원회 호선, 상의원(商議員) 50명을 총회에서 선출하거나 회장이 충원하는 방식으로 경성협찬회는 조직되었다.[25] 협찬회의 사업은 크게 관람객의 모집, 교통·숙박의 편의, 관람 외국인에 대한 편의, 내빈 접대, 조선 내 명승지 소개, 기타 공진회 관련이 인정되는 사업 등이다.[26] 이상의 사업과 업무를

24) 石原留吉(1915b), 앞의 책, 279쪽.

25) 始政五年記念朝鮮物産共進會京城協贊會殘務取扱所 編纂(1916), 앞의 책, 8-10쪽.

26) ① 관람자의 권유 및 공진회장 외 관람객의 알선을 한다. ② 선차(교통), 여관, 기타에 관하여 관람자의 편리를 도모한다. ③ 관람 외국인에 대한 통역, 설명 등의 편의를 도모한다. ④ 내빈 접대 및 그 설비를 도모한다. ⑤ 각종 여흥의 설비 또는 권유,

위한 경비는 협찬회의 회원 갹출금, 기부금, 보조금 등으로 충당하고 공연 입장료 등의 수입으로 충당하였다. 특히 회원의 급에 따라서 갹출하는 금액이 달라지는데 명예회원 500원, 특별유공회원 250원, 정회원 20원, 찬조회원 2원을 할당하였다.[27] 협찬회 회원은 갹출금의 금액에 따라 공진회 입장권을 증정받는데, 1천 원 이상은 100장, 100원 이상은 10장의 입장권을 받을 수 있다.[28] 협찬회는 시정5년기념 조선물산공진회 폐회 이후 사무 완료와 함께 해산하였다.[29]

조직의 주요 인사로 먼저 경성협찬회 회장 요시하라 사부로(吉原三郞, 1854~1916)[30]는 1889년 도쿄대 법과를 졸업하고 서기관, 도지사 등을 거쳐 내무차관으로 1918년에 퇴임한 식민지 관료이다. 식민지 조선과 관련한 행적으로는 1908년 12월 동양척식주식회사 부총재에 취임하여 1913년 12월에는 총재가 되었다. 1916년 10월까지 총재로 재임하던 중에 1915년 공진회의 문화조직인 경성협찬회를 주도한 것으로 보인다. 부회장은 경성부윤 김곡충(金谷充), 자작 조중응(趙重應), 경성일본인상업회의소 회장(전임) 하라 가쓰이치(原勝一), 경성일본인상업회의소 회장(후임) 하라다 긴노스케(原田金之祐), 경

각종 대회의 개최를 권유한다. ⑥ 명승구적 등의 소개를 도모한다. ⑦ 그 외 공진회 성공을 위해 필요하다고 인정되는 사업.

27) 보조금 조선총독부 1만 2,800원 및 이왕가의 하사금 6,200원, 갹출금 총 7만 5,797원 38전. 잡수입 관람권, 야간입장권, 연예관 및 각종 흥행요금, 『경성안내』(책자) 및 그림엽서 판매대금, 매점, 음식점, 임대료, 승인요금, 광고료 등으로 충당하였다고 한다. 보조금에 관한 명령서 협찬회장은 다음 사항에 관해서는 공진회 사무총장〔조선총독부 정무총감 야마가타 이사부로(山県伊三郞)가 공진회 심사장과 겸임〕의 인가를 얻을 것. 모든 축조물의 설계, 모든 흥행 및 행사물의 제목은 심사를 받을 것〔始政五年記念朝鮮物産共進會京城協贊會殘務取扱所 編纂(1916), 앞의 책, 15-16쪽〕.

28) 始政五年記念朝鮮物産共進會京城協贊會殘務取扱所 編纂(1916), 앞의 책, 102쪽.

29) 始政五年記念朝鮮物産共進會京城協贊會殘務取扱所 編纂(1916), 앞의 책, 4쪽.

30) 요시하라 사부로(吉原三郞, 1854~1916)는 도쿄대 법과를 졸업(1889)하고 가가와현과 오카야마현(岡山縣)의 지사 등을 거쳐 1906년 내무차관 등 공직에 있다가 1918년 퇴임했다. 1908년 12월 동양척식주식회사 부총재에, 1913년 12월 동양척식주식회사 총재(~1916. 10)에 취임하였다〔露崎弥 編(1937), 『吉原三郞追懷録』, 露崎弥 ; 秦郁彦 編(2002), 『日本近現代人物履歷事典』, 東京大學出版會 참조〕.

성상업회의소 회장 백완혁(白完爀), 끝으로 이사장 이노우에 고사이(井上孝哉)[31] 등이 경성협찬회의 주요 인적 네트워크이다. 이 임원진 외에 경성협찬회를 실질적으로 움직이는 중추라인 가운데 공연단 유치와 연예관 설립, 문화공연 등 사업 전반의 실무 진행에 관여한 데가 서무계, 회계계, 권유계, 설비계, 여흥계이다. 첫째, 서무계는 안내기, 기념 그림엽서 등을 발행했고 이시하라 도메키치가 경성협찬회 이사이자 서무계장을 역임하였다. 회계계〔계장 고리야마 도모(郡山智)〕는 관람권 발매, 안내기 엽서의 발매, 각종 입장료를 담당했으며, 권유계의 계장 오무라 도모노조(大村友之丞)는 경성에서 조선연구회의 이름으로 1911년 『조선귀족열전(朝鮮貴族列傳)』·『경성회고록(京城回顧録)』(1922)·『조선강연(朝鮮講演)』(1910) 등의 저서를 남겼으며, 조선연구회는 1910년 아오야기 난메이(青柳南冥)와 호소이 하지메(細井肇) 등과 함께 만들어진 단체로 조선총독부의 지원을 받는 예하 단체나 다름없었다. 설비계(계장 나카무라 요시헤이)는 연예관 건설과 설비에 관한 사항을 책임졌고, 끝으로 여흥계(계장 구기모토 도지로)는 흥행물 및 각종 행사 등에 관한 사항과 연예관 공연에 관한 사항을 결정하였다.[32]

경성협찬회 이사이자 서무계장을 맡았던 이시하라 도메키치는 자신이 편찬한 『경성안내』에서 다음과 같이 연예관 공연단 중 인적 구성을 상세하게 밝히고 있다. 이 책은 협찬회가 공진회장 내 매점, 음식점의 설비, 각종 흥행물을 선택하여 공연 전반을 관할한다는 점을 언급하면서 이러한 업무 가

31) 이노우에 고사이(井上孝哉, 1870~1943)는 관료이자 정치가로 중의원 의원을 지냈다. 기후현(岐阜縣) 출신으로 도쿄제국대학 졸업 후 고등문관시험 행정과 합격하여 내무서기관을 거쳐 1908년 사가현(佐賀縣) 지사, 1917년 도야마현(富山縣) 지사, 1919년 가나가와현(神奈川縣) 지사, 1936년 오사카부 지사, 1937년 내무차관 등을 역임하였다. 1910년 동양척식주식회사 이사로서 도항하여 이후 8년여 동안 조선에 있으면서 1915년 경성협찬회 이사장을 역임하였다.

32) 첫째 서무계(계장 이시하라 도메키치)와 회계계〔계장 고리야마 도모(郡山智)〕는 관람권 발매, 안내기 엽서의 발매, 각종 입장료 담당, 둘째 권유계(계장 오무라 도모노조)와 설비계(계장 나카무라 요시헤이)가 연예관 건설 및 설비에 관한 사항, 접대계〔계장 우마즈메 쓰기오(馬詰次男)〕가 있고, 끝으로 여흥계(계장 구기모토 도지로). 始政五年記念朝鮮物産共進會京城協贊會殘務取扱所 編纂(1916), 앞의 책, 74쪽 참조.

운데 '연예관'의 설립이 대표적인 사업 내용으로서 상세하게 소개하였다. 또 연예관 공연의 중심 레퍼토리가 되었던 일본예기(경성권번 · 중권번)의 공연을 위한 주요 스태프, 즉 작사 · 작곡 · 춤지도를 위한 스태프를 도쿄에서 초빙한 구체적인 내역조차 다음과 같이 공개하고 있다.

> 특히 출연한 일본인과 조선인(원문 日鮮人)은 향리(鄕裏) 최고의 미인 명화(名花)를 모았으며 작사 나카라이 도스이(半井桃水),[33] 노래(節付)는 후지타 오토조(富士田音蔵),[34] 작곡에 기네야 가쓰타로(杵屋勝太郎),[35] 춤지도(振付)에 하나야기 도쿠타로(花柳德太郎),[36] 하나야기 요시노스케(花柳芳之助), 그리고 연주(鳴物)에 로쿠고 신주로(六郷新十郎) 등이 참여하였다.[37]

공진회 기간 동안의 공연은 모두 새롭게 창작된 곡의 작사자, 작곡자, 춤지도, 연주에 참여한 인물들을 거명하고 소위 동도(東都. 도쿄) 일류의 실력

33) 나카라이 도스이(半井桃水, 1861～1926)는 메이지 · 다이쇼시대의 소설가. 나가사키현 쓰시마시(長崎縣對馬市) 출신으로 유년 시절을 의사인 부친을 따라 부산 왜관에서 보냈다. 1880년『사키가게신보(魁新報)』의 창간과 함께 입사했다가 이 신문의 폐간 후에는 부친이 있는 부산으로 다시 건너갔다가 1888년 도쿄아사히신문사(東京朝日新聞社)에 입사했다.「농아(唖聾子)」(1889)로 호평을 얻었고 1891년 발표한 장편「안개가 불어오는 바람(胡砂吹く風)」가 대표작이다. 최초의「춘향전」일본어 번역자(『오사카아사히신문』에 1882. 6. 20회 연재)로서 알려져 있다.

34) 후지타 오토조(富士田音蔵, 1874～1928)는 나가우타(長唄)의 우타가타(唄方) 명인으로 1904년 5세에 습명. 유명극장 이치무라자(市村座), 메이지자(明治座), 가부키자(歌舞伎座) 등에서 다테우타(立唄)로서 활약하였다. 이치무라자 전속 하야시가시라(囃子頭. 연주자들의 리더)가 되었으며 또 3대 기네야 에이조(杵屋榮蔵)와 가쿠메이카이(鶴命会)를 설립하여 나가우타계에 공헌했다.

35) 기네야 가쓰타로(杵屋勝太郎, 1885～1966)는 도쿄 출신 나가우타의 샤미센(三味線) 연주 명인으로, 1911년 4대 가쓰타로 습명. 이후 연주회에 전념하여 뛰어난 연주 역량과 함께 엄격한 지도로 유명하다.

36) 하나야기 도쿠타로(花柳德太郎, 1878～1963). 근대시기 일본무용가. 초대 하나야기 주스케(花柳壽輔)의 처조카로서 나중에 양자가 되었으며, 한때 오사카에서 가부키 배우 수업을 쌓았다. 초대 주스케 사후 이에모토(家元)를 이어받아 2대 주스케 습명 후에는 하나야기류 분가(分家)를 이루었다.

37) 始政五年記念朝鮮物産共進會京城協贊會殘務取扱所 編纂(1916), 앞의 책, 161쪽.

을 갖춘 예술인을 모아 놓은 최신 경향의 무대임을 알리고 있다.[38)]

그런데 경성협찬회 보고서에 의하면 연예관에서는 주간에 예기의 무용을 공연하고 일본 전통무용에 연주된 나가우타의 작가(作歌)를 나카라이 도스이에게 위촉했다고 밝히고 있다.[39)] 1915년 연예관에서 발표한 우타의 신곡들은 전통음악에 심취했던 만년의 작품들이며, 조선물산공진회를 위해서 가사를 제공한 것을 보인다. 현재 남아 있는 텍스트는 〈천황의 치세(御代の榮)〉, 〈최후의 의지처(ついのよるべ)〉, 〈머나먼 곳의 바람(千里の風)〉, 〈고조바시(五條橋)〉 네 곡이다. 이를 통해 당시 공연단의 무대 사진과 프로그램 및 인적 구성에 대한 기록과 함께 공연의 내용을 유추해 볼 수 있다. 최근까지 나카라이 도스이는 '쓰시마(對島) 출신의 조선에 관한 훌륭한 이해자'[40)]로 평가받아 왔지만 여기에서 그는 총독부의 시정년을 '흥겨운 정사'로 치켜세우고 '태평성세'임을 보증하는 축사를 썼다. 또 다른 와카(和歌) 〈머나먼 곳의 바람〉에서는 "대군의 도가 펼쳐지는 시대(大君の道ある御代は)"라고 노래한 도스이를 과연 동시대의 조선문화를 깊게 이해하는 문학인으로서 진정한 '조선지(朝鮮知)'의 인물로서 평가할 수 있을 것인지 의문이다. 도스이 만년에 이루어진 이러한 행보에서는 기존의 연구에서 언급되어 온, 소위 '진정한 조선문화의 이해자' 혹은 '선린적 우호자'라는 평가와는 전혀 다른 면모를 발견하게 된다.

V. 덴카쓰이치자의 〈살로메〉 공연

1910년대 일본의 주요 도시를 순회하며 관객을 동원한 최고의 흥행단은

---

38) 石原留吉(1916), 앞의 책, 254쪽.

39) 石原留吉(1916), 앞의 책, 149쪽.

40) 上垣外憲一(1996), 『ある明治人の朝鮮觀：半井桃水と日朝關係』, 筑摩書房；柚谷圭三(2000), 「朝鮮開化期における對馬人半井桃水の對韓認識の特徵」, 『동북아시아 문화학회 국제학술대회』, 동북아시아 문화학회 2000 국제학술심포지엄, 107-112쪽.

마술을 주요 레퍼토리로 삼은 '덴카쓰이치자'였다. 그리고 1915년 10월 경복궁에서 한 편의 연극이 상연되는데 오스카 와일드 원작 「살로메」(1892년 발표)였다. 이 연극은 1896년 파리 초연과 1912년 도쿄 초연 당시 원작의 데카당적 성격과 함께 '퇴폐적 에로티시즘' 작품으로 인하여 유럽과 일본에서조차 '문제작'으로 여겨졌다. 그뿐만 아니라 1910년대 일본의 주요 도시를 순회하고 이어 경성 공연에 나선 덴카쓰이치자의 〈살로메〉는 '마술쇼'라는 새로운 넌버벌(non-verval) 퍼포먼스를 가미한 독특한 연극이었다. 일제강점기에 놓인 조선왕조라고는 하나 유교적 전통과 예(禮)가 여전히 존재하는 왕궁 내에서 어떻게 탐미주의 연극 〈살로메〉 공연이 가능했을까. 쇠락해 가는 조선왕실과 전위적 퍼포먼스, 이 미묘한 결합이 드러내는 상극(相剋)의 이미지는 1915년 〈살로메〉 경복궁 공연의 성격을 드러내 준다. 서양연극의 수용에 매우 적극적이던 일본에서의 〈살로메〉 최초 공연은 1912년 2월 성사되었고, 이는 〈살로메〉 수용 연구에서 중요한 연극사적 계기로 평가되고 있다.[41] 당시 제국극장(帝國劇場)에서 공연한 예술좌의 〈살로메〉는 마쓰이 스마코(松井須磨子)가 살로메 역을, 사와다 쇼지로(澤田正二郞)가 요한 역을 맡았다. 이후 1915년 5월 혼고자(本鄕座)에서 가와카미 사다얏코(川上貞奴) 주연의 〈살로메〉 공연이 있었으며, 마쓰이 스마코의 〈살로메〉와 덴카쓰[42]의 〈살로메〉 공연도 같은 해 각각 이루어진다. 사다얏코, 스마코, 덴카쓰 이 세 여배우에 의한 삼인삼색의 살로메 연기는 연일 화제였다. 또한 경성에서 같은 해 10월 덴카쓰의 〈살로메〉와 11월 마쓰이 스마코의 〈살로메〉가 연이어 무대에 올랐으니 1915년은 그야말로 '살로메'를 위한 한 해였다. 덴카쓰이치자의 〈살

---

41) 唐澤尚子(1990), 「日本における戱曲『サロメ』受容の研究 : 日本人による初演について」, 『演劇學』 第31號, 209-214쪽.

42) 쇼쿄쿠사이 덴가쓰(松旭齊天勝, 1884～1944)는 여성 기술사이다. 본명은 나카이 카쓰(中井かつ)이고 나중에 노로 가쓰(野呂かつ)라는 이름을 사용했다. 가난한 집안 출신의 소녀는 초대 쇼쿄쿠사이 덴이치 문하생이 되었고, 1911년 덴이치의 은퇴 후 독립하여 덴카쓰이치자를 이끌며 일본 근대기술(마술)의 대표적 존재가 되었다. 그녀가 활동한 1910년대, 1920년대에는 여류직업으로서는 매우 창조적인 '마술의 여왕'이라는 호칭으로 불렸다.

로메〉를 처음 기획한 것은 마쓰이 스마코의 도쿄 유라쿠자(有樂座) 공연에서 '반나체'의 신체 노출로 상당한 센세이션을 일으킨 직후였다. 공연 계획에 나선 노로 다쓰노스케(野呂辰之助)는 신극의 지도자적 위치에 있던 오사나이 가오루(小山内薫), 도기 뎃테키(東儀鐵笛) 등의 조언과 연출 지도를 받아 〈살로메〉 공연을 결정하였다. 극장은 스마코가 〈살로메〉를 공연한 유라쿠자였고, 살로메는 덴카쓰, 헤롯왕은 도이 헤이타로(土井平太郎), 왕비는 시즈코(静子), 요한은 덴우(天右)가 각각 맡았다. 애초 일본에 번역·소개될 당시 〈살로메〉는 "양식(様式)을 중시한 각본으로서 전체적으로 매우 환상적이므로 문단인들이 찬미해 마지않는다"(모리 오가이)라고 하여 문학 텍스트로서 높이 평가받았다.[43] 그러나 1910년대 중반 〈살로메〉 연극의 수용 방식은 일정 부분 '여성의 나체를 보여 주는' 텍스트로 변모했다는 점이 특징적이다. 또한 이 부분을 가장 부각시킨 무대는 덴카쓰이치자의 〈살로메〉였다. 덴카쓰이치자는 연극을 전문으로 하는 극단이 아니라 '레뷰(レビュー. 쇼)'를 주요 흥행 내용으로 하는 공연단이었다.[44] 쇼쿄쿠사이 덴이치(松旭齋天一)의 덴이치이치자(天一一座) 소속 배우로 출발한 덴카쓰는 쇼쿄쿠사이 덴이치(松旭齋天一)[45]라는 불세출의 마술사와 계보가 이어진다. 덴카쓰는 1895년 덴이치이치자에 입단하여 덴이치의 제자로서 기술(奇術)을 전수받는다. 또 해외 순회공연에 동행하면서 아직 10대의 문하생이던 덴카쓰는 구미 순회를 통하여 서양을 체험하였다. 최초의 미국 공연과 영국·프랑스·독일 등의 유럽 공

---

43) 加野彩子(1999),「サロメが見せるもの：日本近代演劇における視覺性とジェンダー」,『イメージ & ジェンダー』第1號, 8-29쪽.

44) 片山鎭熊(1977),「初代天勝一座」,『新劇』第24卷 第11號, 71-73쪽.

45) 쇼쿄쿠사이 덴이치(松旭齊天一, 1853~1912)는 후쿠이(福井)출신으로 메이지시대의 기술사(奇術師)이다. 서양 마술을 일본에 소개하였고 1888년 이후 덴이치자(天一座)는 일본 최대의 마술흥행단이 되었다. 메이지시대 대표적인 '기술사'로서 1878년 경 상하이에 건너가 서양 마술을 접한 덴이치는 1890년 전후부터 도쿄 아사쿠사(淺草)에서 대규모 무대마술을 선보이며 '덴이치자'라는 이름을 알렸다. 당시 덴이치자의 공연을 구미의 관객들은 '오리엔탈리즘'으로 받아들였고, 덴이치자는 구미 공연을 통해 빠른 템포의 레퍼토리를 구사하는 세련된 무대를 배워 일본의 근대마술을 발전시켰다.

연, 다시금 미국으로 돌아와 공연을 하면서 5년여 동안 덴카쓰는 서양의 근대무용을 익혔고 구미 각국의 근대마술을 흡수한다. 구미 순회공연을 통해 서양인에게 일본 '기술'의 이국 정취로 인기를 얻음과 동시에 서양 '마술'을 본격적으로 익히게 된 것이다. 그리하여 일본의 '대도예(大道藝)' 즉 거리예능이던 기술은 근대적인 서양 마술 즉 '무대예술'로 거듭나게 된다.[46] 1905년 가부키자 귀국공연에서 덴카쓰는 훤칠한 키와 수려한 외모로 '서구식 모던' 여성의 이미지를 구축하며 자신의 존재감을 알리는 계기가 되었다.[47] 1911년 덴이치가 은퇴하자 27세 나이로 흥행기획자 노로 다쓰노스케와 함께 독립하여 1930년대까지 초대 덴카쓰이치자로 활약하였다. 이처럼 덴카쓰이치자의 특징으로 주목할 점은 무대공연에서 서양연극과 마술은 물론 댄스, 발레, 레뷰, 재즈, 클래식 연주, 토막극(寸劇), 고전동화극(お伽劇), 중국잡기(雜技), 애크러뱃(acrobat · 曲藝) 등 다양한 레퍼토리 구성을 의식적으로 해내는 공연단이었다는 사실이다.

그런데 이러한 덴카쓰이치자의 연극전문 극단이 아닌 '혼효(混淆)'의 성격으로 인하여 이들의 〈살로메〉는 여성의 신체 노출이 흥행요인이 되었다는 점에서 여전히 비판과 논란의 중심에 있을 수밖에 없었다. 즉 오스카 와일드의 〈살로메〉에 어느 쪽이 보다 가까운가라는 '원작 우위'의 시각에서 접근한다면, 가부키의 온나가타 연기를 차용한 사다얏코 〈살로메〉의 '혼효'는 불리한 위치에 있었음에 틀림없다. 즉 사다얏코의 신파적 연기보다는 스마코의 신극을 긍정적으로 평가하고자 하는 배경에는 '순수 지향'이라는 이념에서 자유롭지 못했기 때문이다. 나아가 화려한 퍼포먼스를 가미한 덴카쓰의 〈살로메〉에 대해서는 연극계가 평가할 가치조차 느끼지 못했던 것이다. 실제 〈살로메〉 원작과의 거리를 기준으로 어느 것이 더 '순수한가'를 따진다면, 덴카쓰의 살로메는 가장 불리한 위치에 있었음이 분명하다. 왜냐하면

---

46) 松旭齋天勝(1991), 『魔術の女王一代記』, かのう書房, 15-24쪽.

47) 川添裕(2008), 「松旭齋天勝 : 興行界で一世を風靡した「魔術の女王」」, 『歷史讀本』 第53卷 第4號, 136-139쪽.

덴카쓰의 〈살로메〉야말로 다른 두 공연에 비해 가장 원작을 '모독'한 혼효의 텍스트였기 때문이다. 그럼에도 불구하고 덴카쓰의 〈살로메〉는 사다얏코 〈살로메〉와 스마코 〈살로메〉를 앞지르는 성과를 거둘 수 있었으며 그 계기는 '외지' 공연을 통해서였다.

덴카쓰이치자의 경성공연은 쇼쿄쿠사이 덴카쓰(松旭齋天勝) 자신이 자서전에서 밝힌 회고담과 『경성일보』 기사, 경성협찬회 보고서 등을 통해 일련의 궤적을 확인할 수 있다. 덴카쓰이치자는 1915년 10월 10일 경복궁 내 경회루 환영 행사를 마친 후 경성공연을 시작했고, 1차 공연은 14일까지 5일간 예정으로 진행되었으며 〈살로메〉에 대한 관객호응이 좋아 15일까지 연장공연이 결정된다. 이어 2차 공연은 연예관에서 15일부터 19일까지 레퍼토리를 바꾸어 진행했으며 3차 공연은 일본인 극장가로 옮겨 가게 된다. 유락관에서 22일부터 26일까지 『경성일보』 광고란에 대대적인 홍보를 하며 1차 공연의 레퍼토리 가운데 〈살로메〉만 재공연되었다. 〈살로메〉의 인기 때문으로 추정되지만 확실하지는 않다. 다시금 4차 공연은 27일부터 30일까지 1차 공연을 했던 연예관으로 옮겨 새로운 레퍼토리로 최종 공연을 마쳤다.

〈표 3〉 덴카쓰이치자 1915년 경성공연 일정 및 레퍼토리

공연일정	극 장	레퍼토리	관람료[48]	관람인원[49]	비 고
10월 10 ~15일	연예관	① 연극〈살로메〉(오스카 와일드 원작) ② 마술〈통 속의 미인〉 ③ 바이올린 독주〔도이비리겐(土井ビリケン) 연주〕 ④ 기술곡예 ⑤ 〈소녀댄스〉	특등 1엔[50)] 1등 70전 2등 50전 3등 30전[51)]	10일 1101명 11일 937명 12일 1260명 13일 1194명 14일 1226명 15일 1098명	저녁 6시 개장, 저녁 7시 개연 10시까지 (하루 연장)

48) 연예관 관람료에 대해서는 京城協贊會(1916a), 「演藝館入場料金表 天勝一座奇術及演藝」, 앞의 책, 150-151쪽 참조.

49) 덴카쓰자의 유락관 공연을 제외한 연예관 공연의 관람객 수에 관해서는 京城協贊會(1916b), 「演藝館入場人員竝 收入料金」, 앞의 책, 152-155쪽 참조.

50) 애초에는 군인 및 단체 할인이 있었다. 그리고 1차 공연에서는 특등 1엔이라는 파

10월 16 ~19일	연예관	① 〈호접무(胡蝶舞)〉 ② 〈소녀댄스〉 ③ 불꽃놀이 ④ 기술곡예〈水中打込金魚〉 ⑤ 희극〈쥐잡기(捕鼠)〉[52] ⑥ 기타 대소 기술마술(大小奇術魔術)	특등 1엔, 1등 70전, 2등 50전, 3등 30전	16일 1039명 17일 1168명 18일 952명 19일 761명	저녁 6시 개장 저녁 7시 개연 10시까지
10월 22 ~26일 (24일*)	유락관	① 〈불가사의한 문〉 ② 〈골계 기술 비법 공개〉 ③ 〈탑 속의 미인〉 ④ 〈음악합주〉 ⑤ 〈살로메 극〉 ⑥ 기타 10여 개의 레퍼토리[53]	특등석 90전 1등석 70전 2등석 50전 3등석 30전	(미확인)	매일 저녁 6시
10월 27 ~31일	연예관	① 고전동화 〈신 신나는 호궁(新浮れ胡弓)〉(이와야 사자나미 원작) ② 〈음악합주〉 ③ 〈소녀 댄스〉 ④ 마술〈우주소녀〉 ⑤ 기술〈반지의 변신〉 ⑥ 기타 여러 종의 레퍼토리[54]	1등석 60전 2등석 40전 3등석 20전	27일 769명 28일 964명 29일 1126명 30일 1353명 31일 1246명	매일 저녁 5시 개장 6시 개연

당시 경성공연을 위해 건너온 공연단 인원은 총 30여 명,[55] 10월 10일부터 30일까지 21일 간의 흥행, 연예관과 유락관 2개의 극장에서 이루어졌으며 흥행 내용은 마술쇼를 가미한 연극 세 편 〈살로메〉와 〈신 신나는 호궁

격적인 고가 티켓을 팔았지만, 2차 공연부터는 가격을 각각 10전씩 낮추었다〔京城協贊會(1916a), 앞의 글, 150-151쪽〕.

51) 『京城日報』 1915. 10. 11.자, 석간 3면.

52) 『京城日報』 1915. 10. 17.자, 3면 ; 『京城日報』 1915. 10. 18.자, 3면.

53) 『京城日報』 1915. 10. 22.자, 석간 2면 광고란 : 不思議の扉 滑稽奇術種あかし 塔中の美人 音楽の合奏 サロメ劇 其他十数番.

54) 『京城日報』 1915. 10. 27.자, 4면 : 巌谷小波先生作 お伽芝居「新浮れ胡弓」,音樂合奏, 少女ダンス, 魔術 宇宙の少女, 奇術 指輪の變転, 其他数種.

55) 『京城日報』 1915. 10. 11.자, 석간 2면.

(新浮れ胡弓)〉〔이와야 사자나미(岩谷小波) 원작〕, 희극 〈쥐잡기(捕鼠)〉(원작자 미확인), 그리고 모던댄스, 서양 악기의 연주, 그리고 마술 및 기술, 곡예 등의 레퍼토리를 중심으로 진행하였다. 같은 시기 경성에는 수관, 대정관, 낭화관, 황금관, 어성좌, 유락관, 좌구창좌(佐久倉座. 용산) 등 일본인 극장이 이미 다수 존재하고 있었고,[56] 이 중 좌구창좌에서는 9월 말 오사카의 젊은 가부키 배우 단체(大阪若手歌舞伎俳優大一座)의 가부키 공연이 있었으며 흥행 내용은 1부 낭화협객(浪花狭客) 〈노자라시 고스케(野晒五助)〉의 3막, 2부 〈노모마사오카(老母政岡)〉의 1막, 3부 〈에혼(絵本) 다이코키(大功記)〉였다.[57]

이처럼 경성의 일본인 극장에서는 노, 가부키 외에 나니와부시, 활동사진 등 다양한 장르의 흥행물이 상연되었고 일본에서 건너온 흥행단의 순회공연이 활발하게 전개되었다. 그럼에도 불구하고 경복궁에 새로이 완공된 '연예관'에 덴카쓰이치자를 초청한 것은 납득하기 어렵다. 일본신극의 대표극단인 예술좌조차 같은 해 11월 연예관에서 단 하루의 공연만이 성사된 점을 감안한다면 매우 이례적인 일이다.[58] 그런데 '외지' 공연에 대해서는 덴이치자 시절로 거슬러 올라가면 1908년 2월 대만 공연을 한 적이 있고, 당시 고베(神戸)에서 타이베이에 도착, 타이베이극장에서 15일간 공연을 하였다.[59] 이때의 공연 입장료는 특등 2엔 50전, 1등석 2엔, 2등석 1엔 50전, 대중석 50전이라는 매우 고가의 입장료였음에도 불구하고 흥행이 순조로웠으며 서양 마술과 일본 고유의 기술을 혼합한 레퍼토리가 성공 비결이라고 밝힌 바 있다.[60] 덴카쓰이치자 공연의 조선왕실 '대람(臺覽)'은 1911년 9월에 이어 두 번째로 1913년 11월 17일 창덕궁 '인정전'에서 행해졌고 세 번째는 1915년 10월 24일 창경궁에서 있었으며, 1915년 10월 연예관 공연을 전후하여 적어도 세 차례에 걸친 공연이 있었음을 알 수 있다. 결국 덴카쓰이치

56) 홍선영(2009a), 앞의 논문.

57) 「演芸案内」, 『京城日報』 1915. 9. 26.자, 4면.

58) 홍선영(2009b), 「예술좌의 만선순업과 문화적 파장」, 『한림일본학』 제15집, 183-184쪽.

59) 松旭齊天勝(1991), 앞의 책, 105쪽.

60) 松旭齊天勝(1991), 앞의 책, 106-107쪽.

자의 조선왕실 '대람'은 그것이 가지는 상징성으로 인하여 경복궁에서의 조선관객을 향한 〈살로메〉 공연에 긍정적인 영향을 초래했으리라 짐작할 수 있다. 또 언어가 불필요한 '신체 퍼포먼스'라는 전위적 요소로 인하여 덴카쓰이치자는 일본 내 공연에 못지않게 식민지 관객의 '흥미'를 이끌어 냈고, 사다얏코의 〈살로메〉와 스마코의 〈살로메〉를 앞지름으로써 예술장르의 '순수성' 경합을 무효화하는 성과를 거둘 수 있었다. 여기에서 주목할 점은 '내지'와의 문화적 동질성을 도모하는 제국의 문화 영유, 혹은 지배를 위한 다양한 시도가 반드시 '일본적인' 전통에 기반을 두는 문화 표현에 국한되지 않는다는 사실이다. 덴카쓰이치자의 '외지' 공연은 조선왕궁 내에서 실현되었다는 상징성으로 인하여 문화적 파급력을 가졌던 것이다.

VI. 맺음말

20세기 초 '제국'일본의 지(知)를 축적하고 전파하기 위해서는 제국대학 · 도서관 · 박물관 등이 있었다면, 식민지 문화의 영유를 위해서는 극장이 설립되었다. 극장에서는 연극단과 흥행단, 활동사진 등 다양한 장르의 흥행이 이루어졌다. 그리고 박람회가 가지는 다양한 성격 가운데 '박람회는 구경거리'(國雄行), 즉 일상적이지 않은 이벤트이면서 '시정5년 기념'이라는 국가제전과 융합되었다. 1915년 경성 최장기 흥행은 일본 예기들에 의한 무용 공연이었으며 그들의 노래(나가우타)는 지배의 정통성을 전하였다. 본고는 '연예관'이라는 문화 전파의 공간에서 펼쳐진 퍼포먼스에 주목함으로써 그들이 담당한 '제국'의 문화적 파장을 조명하고, 이러한 문화적 접경지대에 나타나는 위계질서의 긴장 관계를 주목하였다. 특히 1915년 연예관에서 발표한 나카라이 도스이의 우타 신곡들은 조선물산공진회를 위해 가사를 제공하였으며, 이를 통해 그가 공진회에서 일정한 역할을 담당했다는 사실은 기존 연구에서 언급된 바 없는 새로운 사실이다. 특히 여기에서 주목한 1915년 연예관 공연은 경성의 일본인 연극계에서 획기적인 사건이었다. 첫째 연예관이라는 대형 공연장의 출연이라는 점, 둘째 50여 일간의 지속적이고 안정적인 공연이 이루어졌다는 점 등에서 그러하다. 또 시기적으로 뒤를 이어 1915년 11월 예술좌의 경성 공연 등 거물급 극단의 출연은 이러한 문화적 상황 속에서 도달한 결과물이라 할 수 있다.

1915년 덴카쓰 일행의 경성흥행은 『경성일보』에 의해 상세하게 보도되었으며, 공진회 기간 동안 내내 덴카쓰의 흥행 가운데 연극 〈살로메〉는 주목받았다. 언어가 불필요한 '신체 퍼포먼스'라는 전위적 요소로 인하여 일본 내 공연에 못지않게 식민지 관객의 '흥미'를 이끌어 냈고, 신파극 배우 사다얏코의 〈살로메〉와 신극배우 스마코의 〈살로메〉를 앞지름으로써 장르 간 '순수성' 경합을 무효화하는 성과를 거둘 수 있었다. 이와 같이 1915년 경성 연예관 공연의 예술단, 공연장르의 문제, 관객 구성의 문제 등을 살펴본 결과, 흥행성과 오락성을 담보하면서 문화 지배를 통한 오락과 통치가 공존한다는 사실을 확인할 수 있었으며 재조선 일본인의 문화 역량을 결집시킨 '경성협찬회'라는 조직적 운영이 동반되었다는 점을 알 수 있었다. 특히 경복궁 내에 위치한 연예관은 식민지 조선의 관객과 만나는 장소였으며, 또한 왕궁 공연의 상징성을 띠고 있었다.

교겐(狂言) 조선 공연기

—식민지 조선과 일본 전통예능의 조우—

김난주

I. 시작하며

1868년 메이지유신으로 촉발된 근대화·서구화의 물결 속에 600년 전통의 예능 노가쿠(能樂)의 쇠퇴 기미는 극에 달했다. 그러나 1879년 황실에 노무대가 설치되고 메이지 정부의 유력 관료와 화족(華族)이 주축이 된 노가쿠 지원 단체가 설립되는 등 메이지의 신지배계층에 의해 노가쿠 전통의 맥은 다시 이어졌다.

한편 전통의 노가쿠가 일대 융성의 기회를 포착하게 된 중요한 분기점 중 하나는 러일전쟁의 승리와 그로 인한 일본제국의 열강 진입이었다.[1] 조선

1) 김난주(2014), 「1905년 노가쿠 조선 공연기 : 시게야마 주자부로 요시토요의 기록을 중심으로」, 『인문연구』 제70호, 419쪽.

과 대만, 중국 본토로 일본의 식민지 지배력이 뻗어 나가면서 발 빠른 연기자들은 식민지에 퍼져 나간 일본인들을 좇아 요쿄쿠(謠曲)[2] 지도자로 진출하는가 하면, 본국에서 인기 있는 배우들이 경성, 부산, 인천, 뤼순(旅順), 다롄(大連), 타이난(臺南), 칭다오(靑島), 지난(濟南), 상하이(上海) 등 해외 식민도시를 찾는 발걸음도 잦아졌다. 근대시기 노가쿠는 일본 제국주의의 아시아 진출과 함께 아시아 식민지라는 새로운 무대를 발견하게 된 것이다.

이제까지 근대노가쿠사(能樂史)의 주된 쟁점은 이 시기 노가쿠의 침체와 극적인 재생 과정, 그 과정에서 일어난 전승 가문 및 예능인의 부침과 예능의 변화 양상 등에 초점이 맞추어져 있었다. 그러던 것이 최근 들어 근대시기 해외 식민지에 보급된 노가쿠의 실태를 규명하는 논문들이 나오고 있다. 그러나 이 연구들은 대부분 당시의 신문 자료와 잡지 기사를 나열식으로 소개한 아쉬움이 있다.[3] 이에 비해 최근 서정완의 연구[4]는 해외 식민지에 진출한 노의 성격을 제국주의 일본의 문화통치 전략과 연계하여 파악하려는 시도를 보이는데, 폭넓은 자료를 섭렵하며 이 시기 식민지 노가쿠의 성격과 문화사적 의미를 도출하려고 한 점이 돋보인다.

그런데 여기에서 짚고 넘어가야 할 것은 이제까지 해외 식민지 노가쿠 연

2) 동작을 수반하지 않은 노가쿠의 사장(詞章) 혹은 그 사장을 노래하는 행위.

3) 吳鉉烈(1999), 「韓國當地能樂享受の諸相, 稿：在韓國謠曲家名盤」, 『法政大學大學院紀要』 第43號；飯塚惠里人(2008), 「明治末年の韓國における能樂公演：明治四三年「國諷」能樂公演を中心に」, 『翰林日本學』 제13집；仲萬美子(2011), 「歌舞伎, 文樂, 能樂の大連公演(1935年)は誰によって鑑賞 / 支援されたか」, 『同志社大學総合文化研究紀要』 第28號, ; 이지선 · 山本華子(2012), 「1910년대 조선에서의 일본전통 음악 사정 1：1915~1917년 전반기의 『경성일보』 기사를 중심으로」, 『일본연구』 제32집, 575-581쪽；이지선 · 山本華子(2013), 「1910년대 조선에서의 일본전통 음악 사정 2：1917년 후반기~1919년의 『경성일보』 기사를 중심으로」, 『국악교육』 제36집, 107-111쪽.

4) 徐禎完(2010), 「植民地朝鮮における能：京釜鐵道開通式典における'國家藝能'能」, 徐禎完 · 增尾伸一郎 編, 『植民地朝鮮と帝國日本：民族, 都市, 文化』, 勉誠出版；서정완(2013), 「総力戰體制下における藝能統制：能樂における技藝者証とその意味を中心に」, 『외국학연구』 제25집(2013. 9)；徐禎完(2014), 「近代能樂史と植民地能樂史」, 立命館大學コリア研究センター研究會 發表文.

구가 노와 교겐을 두루뭉술하게 아우르고 있거나 노에 치우쳐 있다는 점이다. 노가쿠 성립기 이래 교겐이 노의 부속물처럼 대우받던 예능사를 생각할 때 이는 어쩌면 당연한 일이라 할 수도 있겠다. 그러나 이 시기 노와는 별도로 교겐의 단독 공연이 해외 식민지에서 활발하게 진행되었다는 점을 상기하면, 교겐의 해외 식민지 공연에 초점을 맞춘 연구가 이제는 심도 있게 이루어져야 한다는 것이 필자의 생각이다. 더구나 우리가 주목해야 할 것은 이 시기 교겐의 중요한 해외 무대가 바로 식민지 조선이었다는 점이다. 메이지(明治)에서 다이쇼(大正), 쇼와(昭和)를 거치며 교겐계를 접수한 교겐계의 대표 주자들이 차례로 조선 공연을 펼쳤음에도 불구하고 이러한 사실은 한국 근대문화와 연극을 전공하는 연구자 사이에 거의 알려지지 않았고 주목받지 못했다.[5)]

이 시기 교겐의 조선 공연이 어떤 양상으로 전개되었는지를 살피는 일은 근대교겐사는 물론이고 한국의 근대연극사의 한 단면을 보는 일이기도 할 것이다. 이러한 인식하에 본고에서는 노가쿠의 한쪽 축인 교겐이 근대조선의 문화공간과 어떻게 조우했는지를 살펴보고, 아울러 그것이 한국문화계와 일본 노가쿠사에 주는 의미가 무엇인지에 관해 고찰해 보기로 한다.

5) 한국 근대연극 동향의 관점에서 일제강점기 일본 전통극의 한국 진출을 언급한 사례로는 김호연, 유민영의 연구를 꼽을 수 있다. 김호연(2008), 「개화기 일본인 거류민을 위한 공연예술」, 『한국 근대 대중예술의 생성과 그 변용 양상』, 한국문화사, 20-27쪽에서 19세기 말과 1900년대 초에 인천 · 경성 · 부산 지역의 일본인 극장에서 일본 전통연극인 가부키(歌舞伎), 교겐(狂言), 조루리(浄瑠璃)가 공연된 사실을 언급하고 있는데, 여기에서 말하는 교겐은 가부키 대본이나 작품을 지칭하는 용어로 노카쿠의 교겐은 아니다. 한국 근대연극사를 망라한 유민영(2011), 『한국근대연극사 신론』, 태학사, 43쪽에서는 한국 개화기 연극계의 단면에 일본과 청나라의 전통연희 공연이 있었음을 지적했으나, 19세기 말 청나라 연희패들의 경극 공연 등을 언급했을 뿐(76-78쪽) 노가쿠 공연에 대한 언급은 없다.

II. 1910년 시게야마 센고로의 공연

1. 1905년, 해외 무대의 발견

노가쿠 역사상 최초의 해외 공연지는 조선이었다. 1905년, 일본 경부철도 주식회사의 초청으로 경부철도 개통 축하 공연을 위해 24명의 노가쿠 공연단이 조선에 입국한 것이다.[6] 이때 이 공연단에 참가한 교겐시(狂言師) 2세 시게야마 주자부로 요시토요(茂山忠三郎良豊, 1848~1928)는 14박 15일에 달하는 공연단의 내조 일정을 여행 기록으로 남긴 바 있다. 그러나 조선에서의 첫 공연이 별 감흥을 안겨 주지 못한 탓인지 이때의 여행기에는 정작 공연 자체에 대한 내용을 거의 찾아볼 수 없으며, 이후 2세 시게야마 주자부로가 다시 조선 무대에 섰다는 기록은 찾을 수 없다.[7] 그에 반해 주자부로와 동행했던 동료 교겐시 시게야마 센고로(茂山千五郎, 1864~1950)는 당시의 조선 공연에 대해 비교적 좋은 인상을 가졌던 것 같다.

> 이튿날 공연은 오전 10시에 시작해 오후 5시경에 끝났습니다. 관람객은 대부분 일본인이 많았고 한국인은 적었습니다만 교겐은 비교적 많이들 이해하시는 것 같았습니다. …28일 부산의 노가쿠 공연은 오전 10시부터 미나미하마상업회의소(南濱商業會議所)의 창고내에서 개최되었습니다. …약 2천 명 이상이 구경하러 오셨는데 전부 일본인이었습니다. 전부 일본에서 공연하는 것과 같은 체재로 진행되어서 꼭 본국에서 연기하는 느낌이었습니다.[8]

---

6) 1905년 경부철도 개통 축하 공연에 대해서는 池内信嘉(1993b), 『能樂盛衰記 下巻』, 東京創元社 ; 吳鉉烈(1999), 앞의 논문 ; 飯塚惠里人(2008), 앞의 논문 등에서 그 사실을 언급한 바 있고, 徐禎完(2010), 앞의 논문에서 그 추진 배경에 대해 자세히 고찰한 바 있다.

7) 이 공연기에 대해서는 김난주(2014), 앞의 논문에 자세하게 수록했다.

8) 『京都日出新聞』 1905. 6. 4.자. 본 기사 내용은 倉田喜弘(2004), 『明治の能樂 3』, 國立能樂堂, 378-379쪽 ; 김난주(2014), 앞의 논문, 416쪽 등에서 이미 소개한 바 있으나 본고에서는 교겐에 초점을 맞춘 분석을 시도하였다.

위 기사는 1905년 5월 25일 경부철도 개통식 이튿날인 5월 26일 경성과 28일 부산에서 열린 자선공연에 대한 회고담이다. 1905년 노가쿠 사상 첫 해외 공연은 조선 인민들에게는 별다른 인상을 남기지 못한 그들만의 잔치였다. 그러나 센고로의 인터뷰 내용에서 흥미로운 것은 26일 자선공연 관객 중에 한국인이 있었다는 점과 이 한국인들이 교겐의 내용을 어느 정도 이해하는 분위기였다는 점이다. 물론 이날 객석에 있던 한국인은 이 공연의 주최 측인 후루이치 고이(古市公威) 경부철도총재 등의 초대를 받고 온 정치적 입장을 가진 사람들, 즉 노·교겐의 순수한 관람객은 아니었을 것이다. 그러나 이들이 일본의 전통희극인 교겐의 내용을 어느 정도 이해하고 반응을 보였다는 점은 해외 무대에서의 교겐의 가능성을 말해 주는 대목이라 할 수 있다. 이후 당대의 내로라하는 교겐시들이 조선에 차례로 입국하여 공연을 가졌다.

2. 1910년 조선 공연과 센고로의 교겐

1905년 조선 공연에 호감을 가졌던 시게야마 센고로는 재조선 일본인들의 노가쿠에 대한 관심과 열의에 가능성을 본 것 같다. 그런 그가 5년 후인 1910년 다시 조선 무대를 찾은 것이다. 공연 유치에 관한 제 사정에 대해『경성신보(京城新報)』는 다음과 같은 기사를 싣고 있다.

> 근래 당지에 요쿄쿠의 유행이 대단하고 유파 역시 다양함에도 불구하고 노가쿠시가 없는 연유로 아직까지 노가쿠 공연이 개최되지 못함을 유감스럽게 여겨, 동호의 멤버들이 오사카에서 발행되는 노가쿠 동인지『고쿠후(國諷)』잡지사의 주간인 이즈미(泉) 씨의 경성 입국을 계기로 경성의 노가쿠 개최를 위해 힘을 모았다. 이에 오사카에서 활동 중인 노가쿠계의 대가이자 기타류(喜多流)의 이에모토(家元), 간제류(觀世流)의 오에 마타사부로(大江又三郎), 다카야스류(高安流)의 이하치로(猪八郎), 교겐시에 시게야마 센고로(茂山千五郎) 등 일행이 11월 25일 오사카를 출발하여 27일 시모노세키, 29일과 12월 1일에 부산을 거쳐 2일에 경성

에 도착하여 4일과 5일 양일간 욱정(旭町) 만천각(萬千閣)에서 노가쿠를 상연할 예정이다.[9]

위 기사에서 눈에 띄는 대목은 1910년 당시 조선에 요쿄쿠가 유행하고 다양한 유파의 요쿄쿠 모임이 성행했다는 것이다. 이 시기 경성에 거주하는 일본인 인구는 1910년 9월 현재 3만 4,468명을 기록하고[10] 있었다. 위 기사를 보면 이해 이미 요쿄쿠에 대한 재조선 일본인의 수요가 본토의 연기자들을 불러들일 만큼의 규모를 가지고 있었다는 것인데, 이는 앞에서 말한 1905년도에 비해 상당히 진전된 상황이다. 그 점에 대해서는 이 공연을 주최하고 기획한 『고쿠후』 주간인 이즈미 슈카(泉秋花)의 언급에서도 확인할 수 있다.

조선은 일찍이 후루이치 고이 씨가 한국에 주재할 당시 경부철도 개통식의 여흥으로 수천 엔을 들여 노가쿠 공연을 성사시킨 적이 있는데, 그때는 아직 노에 취미를 가진 사람은 거의 전무하다시피한 때라… 단지 철도 개통식에 조야한 여흥에 금전을 허비하느니 고상우미(高尙優美)한 노를 상연하는 것이 좋을 것이라는 생각에 출발한 것이며 게다가 후루이치 씨가 있기에 성사될 수 있었던 공연이었다.[11]

이즈미에 따르면 1905년 노가쿠 첫 조선 공연은 현지 사정과 무관하게 후루이치 고이 경부철도총재라는 개인의 취향과 의지에 의해 관철된 측면이 큰 데 비해, 『고쿠후』가 주최한 조선 공연은 노가쿠에 대한 현지 수요가 작용한 것이라고 할 수 있다. 물론 이러한 변화는 1910년 한일합방을 계기로

9) 『京城新報』 1910. 11. 23.자.

10) 京城居留民團役所 編(1912), 『京城發達史』, 京城居留民團役所, 449면.

11) 「報道 朝鮮及下関の催能」, 『國諷』 第6卷 第1號(1911. 1). 1910년도 고쿠후사(國諷社) 기획 공연과 관련해서는 이즈카 에리토(飯塚恵里人)가 『고쿠후』에 실린 관련 기사 전문을 소개한 바 있으나(2008, 앞의 논문), 본장에서는 1910년대 조선의 식민지적 상황에서 시게야마 센고로 공연의 성격을 규명하는 데 초점을 맞추어 고찰하였다.

식민지 조선이 전방위로 일본의 영향을 받기 시작한 사실, 그리고 무엇보다 일본인의 대량 이주와 무관하지 않을 것이다. 어쨌든 1910년 한일합방을 기점으로 일본 노가쿠계는 조선을 문화 수출 시장으로 인식하게 된 것이다.

그렇다면 이렇게 추진된 조선 공연은 어떠했을까? 11월 30일과 12월 1일 부산의 수곡여관(守谷旅館)에서 성공리에 공연을 마친 일행은 곧바로 야간열차를 타고 경성으로 출발했다. 경성 공연은 욱정의 만천각에서 개최되었고, 입장료는 1인당 금 2원 균일가로 책정되었다[12]고 한다. 일제강점기 욱정은 경성부 구역 획정사업에 의해 조성된 지금의 회현동 일대로, 당시 이곳은 경성 제일의 환락가로 요정이 즐비하던 곳이다. 확실한 장소를 확정할 수는 없으나 센고로 일행이 공연한 만천각 역시 규모가 있는 고급 요리점이었을 것으로 추측된다. 이때의 경성 공연은 주최 측의 표현을 빌리자면 관객의 뜨거운 호응에 힘입은 매우 성공적인 무대였다.

> 끓어오르는 듯한 환희의 함성. 경성에서는 12월 4일 일요일 하루 5곡의 노를 공연할 예정이었는데 관객들의 뜨거운 요구를 도저히 하루로 만족시킬 수 없어 5일 야간 노로 3곡을 보여 달라는 희망을 받아들여 4일은 오전 9시부터, 5일은 오후 4시부터 공연이 개최되었다. 관람자들의 기쁨은 비할 데 없었고 시게야마 씨의 명성 높은 교겐을 보고서는 객석에 웃음소리가 들끓었다. 너무나 큰 환호에 연기자들도 대만족. 시게야마 같은 이는 "의상을 입고 교겐을 한 곡 더 할까요?"라고 할 정도였으나, 시간상의 문제로 우선은 예정된 곡목만 상연했다.[13]

이때 공연에서 눈여겨볼 만한 것은 노와 교겐의 상연 작품 수이다. 4일 공연에는 노 5곡에 교겐 4곡, 5일에는 노 3곡에 교겐 2곡으로 구성되었다.[14] 이 중 4일의 〈마쓰카제(松風)〉와 5일 〈아오이노우에(葵上)〉가 전곡 상

---

12) 공연 정보는 「大能楽大會の番組」, 『京城新報』 1910. 12. 2.자, 3면.

13) 泉秋花(1911), 「旅行日記, 朝鮮及下関の催能」, 『國謡』 第6巻 第3號(1911. 3).

14) 이때 상연 프로그램은, 4일 노 : 〈미와(三輪)〉, 〈요로보시(弱法師)〉, 〈마쓰카제(松風)〉〔見留〕, 〈하치노키(鉢木)〉, 〈후나벤케이(船弁慶)〉 / 교겐 : 〈사도기쓰네(佐渡狐)〉

연이 아닌 일부 장면만을 보여 준 것을 감안하면 노와 교겐의 상연 수가 거의 비슷한 수준이다. 이는 기존 노 위주의 노가쿠 상연 패턴과는 다른 것으로 이 공연에서 교겐이 차지하는 비중이 그만큼 컸음을 알 수 있다. 또한 위 보도 내용을 보면 12월 4일과 5일에 치러진 경성 공연이 관객들로부터 대단한 호응을 받았음을 알 수 있는데, 특히 공연에서 뜨거운 반응을 이끌어 낸 것은 교겐이었다. 이때 분위기를 주도한 이가 바로 교토의 명배우 시게야마 센고로였다. 5년 전 시게야마 주자부로와 함께 조선 공연을 펼친 후 다시 찾은 조선 무대에서 센고로는 객석을 들끓게 할 정도로 큰 반향을 끌어낸 것이다.

당시 메이지 교겐계는 이즈미류(和泉流)의 미야케파(三宅派)가 도쿄를, 오쿠라류(大蔵流)의 시게야마파(茂山派)가 교토를 중심으로 한 간사이(關西) 지방을 장악하고 있었다. 이 중 센고로 집안은 시게야마파의 본가(本家)로 사실적인 예풍을 표방했는데, 메이지시대 사원(寺院) 봉납(奉納) 교겐을 비롯하여 각종 연회석의 여흥 무대에도 가볍게 출연하며 간사이 시민과의 연대를 기반으로 번창하였다. 1905년과 1910년 조선 공연을 수행한 인물은 이 센고로 가문의 10대 센고로 마사시게(千五郎正重, 1864~1950)였다.[15] 그는 아버지 센고로 마사토라(千五郎正虎)[16]의 예능을 이어받은 뛰어난 연기자인 동시에 오토기구락부(御伽俱樂部)를 조직(1906)하여 소학교 어린이들에게 교겐을 알리는 등 교겐의 대중화에 앞장선 배우였다. 그런 그가 훗날 자신의 교겐을 다음과 같이 자평한 바 있다.

〔오자키 이사부로(尾崎伊三郎)〕, 〈오바가사케(伯母ヶ酒)〉(시게야마 센고로), 〈아쿠타로(惡太郎)〉(시게야마 센고로), 〈기카즈자토(不聞座頭)〉〔나카가키 도시유키(中垣利幸)〕, 5일 노 : 〈고소데소가(小袖曾我)〉, 〈모치즈키(望月)〉, 〈아오이노우에(葵上)〉〔梓之出〕/ 교겐 : 〈고야쿠네리(膏藥煉)〉(오자키 이사부로), 〈니쿠주하치(二九十八)〉(시게야마 센고로)였다〔프로그램에 대해서는 「大能樂大會の番組」, 『京城新報』 1910. 12. 12.자, 2-3면〕.

15) 센고로의 예풍에 대해서는 주로 小林責(1974), 『狂言史研究』, わんや書店, 121쪽 참조.

16) 그의 부친 9대 센고로 마사토라(正虎)는 메이지 교겐시의 대가 중 대가로 추앙받은 연기자였다.

> 저는 전에 '두부'라는 이상한 별명으로 불린 적이 있습니다. 교토에서는 반찬이 없을 때 "두부라도 데쳐 먹을까"라는 말을 합니다. 그러니까 '두부'라는 별명은 '여흥거리가 궁할 때는 시게야마 교겐'이라는 의미를 가진 것 같습니다. 그러나 저는 이 '두부'라는 말이 좋습니다. 여러분이 좋아만 해주신다면 데쳐진들, 도미랑 같이 삶아진들 두부가 되는 것에 불평을 달 필요는 없다고 생각했고 더욱더 좋은 두부가 되기 위해 노력해 왔습니다.[17)]

여기에는 당대 관객의 오락거리이자 웃고 즐길 수 있는 교겐을 지향한 센고로의 연기관이 잘 나타나 있다. 1910년 조선에서의 공연은 그의 이런 연기가 더욱 적극적으로 발휘된 공연이 아니었을까? 웃음의 연극이라고는 하나 이미 600여 년의 세월을 거치며 고전 중의 고전으로 정착된 교겐이 객석을 들끓게 하는 웃음을 자아낸다는 것은 익숙한 풍경이 아니다. 어떻게 보면 이런 파격적인 공연은 본국이 아니었기에 가능했을지도 모르겠다.

1968년 일찍이 오쿠라류의 이에모토 야타로 도라토시(彌太郎虎年)는 막부의 멸망과 함께 나라(奈良)로 낙향하며 "나는 썩어서 흥하기보다 굳게 지켜 괴멸하는 길을 택할 것이니 각 제자 가문 역시 이를 명심하여 단속토록 하라"는 유지를 내린 뒤 술에 취해 폐인처럼 지내다 1881년 41세의 나이로 타계했다. 그러나 이에모토 가문과 거리가 먼 분가(分家)나 제자가(弟子家)의 교겐시들은 그의 유지와는 정반대의 길에서 살길을 모색하고 있었던 것이다.

한편 센고로와 함께 공연한 나카가키 도시유키(中垣利幸)라는 배우는 노가쿠사 최후의 '남도(南都) 네기(禰宜) 교겐시'로 평가되는 인물이다. 남도 네기는 나라의 가스가타이샤(春日大社)에 종사한 하급 신직(神職) 계층으로 주업인 신직 외에 노가쿠 연기자로서도 꽤나 활발한 활동을 전개했다. 나카가키는 그의 조부와 부친이 메이지 30년대에 연이어 사망하자, 1907년 14세에 시게야마 센고로에 입문하여 그와 함께 무대에 섰다고 한다.[18)] 시키가쿠(式

---

17) 茂山千作翁記念刊行會 編(1951), 『茂山千作 狂言八十年』, 都出版社, 88-89쪽.

18) 1927년 그가 35세의 일기로 세상을 뜨자 신도(神道)의 사제로 노가쿠를 연기하던

樂) 위주의 주류 노가쿠와는 또 다른 노가쿠사의 한 페이지를 장식한 남도 네기 교겐시의 마지막 계승자가 20세기 초 식민지 조선에서 공연을 한 사실은 일본 근대교겐사의 한 장으로 기억할 만하다.

그러나 전반적인 관객의 호응에도 불구하고 이 공연은 적자였고 기획사 고쿠후에 심각한 재정 부담을 안기고 막을 내렸다. 주간 이즈미 씨의 언급에 의하면 그것은 애초 출연하기로 했던 기타류의 이에모토 롯페이타(14대 六平太, 1874~1971)의 출연이 무산되면서 예약 취소가 줄을 이었기 때문[19]이라고 한다. 하지만 이러한 재정적인 문제와는 별도로 일본 노가쿠계가 조선에서의 공연, 특히 교겐의 흥행 면에서는 희망을 본 공연이었다.

III. 1910년 중반~1930년대의 교겐 공연

1. 1910년대 조선 요쿄쿠계와 노무라 만조의 공연

일제시대 경성, 부산, 인천, 평양 등의 주요 도시에 노가쿠 동호회가 성행한다. 1916년 1월 10일자 『경성일보』는 경성에 요쿄쿠가 유행하고 있는 실태를 보도했다.[20] 이 중 남산정(南山町)에 위치한 '나카가와세이쇼도(中川静松堂)'[21]라는 요쿄쿠 대본 판매소를 취재한 내용을 보면, 210곡 정도 되는

네기야쿠샤(禰宜役者)의 명맥도 끊긴다. 이상 나카가키 도시유키에 대해서는 宮本圭造(2005), 「南都禰宜衆の演能活動」, 『上方能楽史の研究』, 和泉書院 참조.

19) 이에 대해서는 飯塚恵里人(2008), 앞의 논문, 12쪽 참조. 한편 이때 무산된 기타류의 롯페이타 공연은 1923년 5월 19일과 20일 기타회(喜多會) 경성지부 주최로 경성공회당에서 개최되었다(『京城日報』 1923. 5. 15.자, 석간).

20) 『京城日報』 1916. 1. 10.자, 15.자.

21) 이 대본 판매소를 경영한 인물은 나카가와(中川)라는 노인으로 필자의 생각에는 초창기 조선 요쿄쿠계를 형성하는 데 중요한 역할을 한 인물로 추측된다. 1915년에 나온 조선 안내서 『경성번창기(京城繁昌記)』에도 이 인물에 대해, "이요국(伊豫國)〔현재 아이치현(愛知縣)〕의 마쓰야마(松山) 출신으로 경성에 건너와 사람들을 모아 간제류를 가르쳤다. 당시 경성에 요쿄쿠를 가르치는 사람이 없었는데 사람들이 나

현행 요쿄쿠에 간제류, 호쇼류(寶生流), 곤파루류(金春流), 곤고류(金剛流), 기타류의 각 대본을 갖추어 놓고 있어 매장에서 취급하는 품목 수가 상당했다는 점, 가격은 11전 균일가로 판매했으며 가장 많이 팔리는 요쿄쿠는 〈하고로모(羽衣)〉와 〈모미지가리(紅葉狩)〉, 유파별로는 간제류와 호쇼류가 가장 성행했다는 점 등 1910년대 중반의 경성 요쿄쿠계의 현황을 한눈에 짐작할 수 있는 정보가 실려 있다. 또한 이 신문은 1916년 당시 경성 안에서만 600~700명의 고객을 상대하고 있다고 밝혀 당시의 노 애호가들의 규모를 파악할 수 있게 한다. 1915년 경성 거주 일본인 인구가 6만 2,914명[22]이었음을 감안하여 이를 단순 계산했을 때 일본인 100명 중 1명 꼴로 요쿄쿠 취미를 가지고 있었다는 이야기인데, 아동 인구를 제외한 성인 인구만을 따져 보면 더 높은 비율이 될 것이다. 한편 이 시기 요쿄쿠 애호가들의 직업별 면면을 보면 동양척식주식회사(東洋拓植株式會社)의 임직원, 관공서 관리, 은행원, 재판소 종사자, 변호사, 실업가, 군인, 의사, 철도국 종사자, 우체국 종사자, 이왕직(李王職) 직원, 회사원 등[23]으로 조선 내 일본인 거주자 중에서도 엘리트층이 주류를 점하고 있음을 알 수 있다.

이렇듯 조선에서 노가쿠가 성행하는 와중에 1917년 교겐만의 단독 공연이 경성에서 성사된다. 근대노가쿠계의 특징 중 하나는 교겐이 노에서 독립하려는 움직임을 보인 것이다. 유파 및 하위 파벌별로 활동 조직이 생겨나고 노와 상관없이 교겐을 취미로 하는 애호가들이 늘어나면서 교겐만의 단독 공연이 늘어났다. 근대노가쿠계의 이러한 변화가 조선에도 이식된 것이다.

교겐시 노무라 만조(野村萬造) 일행이 중심이 되고 센유카이(泉友會) 동호 회

카가와에게 몰려와 간제류 요쿄쿠를 배우니 이후 간제류를 자칭하는 이가 많아졌다"고 나와 있다〔岡良助(1915), 『京城繁昌記』, 博文社, 551-552쪽〕.

22) 김영근(1996), 「일제하 일상생활의 변화와 그 성격에 관한 연구」, 연세대학교박사학위논문, 60쪽.

23) 岡良助(1915), 앞의 책, 552-553쪽.

원이 참가한 사루가쿠 교겐(申樂狂言)의 이틀째 공연이 5일 오후 7시부터 경성 호텔 대식당에서 개최되었다. 요쿄쿠 취미가 많은 경성 인사들인지라 이날 공연에 각계각층 동호인들이 대거 참석하여 성황을 이루었다.[24]

이때 공연 프로그램은 4일 〈스에히로가리(末廣がり)〉(노무라 만조), 〈시미즈(清水)〉(鈴木助一, 大西恭之), 〈소하치(宗八)〉(野村萬之介), 〈부스(不須)〉[25](森川萬次郎, 野々村謙三), 〈가키야마부시(柿山伏)〉(工藤武城), 〈보시바리(棒縛)〉(野村萬作), 5일에 〈가즈모(蚊相撲)〉(노무라 만사쿠), 〈네온교쿠(寢音曲)〉(노무라 만노스케), 〈나리아가리(成上り)〉(노무라 만조), 〈기쓰네즈카(狐塚)〉(스즈키 스케이치), 〈후네후나(船ふな)〉(原一郎, 天本嘉六)였다. 공연은 프로 교겐시 외에 아마추어 작품도 올려졌는데, 전 작품이 갈채를 받으며 밤 10시에 끝이 났다고 전한다.[26]

이날 공연을 주도한 배우는 5세 노무라 만조(1862~1938)를 필두로 그의 두 아들 노무라 만사쿠(野村萬作)와 노무라 만노스케(野村萬之介)였다. 5세 노무라 만조는 1880년 초반 본거지 가나자와(金澤)에서 도쿄로 올라와 한때는 구청 호적계 직원과 철도회사 직원으로 일하며 생계를 꾸려 가기도 했으나, 후반기에는 오로지 교겐에 전념하며 두 아들의 교육에 힘을 쏟았다고 한다. 경성 공연을 감행한 1917년은 그의 나이 55세로, 이때 그는 도쿄 교겐계의 최고참이자 이즈미류의 상징적 인물이 되어 있었다. 후반생 그의 연기에 대해서는 뛰어난 연기자인 것만은 분명하나 오랜 세월 교겐이 추구해 온 고상한 웃음과는 거리가 있다고 평가된다. 1928년 노가쿠 평론가 사카모토 셋초(坂元雪鳥)는 그의 연기에 대해 "사물의 이치를 알고 있고 또 그 기량 면에서 이즈미류 제일인 이 사람에게 전아(典雅)한 맛이 없다는 점은 유감천만"이라고 평하기도 했다.[27]

---

24) 「申樂狂言を觀る：五日京城ホテルに開催」, 『京城日報』 1917. 9. 6.자.

25) 현행 곡명은 〈부스(附子)〉.

26) 『能樂』 第15卷 第10號(1917).

27) 이후 도쿄 교겐계는 이들 삼부자가 점령하는데 현재까지 도쿄의 가장 막강한 세력을 떨치고 있는 교겐시 집단이 바로 그의 자손들이다. 노무라 만조에 대해서는 小

하지만 대중에 밀착한 그의 연기야말로 어쩌면 영화와 서양식 연극 같은 근대적 극장예술에 맞설 수 있는 가장 적절한 무기였으며 식민지 해외 공연에서는 더욱 빛을 발할 수 있는 것이었을지 모른다. 1917년 경성 공연 이외에도 노무라 만조 일가는 1919년 여름, 베이징 · 만주 · 경성 순회공연[28]과, 1929년 7월 30일 부산공회당에서 이즈미류 교겐 공연을 개최하는 등[29] 당대 교겐시 집안 중에서도 가장 적극적으로 식민지 공연 활동을 벌였다.

2. 1920년대 일본 교겐계의 동향과 조선 공연

오현열은 "1928년 한국 노가쿠 회원 수가 5백십수 명에 이르고, 이는 당시 일본 본토 5개 현(縣)의 노가쿠 인구 수와 맞먹는 숫자"[30]라고 지적한 바 있다. 이렇게 1920년대 재조선 일본인의 노가쿠 수요는 계속해서 증가했는데 이런 분위기에 호응이라도 하듯 1923년 6월 16일자 『경성일보』에는 이즈미류 다타라 도모조(多々良外茂三, 1891~1497) 일행의 교겐 공연이 대대적으로 보도된다.

> 도쿄 노 · 교겐계의 대가 야마모토 도지로(山本藤三郎),[31] 후지에 유키(藤江又喜) 등과 어깨를 나란히 하는 이즈미류 노 · 교겐계의 거성 다타라 도모조 일행 5명은 근래 계속해서 만주 노 · 교겐 동호인들의 초빙을 받아 만주 각지를 돌며 뜨거

林責(1974), 「野村萬齊」, 앞의 책, 256-278쪽 참조.

28) 이에 대해서는 『能樂新報』 1919. 6.호와 「能狂言の名手野村萬造來る」, 『京城日報』 1919. 8. 7.자, 3면에 짤막한 기사가 실렸다.

29) 공연 작품은 〈가즈모(蚊相撲)〉〔다타라 도모조(多々良外茂三)〕, 〈아쿠타로(惡太郎)〉(6세 노무라 만조), 〈부아쿠(武惡)〉(野村萬之介), 〈후타리바카마(二人袴)〉〔1세 노무라 만사이(野村萬齊)〕 등이었다(이상은 『謠曲界』 1929. 7.호 기사). 〈후타리바카마〉를 연기한 노무라 만사이는 5세 노무라 만조의 은거명(隱居名)이고, 〈아쿠타로〉를 연기한 6세 노무라 만조는 5세 만조의 아들로 1917년 경성 공연 당시 노무라 만사쿠라는 이름으로 활동했다.

30) 吳鉉烈(1999), 앞의 논문, 304쪽.

31) 山本東次郎(야마모토 도지로, 1864~1935)의 오기로 추정된다.

운 인기를 모아 왔는데, 이번 귀국 길에 조선을 경유하게 된 것을 계기로 경성의 동호인들이 이 기회를 놓치지 않고 선생의 신묘한 연기를 접해 보고자 전부터 교섭을 해오던 차에 드디어 교섭이 성사되어 오는 16일 오후 5시부터 남산정 경성호텔에서 하루 저녁 공연을 개최하게 되었다. …이날 밤 연기하는 〈산닌가타와(三人片輪)〉는 선생이 가장 자신 있어 하는 곡으로 이 밖에도 〈부스(附子)〉와 〈자쓰보(茶壺)〉 등을 선보이게 된다.[32]

위 기사에서는 선전을 위한 탓인지 다타라 도모조에 대해 "특히 교겐시로서의 기술이 탁월할 뿐만 아니라 타고난 미성(美聲)으로 관객을 사로잡으니 실로 삼박자를 고루 갖춘 교겐시의 전형으로 평가받는" 연기자라며 한껏 추켜세우고 있다.[33] 다타라는 1923년 경성 공연에 이어 1929년 7월 부산 공연에서 노무라 만조 삼부자와 함께 이즈미류 교겐 무대에 서기도 하였다.

한편, 위 기사를 보면 다타라 일행이 경성뿐 아니라 만주 일대에서 순회공연을 벌였다는 사실을 알 수 있다. 그런데 교겐의 이러한 적극적인 식민지 해외 공연은 현지 일본인 거류자의 수요뿐 아니라 실은 일본 본토의 노가쿠계 사정이 반영된 듯하다. 앞에서도 언급했듯이 근대시기 교겐은 노의 종속적인 위치에서 벗어나 독자의 길을 모색하기 시작하였으며 점차 연기자의 지위 향상에도 목소리를 내게 된다. 이러한 경향이 가장 극적으로 표출된 것이 이른바 1923년에 발생한 교겐시 동맹파업 사태였다. 오쿠라류의 야마모토 도지로(山本東次郎)와 이즈미류의 노무라 만사이(野村萬齋), 노무라 마타사부로(野村又三郎), 후지에 유키 등을 위시한 도쿄 교겐시 20여 명 전원이 노 5류(流)를 상대로 출연료 40퍼센트 인상을 요구하고 이 안이 결렬되자 동맹파업을 결행한 것이다. 이로 인해 도쿄에서 열린 모든 노 공연이 교겐시 없이 진행된 노가쿠사 전대미문의 사건이 벌어진다. 이 사태에 대해 『요

32) 「能狂言の大家：多々良師一行が來る」, 『京城日報』 1923. 6. 14.자.

33) 다타라는 후지에 유키 등을 사사하며 1928년 유키 사후에는 그가 주재하던 히로스에카이(末廣會)를 계승하기도 하였다. 그러나 1942년 10월에 야마모토 모토야스(山脇元康)와의 불화로 근신을 명받고 그대로 노가쿠계에 복귀하지 않았다.

미우리신문(讀賣新聞)』 등 일본문화계에서는 "수백 년 동안 지속되어 온 인습에 대한 굴복에 눈뜬 통렬한 자기 인식의 외침으로, 시대 상황의 반영으로 볼 수 있을 것"[34]이라며 파업에 동조하는 반응을 보였다. 이 사태는 이해 5월 와키카타(脇方),[35] 하야시카타(囃子方),[36] 교겐카타(狂言方)[37]의 출연료를 공히 20퍼센트 인상한다는 협상안으로 타결되었다.[38]

전통적으로 노에 비해 열악하고 종속적인 위치에 있던 교겐이 메이지 유신 이후 처한 상황은 훨씬 심각했다. 이러한 절박한 상황을 타개하기 위해 교겐계는 처우 개선에 단결된 목소리를 내기 시작했으며, 또 새로운 활로를 찾는 데에도 적극적으로 나서야 했다. 이런 상황 속에서 해외 식민지 공연시장은 흥미로운 대상이었을 것이다. 또 실제로 노에 비해 단출한 인원으로 공연이 가능한 교겐이 해외 공연에도 적합했다.

3. 1935년의 만선(滿鮮) 순회공연

1930년대 들어서는 우메와카 로쿠로(梅若六郎) 등 몇몇 노의 대가들이 조선을 찾았는데 명인 교겐시를 동반한 대규모 노가쿠 공연으로는 1935년 7월 호쇼류의 종가(宗家)와 3세 시게야마 주자부로가 함께한 만선(滿鮮) 순회공연을 꼽을 수 있다. 이 공연단은 다롄에 세워진 노가쿠 전용 극장의 낙성식과 개관을 기념하는 공연을 위해 기획된 팀이었다. 다롄 노가쿠도(能樂堂)는 관객 600명을 수용할 수 있는 본격적인 노가쿠 전용 극장으로 1930년대 해외 식민지에서 이런 전용 노가쿠도가 건설되었다는 것은 일본 노가쿠계에도 센세이션을 불러일으킬 만한 일대사건이었다. 이 낙성식 공연을 위해 호쇼류의 이에모토 호쇼 구로 시게후사(寶生九郎重英)와 호쇼 신(寶生新) 같은

34) 「狂言方の罷勤は能樂初めての大問題」, 『讀賣新聞』 1923. 2. 21.자.
35) 노에서 주인공(시테)의 상대역을 맡은 연기자.
36) 노가쿠에서 반주를 맡은 연기자.
37) 교겐 연기자.
38) 『東京朝日新聞』 1922. 5. 1.자.

노의 대가와 3세 시게야마 주자부로를 중심으로 한 24명의 공연단이 결성된 것이다. 당시 일행은 8월 17일과 18일 다롄 노가쿠도 낙성식 기념 공연뿐만 아니라 신징(新京. 8. 13), 펑텐(奉天. 8. 14), 안산(鞍山. 8. 15), 다롄(8. 17~18), 칭다오(8. 23), 상하이(8. 27~28) 등 식민지 주요 도시를 순회하며 공연을 펼쳤다.[39]

경성 공연은 이 만선 순회공연의 첫 번째를 장식하며 8월 11일 하세가와(長谷川)공회당에서 이루어졌다. 오늘날 소공로에 위치했던 하세가와공회당은 일제시대 외국 연주자들의 연주회장으로 많이 이용되던 곳으로, 말하자면 1920~1930년대 경성에서 세종문화회관과 같은 구실을 한 곳이었다고 한다. 이제까지 노가쿠 공연이 호텔이나 여관, 요리점, 창고, 혹은 유락관(遊樂館)과 수좌(壽座) 같은 일본인이 경영하는 사설극장에서 공연되어 왔던 것을 감안하면 공연 환경이 한결 정비되었음을 알 수 있다. 이날 공연한 시게야마 주자부로(1895~1959)는 1905년 경부철도 개통식 공연에 참가한 주자부로의 장남이다. 아버지의 예풍(藝風)을 이어받아 사실성(寫實性)에 경도되지 않고 기교를 부리지 않으면서도 담담하고 스케일이 큰 연기를 보여 주었다고 평가받는 배우였다. 이렇게 호쇼류의 이에모토와 당대 최고의 교겐시가 만선 순회공연의 첫 장소로 선택한 것이 경성 공연이었다.

하지만 웬일인지 이 공연에 대한 정보는 한국에서 거의 찾아보기 힘들다. 이는 만주의 『만주일보』, 『다롄신문』, 『만주일일신문(滿洲日日新聞)』 등의 일간지와 『만주요쿄쿠계(滿洲謠曲界)』[40]가 만선 순회공연 내용을 연일 대대적으로 보도한 것과는 사뭇 대조적이다. 당시 조선에서의 노가쿠 공연과 경성 요쿄쿠계의 동태를 다른 어느 매체보다 열심히 다룬 일간지는 『경성일보』였다. 그러나 이 『경성일보』에서조차 공연에 대한 기사 한 줄을 찾아볼 수 없었다. 대신 같은 시기에 내조한 분라쿠(文樂) 공연단에 대한 관심은 뜨거웠

39) 1935년 만선 공연에 대해서는 仲萬美子(2011), 앞의 논문 참조.

40) 이는 만주에서 발행되던 노가쿠 전문 잡지로 당시 만주에서 노가쿠가 얼마나 성행했는지를 짐작케 한다.

는데, 『경성일보』는 8월 8~11일에 걸쳐 하루도 빼놓지 않고 분라쿠 관련 기사를 다루었다. 공연단은 다케모토 쓰다유(竹本津太夫), 요시다 분고로(吉田文五郎) 등 분라쿠계의 거장이 이끄는 70여 명에 달하는 대규모 공연사절단이었다.[41] 공연은 1935년 8월 9일부터 4일간 아사히좌(朝日座)에서 개최되었는데, 『경성일보』 공연 기사[42]에 따르면 입추의 여지가 없는 만원사례였다고 한다. 공연이 열린 아사히좌는 1920년 경성 중심부 본정(本町)에 세워진 객석 500여 석 규모의 공연예술 극장이었다.

당대 최고 노가쿠 배우들의 야심찬 경성 공연은 이렇게 대규모 분라쿠 내한 공연에 가려져 아무런 이슈도 만들어 내지 못한 채 끝이 났다. 그 첫 번째 원인은 『경성일보』 측이 자신들이 주최한 분라쿠 공연 소식을 전하는 데에만 열중한 나머지 노가쿠 공연 소식을 무시한 데에서 찾을 수 있다. 일본어로 발행된 『경성일보』는 일제강점기 식민지 조선에서 일본문화의 선전매체 구실을 전담하다시피 했던 일간지이다. 하지만 『경성일보』가 근대노가쿠사에도 드물게 아시아 주요 도시를 순회하는 대규모 해외 공연단의 경성 공연 소식을 일절 다루지 않은 배경에는 화려한 볼거리를 앞세운 인형극 부라쿠에 대한 조선 내 일본인들의 관심과 인기가 노가쿠를 완전히 압도했기 때문은 아닌지 추측해 볼 수 있다.

1935년의 아시아 순회공연단의 공연을 끝으로 일본 본토의 노가쿠 명인들에 의한 조선 공연 기록은 찾아볼 수 없다. 1937년 중일전쟁이 발발하면서 전통공연예술단들의 해외 공연은 대부분 만주와 중국 등에 주둔하고 있는 일본군의 위문 공연 성격을 띤 것이었고, 조선에서는 재조선 일본인의 요쿄쿠 동호회가 신사 등에서 소규모 위문 공연을 개최한 사례가 간혹 눈에 띄는 정도였다.

41) 이들은 대만 주재 일본군 위문 공연을 마치고 8일 오후 열차로 경성에 도착했다.
42) 「あふれるお客人氣の文樂」, 『京城日報』 1935. 8. 10.자.

IV. 한국 근대연극사와 노가쿠

앞에서도 지적했듯이 20세기 초 일본의 아시아 침탈이 본격화되면서 식민지에 퍼져 나간 일본인 거류민 사이에 요쿄쿠 동호회가 성행했다. 조선, 만주, 대만, 중국 등 해외 식민지에서 일어난 요쿄쿠 동호회 활동은 일본 본토 노가쿠계의 관심을 끌기에 충분한 것이었다. 『노가쿠』 같은 노가쿠 전문 잡지에서는 매호 경성, 부산, 인천, 뤼순, 다롄, 타이난, 칭다오, 지난, 상하이 등 식민지 주요 도시의 요쿄쿠계 동정을 게재하였다. 또한 본토의 많은 배우가 해외 거류 일본인들을 찾아 나섰는데, 이들은 대부분 현지 동호회 모임의 지도교사로 활동했고 또 인기 있는 배우들의 해외 식민지 공연도 활발하게 이루어졌다.

한국의 경우 역시 일제강점기 경성과 인천·부산·평양 등지의 주요 도시에서 노가쿠가 성행했는데, 그 양상은 일반인이 동호회를 결성하여 우타이(謠)·시마이(仕舞)·하야시(囃子) 등의 노가쿠를 교습하고 또 이런 열기를 좇아 일본 현지의 명인들이 내조 공연을 벌이는 형태로 나타났다. 한편 근대노가쿠의 특징 중 하나는 여성 향유자들의 증가를 꼽을 수 있는데, 이러한 경향은 조선 내 일본인 사회에도 그대로 이식되었다. "당시 상류층 부인들의 취미 활동이나 소양으로 요쿄쿠 학습이 강조되고, 여성 동호회를 결성하여 여성들만의 발표회를 갖는 등 활발한 활동을 벌였다."[43)]

이러한 분위기에 편승하여 유명 배우들의 내조 공연도 이어졌는데, 그 규모와 이슈 면에서 주목할 만한 공연을 놓고 보자면 ① 1910년의 시게야마 센고로 공연, ② 1917년 9월 경성 노무라 교겐회 공연, ③ 1919년 6월 노무라 만조 일행 베이징·만주·경성 순회공연, ④ 1923년 6월 이즈미류 다타라 교겐회 공연, ⑤ 1929년 7월 부산공회당 이즈미류 교겐회 공연, ⑥ 1935년 시게야마 주자부로 일행 만선 순회공연을 꼽을 수 있겠다. 이 공연들은 모두 당대 최고의 교겐시들이 내조하여 성황을 이루었다는 점에서 조선 내

43) 이지선·山本華子(2012), 앞의 논문, 581쪽.

노가쿠 동호인 집단에 작지 않은 반향을 일으켰을 것이다. 또한 1905년부터 일제강점기 동안 활발하게 이루어진 노의 내조 공연에 교겐도 함께했으니, 이렇게 적지 않은 내조 공연과 더구나 그 공연 내용이 신문지상 등에서 적극적으로 이슈화된 점을 고려하면 노가쿠 혹은 교겐을 조선 문화계가 인식할 기회는 충분히 있었다고 볼 수 있다. 그렇다면 우리의 관심은 자연스럽게 '일제강점기 일본인사회에 분 노·교겐 열풍이 조선 문화계, 특히 연극계에 어떤 영향을 미쳤을까?'로 귀결된다. 결론부터 말하자면 일제강점기 노와 교겐에 대한 조선 문화계의 관심과 영향은 거의 전무했다고 할 수 있다.

주지하다시피 근대시기 수많은 이국의 문물이 조선에 쏟아져 들어왔고 노가쿠가 조선에 상륙하던 20세기 초에는 이미 중국과 일본의 전통적 연희패들이 조선에서 활동을 벌이고 있었다. 청나라의 경우, 1882년 조·청상민수륙무역장정의 체결과 함께 경성에 들어와 살게 된 청인들을 대상으로 경극을 비롯한 각종 민간 연희가 경성의 저잣거리와 임시 가설극장에서 공연되었다고 한다. 급기야 1904년에는 청인의 전용극장이 세워졌으며, 1909년에는 청나라 창부들이 한꺼번에 80명, 130여 명씩 단체로 몰려왔다는 기사까지 등장한다.[44]

그런데 여기에서 주목되는 것은 이들 청나라의 민간 연희, 특히 경극이 재조선 중국인들뿐 아니라 조선의 대중, 나아가 전통 연희자들에게도 인기가 있었다는 점이다. 다음은 일제강점기 때 활약한 이동백 명창의 회고담이다.

> 청계천 2가 수표교 건너에 청국인 거리가 있었는데 거기에 청국인 창극관(唱劇館)이 있었다. 이 창극관에서 날마다 청국인 창우가 창극을 연희하였는데 중국인은 물론 우리 겨레도 많은 사람이 관람하였다. 그 당시 재경(在京) 창악인은 이 청국인의 창극관에서 연희하는 〈삼국지〉에 관심과 호기심을 가졌는데, 강용환(姜龍換) 명창은 틈만 나면 여기에서 살다시피 하였고 청국의 창희를 모방하여 판소

44) 이상은 유민영(1996), 『한국 근대 연극사』, 단국대학교출판부, 60-61쪽 참조.

리 〈춘향가〉를 창극으로 발전시켰다.[45)]

위 인용문에서 더욱 흥미로운 사실은 판소리 창극이 중국의 경극을 모델로 창안되었다는 점이다. 유민영에 의하면 근대시대 한국 전통극의 가장 큰 변화는 그때까지 대중의 절대적 사랑을 받던 판소리가 창극 형식으로 공연되기 시작했다는 점이다.[46)] 이 판소리 창극이 경극에서 힌트를 얻어 생겨났다고 한 이동백의 회고담은 그 진위 여부[47)]와 상관없이 중국 경극이 그만큼 판소리 연희자들에게 강렬한 인상을 남겼다는 반증이다. 또한 한국연극사상 최초의 근대적 연출가로 평가되는 홍해성(1894~1957)이 1934년 만주 순회공연 때 체험한 창극을 바탕으로 해외 연극론 「중국 극예술의 연구」를 발표하는 등[48)] 한국 근대연극계는 창극에 깊은 관심을 드러낸다.

한편 근대시기 한국연극계에 영향을 끼친 아시아 전통극에 가부키가 있었다. 선행 연구에 의하면, 일찍이 "인천에서는 해안을 매립한 빈정(濱町)의 300평 대지 위에 일본의 가부키좌를 그대로 모방한 가부키좌가 1904년에 개설되었는데, 순일본식 2층으로 세워진 이 극장은 130개의 전등에 불을 밝히고 약 1천 명 관객을 수용할 수 있는 설비로 당대 최고였다"[49)]고 한다. 1906년 인천에서는 이 가부키좌를 중심으로 하여 가부키와 다양한 연예물이 공연되었다. 부산의 경우에도 1906년 마쓰이좌(松井座), 유키좌(幸座) 등의 일본인 극장에서 가부키와 조루리 같은 전통극이 공연되었다. 또한 경성에서는 1906년 무렵부터 일본인들이 자신들의 집단 거류지에 연극 전용극

---

45) 이 인용문은 朴晃(1976), 『唱劇史硏究』, 白鹿出版社, 17쪽에 수록되어 있는 내용을 요약한 것이다.

46) 개화기 외국 연극의 유입과 판소리의 근대적 변용에 대해서는 유민영(2011), 「개화기와 전통극의 변모」, 『한국근대연극사신론 상권』, 태학사, 74-79쪽을 참조했다.

47) 유민영의 경우는 경극이 판소리 창극화에 영향을 미쳤다고 지적했다.

48) 홍해성에 대해서는, 이상우(2004), 『근대극의 풍경』, 연극과인간, 99-100쪽 참조.

49) 이희완(2013), 「미림극장 재개관, 원도심 극장 부활 꿈꾼다. 이희완 박사의 인천史 산책 10. 인천에서 사라진 극장들」, 『인천일보』(http://news.itimes.co.kr/news/articleView.html?idxno=500731.4).

장을 개설하기 시작했는데 "1907년에는 혼마치좌(本町座), 사카모토좌(坂本座), 가부키좌, 수좌, 경성좌를 중심으로 활발한 공연이 전개되었고, 당시 레퍼토리는 가부키에서 신파극에 이르기까지 다양했다"[50]고 한다.

이 시기 조선에서 공연된 가부키는 이를 소개한 일간지들의 짤막한 보도 내용으로 추측건대 일본의 정통파 배우들에 의한 본격적인 공연은 아니라고 짐작된다. 하지만 한국 최초의 신파극단인 혁신단(革新團)을 조직한 임성구(林聖九, 1887~1921)의 경우 젊은 시절 "일본인 극장에서 공연되던 신파극이나 가부키를 관람하고 외국의 새로운 연극에 눈을 떴다"[51]는 것으로 보아, 당시 조선의 연극인들이 일본의 가부키를 상당히 의식하고 있었으며 또 적극적으로 감상했던 것으로 짐작된다. 또한 한국 최초의 신극 〈은세계〉(1908. 공연)는 '기존의 판소리를 계량한 형태'를 띠었는데, 이는 작가 '이인직이 일본의 가부키 개량을 중심으로 한 연극개량운동에 영향을 받은 때문'[52]이라고 한다.

이상 살펴보았듯 한국 근대연극사에 중국의 경극과 일본 가부키가 미친 영향을 무시하기 어렵다. 이는 노가쿠가 40여 년 가까이 조선에 존재하는 동안 조선사회와의 접촉이 거의 없었고 특히 조선연극계로부터 어떠한 주목도 받지 못한 것과 대조해 보면 흥미로운 사실이다. 그 이유로는 무엇보다 노가쿠가 배경으로 하는 600년 전통의 무게, 즉 고어(古語)의 불가독성과 고상하고 유장한 미학의 난해함이 조선인이 감상하기에는 무리가 있었을 것이라는 점을 꼽을 수 있다. 하지만 1930년대 아일랜드의 연극인 윌리엄 예이츠가 노가쿠의 형식미를 자신의 연극에 도입하려 했다든지, 브레히트가 노 작품을 토대로 연극을 만든[53] 사실을 상기하면, 오랫동안 가까운 거리에

50) 김호연(2008), 「개화기 공연예술의 흐름과 그 수용 양상」, 『한국 근대 공연예술의 생성과 그 변용 양상』, 한국문화, 24쪽.

51) 『한국민족문화대백과』, 「임성구」 편, 한국학중앙연구원(http://terms.naver.com/entry.nhn?docId=537409&cid=1638&categoryId=1638).

52) 이상우(2004), 앞의 책, 41-43쪽.

53) 1930년 노 〈다니코(谷行)〉를 토대로 연극 〈예스맨 노맨〉을 제작·상연했다.

서 접촉할 기회가 있었던 이 예능에 한국연극계가 전혀 관심을 가지지 않은 것은 흥미로운 일이 아닐 수 없다.

그러나 어찌되었든 동시대 재조선 일본인 사이에서 노가쿠의 붐은 일제강점기 내내 지속되었다. 영화와 신극, 서양음악이 근대인의 문화 취미로 대두되는 와중에 해외 식민지 일본 대중 사이에서 노가쿠가 성행하게 된 원인은 무엇일까? 그 배경에 대해서는 여러 가지 해석이 있을 수 있으나, 무엇보다 노가쿠가 일본 전통예술의 정화(精華)로 부상하고 있던 본토 문화계의 사정을 꼽을 수 있는데, 이러한 동향들이 본토보다 오히려 식민지 거류일본인들에게 더 강력한 영향을 미친 것이다. 대부분의 식민지 거류민은 현지에서 지배계층으로 행세하며 본토에서보다 더 많은 경제적 혜택과 기회를 누리고 있었다. 그러나 그들에게는 어쩔 수 없이 식민지에 떨어져 나와 살고 있다는 마이너리티로서의 열등감이 내재해 있었다.[54] 이들에게 자신들도 고급예술을 향유하고 있다는 문화적 자부심을 충족시켜 주는 데에는 일본의 국수(國粹)로 부상한 노가쿠만 한 것이 없었을 것이다. 또한 식민지 일본인은 전통예술 노가쿠를 함께 익히고 감상하는 행위를 통하여 조국에 대한 향수를 공유하고 일본인이라는 정체성을 확인했을 것이라고 추측된다.

마지막으로 한국 근대연극사와 노가쿠의 관계를 언급하면서 덧붙여 두고 싶은 것은 한국전통극과 일본전통극 노가쿠의 엇갈린 운명에 대한 것이다. 앞에서 살펴보았듯이 1910년 들어 조선 거류 일본인 사이에 요쿄쿠가 유행하고 본토 유명 배우들에 의한 내조 공연이 본격화되는데, 이렇듯 1910년이라는 시점이 조선 내 요쿄쿠붐의 분기점이 된 데에는 말할 것도 없이 한일합방이라는 역사적 요인이 작용했기 때문이다. 그런데 바로 이 시점부터 조선의 전통연희는 본격적인 탄압을 받기 시작한다. 1910년 5월 강제적 한일병합 조약서가 체결되고 얼마 안 가 같은 해 9월 15일자 『매일신보』 기사에는 전통연희의 대표작 판소리 〈춘향가〉가 상풍패속(傷風敗俗)의 연극이라 하여

54) 재조선 일본인의 정체성에 대해서는 정혜경(2003), 「『매일신보』에 비친 1910년대 在朝日本人」, 수요역사연구회 편, 『식민지 조선과 『매일신보』~1910년대』, 도서출판신서원, 164-168쪽 참조.

금지되었다는 기사가 실린다. 이 시기 일제는 극장과 연희자들을 음탕부녀로 몰며 감시하고 심지어 극장의 관객까지 단속하였다. 물론 이 같은 탄압으로 판소리와 민속연희 같은 전통연희 공연이 금세 자취를 감춘 것은 아니다. 하지만 레퍼토리 면에서 '창극보다는 무용이나 곡예 같은 구체적 내용이 없는 연예물 쪽으로 기우는'[55] 등 상당한 굴절을 초래한 것은 분명하다.

1908년 일본제국의회가 "국악의 백미인 노가쿠에 대해서 아직도 하등의 장려함이 없음을 유감으로 생각하는바, 특히 노가쿠에 대해서는 이를 장려할 방도를 강구함과 동시에 일반 국악 보호에 관하여 적당한 방법을 제정할 것을 촉구한다"[56]는 건의안을 채택하는 한편, 식민지 조선에서는 민족의 사랑을 받던 전통연희가 음풍패속의 단속 대상으로 설 자리를 잃고 있었던 것이다. 식민 모국과 식민지 전통연희의 운명을 생각하게 하는 대목이 아닐 수 없다.

이상 일제강점기 조선에서 이루어진 교겐 공연의 실태를 살펴보고 이것이 일본의 근대노가쿠계와 한국 근대연극사와 어떻게 연동하는지를 고찰해 보았다. 근대시기 노가쿠가 해외 식민지에서 향유된 사실과 그 실태가 개략적으로 드러난 현 상황에서 앞으로의 연구는 장르별, 시기별, 인물별, 사항별로 연구를 심화시킬 필요성이 제기된다. 본 연구는 근대노가쿠사의 중요한 부분인 해외 식민지 공연사 중에서도 조선의 교겐 공연에 집중하여 연구의

---

55) 유민영(2011), 앞의 책, 123쪽. 일제시대 전통연희의 탄압과 관련해서는 주로 유민영(2011), 앞의 책, 119-125쪽을 참고하였다.

56) 우리나라 음악에 아악정무(雅樂正舞)가 있고, 노가쿠가 있고, 조루리와 가부키 등이 있어 가히 2천 년 이래 문화(文華)가 빛을 발하여 세상의 도(道)와 인심에 보탬이 되는 바 심대하였다. 하물며 노가쿠는 그 가곡이 고상하고 그 무용이 순아(醇雅)하여 국악의 백미라 할 만하다. 지난날 정부가 도쿄음악학교(東京音樂學校)로 하여금 속곡(俗曲) 각 파의 거장들을 모두 모아 국악의 조사를 촉탁하였는바, 다소나마 사람들의 마음을 굳건하게 해주었으나, 국악의 백미인 노가쿠에 대해서는 아직도 하등의 장려함이 없음을 본원(本院)이 유감으로 생각하는 바이다. 이에 본원은 시대의 요구에 응해 향상 개량을 기하고, 특히 노가쿠에 대해서는 이를 장려할 방도를 강구함과 동시에 일반 국악의 보호에 관하여 적당한 방법을 제정할 것을 촉구하는 바이다[池內信嘉(1993a), 「邦樂保護に關する建議案」, 『能樂盛衰記 下卷』, 東京創元社, 262쪽에서 재인용].

밀도를 높이고자 하였다. 또한 이제까지의 연구가 공연 일정과 규모, 인원 등 외피적인 부분에 치우친 점을 보완하여 공연의 주역인 교겐시들의 연기 성향이 당시 조선 공연에서 어떻게 발휘되었는지에도 관심을 기울였다. 마지막으로 이러한 연구로 도출해 낸 사실을 바탕으로 일제강점기 조선에 상륙한 노가쿠가 한국 근대연극사에서 어떻게 자리매김될 수 있는지에 대해 거시적인 조망을 시도하였다.

제국일본의 문화장치

— 경계와 월경의 노(能)와 우타이(謠) —

서정완

I. 들어가며

오늘날 일본을 대표하는 무대예술, 가면극으로 알려진 노(能)에는 15세기 성립 초기부터 권력과의 관계와 거리를 긴밀하게 유지하면서 발전해 왔다는 역사가 있다.

구체적으로는 아시카가 요시미쓰(足利義滿), 오다 노부나가(織田信長), 도요토미 히데요시(豊臣秀吉), 도쿠가와 이에야스(德川家康) 등 무로마치막부 이후의 각 시대를 풍미한 권력자들을 노의 애호가이자 후원자로 삼으면서 사회적 · 시대적 지위를 굳건히 하며 발전하고 이어 온 역사이다. 특히 에도시대에 이르러서는 막부가 직접 관리하고 관장하는 시키가쿠(式樂)라는 이른바 궁중악(宮中樂)과 같은 공식적인 지위까지 얻었으며, '사농공상(士農工商)'이라는 에도시대의 엄격한 신분제도하에서 노 연기자(能樂師)들은 '사(士)'에 준하는 대우 즉 무사에 준하는 대우를 받기에 이르렀다.[1] 노 연기자들에 대한 이러한 파격적인 대우는 중앙집권제하에서 절대권력이던 막부의 눈치를 보는 각 지방 다이묘(大名)들에게도 커다란 영향을 미치게 되어, 마치 경쟁이라도 하듯이 지방의 각 번(藩)은 전속으로 노 연기자들을 데리고 육성하면서 노와 우타이(謠)를 즐기게 되었다. 노라는 문화가 정치적 · 전략적 관계를 위한 수단으로 동원된 것이다. 노가 무사의 교양이자 오락이라는 말이 여기에서 나오는 것이다. 이렇듯 에도시대 300년을 살아남은 노의 생명력에는 지배계층의 교양이자 오락이라는 매우 강력한 동력이 작동한 결과였다고 할 수 있다. 물론 보호와 육성이라는 보호막 아래에서 보존과 재생(再生)이 책무가 된 에도시대는 보존이라는 긴 생명력을 얻었으나, 그 대신 제아미(世阿彌)시대의 창의적이고 자유로운 창작과 변화라는 역동적인 생명력은 희생해야만 했다.

한편 노는 메이지유신에 의한 구습(舊習)과 구관(舊慣)의 타파와 서양의 새로운 문물과 제도 도입을 통해 근대화에 박차를 가하는 시류 앞에 존속 자체가 어려운 위기 상황을 맞이하게 된다. 시키가쿠로서 막부라는 권력의 보호를 받는 노였으나, 그 막부를 타도하고 해체한 새로운 권력 메이지 신정부가 들어선 상황에서 노는 보호막을 상실하고 스스로가 설 자리를 유지하기도 확보하기도 어려운 상황에 놓였다. 그 결과 한때는 괴멸 직전까지 내몰린 노였으나, 천황가와 화족(華族) 그리고 고위관료가 중심이 되어 노가쿠샤(能樂社)를 설립하여 노를 보호하고 육성하기 시작하자, 점차 부흥의 길로 들어서게 되었다. 구체적으로는 첫째 메이지천황이 1878년 아오야마어소(青山御所)에 노 무대를 건설한 것이 그 출발점이라 할 수 있다. 이른바 '어람(御覽)'이 갖는 상징적 의미를 살려서 노를 적극 장려하고 육성하려는 행보를 보였는데, 그 결과 노 연기자에게 무대에 설 기회를 제공하여 부흥에 대한 희망을 갖게 하였다. 둘째는 구미 시찰을 통해 서구열강의 예술보호정책

1) 이에 대해서는 「德川幕府と能役者」〔『能樂』(1902. 10)〕나 「幕末能役者分限調(慶應二年調)」〔『能樂』(1903. 8)〕를 비롯한 다양한 문헌을 통해 확인할 수 있다.

을 직접 접한 이와쿠라 도모미(岩倉具視)는 1879년 일본을 방문 중이던 전 미국 대통령 율리시즈 그랜트를 자택으로 초청해서 노 공연을 관람시키는 등 노를 일본을 대표하는 예술로 대하는 태도를 보였으며, 실제로 "귀국에는 어떤 음악이 있는가?"라는 그랜트의 질문에 대한 답으로 노를 보였다는 일화가 전해진다. 셋째 당시 아직 '사루가쿠(猿樂)'라 불리던 명칭을 근대국가 대일본제국에 맞추어 '노가쿠(能樂)'라는 격식을 갖춘 명칭으로 바꾼 것을 들 수 있다.[2] 단순히 명칭을 바꾼 것으로 볼 것이 아니라, 근대국가 대일본제국의 국격(國格)에 어울리는 명칭으로 앞으로 노가 국가를 대표하는 예능이 되기 위한 전조라고 보는 것이 마땅할 것이다.

이러한 배경에는 서구열강의 오페라에 해당하며 대일본제국의 위관(偉觀)을 과시할 수 있는 전통예능이 필요하다는 정치적 · 정책적 선택이 있었다고 보아야 할 것이다. 서구 문물을 적극적으로 도입한 일본으로서는 이제는 서구열강에 대항할 수 있는 '전통'이 있다는 것을 과시하기를 원했던 것이며, 나아가서는 스스로가 적극적으로 도입한 서구의 문물 · 제도 · 학문 · 기술이 아닌 고유의 문화에 커다란 '힘'이 있음을 일본의 권력자들이 깨달았다고 할 수 있다. 즉 '문화의 힘'이라는 것의 존재를 깨달은 것이다.

---

2) 제아미(世阿彌)시대의 문헌을 보면 당시는 '사루가쿠(猿樂)의 노(能)', '덴가쿠(田樂)의 노(能)'라고 불렸다. 여기에 쓰이는 '노'라는 말은 사루가쿠 또는 덴가쿠 공연집단이 보이는 '연기', '재주' 정도의 뜻이었다. 그랬던 것이 에도시대에 들어서는 공연집단 또는 연기를 가리켜 '사루가쿠'라 칭하고 도쿠가와막부를 포함한 다이묘들이 배우고 즐기는 것을 '오노(お能, 御能)'라 칭했는데 여기에 붙는 '오'는 결코 공연집단을 향한 것이 아니라 도쿠가와 장군을 중심에 두는 배우고 즐기는 권력층을 향한 것이었다. 이를 '노가쿠(能樂)'라는 명칭으로 바꾸었는데, 이는 노 몇 곡과 중간에 들어가는 교겐(狂言)까지 포함한 오케스트라와 같은 풀세트 형식을 갖춘 공식 공연을 말하며, 교겐을 제외한 것을 노라고 하며, 무대예술이 아니라 대본을 문학텍스트로 보고 읽고 즐기는 감상의 대상이 요쿄쿠(謠曲), 창을 우타이(謠), 춤을 시마이(仕舞)라 부른다. 즉 '노가쿠'로의 개명은 서구의 오케스트라나 오페라에 준하는 격식을 '사루가쿠'에 부여했다고 할 수 있으며, 여기에 권력과 긴밀한 관계에 있는 근대성이라 할 수 있는 요인을 엿볼 수 있다. 그리고 이 '근대'에 의해서 사루가쿠=노가 '전통'으로서 인정받은 결과 국가예능으로 도약할 수 있었던 것이며, 오늘날 '전통예능' 중 '전통'이라는 말 자체가 근대에 의해 인지되었다는 의미에서 근대성을 지니고 있다고 보아야 할 것이다.

이상과 같은 경과를 거쳐 재기에 성공한 노는 사적인 오락과 교양의 자리가 아닌 공적인 외교무대를 중심으로 근대국가 일본의 위관을 표상하는 예능 즉 '국가예능'으로서 동원되는 일이 잦아졌다. 현재까지 확인한 범위에서 말하면 가장 이른 것은 1869년 영국 빅토리아여왕의 제2왕자 에든버러공이 일본을 방문했을 때 공식석상에서 노가 공연된 것이다. 이 글에서 다루는 1905년, 1910년 전후로 예를 들면 1904년 3월 노 간제류(觀世流)의 이에모토(家元) 즉 종가인 간제 기요카도(觀世淸廉) 자택에서 러일전쟁을 지원하기 위한 군자금헌금노(軍資金獻金能)가 열렸는데, 이 자리에 '조선의 공사'가 참석하여 노를 관람했다는 기록이 있다.[3] 이듬해 1905년 4월 이재각(李載覺)이 조선국전쟁축첩지대사(朝鮮國戰爭祝捷之大使)라는 대한제국이 파견하는 대사 자격으로 일본을 방문하여 노를 관람한 건 등이다.[4] 전쟁비용 헌금을 위한 노는 국가를 위해서 '보국(報國)'하는 예능으로서의 모범을 보인 자리인데 여기에 조선의 공사가 외교적 목적으로 관람차 참석한 것이고, 러일전쟁에서 승리를 축하하기 위해 대한제국이 보낸 대사가 그 자리에서 노를 관람한 것이다.

그런데 노가 대외적으로 제국일본의 국가예능임을 공고히 한 결정적인 데뷔는, 이 또한 우리에게는 불행한 일이나, 한반도에서 이루어졌다. 바로 1905년 5월 지금의 서울역 앞 광장에서 경부철도 개통식전이 열렸는데 그

---

3) 『우메와카 미노루 일기(梅若實日記)』 1904년 3월 20일자에 "本日ト明廿一日ト両日清廉宅献金能有之. 宅別會能. 正九時始五時四十分濟. 戰爭時節柄ニ致シ見客賑敷事"라는 기록이 있으며, 이 내용에 대해서 "韓鮮の公使見物ニ參ル"라고 적고 있다. 인용은 梅若實日記刊行會 編(2002~2003), 『梅若實日記』 全七巻, 八木書店을 사용하였다.

4) 『우메와카 미노루 일기』에 "朝鮮國戰爭祝捷之對し義陽殿下 李裁覺殿下へ馳走の能來ル十三日ト呉大五郎より電話"(10일), "朝鮮國よりの大使義陽殿下日比谷三井倶樂部へ馳走ニ三井一家ニテ招待能樂有之"(13일)이라는 기록이 있다.
한편 『우메와카 미노루 일기』 1906년 12월 10일자에 "朝鮮特公使馳走ニ古市公威の催. 伊東統監 佐藤進等同席のよし. 私ハ不快ニテ出. 夕五時より"라는 기록이 있는데, 이는 후루이치 고이(古市公威)가 자택에서 조선의 특공사를 초청해서 만찬을 베풀며 노를 보여 주었다는 기록이다.

때 축하 공연에서 메인이벤트로 노의 공연이 있었다.[5)] 이 공연은 당시 경부선 개통을 위한 공사를 책임지던 조선철도국 총재 후루이치 고이(古市公威)가 개인적으로 노에 열광하고 심취해 있었다는 배경, 즉 총재라는 권력과 개인적인 취미라는 문화가 어우러져서 추진되고 실현된 공연이었다. 참고로 일본 입장에서 보면 근대에 들어 첫 번째 노의 해외 공연이기도 하면서 A급 연기자들을 동원한 대대적인 행사였다. 경성 공연이 있은 1905년 5월 25일은 시기적으로는 일본 해군이 러시아의 발트함대를 격파하기 직전이며, 한성에 통감부가 설치되기 몇 달 전이다. 일본 입장에서는 한성과 부산을 철도로 연결함으로써 일본에서 한성까지 물류와 보급선 확보를 이루고, 그로 인해서 조선에서의 대러시아 견제에서 우위를 점할 수 있게 되는 쾌거라 할 수 있다. 노 입장에서 보면 바야흐로 국가적 쾌거의 공식적인 장에서 국가예능으로서 화려한 데뷔를 대내외적으로 공고히 한 사건이었다고 할 수 있다.

필자가 수행하고 있는 이 연구는 권력과 긴밀한 거리를 유지하면서 메이지유신이라는 변혁을 극복해서 근대에 무사히 진입하고, 근대라는 시대에 국가예능으로서 부흥한 노와 우타이가 제국일본의 문화권력으로서 식민지 조선의 경성에서 어떠한 전개를 보이는가를 탐구하는 것을 목적으로 한다.[6)]

---

5) 이 건에 대해서는 徐禎完(2010), 「植民地朝鮮における能：京釜鐵道開通式典における「國家藝能」能」, 徐禎完·增尾伸一郎 編, 『植民地朝鮮と帝國日本：民族·都市·文化』(アジア遊學 138), 勉誠出版에 수록된 글에서 이미 지적하였다. 또한 서정완·임성모·송석원(2011), 『한림일본학연구총서 I：제국일본의 문화권력』, 도서출판 소화에 이 글의 한글판에 수정·가필한 「식민지 조선과 노(能)：경부철도개통식전에서 공연된 '국가예능' 노」가 실려 있다.

6) 노(能)라는 말은 대사·연출·코러스·반주음악 등 모든 구성요소를 통합한 무대예술을 지칭하며, 노가쿠(能樂)라는 말은 노 몇 곡에 교겐(狂言) 몇 곡이 포함된 이른바 오케스트라와 같은 풀세트를 말한다. 반면에 우타이(謠)라 하면 노 대사를 박자 그대로 맞추어 읊고 노래하는 이른바 성악을 말하며, 요쿄쿠(謠曲)라고 하면 노의 대사를 문학적으로 접근하기 위한 텍스트를 말하나, 우타이와 요쿄쿠는 종종 거의 같은 의미로 쓰이기도 한다. '시마이(仕舞)'라 함은 노의 춤 부분을 추는 것을 말하고, '지우타이(地謠)'라 하면 노에서 백코러스 또는 그것을 담당하는 사람을 말한다. '하야시(囃子)'는 지우타이 부분을 노에 대한 우타이처럼 하는 것을 말하고, '하카마노(袴能)'라

궁극적으로는 제국의 문화가 식민지에서 어떻게 수용되고 어떤 역할을 하게 되는가, 즉 식민지라는 공간에서 문화와 권력이 만들어 내는 동태를 구체적으로 규명하는 것을 목적으로 하며, 이 글은 그 작업의 일부이자 일환이다. 아울러 재조선, 그중에서도 특히 재경성 일본인사회의 한 단면을 노와 우타이라는 패러다임을 통해서 파악하는 작업이 되기도 할 것이다.

물론 이 글만으로 경성의 노와 우타이에 관한 문제를 망라할 수는 없다. 이 글에서는 1900년 전후부터 1919년까지, 즉 1910년대를 그 주된 대상으로 삼는다. 그 배경에는 '식민지 통치 10년'이라는 하나의 구획을 다룬다는 목적도 있으나, 그 외에 조금 더 적극적인 이유도 있다. 하나는 1919년에 일어난 3 · 1독립운동이 있다. 이 운동의 결과 식민권력의 통치태도에 적지 않은 변화가 유발되었다는 점이다. 둘째는 1923년 관동대지진이다. 당시 조선인에 대한 잔인하고 무고한 학살과 민족적 차별의식이 크게 대두했다는 점이다. 셋째는 1919년까지 일본은 제1차 세계대전에 의한 특수경기로 제조업과 해운업이 호황을 이루었으며 수출이 확대되어 적자국가에서 흑자국가로 전환했는데, 1920년대는 이러한 호황에 대한 반동으로 공황이 일어나서 21개 은행이 휴업 상태에 빠지고, 그후 1927년 금융공황으로 인해서 경제적으로 매우 궁핍한 상황에 내몰린다는 점이다. 이처럼 1919년이 역사적으로 하나의 커다란 전환점이 되고 있으며, 나아가 도시부에서는 '다이쇼데모크라시'라는 말에 상징되듯이 일반 대중이 선거권을 요구하는 등 민권운동이 활발하게 전개되는 시기였다는 점도 있다. 이상의 이유로 1919년까지 1910년대를 하나로 묶어서 고찰하고자 한다.

는 것은 노 의상을 입지 않고 아마추어들이 하는 것을 말한다. '우타이카이(謠會)'라는 것은 동일 유파의 우타이 애호가들이 일종의 동호회를 만들고 이에모토로부터 전문적인 사범을 모셔서 우타이를 연습하고 때로는 발표회처럼 하는 모임, 단체를 말한다. 한편 이런 우타이카이가 유파별로 다양하게 공존하는 일본에서는 이를 '요쿄쿠카이(謠曲界)'라고 한다.

II. 경성의 노와 우타이

1. 경성의 노

가장 일본적인 예능이라 할 수 있는 노와 우타이를 통해 식민지 공간에서 문화와 권력이 만들어 내는 동태를 탐구하고, 거기에 제국일본의 문화권력의 한 단면을 추출하려는 본 연구의 선행연구는 안타깝게도 없다고 해도 과언이 아닐 정도로 연구가 미진하다. 그 배경에는 근대노가쿠사(近代能楽史) 연구가 전근대 연구에 비해 많이 지체되어 있으며, 특히 아시아·태평양전쟁시기에 대해서는 거의 언급조차 되지 않고 있기 때문이라는 사정이 있다.[7] 이러한 까닭으로 식민지 공간에서 전개된 노와 우타이에 대한 연구 또한 불모지와 다를 바 없는 상황에 놓여 있으며, 이런 상황을 반영이라도 하듯이 기초문헌에 대한 데이터베이스 구축은 물론이고 자료 추적도 매우 곤란한 상태이다. 가령 조선총독부가 간행한 공식문헌 중 노나 우타이에 관한 것을 필자는 아직 보지 못했다. 그만큼 식민정책에 문화정책이라는 것이 차지하는 무게를 가늠할 수 있는 현상이 아닌가 생각하는데, 가령 만주의 경우는 『만주연감(滿洲年鑑)』(1933년판)을 보더라도 "요쿄쿠(謠曲)는 일본의 음악 중에서 가장 고상하고 배우기 쉽기 때문에 상중류 가정을 통해 예부터 널리 유행하고 있다"[8]는 문장으로 시작하여 만주에서 활동하는 주요 요쿄쿠 단체로 간제류에서는 간제구락부(觀世倶樂部), 잇센카이(壱泉會), 간세이카이(觀正會), 다이렌간제카이(大連觀世會), 스이카이(觀水會), 만요카이(萬葉會), 다카사고카이(高砂會), 쇼후카이(正諷會) 등이 있으며, 호쇼류(寶生流)·기타류(喜多流)·후쿠오류(福王流)·우메와카류(梅若流)까지 언급하는 내용을 담고 있다. 그러나 『조선연감』에는 이러한 기사 자체를 아예 찾을 수 없다는 식이다.

---

7) 이 부분에 관해서는 서정완(2013), 「総力戦體制下における藝能統制：能楽における技藝者証とその意味を中心に」, 『외국학연구』 제25집에서 상술하였으니 참조 바란다.

8) 謠曲は邦樂中最も高尚で且つ研究し易い爲め、上中流の家庭を通じ古くより広く流行して居る。

이러한 자료 추적의 어려움 속에서 빠른 시기에 노·우타이 관련 기사로 확인되는 것이 앞에서 언급한 경부철도 개통식 축하 공연이다. 이 건과 관련하여 필자의 이전 연구에서 미처 다루지 못한 새 자료를 중심으로 간단하게 정리를 하면, 이 행사는 아래에서 보는 것처럼 그 규모는 경성에서 유례없는 초유의 성대한 행사였다.

> **경성철도 개통식** 25일 경성특파원발
>
> 오전 9시부터 정거장 구내에서 불꽃을 여러 발 띄우고 10시에 내빈 일동이 남대문 바깥에 마련된 식장으로 모였다. 15분에 연주를 시작하였다. 히로야스왕(博恭王) 전하, 의양군(義陽君) 전하께서는 마차에 동승하고 오셨다. …히로야스왕과 의양군 전하의 영지가 있었다. 그다음에 후루이치 총재의 봉답(奉答), 호러스 알렌(Horace Newton Allen) 미국 공사의 연설, 오우라(大浦) 체신장관, 박제순 농상공부장관, 귀족원 의원 총대표 야나기와라(柳原) 백작, 중의원 의원 총대표 에바라 소로쿠(江原素六) 씨 등의 축사가 이어졌다. …열석한 자가 1,200명에 이르고 그중 귀족원 의원 30명, 중의원 의원 100여 명에 이르렀다. 경성 초유의 성대한 의식이었다.[9)]

여기에서 말하는 '의양군'이란 조선왕조 후기 문신이자 왕족인 이재각(李載覺, 1874~1935)을 말하며, 『고종실록』 45권 1905년 5월 25일자 세 번째 기사에 "京釜鐵道開通式時, 日本國博恭王參席, 命義陽君李載覺同參"으로 되어 있는 점으로 보아, 이재각이 경부철도 개통식전에 참석한 것은 고종의 명에 의한 것이었다고 보인다. 이재각은 이에 앞선 1905년 4월 13일 도쿄 히비야

---

9) **京釜鐵道開通式** 二十五日京城特派員發
午前九時より停車場構内にて花火を連發し同十時來賓一同南大門外の式場に參集。十五分奏樂を始む。博恭王殿下義陽君殿下は馬車に 御同乗御来場あり、…博恭王殿下義陽君殿下の令旨あり、で古市総裁の奉答、米國公使アーレン氏の演說、大浦遞相、農商工部大臣朴齋純、貴族院議員総代柳原伯爵、衆議院議員総代江原素六氏等の祝辭あり。…席に列するもの千二百名にして内貴族院議員三十名、衆議院議員百余名あり。京城空前の盛儀なり。(『朝日新聞』 1905. 5. 27.자, 조간)

(日比谷)에 있는 미쓰이구락부(三井俱樂部)에서 열린 '朝鮮國戰爭祝捷之大使義陽殿下馳走能樂'라는 외교적 접대의 장에 참석해서 이미 노를 관람한 바 있다. 『우메와카 미노루 일기(梅若實日記)』 1905년 4월 13일자에 "조선국이 파견한 대사 의양군 전하 히비야에 있는 미쓰이구락부에서 접대하기 위해서 미쓰이 일가에서 노 공연을 초대하였다"[10]라는 기사가 바로 그것이며, 이 자리에서 노 〈하시벤케이(橋弁慶)〉와 〈쓰치구모(土蜘)〉 그리고 교겐 〈고야쿠네리(膏藥煉)〉 등이 공연되었다. 같은 달 10일자에는 "조선국대사 의양군 전하 이재각 전하를 접대하기 위한 노가 오는 13일로 정해졌다는 전화가 구레 다이고로(呉大五郞)로부터 왔다"[11]라는 기사가 있으며, 11일자에는 "조선국전쟁축첩지대사 의양 전하 이재각 전하를 미쓰이에서 접대하기 위한 노공연이 오는 13일 저녁 6시로 그리고 곡은 〈하시벤케이〉와 〈쓰치구모〉로 결정되다"[12]라는 기사가 있다. 이 기사들을 통해서 러일전쟁 축첩(祝捷), 즉 펑톈전투(선양전투)에서 일본이 승리한 전승 축하를 위한 특사였다는 점을 알 수 있다.[13]

이렇듯 '조선국에서 보낸 대사 의양군 전하'가 '조선국전쟁축첩지대사'로 자리한 극히 정치적인 자리에 노가 있었던 것이다. 이에 대해서는 『고종실록』 45권 1905년 3월 16일 첫 번째 기사 「詔曰 : "命義陽君李載覺爲特派大使, 使之前往日本國, 祝賀戰捷"(本月十日, 日俄兩軍會戰於奉天附近, 日軍獲大捷, 戰局全決矣)」처럼 대한제국 측 자료로도 확인이 된다. 이 "경성에서 유례없는 초유의 성대한 행사(京城空前の盛儀)" 모습은 히로야스왕과 의양군을 필두

10) 朝鮮國よりの大使義陽殿下日比谷三井俱樂部へ馳走ニ三井一家ニテ招待能樂有之。

11) 朝鮮國大使義陽殿下李裁覺殿下へ馳走の能來ル十三日ト呉大五郞より電話。

12) 朝鮮國戰爭祝捷之大使義陽殿下李裁覚殿下へ三井ニテ馳走ノ能樂弥來ル十三日夕六時橋弁慶土蜘ト極る。

13) 이 외에도 1904년 3월 20~21일에 간제 기요카도(觀世淸廉) 자택에서 헌금노(献金能)가 열렸는데 그때 "오늘 한선(韓鮮)의 공사 관람하러 옴(本日韓鮮の公使見物ニ參ル)"이라는 기록이 있으며, 1906년 12월 10일에는 후루이치 고이 자택에서 조선특공사를 접대한 노(朝鮮特公使馳走能)가 열렸으며, 그 자리에 이토 히로부미(伊藤博文) 통감(統監)과 사토 스스무(佐藤進) 등이 동석했다는 기록이 있다.

로 귀족원 의원 약 4분의 1에 해당하는 30명의 귀족원 의원과 중의원 의원 수의 약 반인 100여 명의 중의원 의원이 참석하고 있는 사실에서 짐작할 수 있듯이 거국적인 대규모 행사였는데,[14] 이처럼 중요한 식전에 동원된 노에 대해서 다음과 같은 흥미로운 해석이 신문지상에 게재되어 있다.

경부철도 개통식 잡관(雜觀)

식장 여러 곳에 마련되어 장외에서 벌어지는 스모와 한국 기녀들의 춤은 일반 관중의 관람에 맡겼으나, 장내에서 벌어진 공연은 도쿄의 가구라(神樂)와 노가쿠였다. 식장 건물은 바로 노가쿠도(能樂堂. 노 공연장)이다. 흰색과 빨간색으로 된 파도무늬 막을 제거하면 바로 노 무대로 변신하였다. 첫 번째로 가타야마 구로사부로(片山九郎三郎)의 〈야시마(八島)〉. 무사도가 발전하는 작금에 걸맞은 좋은 선곡이라 할 수 있다. 그다음은 하야마 센고로(葉山千五郎)의 〈도부갓치리(井礑)〉. 맹인들의 모임에 참석하기 위해 가는 도중이라는 설정은 조금 낯선 면이 없지 않아 있지만 강을 건너가는 부분은 조선적인 취미라 할 수 있다. 다음 간제 기요카도의 〈하고로모(羽衣)〉는 예상우의(霓裳羽衣)의 아름다운 곡으로 이번 식전에 없어서는 안 될 곡이다. 다음은 시게야마 주사부로(茂山忠三郎)의 〈다치우바이(太刀奪)〉. 국가의 경영을 다른 나라에 빼앗기지 않도록 조심하는 일은 매우 중요하다. 마지막은 오니시 료타로(大西亮太郎)의 〈고카지(小鍛冶)〉. 명도(名刀)를 만들어 내는 것과도 같은 철도의 준공은 헤이안시대 때 명도를 만드는 명장(名匠)이었던 무네치카(宗近)마저 마치 감사라도 하듯이 남산의 솔숲 사이를 스쳐 부는 바람소리가 춘추만세(千秋萬歲)를 축하하고 있다. 말할 것도 없이 후루이치 총재였기에 노 공연을 실현할 수 있었다. 고아장중(高雅莊重)한 일본 고유의 가무인 노와 같은 것이 존재한다는 것을 한인들에게 보이는 것 또한 대한정책의 하나가 아니겠는가. 내빈 중 많은 수를 차지하는 한인들은 과연 무엇을 볼 것

14) 次の記事からも京城までの道のりが大變になるほどの大規模な式典であったことがわかる。「大阪商船會社の義州丸は本日京釜鐵道開通式列席者を乗せ釜山に向う。乗船者非常に多く一二の申込みに後れたる兩院議員は三等に入るの有樣にて中には乗船出来ざる向もありと」, 『朝日新聞』 1905. 5. 22.자, 조간.

인가? 구미인은 남녀 할 것 없이 마지막까지 아주 즐겁게 관람하였으며 혼자 일인이역을 하는 교겐의 우스꽝스러운 연기 앞에 박장대소할 뿐 아니라 노 자체에 심히 관심을 보이는 듯했다(밑줄 — 인용자, 이하 동일).[15]

무사들이 주인공으로 등장하는 슈라노(修羅能)인 〈야시마〉를 통해서 무사도를 찬미하고, 화려한 춤사위를 보이는 〈하고로모〉를 통해서 경부철도 개통이라는 과업을 축하하고, 〈다치우바이〉를 통해서 국가경영권을 다른 나라에 빼앗겨서는 안 된다는 경각심을 강조하고, 〈고카지〉를 통해서 명도(名刀) 제작과도 같은 철도 준공을 찬양하면서 제국일본의 영화를 읊고 있는 것이다. 그리고 고아하고 장중한 일본 고유의 가무를 한인들에게 보여 줌으로써 제국일본의 위관(偉觀)을 과시한다는 우월감이 느껴지는 글이다. "한인들은 과연 무엇을 볼 것인가?"라고 장담하고 있는 것이다. 이는 필자의 앞선 논문(2010)에서 지적한 『철도시보(鐵道時報)』의 기노시타생(木下生)이라는 필명의 기자가 "한국에서 우리 일본의 국위의 발전"을 보인다고 장담한 것과 다르지 않는다.[16] 즉 "고아장중한 일본 고유의" 노를 통해서 국위를 과시하며,

---

15) **京釜鐵道開通式雜觀**
式場の内外諸所に設けられて場外の相撲や韓妓の踊は公衆一般の觀覽に任したが、場内のは東京の太神樂と能樂。式場の建物は即ち能樂堂。紅白ダンダラの幕を撤すれば芝居でいう居所代り其儘能舞臺となった。第一番に片山九郎三郎の「八島」。武士道發展の今日に好題目というてよかろう。次は葉山千五郎の「丼かっちり」。盲の集会に出掛ける途次とは少々差合の気味なきにあらねど川の徒渉りは朝鮮趣味なるべし。次の觀世清廉の「羽衣」まことや霓裳羽衣の曲、此式典に無くてはならぬ。次は茂山忠三郎の「太刀奪」。國家の經營他に取られぬ用心肝要。最後は大西亮太郎の「小鍛治」。名刀ならぬ鐵道の竣成、宗近ならでも感謝すべく南山の松風颯々として千秋万歳と祝い納めた。言うなかれ古市氏が総裁なるが故に特に能樂を催せりと。高雅莊重なる日本固有の歌舞、此の如きものあるを韓人に示すも亦對韓策の一端でがなあろうか。來賓中の幾多の韓人果して何をか見つる。歐米人は男女とも最終まで左も樂げに觀覽して獨り狂言の滑稽に打笑めるのみならず能其ものにも痛く興するさまであった。(『朝日新聞』 1910. 6. 3.자. 밑줄 — 인용자, 이하 동일)

16) 1905년 5월 25일 경성에서 경부철도 개통식 축하 노 공연을 무사히 마친 다음 날 26일에 같은 무대에서 간제 기요카도와 후루이치 고이에 의한 자선회(慈善會) 노 공연이 열린다. 그리고 도쿄로 돌아가는 길에 부산에서 노 공연을 여는데, 그것이 바로

여기에 국가를 대표하는 예능이라는 표상(表象)의 한 원형(prototype)이 완성된 것이다.

그런데 필자가 조사한 바에 의하면 현재까지 확인된 것만으로 이야기하면 제국일본이 패전으로 붕괴할 때까지 경성에서 노가 공연된 것은 총 세 번이다.[17]

① 1905년 경부철도 개통식 축하 공연

② 1910년 고쿠후카이(國諷會) 주최 공연

③ 1935년 선만지(鮮滿支) 순회공연(*호쇼류에 의한 관동군 위문이 주목적)

이 세 번의 공연은 우연의 일치일지 모르나 1905년은 통감부 설치, 1910년은 한일합병, 1935년은 관동군에 의한 만주사변을 거쳐서 화북(華北) 분리 공작 등 중일전쟁으로 치닫는 중간지점 등 예외 없이 역사적 전개와 밀접한 관련이 있는 해이다.

고쿠후카이는 1906년 이즈미 슈카(泉秋花)라는 인물이 오사카에서 노와 우타이 보급을 위해서 설립한 단체이며, 잡지 『고쿠후(國諷)』는 그 기관지이다. 고쿠후카이의 특징은 특정 유파(流派)나 지방에 한정되지 않고 널리 노와 우타이를 보급하려 한 점이라 할 수 있는데, 1910년에는 도쿄에도 사무실을 개소해서 도쿄와 오사카 2대 도시를 거점으로 하는 전국규모 모임으로 발전시켰다. 『고쿠후』 1910년 2월호에 게재된 사고(社告)에 의하면 도쿄사무소는 '東京市麹町區飯田町三丁目十番地'였으며, 나고야 이서(以西)를 오사카고쿠후샤 관할로, 이동(以東)을 도쿄고쿠후샤 관할로 기관지 배포를

28일에 열린 부산상선(釜山商船) 창고에서 열린 의용함대 기부노(義勇艦隊寄付能)이다. 이 공연은 공연 수익을 전액 해군에 기부하는 것인데, 일본 해군 연합함대의 러시아 발트함대 격파 축하를 겸한 것이 아닌가 생각된다. 5월 27일 발트함대는 제1·2함대가 궤멸하여 제3함대가 남아 있을 뿐이었다.

17) 1915년 10월 30일과 31일 이틀에 걸쳐서 가나자와(金澤)의 사노 기치노스케(佐野吉之助) 등에 의한 노가쿠대회(能樂大會)가 경성 유라쿠칸(有樂館)에서 열렸다. 이 대회는 조선물산공진회(朝鮮物産共進會) 관람을 위해서 경성을 방문한 사노 일행에 경성노가쿠회(京城能樂會)가 교섭해서 실현한 행사였다. 조선에서의 노 공연을 목적으로 조선으로 건너온 경우와는 사정이 다르기 때문에 여기에 포함시키지 않았다.

포함한 모든 업무를 분담했다.

이 고쿠후카이가 게시한 1910년 10월 사고(〔그림 1〕)에서 보는 것처럼, 조선에서 노 공연 기획을 하는데 이러한 기획을 결의하기에 이른 동기는 이즈미 슈카가 "노·우타이의 상황을 시찰하려 방문했을 때 그곳 사람들로부터 노 공연을 꼭 보고 싶은데 공연단 일행을 초청할 만큼 책임 있게 노력하는 사람이 없기 때문에 고쿠후카이에서 맡아서 해주면 좋겠다"[18]는 이야기를 들은 것이 컸다.

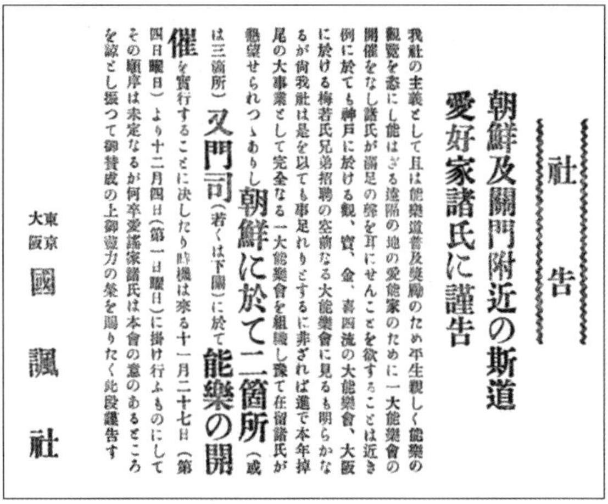
社告

朝鮮及關門附近の斯道愛好家諸氏に謹告

我社の主義として且は能樂道普及奬勵のため平生親しく能樂の觀覽を恣にし能はざる遼隔の地の愛能家のために一大能樂會の開催をなし諸氏が滿足の聲を耳にせんことを欲することは近き例に於ても神戸に於ける観、寶、金、喜四流の大能樂會、大阪に於ける梅若氏兄弟招聘の空前なる大能樂會に見るも明らかなるが尚我社は是を以ても事足れりとするに非ざれば進で本年掉尾の大事業として完全なる一大能樂會を組織し豫て在留諸氏が懇望せられつゝありし朝鮮に於て二箇所(或は三箇所)又門司(若くは下關)に於て能樂の開催を實行することに決したり時機は來る十一月二十七日(第四日曜日)より十二月四日(第一日曜日)に掛け行ふものにしてその順序は未定なるが何卒愛謡家諸氏は本會の意のあるところを諒とし振つて御賛成の上御盡力の榮を賜りたく此段謹告す

東京 大阪 國諷社

〔그림 1〕 고쿠후샤의 사고

그리고 이즈미 유자부로(泉祐三郎)라는 자에 의해 만들어진 이마요노쿄겐(今様能狂言)이라는 것이 경성에 건너가서 유행했는데, 이 이마요노쿄겐이라는 것은 샤미센(三味線)이 들어간 노쿄겐이라는 엉터리였기 때문에 "이런 상황을 방치할 수는 없으며, 어떻게 해서든 진정한 노가쿠를 보여 주어야겠다는 생각을 멈출 수가 없었다"[19]는 노쿄겐에 대한 자존심과 같은 것이 이즈미 슈카를 움직이게 한 것이다.[20]

---

18) 斯道の狀況視察に趣いた際、同地の人々から是非能を見せて貰ひ度いが誰も思ひ切つてその一行を招くだけの力を尽す人が無いから貴會の方で…。

19) 是は何とかして眞の能樂を見せ度いといふ觀念を禁じ得なかつた…。

20) 앞에서 게시한 사고에 이어서 『고쿠후』 1910년 11월호에는 2쪽에 걸친 사고를 게재하고 있는데, 여기에서는 "앞 호 사고에서 말씀드린 것처럼 우리 고쿠호카이는 드디어 다음과 같은 노가쿠 연기자들을 초빙해서 25일 출발, 시모노세키, 부산, 경성 세 군데에서 대규모 노가쿠회를 거행하여 애호가 여러분의 숙원을 풀어 드리려 한다"(前號予告の如く我社は愈々左の能樂師諸氏を聘し二十五日出發、下關、釜山、京

물론 이즈미 슈카도 간제 기요카도와 후루이치 고이에 의한 1905년 경부철도 개통식 축하 공연을 의식하고 있었던 것 같다. “물론 조선은 지난 후루이치 고이 씨가 한국에 있을 때 경부철도 개통식 여흥으로 수천 엔을 투입해서 노 공연을 실현한 일은 있었으나, 그 당시는 아직 우타이를 취미로 하는 사람은 거의 없다고 해도 과언이 아닌 상태였기 때문에 애당초 이번 우리 공연처럼 성행했던 것도 아니고”라고 설명하면서, “이번 경우는 노・우타이를 더더욱 발전시키고자 하는 계획 아래에 노와 우타이를 취미로 하며 이번 공연을 기다리고 있는 사람들을 위해서”라는 식으로 금번 자기들 공연이야말로 노와 우타이의 발전이라는 명확한 목적을 가진 공연이라는 자부심과 경쟁심과 같은 것을 보여 주고 있다.[21)]

결국 합병으로부터 약 3개월 후인 1910년 11월 29일과 12월 1일에는 부산에서, 12월 4일 및 5일에는 경성에서 노 공연을 실현하게 된다. 이에 대해서는 1910년 11월 23일자 『경성일보』에 다음과 같이 기사화되어 있다.

만천각에서의 노가쿠 12월 4일, 5일 양일 개최

요즘 이곳 경성의 요쿄쿠의 유행은 대단하나, 유파도 섞여 있으며 전문 노 가쿠사(能樂師) 즉 노 연기자도 없어서 아직 공연이 없다는 점이 유감스럽다. 노・우타이 애호가들은 저번에 오사카에서 간행되는 『고쿠후』라는 노 잡지 주간인 이즈미 씨가 경성을 방문했을 때는 좋은 기회로 삼아 노 공연 개최를 교섭했다는 이야기가 들렸는데, 이번에 드디어 그 노력한 보람이 있어서 오사카의 대가인 기타류

城の三箇所に於て一大能樂會を擧行し愛好家諸氏の御宿望を達せしむる事と間成候)고 말하면서 오에 마타사부로(大江又三郎), 나카무라 이노하치로(中村猪八郎), 시게야마 센고로(茂山千五郎) 등 출연자의 이름, 각 지역에서 담당할 곡목, 그리고 관람신청 접수처까지 명기하고 있다. 즉 지난 한 달 사이에 조선 공연 계획이 상당히 구체화되었다는 것을 알 수 있다.

21) 最も朝鮮は彼の古市公威氏が在韓の折京釜鐵道開通式の余興として数千円を投じ能樂の催しが出來た事はあつたが其頃は未だ謠の趣味を持つて居る人などは殆ど皆無といつてもよかつたので、素より今日のように泰正と成つて居つた譯ではなし / 今回の如くは全く斯道を益々發展させんとの計画の下にその趣味を以て迎へる人の爲に…。〔인용은 모두 「朝鮮及下関の催能」, 『國諷』(1911. 1)에 게재된 기사에 의한다.〕

의 이에모토, 간제의 오에 마타사부로, 와키(脇) 담당 연기자인 다카야스류(高安流)의 이노하치로, 교겐 연기자 시게야마 센고로 및 그 외의 일행이 25일 오사카를 출발하여 27일 세모노세키에서, 29일 및 12월 1일 양일을 부산에서, 2일 경성에 도착해서 4일 및 5일 양일간 아사히초(旭町)에 있는 만천각(萬千閣)에서 개최할 예정이며, 고쿠후샤 이사인 마쓰이 헤키스이(松井碧水) 씨가 선발대로 도착해서 모든 준비를 하고 있다고 한다.[22)]

그리고 12월 2일자 『경성일보』에도 "대노가쿠대회의 프로그램(大能樂會の番組)"이라는 제목으로 "회비는 1인 금 2엔 균일임(會費は一人金二円均一也)"과 함께 상세한 프로그램까지 소개하고 있다. 당시 물가를 감안할 때 관람료 2엔은 결코 싸다고 할 수 없는데, 여기에서 흥미로운 것은 이 고쿠후카이 주최 노 공연에 관한 기사가 『매일신보』(1910. 11. 23.자)에도 게재되어 있다는 점이다.

日本能樂의 御覽

能樂은 日本에서 古來로부터 幽玄高尙ᄒᆞᆫ 者로 특히 世道人心애 至大ᄒᆞᆫ 裨益이 有ᄒᆞᆫ은 夙聞ᄒᆞᆫ 바어니와 今回에 日本國諷會의 主催로 喜多流, 觀世流의 各派의 家主가 入京ᄒᆞ야 來月 三四日頃으로 爲期ᄒᆞ고 德壽, 昌德 兩宮殿下의 御覽에 供ᄒᆞᆫ터인ᄃᆡ 目下 兩宮職과 交涉ᄒᆞᄂᆞᆫ 中이라ᄒᆞ니 若 此事ᄅᆞᆯ 擧行ᄒᆞ기로 決定ᄒᆞ면 朝鮮에셔ᄂᆞᆫ 嚆矢인즉 其 盛況은 可히 推知ᄒᆞᆯ 事이라 ᄒᆞ더라.

---

22) **萬千閣上の能樂　十二月四日、五兩日開催**
当地に於ける謠曲の流行は非常のものにて其の流派も一樣ならざるが、如かも能樂師を有せざることとて未だ此の催しなかりしを遺憾とせりし同好の士は過般大阪にて発行する『國諷』能樂雜誌社主幹泉氏の來城せしを好機とし能樂開催の事を交涉したるやに聞き及び居りしが、今回愈々其の尽力にて、大阪に於ける斯道の大家喜多流の家元、觀世の大江又三郎、脇師に高安の猪八郎、狂言師には茂山千五郎其の他の一行、二十五日大坂出発、二十七日下の關にて、二十九日及び十二月一日の兩日釜山にて、二日着城、四日五日の兩日旭町萬千閣に開催する都合にて、同社理事松井碧水氏は先着し一切の準備を爲し居れりと。

식민지시대 한글 신문에 기사화되어 있다는 것은 조선인 독자를 대상으로 상정하고 있었다는 해석이 가능한데, 이는 매우 드문 경우라 할 수 있다. 그러나 이즈미 슈카가 신문 광고비를 부담하면서까지 선전할 정도로 경성에 조선인 노 애호가가 많았다기보다는 이즈미 슈카 이하 고쿠후카이의 노에 대한 자부심이 노를 조선인에게도 소개해서 보급시키고 싶다는 '노·우타이를 더더욱 발전시키고자 하는 계획'이었다고 보는 것이 맞을 것이다. 물론 많은 비용을 부담해서라도 어렵게 실현하는 조선 공연이기에 한 사람이라도 더 많은 관객을 모아 수익을 확보하고 싶다는 현실적인 필요성이 있었을 것이다.

그러나 무엇보다도 우선적으로 주목해야 하는 것은 "덕수궁, 창덕궁, 두 전하께서 어람하시도록 한다"는 부분이다. 이 건과 관련해서는 『고쿠후』 1910년 11월호 사고에 다음과 같은 단서가 명기되어 있다.

> 그러나 경성에서는 세 전하의 어람을 부탁드릴 예정이기 때문에 일정에 다소의 변경사항이 있을지도 모른다. 자세한 내용은 현지 신문지상을 통해서 보도하겠다.[23)]

시모노세키, 조선의 부산과 경성 각 공연지 일정을 명시한 다음 위와 같은 단서가 있는데, 위 내용은 조선 공연을 기획할 당시부터 조선의 왕에게 일본의 노를 보이겠다는 생각이 있었음을 시사한다. 아마도 어람을 실현시킴으로써 조선의 왕도 대일본제국의 전통예능인 노를 즐겼다는 방향으로 노의 훌륭함을 과시하고 이는 바로 대일본제국의 국위선양으로 이어진다는 생각이었고, 그와 동시에 이러한 센세이션을 일으킴으로써 공연 수익을 확보하려는 계획이 아니었던가 생각된다. 그러나 이즈미 슈카의 이러한 계획은 생각대로 실현되지 않았다. 이즈미 슈카는 『고쿠후』 1911년 3월호에 다

---

23) 但京城に於ては三殿下の御上覧を仰ぐ予定なるを以て多少の變更あるやも知るべからず。委細同地の新聞紙に依て報道す。

음과 같은 고백을 남겼다.

> 나는 바로 궁내부(宮內府)에 가서 고미야(小宮) 차관과 면회하여 이왕(李王) 전하께 노가쿠 어람을 실현하고 싶다는 이야기를 전했다. 차관은 온후한 인물이며 바로 쾌락을 해주셨으나, 총독부 차관과 숙의한 결과 아무래도 총독이 부재중인 상황이라 도와주기 어렵다고 하여 왕람(王覽)은 결국 실현되지 않았다.

여기에서 말하는 고미야 차관이라 함은 이왕직 차관 고미야 미호마쓰(小宮三保松, 1859~1935)를 말한다. 고미야는 1876년 사법성법학교(司法省法學校) 정칙과(正則科)에 제2기생으로 입학하였으며, 졸업 후 1884년부터 사법성어용괘(司法省御用掛) 민사국(民事局)에서 공직 생활을 시작하였다. 그후 구주파견사법관(歐州派遣司法官)으로서 유럽으로 건너가는데 이토 히로부미(伊藤博文)에 의해 발탁되어 1890년 9월부터 귀족원 서기관이 되었으며, 이듬해 6월에는 추밀원의장(樞密院議長) 서기관을 역임하였다. 1892년 8월에는 제1차 이토 내각에서 내각서기관으로 발탁되었으며, 1907년 9월에 한국 궁내성 차관으로 당시 통감이었던 이토 히로부미 밑에 복귀하였으며, 이왕직 차관에는 병합 후인 1911년 2월 취임했다. 미야케 세쓰레이(三宅雪嶺)가 "서기관장에는 미요지(巳代治), 비서계에는 미호마쓰라는 자들이 있는데, 신기하게 게이샤(藝者) 이름하고 비슷한 이름들인데, 이토 히로부미를 둘러싼 게이샤처럼"[24]이라고 말하고 있듯이, 고미야는 이토 히로부미의 총애를 받은 최측근이었다. 당시 이왕직 장관이 민병석이고 차관이 고미야였는데, 이즈미 슈카는 이왕직 제2인자였던 고미야 차관을 면회해서 노의 어람을 실현하려 했던 것이다. 내막은 알 수 없으나, 앞의 기사에 의하면 마침 총독이 도쿄 출장중이라는 이유에 의해 이즈미의 제안이 기각된 것이다. 경성에서 조선의 왕

24) 三宅雪嶺(1939), 『人物論』, 千倉書房, 299쪽. 그리고 미요지란 이토 미요지(伊東巳代治)이며, 1889년에 수상 비서관, 1890년에 귀족원 의원 칙선, 1892년에 제2차 이토 내각에서 서기관장, 1898년에 제3차 이토 내각에서 농상무대신을 역임한 인물이다.

이 노를 어람했다는 계획을 실현하지 못한 이즈미는 이 조선 공연에 대해 다음과 같이 자평했다.

대성공으로 무사귀환

금번 조선에서 공연한 노 공연은 앞 호에서도 언급했듯이 오로지 노와 우타이의 발전을 위해서 한 것이었기에 애초부터 막대한 비용을 투입해서 이익을 얻으려는 생각은 조금도 없었으나, 기타(喜多) 씨가 참가할 수 없는 사태가 발생하여 커다란 손해를 입었다. 그럼에도 계획 자체는 성공하고도 남을 정도였으며, 이 공연으로 조선을 합병한 해에 커다란 역사를 만들고 동시에 노·우타이의 발전에 커다란 기회를 부여했다는 점 등은 영업적으로는 손해를 보았지만 이 또한 유쾌한 일이 아니겠는가 하고 사원들에게 이야기했다.[25]

경부철도 개통식 축하 공연과 고쿠후카이 주최 노의 가장 커다란 차이는 전자는 국가권력이 앞장서서 수행한 대규모 식전에서의 축하 공연이었고, 후자는 "斯道" 즉 '노·우타이'의 발전을 바라는 노 애호가로서의 뜻이라는 측면도 있었으나 기본적으로는 상업적 '흥행'이었다는 점에 있다. 상업적 흥행이기에 성공해야 할 절실한 사정이 있었음에도 불구하고 고쿠후카이가 주최한 공연은 흥행적으로 '커다란 손해를 입'고 실패하였다. 이즈미 슈카는 그 주된 원인으로 '기타 씨' 불참 문제를 들고 있는데, 이는 『경성일보』 1910년 11월 23일자 기사에 "오사카의 노·우타이계의 대가 기타류의 이에모토(家元)"라고 적고 있듯이 당초 계획으로는 기타 로쿠헤이타(喜多六平太)도 출연할 예정이었으나, 결국 불참하게 된 것이 관객을 모으는 데 커다란

25) **大成功を納め得て無事帰着**
今回の朝鮮催能といふものは前號にも記載の通り全く斯道の爲を思つてしたことであるから素より莫大の費用を掛けて利益などを得やうとは露聊かも思はぬことであつたが喜多氏の支障等で我社に於ては甚大な損害を蒙つたものの、計畫としては成功して余りある次第で、是がため朝鮮併合當年に一大歴史をつくり且斯道發展に大なる機會を与へたる等余は損をしても是程愉快なことはないではないかと社員にも語つたことであつた。(『國諷』 1911. 3.)

장애가 되었다는 것이다. 물론 이에모토라는 커다란 존재의 불참은 흥행에 커다란 손실임이 틀림없었을 것이다. 그러나 그와 못지않게 이즈미가 기획한 조선의 왕이 어람한다는 기획이 실현되지 못한 것이 경성에서 일대 센세이션을 불러일으키려 한 동력을 얻지 못한 결과 흥행에 커다란 차질이 생겼다고 보아야 할 것이다.

한글신문인 『매일신보』에까지 선전기사가 실릴 정도로 사전홍보에 많은 공을 들였으며, 조선 왕의 어람을 실현시킴으로써 일대 화제를 일으켜서 충분한 수익과 화제성을 얻은 상태로 내지로 귀환해서 사세 확장과 노·우타이의 발전을 꾀하려 한 공연이었지만, 한반도에서 거행된 첫 번째 흥행으로서의 노 공연은 이렇게 실패로 돌아갔다.

2. 경성의 우타이

노를 공연하기 위해서는 주인공인 시테(シテ)와 진행자처럼 곡의 전개를 이끌어가는 와키(ワキ)는 물론이고, 백코러스라 할 수 있는 지우타이(地謠)와 피리와 고쓰즈미(小鼓) 등 악기 연주자까지 섭외해서 갖추어야 하기 때문에 대규모 공연단을 조직할 필요가 있다. 그리고 무엇보다 전용 무대를 준비해야 한다. 이러한 까닭으로 노 공연을 실현하기 위해서는 재정적 부담이 커지기 때문에 쉽게 유치하거나 추진하기 어려운 현실적인 사정이 있다. 일례를 들면 메이지정부 수립 2년째인 1869년 영국의 빅토리아여왕의 제2왕자 에든버러공이 방일했을 때 향연을 베푼 자리에 노를 비롯한 몇 가지 예능이 동원되었는데, 다음에 예시한 것처럼 다른 예능에 비해 노에 든 비용이 압도적으로 많았다.[26]

– 마술(手品) 7가지, 약 7냥 2보

26) 1보(步)는 1푼(分)을 말하며 1푼은 4분의 1냥(兩)이다. 인용은 倉田喜弘(1999), 『藝能と文明開化』, 平凡社, 169쪽.

- 팽이(獨樂) 6가지, 약 19냥
- 가구라(神樂) 5가지 약 12냥 2보
- 불꽃놀이(花火) 62냥 2보
- 음악(音樂) 30냥
- 노가쿠(能樂) 239냥 2보, 단 의상과 북(太鼓) 비용은 별도

경부철도 개통식전 축하 공연이 국가행사였던 것에 반해, 고쿠후카이가 주최한 공연은 커다란 손해를 각오할 수밖에 없었던 배경도 이 자료를 통해 추정할 수 있다.

그러나 우타이는 노의 대사를 대상으로 하는 성악이며 개인을 바탕으로 하는 예능이다. 그러하기에 우타이카이(謠會)라는 것은 소규모 인적 네트워크로서의 경쾌함이 있다. 즉 '국위'나 '일본정신' 또는 '일본의 전통예능'과 같은 종류의 위관을 과시하는 상징성은 노가 더 뛰어나다 할 수 있으나, 식민지 공간에 자리 잡은 일본인사회 개개의 구성원에 쉽게 침투할 수 있으며 확산될 수 있다는 면에서는 우타이가 노보다 효율적인 특징을 지니고 있다 할 수 있다.

그렇다면 이러한 특징을 가진 우타이가 경성에서 언제쯤부터 활동을 시작하였으며, 그 규모와 상황은 어느 정도였을까? 이 물음에 대한 답에 접근하기 위해서 1910년 전후의 노·우타이 관련 잡지와 신문기사 등 확인할 수 있는 모든 자료를 대상으로 그 흔적을 추적하였다. 『요쿄쿠카이(謠曲界)』는 1914년, 『호쇼(寶生)』는 1922년, 『간제(觀世)』는 1930년 간행이며, 1910년 전후 시점에 간행되어 있는 것은 『노가쿠』가 유일하다. 『노가쿠』는 1902년 간행이나, 식민지에서 활동한 우타이카이의 기록은 1909년부터 확인할 수 있다. 1909년에 처음 우타이카이가 결성되었다고 보기보다는 그 이전부터 식민지 각지의 일본인사회에서 우타이카이가 발족하고 활동을 하고 있었으나, 식민지 일본인사회와의 통신수단의 확보 또는 네트워크의 구축이 이루어져서 『노가쿠』에 식민지 소식이 정기적으로 넘어온 것이 1909년경이라고 이해하는 것이 맞을 것이다.

이하 1910년까지의 식민지와 조차지에서 확인된 우타이카이의 상황을 정리해 보았다. 1910년까지로 한 것은 대한제국이 합병되기 전 언제쯤부터 경성에서 우타이카이 활동이 시작되었는지를 조사하는 것이 목적이며, 타이베이나 다롄 등을 포함시킨 것은 경성의 상황을 상대화하여 파악하기 위함이다. 물론 이 〈표 1〉에 수록한 기록이 당시의 모든 기록이라고 생각하지 않으며 앞으로도 진행될 조사에 의해 하나씩 추가될 가능성이 있다는 점을 첨언한다.

이 〈표 1〉을 통해서 다음과 같은 몇 가지를 지적할 수 있다.

현재 확인되는 범위에서 정리하면, 경성에서 우타이카이가 활동을 시작한 것은 통감부 설치 이듬해이자 합병 4년 전인 1906년 9월 9일에 남산 왜성대 혼간지 별원(倭城臺本願寺別院)에서 있었던 호쇼류의 모임이었다. 100여 명이 참가하는 성황을 이루었다고 하며, 다나카 미노루(田中實)라는 자의 노력으로 경성에 파견된 주요 일본인 문무관을 중심으로 결성되었다. 그리고 그로부터 한 달 후 규약을 만들어 '고운카이(五雲會)'라 명명하고 10월 7일 첫 번째 공식 우타이카이를 개최하였다. 공식적으로는 이것이 경성 우타이카이의 시작이라 할 수 있다.[27)]

경성에서는 이 고운카이와 간제카이(觀世會)가 이른 시기부터 활동했는데 1910년 7월 모임이 고운카이 제43회 행사이고 간제카이가 9회라는 기록을 역산하면 고운카이는 1906년 1월, 간제카이는 1909년 11월 발족이라는 계산이 나온다. 그러나 고운카이 공식 성립이 1906년 10월이니, 연말연시나 명절 등 월 1회 이상 모임을 개최한 경우도 있었던 것으로 짐작된다.

여기에서 주목해야 할 점은 1905년 통감부 설치에 의해 파견된 문관 및 무관 관리를 중심으로 우타이카이가 만들어졌다는 대목이다. 제국일본의 식민지주의와 군국주의에 의해 제국의 권력이 주변국, 주변 지역에 상륙하자 그곳에 지배계층인 일본인사회가 형성되었다. 그리고 거기에 본국의 문화가 이식되고 형성되었는데, 피지배자 쪽에서 보면 그것은 권력집단의 문화이고

27) 『能樂』(1906. 10).

〈표 1〉 1910년까지의 경성·부산·타이베이·다렌 등지의 우타이카이의 기록

일시	장소	우타이카이 명칭·행사명
1902.6.	臺北	근래에 桂六平라는 喜多流 사람이 와서 사미루(サミール)지점장 아라이(荒井) 씨 댁에서 素謠會
	臺中	근래에 조직된 新高會에 의한 第2回 例會素謠會
1902.11.	臺北	觀世·喜多·寶生三流合併高砂會(丸中温泉)
1902.12.	臺北	桂六平社中喜多流謠會(南大門外瀨崎氏方에서 忘年會)
1903.2.	臺北	當地에서 寶生流를 한 澤田라는 사람이 서거하여 추도를 위한 謠會(本願寺別院)
1903.4.	臺北	高砂會春季大會(北投温泉場松濤園)
	臺北	桂六平社中例會
1903.5.	臺北	桂六平社中例會
	臺北	觀世·喜多·宝生三流合併高砂會
1903.7.	臺北	桂六平社中第10回月竝會
1903.8.	臺北	총독부에 근무하는 杉原謙 군은 간제류에 열성이나, 조부가 1614년 도쿠가와·도요토미 전투 중에 필사한 우타이본을 소지하고 있어서 조부 추도회를 개최. 嵐山(喜多)·景清(觀世)·隅田川(寶生)
1903.9.	臺北	喜多流桂社中에 의한 例會, 謠會
1903.10.	臺北	桂六平社中謠會(大稻程六舘街元兒島屋)
	臺北	觀世·喜多·寶生三流合併高砂會素謠會
1903.11.	臺北	桂社中에 의한 月竝會
1904.1.	臺北	寶生流發會謠
	臺北	觀世流謠會(府中街田中福之助氏方)
	臺北	喜多流桂社中謠會(書院街賀田金三郎氏邸内)
1904.5.	臺北	5月 7日 사망한 觀世流謠曲家 小野雲処翁 追善會
1904.6.	臺北	桂六平社中月竝會(시국 때문에 중단되었다. 오랜만에 23회 개최)
1904.7.	臺北	喜多流謠曲師南家桂六平氏尊父17回忌追悼謠會(喜多·觀世·寶生三流合併)
1904.10.	臺北	桂社中에 의한 例會(第23回)
1904.11.	臺北	桂社中에 의한 例會(第24回)
1905.1.	臺北	旅順 함락의 좋은 소식도 전해져서 桂社中에 의한 1月 例會
1905.2.	臺北	桂社中에 의한 2月 例會
1905.5.	臺北	桂社中例會(撫臺高石方)

	京城	京釜鐵道開通式典能
	釜山	上同
1905.6.	臺北	祝捷을 겸한 謠曲會(松壽園)
1905.10.	臺北	桂社中에 의한 臺湾神社 大祭 奉納能
1905.11.	大連	광고) 寶生流의 우타이(謠)를 애호하는 분은 大山通三丁目福榮洋行에 연락 바람
	臺北	桂社中 주최로 能樂 있음. 民政長官, 軍司令官以下 800余名來會
	臺北	총독부의 天長節祝賀大夜會 여흥으로서 노가쿠가 공연됨
	臺北	高砂會(觀世 · 寶生 · 喜多三流聯合會)
1906.3.	臺北	桂社中喜多流例會
1906.4.	臺北	4월 例會(三板橋吾妻別荘, 流派 미확인)
	臺北	細谷 씨 송별을 위해 梅屋敷에서 桂社中에 의한 素謠會
	臺北	春季高砂會(觀世 · 寶生 · 喜多三流의 聯合會)
1906.5.	臺北	喜謠倶樂部을 組織하여 第1回 素謠會를 丸中温泉에서 개최
1906.7.	臺北	素謠會(寶生流는 사람은 적으나 공로자 岩田 씨가 있으며 문호를 개방하여 희망하는 사람에게 교습함. 觀世流는 東京파, 京都파, 法院파, 官吏파, 實業파 등의 조합에 의해 군웅할거 상태)
1906.8.	臺北	例會(流派 미확인)
	臺北	謠會(夜月蝕觀測旁艋舺霧島館, 流派 미확인)
1906.9.	京城	京城南山倭城臺本願寺別荘에서 寶生流素謠會 개최. 100여 명 來會. 素謠會는 한국 처음.
1906.10.	臺北	觀世流觀諷會 · 金春流의 上田省吾 씨 來臺、桂社中의 사람들 丸中樓로 초대하여 素謠 및 仕舞
	京城	한국 경성의 謠曲會를 五雲會라 명명하고 제1회 謠會를 개최(規約 있음)
	臺北	喜多流例會(丸新)
1906.11.	京城	當地 寶生流 사람들에 의해 조직된 五雲會는 本願寺別院에서 謠會를 개최
	臺北	上京에 의해 부재가 되기 때문에 當地 觀世流 사람들, 桂六平 시를 초대하여 謠會 개최
	臺北	桂六平氏 代理八戸岩三郎 씨 歡迎謠會(丸新)
1907.1.	臺北	喜多流謠初會(桂六平 씨 상중에 따라 그 대리로 섭외를 한 八戸岩三郎 씨는 대만 도착한 지 얼마 되지 않았으나, 열심히 지도하여 새해 謠會를 개최)

	臺北	喜多流素謠(島田善十郎氏宅)
	臺北	喜多流例會
1907.3.	釜山	지난 3월부터 寶生會를 조직하여 매월 素謠會를 개최. 제1회 모임
	臺北	喜謠俱樂部例會(法曹俱樂部)
	臺北	臺中 회원들이 타이중으로 돌아가기 때문에 송별회로서 謠會 개최(法曹俱樂部)
1907.4.	臺北	喜謠俱樂部素謠會(法曹俱樂部)
	臺北	喜謠俱樂部素謠會(法曹俱樂部)
1907.8.	臺北	喜多流素謠會(松村鶴太郎氏宅)
	臺南	觀世社 四春園에 중요한 官民 인사를 초대해서 제1회 謠曲講 개최
	臺北	喜多流例會(法曹俱樂部)
	樺太	加賀 출신의 上野榮太郎 씨 日曜俱樂部을 만들어서 우타이 교습을 시작. 첫 번째 謠會
1907.10.	臺北	臺灣神社 大祭奉納 能狂言(첫날)
	臺北	臺灣神社 大祭奉納 能狂言(둘째 날)
1908.1.	臺北	謠初(素謠俱樂部)
	臺北	謠會月次會(梅花敷)
	臺北	喜謠俱樂部員 鹽島砲兵少佐 轉任送別謠會(梅屋敷)
1908.5.	臺北	招魂祭의 여흥으로 囃子 및 仕舞會
	臺北	喜多流謠會例會
	釜山	釜山寶生流謠會(當地高野山)
1908.6.	釜山	釜山寶生 · 觀世 · 清狂三會合同温習會(守屋樓大廣間)
1908.7.	釜山	釜山寶生流謠會(當地高野山)
	臺北	喜多流 喜謠俱樂部 修繕工事 落成祝
	臺北	喜多流 代議士當選 祝賀謠會(北投温泉)
1908.8.	臺北	喜多流臺北本部會員觀月會謠會(淡水支部)
1908.10.	臺北	本島鐵道貫通式來賓聯合大會(五流聯合會)
1908.11.	臺北	喜多流臨時會(澎湖島에서 전 부원인 遠藤 씨 타이베이 방문, 喜謠俱樂部)
	臺北	喜多流謠會(喜謠俱樂部)
1909.1.	臺北	喜謠會俱樂部에서 年賀祝詞謠初
	臺北	同俱樂部新年會
	臺北	淡水港支部新年會

	嘉義	寶生流 安富元光 씨를 초빙하여 嘉義城內 富士野屋樓上에서 謠會
1909.3.	釜山	守谷旅館에서 釜山寶生會의 藤 씨 送別謠會(寶生 · 喜多合同)
1909.5.	大連	乃木町倶樂部에서 觀世會 제10회 例會
1909.6.	京城	五雲會, 倭城臺本願寺別院에서 우타이카이 개최
1909.7.	大連	乃木町倶樂部에서 觀世會 제13회 例會
	京城	五雲會, 倭城臺本願寺別院에서 우타이카이 개최
	嘉義	安富元光 씨 타이완으로 건너온 후 세력을 확대하여 7월 25일 東門外本願寺에서 謠會 개최
1909.8.	釜山	高野山에서 釜山寶生會 素謠會
	大連	乃木町倶樂部에서 觀世會 제14회 例會
1909.9.	京城	三田別宅에서 觀世流 · 雨聲會 · 蛙聲會 · 共諷會 · 合同 개최
	京城	倭城臺本願寺別院開會
	嘉義	東門外本願寺에서 月竝會
1909.10.	釜山	松濤庵에서 寶生會 素謠會
1909.11.	臺北	觀世流 有志荒井春治 園遊會 余興으로 半能
	京城	南山和樂園에서 觀世流素謠
	臺北	喜多流主催能謠會
1909.12.	臺北	喜多流主催能謠會
	京城	京城觀世會, 京城婦人會會場에서 우타이카이 개최
1910.1.	京城	京城五雲會
	京城	觀世會新年謠會
1910.2.	臺北	奉納能樂 円山忠魂堂堂內円山臨濟寺豊川稻荷神社
	臺北	素謠會, 倶樂部에서
	臺北	淡水支部
	澎湖島	澎聲會
	京城	京城觀世會, 京城婦人會會場
	臺北	喜謠倶樂部例會
	臺北	喜多流淡水支部
	京城釜山	國諷會主催能
1910.3	京城	京城五雲會
	京城	京城觀世會
1910.4	京城	京城觀世會
	京城	京城五雲會

	臺湾	高砂會(當地各流聯合會), 4월 17일 新起街魚魚에서 開會
1910.5.	京城	京城觀世會
	京城	京城五雲會
	澎湖島	澎聲會
1910.6.	釜山	釜山謠曲各流合同舞臺開祝會(敷舞臺新調)
	京城	京城觀世會
	京城	京城五雲會
1910.7.	京城	京城觀世會 제9회 素謠月次會
	京城	京城五雲會 제43회 謠會
1910.9.	京城	京城觀世會 半歌仙謠會
		京城觀世會 제11회 素謠會
1910.10.	京城	京城五雲會 제45회 우타이카이
	京城	
1910.10.	漢口	喜多流素謠會
	臺北	豊川稻荷神社奉納能樂(喜多流)
	臺北	喜多德例會素謠
1910.11.	臺北	喜多秋季謠曲大會
	京城	京城觀世會 素謠大會
	大連	大連素謠會通常紀念例會

이문화이다. 사람의 이동과 그에 수반되어 문화와 권력의 연쇄를 엿볼 수 있다. 그 중심에 우타이가 있었던 것이다. 즉 통감부 설치라는 역사적 사건은 대한제국의 독립국가로서의 주요 기능을 부전 상태로 만들었을 뿐 아니라, 경성을 비롯한 식민지 조선에 형성된 일본인사회에 일본의 문화가 유입되는 촉매 역할을 한 것이다.

이렇게 보면 1905년에 있었던 경부철도 개통식 축하 공연은 단순히 식민지 최초의 노 공연이었던 것으로 끝나는 것이 아니라, 경성과 일본인사회에 노와 우타이를 보급시키고 노 무대에 대한 동경을 품게 한 자극이었다고도 볼 수 있다. 이와 관련해서 흥미로운 기사가 『경성일보』 1916년 1월 10일자에 실려 있다.

새해를 맞아서 우타이를 하는 600명

초봄에는 활기찬 경성의 요쿄쿠계(謠曲界) 시마이와 하카마노＝여류 애호가

경성에서 요쿄쿠가 유행하는 모습은 실로 멋질 정도이다. 그중에서도 중류층 이상이 다수를 점하고 있다. 경성에서 요쿄쿠 취미가 일반에게 받아들여지기 시작한 것은 3~4년 전인데, 성행하기 시작한 것은 요 1~2년 전이고 구체적으로는 재작년 연말부터 작년에 걸쳐서이다. 작년경부터 시마이 또는 하카마노까지 하게 된 것은 대단한 일이 아니라 할 수 없다. 이런 움직임이 진행되어 노·교겐 유행으로 이어져서 노 무대 건설로 이어지는 것도 그리 먼 일은 아닌 듯싶다. 목하 경성 시내에서 사범이라는 간판을 세우고 활동하는 사람은 10명쯤 된다. 소속 유파는 아무래도 간제가 제일 많고, 그다음이 호쇼, 기타 순이다. 우타이카이의 경우도 간제류로는 쇼레이카이(松齡會)·쇼후카이(松風會)·아쿠세이카이(惡聲會)·간제카이 경성지부, 호쇼류로는 가쿠요쿠카이(鶴翼會)·쇼세츠카이(松雪會), 기타류로는 기타카이 지부 등이 있다. 이들 우타이카이는 대개의 경우 월례회를 열고 있으며, 간제류의 4개 회의 경우는 봄과 가을에 연합대회를 공개적으로 열고 있으나, 회원들끼리 모여서 월례회를 여는 곳도 있다. 10명 가까이 되는 사범들은 적어도 20~30명, 많은 경우는 60~70명씩 제자를 두고 있다. 사범들 이야기에 의하면 현재 경성에 우타이를 할 수 있는 사람은 대략 600명 정도 있다고 한다. 그중에서 60퍼센트가 간제류이고 40퍼센트가 호쇼류라 한다. 곤파루(金春)과 곤고(金剛)는 개인적으로 하는 사람은 있을지 모르나 교습하는 곳은 없다. ….[28]

---

28) **謠ひ初めの六百人** 初春は賑う京城の謠曲界 仕舞と袴能＝女流の謠ひ手
京城に於ける謠曲の流行は實に素晴しい位だ。就中中流階級以上の方面に多数を占めている。京城で謠曲の趣味が一般に理解されてたのは三四年前からだが盛んになり出したのは漸く此の一二年、卽ち一昨年の終りから昨年にかけてである。昨年邊りから仕舞や袴能さえ試みるに至ったのは大した勢という外はない。これが進んで能狂言の流行となり能舞台の建設などの好者の間に企てられるのも敢て遠い事ではあるまいとも思われる。目下京城市中に門戸を張って師匠の看板を掲げている人は十人近くある。流派からいうとどうしても觀世が第一で次ぎが寶生、喜多という順である。謠會の如きも觀世流では松齡會・松風會・樂聲會・觀世會京城支部、寶生流では鶴翼會・松雪會、喜多流では喜多會支部などがある。此等の會では大抵月竝會を開いて居り觀世流の四會の如きは春秋の二期には連合大會を開いて公開的にやっているが、唯内輪的に月々素謠會などを催している會もある。十人近くの師匠

'성행(盛行)'의 기준은 명확하지 않으나, 경성에서 요쿄쿠는 '중류층 이상'을 중심으로 1914년 후반부터 크게 유행하기 시작했으며 이대로 발전하면 노 무대 건설도 먼 꿈이 아니라고 한다. 실제로 당시 경성 노·우타이계에서는 노 무대 건설이 숙원사업이었던 것 같다. "조금 더 진지한 태도로 노·우타이에 정진해서 장차 노 무대 하나 정도는 건설해서 가끔 하야시나 노 공연 개최도 할 수 있는 정도의 각오로 노력해 주었으면 한다"와 같은 발언이 눈에 띈다.[29] 이어서 경성에서 활동하는 사범은 10명 가까이 있으며 우타이 인구는 약 600명이고 간제·호쇼·기타 순으로 많으며, 곤파루와 곤고는 사범이 없다고 한다. 간제·호쇼·기타는 내지 종가(宗家)가 사범을 파견해서 각자 세의 확대에 노력하고 있으나, 곤파루와 곤고는 이러한 활동을 하지 않고 있다는 뜻이다.

이러한 우타이의 성황은 경부철도 개통식 축하 공연으로부터 약 10년이 지난 시점의 일이며, 그사이 '합병'에 의해서 재경성 일본인사회의 위상이 크게 변했다고 할 수 있다. 물론 "오락기관이 부족한 경성과 같은 곳에서는 요즘 유행하고 있는 요쿄쿠 또는 시마이 같은 것은 건전한 오락으로서 가정에서 크게 환영할 만한 것이라 생각합니다"[30]는 생각도 하나의 요인으로 작용했을 것이다.

이런 한편으로 조선총독부 시정 7주년 기념축하회가 용산에 있는 총독 관

は尠なくも二三十人、多い人になると六七十人のお弟子のあるのもあるそうだ。師匠連の話によると今京城に謠の出來る人がザッと六百人ばかりある。その内の六分が觀世流で四分が寶生流だという(以下略)。

29) 경성공회당에 조립식 무대를 갖추고 각 단체/유파(流派)가 공동으로 사용하고 있었다. "今少し眞劍の態度を以て斯道の研究に莅み、將來は能舞臺の一つも建設して、時々囃子や能の催さるるに至る氣運を作る位の意氣込みでやって貰い度いものである。" 인용은 『경성일보』1916년 11월 7일자 기사 「호쇼카이 이야기를 듣다(寶生會を聞くの記)」이다. 한편 경성에 상설 노 무대가 건설된 적은 없다. 경성공회당에 조립식 무대를 갖추어 공동으로 이용하고 있었으며, 조선신사 경내에 건설을 희망하는 건의서를 사범들이 연명으로 총독부에 제출한 적은 있다.

30) "娯樂機關に乏しい京城の様なところでは此の頃一般に流行している謠曲又は仕舞の如きものは家庭に於ける健全なる娯樂として大に歡迎すべきものであろうと思います。"(「行儀が良くなる少女の謠」, 『京城日報』 1916. 8. 22.자.)

저에서 열렸는데, 이때 정원에 무대를 마련해서 노·교겐을 하는 등 노가 제국과 식민권력의 위관을 표상하는 국가예능으로서 동원되는 권력과 예능의 거리에는 변화가 없었다.[31)]

한편 1910년대 경성의 요쿄쿠계(謠曲界) 상황을 파악하는 단서에 우타이본(謠本)이라 불리는 노·우타이의 대본인 우타이본(謠本)의 문제가 있다.

우타이본의 판매 잘 팔리는 것은 〈하고로모(羽衣)〉, 〈모미지가리(紅葉狩)〉

경성에서 잘 팔리는 우타이본이 무엇인지 여쭈시는 겁니까? 주지하는 바와 같이 요쿄쿠에는 210가지 곡이 있습니다. 여기에 간제, 호쇼, 기타, 곤파루, 곤고의 유파로 갈리기 때문에 상당히 많은 가짓수를 갖추어 놓아야 합니다. 우타이본은 페이지가 많든 적든 관계없이 일괄적으로 11전 균일가로 판매하고 있습니다만, 아무래도 경성에 한정되고 다 해서 600~700명의 손님을 상대로 하는 장사이기 때문에 그리 많이 팔리지는 않습니다. 먼저 어느 유파 할 것 없이 초보자가 배우기 시작하는 것은 〈쓰루카메(鶴龜)〉, 〈쇼조(猩々)〉, 〈지쿠부시마(竹生島)〉 순입니다만, 가장 잘 팔리는 것은 〈하고로모〉하고 〈모미지가리〉일 겁니다.

그리고 가장 안 팔리는 것은 〈하치노키(鉢木)〉, 〈스미다가와(隅田川)〉, 〈샷쿄(石橋)〉, 〈도조지(道成寺)〉 등의 과제곡일 겁니다. ….[32)]

— 남산정(南山町)에 있는 나카가와세이쇼도(中川靜松堂)

위 인용은『경성일보』1916년 1월 15일자 기사인데, 경성에서 우타이를

---

31) 「始政七年記念祝宴」,『京城日報』1917. 10. 2.자.

32) **謠曲本の賣行** よく出るのは羽衣、紅葉狩
京城で賣れる謠曲本の事をお訊きになるのでございますか。御覧の通り謠曲には二百十番の種類がありましてこれに觀世、寶生、喜多、金春、金剛の諸流に別れますので品数は随分澤山に揃えなければ成りません。本は紙数が多くても尠くても總て十一錢均一で賣って居りますが、何分にも京城だけで六七百人のお客様を相手の商賣ですから、余り澤山は売れませぬ。先ず各流共初歩のお方が御稽古なさるのは鶴龜、猩々、竹生島の順序ですが、一番よく出るのは羽衣、紅葉狩のございましょう。又その中で一番賣れ惡いのは九番物、十番物の鉢木、隅田川、石橋、道成寺などの習い物でございましょう。(以下略, 南山町の中川静松堂)

하는 인구가 600~700명이기 때문에 매상은 그리 기대할 수 없으며, 두께에 관계없이 11전 균일가로 판매하고 있다고 한다. 1917년에 긴자기무라야(銀座木村屋)의 팥빵이 2전이었고 콘사이스영일사전이 1엔 30전, 1918년에 영화가 20전이었는데,[33] 1916년 이후 물가가 급등했다는 사실을 감안하면 우타이본 1권에 11전이라는 것은 결코 싸다고 할 수 없다. 앞에서 인용한 '중류층' 이상의 사람들이 우타이의 애호가였음을 반증하는 부분이기도 하다.

그런데 이 기사는 남산정에 있는 나카가와세이쇼도라는 서점 주인을 취재한 기사인데, 여기에서 흥미로운 것은 이 기사로부터 26년이 지난 1942년에도 이 서점의 존재를 확인할 수 있다는 점이다. 『요쿄쿠가이』 1942년 5월호 및 6월호에 "謹告 日配特定能樂書配給所設置に就いて"라는 제목의 고지문(告知文)이 "能樂圖書出版協會" 명의로 게재되어 있다. 그 내용은 "이번에 일본출판배급회사 지령에 의해서 당 협회 추천을 받아서 아래 각 서점은 일반 소매업무 외에 노가쿠 도서 특정배급소로서 동사의 도매업무를 대행하게 되었음을 여기에 고한다"[34]는 것이다. 즉 총력전체제하에서 문화통제의 일환으로 정보국이 전국의 출판중개업자를 통합하여 1941년에 설립한 것이 일본출판배급주식회사(日本出版配給株式會社)이다. 우메와카(梅若)를 포함한 간제, 호쇼 등 5개 유파의 우타이본은 물론이고 "기타 노가쿠 관련 도서 일체(其他能樂關係圖書一切)"는 특정배급소로 지정된 14군데 서점을 통해서만 취급한다는 내용이다. 이 14군데 특정배급소는 도쿄 5군데, 나고야 2군데, 오사카 2군데, 교토 1군데, 가나자와 1군데, 삿포로 1군데, 고베 1군데 그리고 경성에 1군데인데 이 1군데가 지금의 서울 지하철 4호선 명동역 1번출구에 있는 남산초등학교 부근으로 짐작되는 "경성부 남산정 3정목(京城府南山町三丁目)"에 있는 "나카가와세이쇼도"였던 것이다. 개점 시기는 알 수 없으나 30년 이상 경성에서 우타이본을 공급하고 있었던 것이다. 외지에서 유일하

---

33) 週間朝日編集部(1988), 『値段史年表 明治・大正・昭和』, 朝日新聞社.

34) 今般日本出版配給會社の指令により當協會の推薦を以て下記各店は一般小賣業務の外能樂書特定配給所として同社の卸業務を代行致すことと相成候間ここに謹告仕候。

게 우타이본 배급이 허가된 특정배급소가 경성에 있었다는 사실은 제국의 본체에 가장 가까운 식민지이자 대륙 진출을 위한 교두보였던 조선과 그 수부 경성이라는 지정학적 의미까지 포함해서 제국일본의 문화권력이라는 문제를 생각함에 있어서 하나의 지표가 되리라 생각한다.

III. 문화권력으로서의 우타이

이즈미 슈카가 말하는 조선 왕에 의한 노의 왕람(王覽), 정확하게는 대한제국 황제의 노 어람은 결국 실현되지 않았다는 점에 대해서는 이미 앞에서 언급하였다. 그런데 그로부터 8년 후인 1918년 1월 20일자 『경성일보』에 덕수궁 석조전에서 우타이카이가 열렸다는 기사가 있다.

> **여흥으로 요쿄쿠카이** 왕세자는 요쿄쿠에 매우 잘하심
>
> 이은 왕세자 전하께서 권하셔서 20일 덕수궁 석조전에서 고종, 순종 및 순종비 전하의 일본요리 시식 오찬회가 있다는 이야기는 이미 보도한 바이다. 당일 연회가 끝나고 요쿄쿠카이가 열렸다. 왕세자께서는 도쿄에서 종종 궁내성에서 열린 노가쿠 및 요쿄쿠 회합에 임하시는 일이 있었기에 특히 요쿄쿠에 대해서는 매우 잘 아시기에 순 일본요리로 준비한 향응 외에 요쿄쿠도 보여 드리고 싶다고 희망하셔서 이루어졌다. 당일 프로그램은 다음과 같다.[35)]
>
> 田村　　松田耕作
>
> (事務官)末松熊彦　金深雪
>
> 羽衣　　松田耕作　　　山中

---

35) **余興に謡曲會** 王世子は極めて謡曲に御堪能
李王世子殿下の御勸めにより二十日德壽宮石造殿に於て李太王、李王同妃殿下の日本料理御試食午餐會あるべき由は既報した。当日右内宴終了後余興として謡曲會の御催しある由元来王世子には東京に於て折々宮内省に催さるゝ能樂及び謡曲の御會合に臨まるゝ事あり別て謡曲は極めて御堪能の御事とて特に純日本料理の御饗応の外謡曲をも御聽かせ申し度しとのご希望に出でしものと承われるが當日の番組は左の如し。

(次官)國■象■郎　金深雪　梅塘

鞍馬　松田耕作　山中

(御用掛)武田尚　金深雪　梅塘

마쓰다 고사쿠(松田耕作) 씨는 전 인천수도사무소 소장, 김미유키(金深雪) 여사는 도쿄 출신의 부인이며 제사과장사무관 김동완(金東完) 씨의 부인이다. 그리고 야마나카 바이토(山中梅塘) 씨는 도쿄쇼후카이(東京松風會) 사범이며 마침 경성에 체재 중이어서 이번에 특별히 초대하였다. 그리고 지우타이(地謠)는 야마나카 씨와 김 사무관, 고야마(小山) 전의(典醫)가 담당하였다. 그리고 위 프로그램은 세 곡 모두 피리를 생략하고 북(太鼓)과 고쓰즈미(小鼓), 오쓰즈미(大鼓)로 산뵤시(三拍子)를 넣었으며, 북은 마쓰다 씨가, ■쓰즈미는 김 부인이 맡았다[36](지면 상태가 매우 나빠서 판독이 어려운 글자는 ■로 표시했다).

왕세자 이은이 권해서 태왕인 고종과 순종 그리고 왕비가 동석하여 덕수궁 석조전에서 일본요리 시식 오찬회가 있었는데 오찬회가 끝난 후 여흥으로 우타이카이가 열렸다는 기사이다. 왕세자 이은은 도쿄 체재 중에 일본요리는 물론이고 노가쿠나 요쿄쿠에 접하는 기회가 많아서 '잘 알다' 또는 '잘하다'라고 해석되는 "御堪能の御事"라고 표현하고 있다. 이 자리에서 선보인 곡은 기요미즈데라(清水寺)의 역사를 묻는 여행 승에게 사카가미 다무라마로(坂上田村麿)가 건립한 절이라고 설명하는 소년이 실은 망자 다무라마로의 화신(化身)이라는 설정의 〈다무라(田村)〉, 천상에서 내려온 천녀(天女)의 우아한 춤을 선보이는 〈하고로모〉, 우시와카마루(牛若丸) 전설에서 취재한 〈구라마텐구(鞍馬天狗)〉의 세 곡이다. 선곡은 왕세자 이은이 했는지 또는 그의 취

---

36) 右の松田耕作氏は元仁川水道事務所長、金深雪女史は東京に産れし婦人にして祭祀課長事務官金東完氏の夫人たり。又山中梅塘氏は東京松風會の師範役にして偶々京城に来りしを機會に今回特に■招ありし次第なり。而して右の地謠は山中氏及び金事務官、小山典醫之を勤むべし■いふ。猶ほ前記番組は三番とも笛を除き太鼓及び小鼓大鼓の三拍子を入れ前記の如く太鼓は松田氏、■鼓は金夫人勤むべき由なり。 한편 '金深雪'은 이름을 정확하게 확인할 자료가 없으나 필자의 판단으로 일반적인 음인 '미유키'로 읽고 '김미유키'로 표기했다.

향에 맞추어 제3자가 했는지는 알 수 없으나, 일본 고전문학에 대한 조예와 고어에 대한 지식이 없으면 내용을 이해할 수 없기 때문에 적어도 왕세자 이은은 일본 생활을 통해서 일본문화에 대한 상당한 지식과 경험을 가지고 있었다고 볼 수 있다.[37)]

그런데 우타이를 담당하는 인물들을 보면 전 인천수도사무소 소장 마쓰다 고사쿠, 고야마 전의, 야마나카 바이토 사범 그리고 이왕직에서 덕수궁 사무관 고쿠부 쇼타로(國分象太郞),[38)] 장원(掌苑)과장 스에마쓰 구마히코(末松熊彦),[39)] 제사과장사무관 김동완과 그 부인 김미유키, 어용괘(御用掛) 다케다 히사시(武田尙) 등이 있다. 왕의 어람이라는 점을 감안하더라도 앞에서 제시한『경성일보』기사에 '중류층' 이상에서 우타이가 보급되었다는 기사 그대로, 식민지 조선에서 우타이를 즐기는 계층의 사회적 지위를 엿볼 수 있는 흥미로운 예이다. 이왕직 관료도 당연히 '중류층 이상'이며 '주요 문관'이나, 여기에서 지적하고 싶은 것은 많은 이왕직 관료가 우타이를 즐기고 있다는 점이 아니라, 조선인 관료 김동완이라는 인물이 우타이의 달인이었다는 사실과 그 의미이다. 석조전에서 열린 우타이카이에서 김동완은 야마나카 바이토와 고야마 전의와 함께 지우타이를 담당했는데, 대사가 모두 중세의 고문이어서 그 내용을 이해하고 소화할 수 있는 일본 고전문학에 대한 교양과 지식이 있는 "중류층 이상"의 사람들이 즐기는 노·우타이를 식민지 조선 땅에서 조선인이 일본인을 능가하는 실력을 지니고 있었다는 사실은 당시로는 매우 예외적인 일이었다. 1916년 1월 10일자『경성일보』는 김동완에

37) 한편 이 건과 관련해서 1918년을 수록하고 있는『순종실록부록(純宗實錄附錄)』에는 경성에서의 일정을 모두 마치고 도쿄로 돌아가는 기사는 확인이 되나 이 연회 및 우타이카이에 관한 내용은 없다.

38) 지면 상태가 좋지 않아서 판독이 안 되는 글자가 있으나, '이왕직차관 國■象■郞'은 '덕수궁사무관 國分象太郞'일 것이다. 고쿠부 쇼타로(國分象太郞)는 통감부 서기관, 통감비서관을 거쳐 합병 때 이왕직 사무관(從4位勳2等)에 취임하였다.

39) 장원과장 스에마쓰 구마히코는 1892년 동양영화학교(東洋英和學校) 졸업 후 미국 시카고상업학교에 유학하여 1904년 인천미두거래소(仁川米豆取引所) 지배인, 1908년 궁내부 촉탁, 궁내부 사무관, 1911년에 이왕직 사무관(正7位)이 되었다.

대해 다음과 같이 칭찬하고 있다.

> 이채를 띠고 있는 것은 이왕직 사무관인 김동완 씨다. 조선인인데 우타이를 취미로 하고 있다는 것이 이미 기발한데 여기에 우타이에 대한 열정과 연습의 결과는 대단해서 웬만한 내지인보다 훨씬 확실한 기량을 지니고 있어서 조선인들에게 우타이의 취미를 설파하고 다니는 제1인자이다.[40]

김동완은 내지인을 능가하는 기량을 지녔으며 같은 조선인에게 우타이라라는 취미를 넓히려 하고 있다는 좋은 평가를 받고 있다. 1918년 1월 5일 기사에서도 "평판이 가장 좋은 것은 김동완 씨이며, 목하 조선 제일의 자리를 차지하고 있다. 조선인이 우타이의 진수를 알 수 있겠는가 하고 낮게 보는 사람도 많지만 월사금이 싸서 그런지 그에게 우타이를 배우는 사람도 있다"[41]고 평하고 있다. 이 평가에는 조선인이 일본문화의 진수인 우타이를 이해한다는 것은 말이 안 된다는 일본인으로서의 우월감과 조선인에 대한 멸시가 전제로 먼저 깔린 상태에서, 그럼에도 불구하고 가장 평판이 좋은 김동완은 월사금도 싸서 그에게 우타이를 배우는 자도 있다는 최고의 찬양이 혼재하고 있다.

이처럼 일본의 전통예능인 우타이 분야에서 이채를 띠는 김동완인데 그의 족적을 추적해 보면, 궁내부 대신 비서관 시절의 족적이 『순종실록』에 다수 확인되며 이왕직 사무관 시절의 기록은 『조선총독부관보』에서 다수 확인이 된다. 1880년생인 김동완은 1895년에 관비유학생으로서 일본에 유학하였으며, 게이오대학(慶應大學)을 거쳐서 도쿄제국대학 농과를 1905년에

40) 異彩を放って居るのは李王職事務官の金東完氏だ。朝鮮人で謠いに趣味を有つという事が已に奇抜なところへ熱心と練習の效というものは恐ろしいもので却っていい加減な內地人より余程確な技倆を有していて鮮人間に謠いの趣味を說いて廻る第一人だとの事である。

41) 尤も評判の高いのは金東完氏で目下朝鮮第一を以て任じて居る、何に朝鮮人に謠の眞髓が判かる者かと貶なす人も多いが月謝の廉い爲めか習って居る向きもある。

졸업했다. 1905년 귀국과 동시에 농상공부 기사로서 공직에 입문하여 충청남도관찰도전의군수(忠清南道觀察道全義郡守) 역임 후, 1908년 궁내부 대신 민병석(閔丙奭)이 일본으로 파견될 때 수행한 것이 계기가 되어 1909년에 궁내부 대신 비서관으로 옮긴다. 합병 후 1911년 2월부터 이왕직 서무계 인사실 사무관이 되었으며, 1915년 4월부터 제사과장으로 승진하여 1917년 4월까지 서무과장도 겸임하였다. 이듬해 1918년 4월 의원면직 후 1919년 한성은행에 들어가서 1920년 동대문지점 지배인이 되었다. 12월 경성부학교조합 평의원이 되었으며, 1924년 다시 관직에 복귀하여 경기도 부천 군수가 된다. 1909년 일본 정부로부터 훈4등 서보장(瑞宝章), 1912년 한국병합기념장(韓國併合記念章), 1915년 다이쇼천황 즉위기념 대례기념장(大禮記念章), 1925년 훈3등 서보장, 1928년 쇼와천황 즉위기념 대례기념장, 1931년 종5위 훈3등 서훈이라는 경력을 가지고 있다. 그뿐만 아니라 김동완은 유림을 친일로 만들기 위해서 이토 히로부미로부터 2만 엔의 자금을 얻어서 이완용(李完用)과 조중응(趙重應)이 1907년에 조직한 대동학회(大東學會) 평의원으로 활동하였으며, 한상룡(韓相龍) 등 조선의 유력 재계인이 내선융화를 목적으로 결성한 조선실업구락부(朝鮮實業俱樂部)에서도 활동하였으며, 1939년 2월 경기도 부천 지원병후원회가 결성되자 회장으로 취임하였다. 11월에는 조선총독부가 전시체제 강화와 유도황민화(儒道皇民化)를 위해 조선의 모든 유림을 동원해서 조직한 조선유도연합회(朝鮮儒道連合會) 평의원으로서 활동하였다.

한편 앞에서 제시한 1918년 1월 20일자 『경성일보』에서 "김미유키 여사는 도쿄에서 태어난 부인이며 제사과장 사무관 김동완 씨의 부인이다"고 설명된 김동완 부인은 결혼 전 일본 성은 확인이 되지 않으나, "금(琴)을 잘 타는 재색을 겸비한 일본인"[42]이었다. 1916년 1월 23일 오후 9시부터 고토부키초(壽町)에 있는 쇼스이로(松翠樓)에서 신년회를 겸한 쇼후카이 우타이카이가 열렸는데, 프로그램을 보면 〈쓰루카메〉와 〈도모에(巴)〉를 담당한 '金夫人'

42) 「琴に長けた才色兼備の日本人」, 출전은 국사편찬위원회 산하의 한국역사총합정보센터가 운영하는 한국역사정보통합시스템.

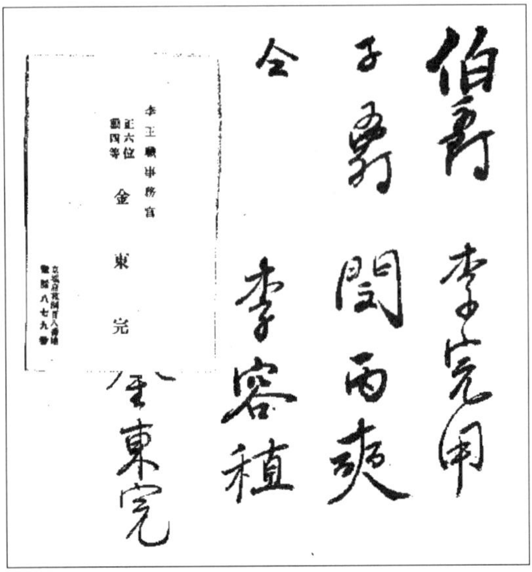

〔그림 2〕 '이왕직 사무관 김동완' 명함

이라는 인물이 확인되는데, 이 '金夫人'이 '金深雪＝김미유키'로 보인다.

이상이 관비유학생으로 일본에 유학하였으나 결국은 식민권력에 충성하는 관료로서 화려한 경력을 지닌 김동완의 경력인데, 이 김동완이라는 인물을 단적으로 나타내는 자료가 하나 있다. 1916년 10월 21일자 「陪、拜觀劵交付者(海軍部外)」[43]라는 해군성(海軍省) 문서이다. 이 문서는 매해 열리는 관함식(觀艦式)의 배관권(拜觀劵)을 교부한 명부인데, 다음과 같은 내용을 담고 있다.

> 伯爵 李完用 子爵 閭丙奭 同 李容稙… (李王職事務官) 金東完
>
> 恒例觀艦式拜觀竝拜觀希望者別紙ノ通ニ者之
>
> 大正五年十月二十一日 大臣官内書記官 呉海軍中佐殿

주지하는 바와 같이 이완용, 민병석, 박용직은 한일합병에 적극적으로 가담하고 그후 식민권력에 의한 식민지통치에도 적극적으로 협렵한 이른바

---

43) 海軍省-公文備考-T5-16-1888(所蔵館 : 防衛省防衛研究所), 일본 국립공문서관 아시아역사자료센터.

'친일파', '매국노'의 대표적인 인물이다. 이런 3인방에 수행하는 과정에서 명함을 남기고 있는 것이 김동완인 것이다. 앞에서 개관한 식민권력의 충직한 관료로서의 경력을 보지 않아도 이 명함 한 장을 통해 김동완이라는 인물의 모든 것을 짐작하고 남는다.

식민권력의 조선인 관료와 '일본정신의 국수(國粹)'[44]라 불리는 노·요쿄쿠, 이 이종(異種)의 권력과 예능의 조합은 도대체 무엇을 의미하는가?

조선인이면서 식민권력의 통치에 가담한 이 '조선인 관료'는 사회적·신분적으로 피지배자 '조선인'이라는 한계를 깨고 지배자 '일본인'의 영역으로 월경하는 '식민지인'의 모습을 보이고 있으며, 이는 모범적인 제국의 신민이라는 모델을 만들어 냈다고 할 수 있다. 그 반면에 그가 지니고 있는 일본인을 능가하는 '일본정신의 국수라 불리는 노·우타이의 달인'으로서의 재능은 문화적·정신적으로 '반혈통적 일본인=조선인'이라는 경계를 뛰어넘어 '혈통적 일본인'의 영역으로 발을 들여놓았다고 볼 수 있다. 그러나 태생적이고 고정적인 혈통이라는 경계선은 확고하고 배타적이기에, 결국 히에라르키(hierarchical)적으로는 권력체제 중수에 자리하며, 문화적으로는 일본 고전문학에 대한 깊은 지식과 조예를 지닌 이 '식민지인'은 우수한 '신민'이 될 수는 있었으나, 결코 '(혈통적) 일본인'이 될 수는 없었다. 특히 1940년대에 들어서 국체보존이 어려워지는 상황에서 더욱 강조된 '일본정신의 국수'라고 찬양하는 '일본정신'이란 다름 아닌 '야마토(大和) 민족'의 우월한 정신이며 그들만이 향유할 수 있는 특권이었기 때문이다.

식민지조선에서 노와 우타이는 히에라르키의 표상으로서, 혈통에 의한 경계를 형성하는 문화장치로서, 동시에 그 경계를 월경하는 유효한 수단으로서 작동했던 것이다. 여기에 국가예능과는 또 다른 문화권력의 동태를 하나 확인할 수 있다.

---

44) 노·우타이를 "일본정신의 국수(國粹)", "일본정신의 진수(眞髓)" 등으로 찬양하는 표현은 꽤 뿌리가 깊으며, 특히 총력전체제하에 돌입하면 더욱 빈번해진다. 에도시대에 무사들의 교양이자 오락이었던 노·우타이가 근대를 통해서 일본을 대표하는 예능이라는 위상과 이미지가 만들어지는 과정을 엿볼 수 있다.

IV. 나가며

1910년대 후반의 제국일본의 요쿄쿠의 상황과 인식에 대해서 구체적인 단서를 제공해 주는 자료에 1918년 1월 5일자 『경성신문』에 실린 「경성요쿄쿠계의 작금(京城謠曲界の昨今)」이라는 기사가 있다. 그 모두에서 "근년 들어서 내지의 상류·중류층 신사·숙녀 사이에 맹렬한 기세로 유행한 것은 요쿄쿠이며, 다이쇼시대를 맞이한 지금 우타이 하나 정도도 알지 못하는 자는 도저히 상대할 수 없는 무취미의 재미없는 인간으로 불린다"[45]고 말한 다음에 식민지에 관해서는 다음과 같이 언급하고 있다.

> 대만, 조선, 만주, 사할린의 각 식민지에서도 상당한 기세로 유행을 쫓아서 바야흐로 요쿄쿠 전성의 시대에 들어선 감이 있다. 이는 요쿄쿠 자체가 고전적이고 무사적인 순수한 일본 취미인 데다가 가정에서도 사교에서도 가장 잘 어울리며 누구와도 함께 읊고 노래하며 즐길 수 있는 특징이 있기 때문일 것이다. 요쿄쿠는 일본의 미술, 종교, 문학, 예술, 인정(人情), 풍속의 결정물이며 이를 알지 못하는 자는 일본의 국수와 진가를 이해 못하는 자이다.[46]

내지에서의 우타이의 유행은 대만이나 조선 등의 식민지로까지 확산되어 지금은 "요쿄쿠 전성의 시대"라고 단언하고 있는데, 그 이유는 노·요쿄쿠의 본질은 무사도적인 순수한 일본 취미이며 일본의 문예와 종교 등의 결정체이자 일본의 국수이기 때문이라는 것이다. 칼럼형식의 신문기사라는 점을 감안하더라도 당시 노나 우타이가 어떤 계층에 침투하고 있었으며, 노와 우

---

45) 近年內地上流中流の紳士淑女間に猛烈の勢を以て流行して來たのは謠曲で大正の今日謠の一番も知らぬ者はお話しにならぬ沒趣味漢とされて來た。

46) 臺灣、朝鮮、滿洲、樺太の各殖民地も中々の勢で流行を追い今や謠曲全盛の時代に入った觀がある。それは謠曲其のものが古典的な武士的な生粹の日本趣味である上に家庭にも社交にも最も能く適合し幾人でも連吟し同吟して共樂し得る特長があるからであろう。謠曲は日本の美術宗教文學藝術人情風俗の結晶物で之を知らぬ者は日本の國粹と眞価を了解せぬ人である。

타이를 어떤 식으로 이해하고 있었는지를 단적으로 보여 주는 예라 할 수 있다. 노가 근대국가 일본의 국위를 표상하는 국가예능으로 부활했다면, 우타이는 내지와 식민지 일본인사회에서 오락과 교양이라는 위상을 유지하면서 동시에 사회적·계층적·신분적 표상으로 기능하고 있었다. 그런 노와 우타이가 지배자와 피지배자가 존재하는 식민지라는 공간에서는 단순한 신분적 표상으로 머무는 것이 아니라 히에라르키 이동을 위한 지표이자 장치로서 기능할 정도의 힘을 갖게 된 것이다. 이를 문화 또는 예능의 권력화라고 할 수 있을 것이다.

이 글은 노와 우타이를 중심으로 제국일본의 문화권력을 탐구하는 연구의 일환이다. 이 글에서 다룬 내용은 경성의 노와 우타이의 일부에 지나지 않으며, 경성에서 활동한 우타이카이에 대해서는 방대한 자료에 대한 확인과 정리를 거쳐서 지속적으로 업데이트될 것이다. 또한 조선 이외의 타이베이, 타이난, 다롄 등의 지역도 앞으로 시야에 넣어야 할 것이다. 아직 많은 과제가 남아 있다는 사실을 확인한 점이 이 글을 통해서 얻은 가장 큰 수확이다.

| 후기 |

〈제국일본의 문화권력 : 학지(學知)와 문화매체〉라는 연구어젠다로 2008년 12월부터 시작한 한국연구재단 중점연구소사업이 '3년×3단계=9년'에 이르는 긴 여정 끝에 2017년 11월 종료되었다. 참으로 긴 여정이었으며, 9년이라는 세월을 '제국일본의 문화권력'이라는 한 가지 문제에 집중해서 연구를 수행한 것은 매우 특별한 경험이었으며, 이 주제와 관련해서 일본학연구소의 연구 역량과 성과를 축적하고 해외 석학을 포함한 인적 네트워크를 구축하는 데 매우 유익한 시간이었다.

연구소라는 것은 관련 분야 지(知)를 탐구해서 축적하고 학계와 사회에 발신해서 공유하는 데에 그 존재의미가 있다는 입장에 서는 본 연구소는 이 중점연구소사업을 통해 얻은 성과와 새로운 과제를 학계와 사회에 보고하고 공유하기 위하여 각 단계가 끝날 때마다 3년간 수행한 연구를 모아 〈한림일본학연구총서〉로 간행하기로 하고, 그 첫 시리즈로 〈한림일본학연구총서 I 제국일본의 문화권력〉을 기획하였다. 제1권은 당시 '제국일본의 문화권력'이라는 새로운 시점과 문제의식을 세상에 널리 알리기 위해서 시리즈명을 그대로 받아 『제국일본의 문화권력』(2011)이라는 이름으로 간행하였다. 제2권은 정책과 사상, 대중문화를 중심으로 엮은 『제국일본의 문화권력 2 : 정책·사상·대중문화』(2014)를 세상에 내놓았다. 그리고 9년간 수행한 중점연구소사업을 마무리하는 이번 제3권은 어젠다의 핵심인 학지와 문화매체에 공연예술을 더해서 『제국일본의 문화권력 3 : 학지·문화매체·공연예술』이라는 이름으로 세상에 내놓게 되었다.

이 책에는 총 14편의 논문이 실려 있는데, 그중 6편이 "제3부 공연예술"에 집중되어 있다. 제2권의 '대중문화'에 이어 제3권에서 다루는 '공연예술'은 각각 종묘제례악·궁중악무 등 조선의 것과 하이쿠(俳句)·교겐(狂言)·노

(能) 등 일본의 것들이 식민지 조선이라는 공간에서 어떤 식으로 전개되었으며 또는 어떠한 변질을 초래하였는가, 그 의미는 무엇인가 등 선행연구에서 선례를 찾기가 어려울 정도로 다양한 대상이 한데 모여서 '문화권력'이라는 문제에 임하고 있다는 점이 특색이자 강점이라 할 수 있다.

지난 9년간의 연구와 총 3권의 연구총서 간행으로 '제국일본의 문화권력'이 완성되는 것은 결코 아니며, 오히려 새롭게 알게 되고 증명한 사실 못지않게 새로운 과제와 의문점에 조우한 시간이었다고 할 수 있다. 그럼에도 불구하고 세 권의 총서로 상징되는 〈제국일본의 문화권력 : 학지와 문화매체〉 연구가 일제 식민지시대의 문화권력의 동태와 문제를 생각하는 데에 비록 통과지점일지언정 하나의 방향을 제시할 수는 있을 것이라 믿는다.

본 연구소에서는 중점연구소사업을 통해 축적한 지와 문제점을 출발점으로 한림일본학연구총서 두 번째 시리즈 〈II 포스트제국의 문화권력과 동아시아〉(가칭)를 기획하고 있다. 이 시리즈는 본 연구소가 2017년 11월부터 앞으로 7년간 수행하게 될 인문한국플러스(HK+)〔인문기초학문분야〕 사업의 성과물을 모아서 내놓게 될 것이다.

마지막으로 연구소장으로서 그리고 중점연구소사업을 추진한 연구책임자로서 9년 동안 연구를 수행할 수 있는 기회를 준 한국연구재단, 사업 추진과 관련해서 많은 협조를 해준 한림대학교 및 교직원 여러분, 연구총서 간행을 위해 노력을 해주신 도서출판 소화, 연구소 소속 연구원과 직원 및 연구보조원들, 그리고 9년간 함께 연구에 임해 주신 많은 국내외 연구자 선생님들께 이 자리를 빌려 깊은 감사의 마음을 전하고자 한다.

2017년 11월

한림대학교 일본학연구소

소장 서정완

| 초출일람 |

「가와이 히로타미(河合弘民)의 식민지 조선에서의 행적과 조선 연구」, 박양신

「가와이 히로타미(河合弘民)의 식민지 조선에서의 행적과 조선 연구」(『역사교육』 제139집, 역사교육연구회, 2016)를 수정・보완한 것이다.

「남진(南進)과 개발」, 조정우

「제국일본의 식민지 개발 구상과 군사주의 : 남양군도개발조사위원회의 남양척식회사 설립 계획」(『아태연구』 제22권 제3호, 경희대학교 국제지역연구원, 2016)을 수정・보완한 것이다.

「식민지 조선에서의 '애국백인일수' 수용 양상 연구」, 박상현

「식민지 조선에서의 '애국백인일수' 수용 양상 연구 : '애국백인일수' 전람회를 중심으로」(『일본문화연구』 제58집, 동아시아일본학회, 2016)를 수정・보완한 것이다.

「제국일본의 권력과 신문」, 송석원

「제국일본의 권력과 신문 : 1920년대 후반부터 1935년경까지를 중심으로」(『일본연구』 제16집, 고려대학교 글로벌일본연구원, 2011)를 수정・보완한 것이다.

「〈집 없는 천사〉와 식민지 영화 검열」, 서재길

「〈집 없는 천사(家なき天使)〉와 식민지 영화 검열」(『한림일본학』 제27집, 한림대학교 일본학연구소, 2015)을 수정・보완한 것이다.

「김내성(金來成)의 방첩소설 재고」, 강태웅

「김내성(金來成)의 방첩소설 재고 : 일본소설과의 비교를 통하여」(『비교일본학』 제35집, 한양대학교 일본학국제비교연구소, 2015)를 수정・보완한 것이다.

「조선 하이쿠(俳句)의 전회(轉回)」, 나카네 다카유키

「宗主國文藝の轉回 : 朴魯植と日韓俳句人脈」(『社會文學』 第37號, 日本社會文學會, 2013)을 한국어로 번역한 것이다.

「식민지 대중문화와 대중의 부상」, 조형근

「식민지 대중문화와 대중의 부상 : 취향과 유행의 혼종성을 중심으로」(『사회와 역사』 제111집, 한국사회사학회, 2016)를 수정·보완한 것이다.

「일제강점기 궁중악무의 재현을 살피며」, 박태규

「韓國の宮中樂舞に關する研究 : 日本の強制占領期の「響鈴舞」と「處容舞」の屈折を中心に」(『일본문화연구』 제37집, 동아시아일본학회, 2011)를 한국어로 번역하면서 수정·보완한 것이다.

「1910년대 일본인의 조선음악 연구」, 이지선

「1910년대 일본인의 조선음악 연구 : 가네쓰네 기요스케의 「조선의 음악」을 중심으로」(『한국음악사학보』 제50집, 한국음악사학회, 2013)를 수정·보완한 것이다.

「1915년 경성 연예관의 일본공연단 연구」, 홍선영

「제국의 文化領有와 外地巡行 : 天勝一座의 〈살로메〉 景福宮 공연을 중심으로」(『일본근대학연구』 제33집, 한국일본근대학회, 2011)와 「1915년 경성 연예관의 일본공연단 연구 : 극장, 퍼포먼스, 나카라이 도수이(半井桃水)」(『비교문화연구』 제40집, 경희대학교 비교문화연구소, 2015)를 수정·재정리한 것이다.

「교겐(狂言) 조선 공연기」, 김난주

「교겐(狂言) 조선 공연기 : 식민지 조선과 일본전통예능의 조우」(『동아시아문화연구』 제57집, 한양대학교 동아시아문화연구소, 2014)를 수정·보완한 것이다.

「제국일본의 문화장치」, 서정완

「植民地朝鮮と京城謠曲界 : 1910年代の能·謠の實態とその位相」(『비교일본학』 제38집, 한양대학교 일본학국제비교연구소, 2016)을 한국어로 옮기면서 수정·보완한 것이다.

| 참고문헌 |

1. 한국어 문헌

1) 연구논문

강인숙(2005), 「한국 근대전통무용의 변모양상과 그 원인」, 『대한무용학회논문집』 제43권.

강태웅(2015), 「일본영화 속의 적(敵) : 아시아태평양 전쟁기 스파이 영화를 중심으로」, 『日本學報』 제105집.

고미숙(1994), 「대중가요의 선구, 20세기 초반 잡가 연구」, 『역사비평』 1994년 봄호.

국립국악원 편(1983), 「속악원보」, 『한국음악학자료총서 11』, 은하출판사.

권도희(2004a), 「장서각 소장 『조선아악』의 해제와 근대 음악사료적 가치에 대한 고찰」, 『동양음악』 제26집.

권명아(2005), 「태평양 전쟁기 남방 종족지와 제국의 판타지」, 『상허학보』 제14집.

권오숙(2008), 「오스카와일드의 ≪살로메≫」, 권오숙 옮김, 『살로메』, 기린원.

권희주(2014), 「'애국백인일수'와 번역되는 '일본정신'」, 『아시아문화연구』 제35집.

김난주(2014), 「1905년 노가쿠 조선 공연기 : 시게야마 주자부로 요시토요의 기록을 중심으로」, 『인문연구』 제70호.

김도형(2006), 「중부 태평양 팔라우 군도 한인의 강제동원과 귀향」, 『한국독립운동사연구』 제26집.

김명환(2008), 「1943-1944년 팔라우(Palau)지역 조선인 노무자 강제동원 : 『朝鮮人勞務者關係綴』 분석을 중심으로」, 『한일민족문제연구』 제14호.

______(2009), 「식민지시기 조선인의 남양군도 이주실태(1914-1938)」, 『한일민족문제연구』 제16호.

______(2010), 「일제말기 남양척식주식회사의 조선인 동원실태」, 『한일민족문제연구』 제18호.

김성연(2014), 「방첩소설, 조선의 총동원 체제와 '국민오락'의 조건 : 김내성의 『매국노』를 중심으로」, 『인문과학연구논총』 제37호.

김수현(1999), 「다나베 히사오의 '조선음악 조사'에 대한 비판적 검토」, 『한국음악사학보』 제22집.

______(2012), 「일제강점기 국악 관련 학술적 연구 경향 고찰」, 『한국음악사학보』

제48집.
김영근(2000), 「일제하 식민지적 근대성의 한 특징 : 경성에서의 도시 경험을 중심으로」, 『사회와 역사』 제57권.
김영희(2016), 「이왕직 아악부의 궁중무 전승」, 『무용역사기록학』 제42호.
김용(1998), 「時用舞譜 纂刊 年代考」, 『韓國音樂史學報』 제20집.
______(2001), 「宗廟祭禮樂과 宗廟祭禮佾舞를 調和롭게 一致시키는 方法研究 : 現行宗廟祭禮樂과 時用舞譜의 〔保太平之舞〕를 중심으로」, 『한국음악연구』 제30호.
______(2002), 「宗廟佾舞 術語 語法에 대한 理論的 考察」, 『韓國思想과 文化』 제17집.
______(2003), 「宗廟佾舞의 舞具 把持法과 運手法 研究 : 時用舞譜의 舞的 構造原理를 中心으로」, 한국무용사학회 제2회 학술발표회(2003. 11. 28, 용인대 세미나홀).
김윤희(2010), 「한국 근대 新語 연구(1920년~1936년) : 일상 · 문화적 맥락을 중심으로」, 『국어사연구』 제11호.
김은철(2007), 「동아시아에서의 하이쿠의 전개양상과 번역」, 『한국일본어문학회 학술발표대회논문집』 제4호.
김종수(2002), 「조선전기 여악연구」, 『한국공연예술연구논문선집』 제6호.
김창남(1991), 「유행가의 성립과정과 그 문화적 성격」, 『삶의 문화, 희망의 노래』, 한울.
김현숙(2007), 「일제강점기 경주고적보존회의 발족과 활동」, 정재김이나교수정년퇴임기념 미술사논문집간행위원회 편, 『시각문화의 전통과 해석 : 정재 김이나 교수 정년퇴임기념 미술사논문집』, 예경.
김호연(2008), 「개화기 공연예술의 흐름과 그 수용 양상」, 『한국 근대 공연예술의 생성과 그 변용 양상』, 한국문화사.
남경희(2005), 「1930-40년대 마이크로네시아(Micronesia)지역 한인의 이주와 강제연행」, 국민대학교 석사학위논문.
박상현(2009), 「김억의 『선역애국백인일수』 연구」, 『통번역교육연구』 제7집.
박선영(2014), 「잡후린과 애활가」, 연구모임 시네마바벨, 『조선영화와 할리우드』, 소명출판.
박은경(2000), 「한국 최초의 작곡가 김인식 연구」, 『음악과 민족』 제19집.
방수원(1941), 「〈집 없는 천사〉의 낙원 향린원 생활기」, 『삼천리』 제13권 제6호.
서재길(2014), 「식민지 말기 다이글로시아와 조선영화의 제국적 소비 : 〈지원병〉을 중심으로」, 서정완 · 송석원 · 임성모 편, 『제국일본의 문화권력 2 : 정책 · 사상 · 대중문화』, 소화출판.
소현숙(2010), 「경계에 선 고아들 : 고아 문제를 통해 본 일제 시기 사회사업과 공공성」, 윤해동 · 황병주 편, 『식민지 공공성, 실체와 은유의 거리』, 책과함께.
손선숙(2007), 「향령무 정재도 연구」, 『한국음악사학보』 第38호.
송방송(2009), 「자료 : 조선후기 장악원 관련 인물 열전 : 『악장등록』 · 『장악원악원이력서』 · 『전악선생안』을 중심으로」, 『한국음악사학보』 제42집.
송석원(2007), 「일본에 있어서의 전향(轉向)의 정치학 : 그 유형과 정치적 함의를 중심으로」, 『국제지역연구』 제11권 제2호.
______(2010), 「신문에서 보는 제국일본의 국가이상 : 메이지 시대를 중심으로」, 『日本硏究論叢』 제31호.
송지원(2011), 「정조대 의례 정비와 『春官通考』 편찬」, 『규장각』 제38집.
엄인경(2013), 「일제 말기 한반도에서 창작된 단카(短歌) 연구 : 『국민시가(國民詩歌)(1941~42)를 대상으로」, 『일본학보』 제97집.
유민영(2011), 「개화기와 전통극의 변모」, 『한국근대연극사신론 상권』, 태학사.
유선영(2006), 「황색 식민지의 서양영화 관람과 소비의 정치, 1934~1942」, 공제욱 · 정근식 편, 『식민지의 일상 : 지배와 균열』, 문화과학사.
______(2009), 「근대적 대중의 형성과 문화의 전화」, 『언론과 사회』 2009년 봄 제17권 제1호.
______(2014), 「할리우드 멜로드라마, 『동도(東道)』의 식민지적 영화 경험」, 연구모임 시네마바벨, 『조선영화와 할리우드』, 소명출판.
이건지(1997), 「일본의 추리소설 : 反문학적 형식」, 대중문학연구회 편, 『추리소설이란 무엇인가』, 국학연구원.
이만열(1981), 「일제 관학자들의 식민주의 사관」, 『한국근대역사학의 이해』, 문학과지성사.
이소영(2009), 「'조선적인 것'의 음악적 표상 : '비빔밥식 노래'」, 『낭만음악』 제22권 제1호.
______(2010), 「1930년 한국대중가요의 장르 혼용 양상 : 재즈송을 중심으로」, 『음악학』 제19권.
이수정(2016), 「순종 탄신 오순 경축 기념연의 무동정재와 음악」, 『무용역사기록학』 제42권.
이승희(2012), 「식민지 조선 흥행시장의 병리학과 검열체제」, 『상허학보』 제35집.
이애현(2006), 「홀기(笏記)와 무의(舞儀)에 나타난 수연장(壽延長)의 변천 연구」, 『대한무용학회논문집』 제46권.
이정희(2002), 「조선후기 宗廟樂懸 고찰」, 『韓國音樂史學報』 제29집.
이종숙(2002), 「時用舞譜의 舞節 構造分析과 現行 宗廟 祭禮佾舞의 비교 연구」, 용인대학교 박사학위논문.
______(2003), 「종묘제례악 일제강점기 왜곡과정 연구」, 『梨花史學硏究』 제30권.
______(2016), 「순종 탄신 오순 만찬연의 무동정재 연구」, 『무용역사기록학』 제42권.

______(2017), 「이왕직아악부의 정재 음악 연구」, 『공연문화연구』 제34권.
이지선 · 山本華子(2012), 「1910년대 조선에서의 일본전통 음악사정 1 : 1915~1917년 전반기의 『경성일보』 기사를 중심으로」, 『일본연구』 제32호.
______(2013), 「1910년대 조선에서의 일본전통 음악 사정 2 : 1917년 후반기~1919년의 『경성일보』 기사를 중심으로」, 『국악교육』 제36호.
이화진(2011), 「식민지기 영화 검열의 전개와 지향」, 검열연구회 편, 『식민지 검열, 제도 · 텍스트 · 실천』, 소명출판.
장동천(2008), 「리샹란 영화가 투사한 제국의 환영 : '대륙 3부작'에 대한 반향을 중심으로」, 『중국현대문학』 제46호.
전상숙(2005), 「일제 파시즘기 사상통제정책과 전향」, 『한국정치학회보』 제39집 제3호.
정혜경(2002), 「공문서의 미시적 구조 인식으로 본 남양농업이민(1930-40)」, 『한일민족문제연구』 제3호.
______(2003), 「『매일신보』에 비친 1910년대 在朝日本人」, 수요역사연구회 편, 『식민지 조선과 『매일신보』 : 1910년대』, 도서출판신서원.
______(2005), 「일제 말기 '남양군도'의 조선인 노동자」, 『한국민족운동사연구』 제44집.
______(2006), 「1920-30년대 식민지 조선과 '남양군도'」, 『한국민족운동사연구』 제46집.
정혜영(2008), 「방첩소설 〈매국노〉와 식민지 탐정문학의 운명」, 『한국현대문학연구』 제24호.
조동걸(1990), 「식민사학의 성립과정과 근대사 서술」, 『역사교육논집』 제13집, 제14집.
조유회(2012), 「현행 종묘제례악의 악기편성에 관한 소고」, 『국악교육』 제34집.
조정우(2011), 「만주사변 전후 '척식'사업기구의 변화 : 동아권업(주)의 기업지배구조를 중심으로」, 『사회와 역사』 통권 제92호.
______(2014), 「조선총독부 만주이민정책의 이면 : 선만척식회사의 설립경위를 중심으로」, 『사회와 역사』 통권 제103호.
주윤정(2003), 「조선물산공진회(1915)에 대한 연구」, 한국학대학원석사학위논문.
천혜봉(1993), 「河合文庫 韓國典籍」, 『태동고전연구』 제10집.
최정희(1940), 「고아의 낙원 향린원을 찾어」, 『삼천리』 제12권 제10호.
최혜주(2005), 「일제강점기 조선연구회의 활동과 조선인식」, 『한국민족운동사연구』 제42호.
한기형(2005), 「문화정치기 검열체제와 식민지 미디어」, 『대동문화연구』 제51호.
홍선영(2009a), 「경성의 일본인 극장 변천사 : 식민지도시의 문화와 '극장'」, 『일본문화학보』 제43집.
______(2009b), 「예술좌의 만선순업과 문화적 파장」, 『한림일본학』 제15집.

______(2010), 「식민지도시의 문화와 '극장' : 경성의 일본인 극장 변천사」, 『일본문화학보』.
______(2011), 「제국의 文化領有와 外地巡行 : 天勝一座의 〈살로메〉 景福宮 공연을 중심으로」, 『일본근대학연구』 제33호.
______(2015), 「1915년 경성 연예관의 일본공연단 연구 : 극장, 퍼포먼스, 나카라이 도수이(半井桃水)」, 『비교문화연구』 제40호.
다나베 히사오(1997), 김성진 옮김, 「조선음악기행 I」, 『韓國音樂史學報』 제18집.
시라이 준(2013), 「마에마 교사쿠와 아유카이 후사노신의 교류 : 자이잔로(在山樓) 문고 자료를 중심으로」, 구태훈 외 편, 『근대전환기 동서양의 상호인식과 지성의 교류』, 선인.
야마우치 후미타카(2000), 「일본대중문화 수용의 사회사 : 일제강점기 창가와 유행가를 중심으로」, 『낭만음악』 제49호.
우에무라 유키오(1998), 「19세기 말의 취고수와 세악수」, 『한국음악사학보』 제20집.
______(2010a), 「가네쓰네 기요스케의 조선음악조사 : 그 내용과 평가」, 『2010년 한국음악사학회 학술대회논문집』.
위르겐 하버마스(1993), 「모더니티 : 미완성의 기획」, 할 포스터 편, 윤호병 외 옮김, 『반미학 : 포스트모던 문화론』, 현대미학사.
피터 오스본(1993), 김경연 옮김, 「사회-역사적 범주로서의 모더니티 이해 : 차별적 역사적 시간의 변증법에 관한 각서」, 『이론』 1993년 여름호.
혼다 슈고(1993), 「전향문학론」, 현대문학연구회 편, 『1930년대 문학연구』, 평민사.

2) 서적
국립국악원 국악연구실 편(1991), 『이왕직아악부와 음악인들』, 국립국악원.
국립국악원 편(2003), 『국악전집八 : 종묘제례악(全)』, 국립국악원.
______(2004), 『종묘제례악(全)』, 민속원.
권도희(2004b), 『한국 근대음악 사회사』, 민속원.
김기수(1980), 『국악전집 8 : 종묘제례악(全)』, 국립국악원.
김기수 편(1958 · 1971), 『보태평 · 정대업의 악장과 일무보』, 동광문화사.
김려실(2006), 『투사하는 제국, 투영하는 식민지』, 삼인.
김수현 · 정창현(2011), 『제국의 억압과 저항의 사회사 : 사진과 엽서로 본 근대 풍경』, 민속원.
김승구(2012), 『식민지 조선의 또 다른 이름, 시네마천국』, 책과함께.
김영희 · 김채원 · 김채현 · 이종숙 · 조경아(2014), 『한국춤통사』, 보고사.
김은호(1991), 『서화백년』, 중앙일보사.
김의환(1973), 『부산근대도시형성사연구』, 연문.
김천흥(1995), 『心韶金千興舞樂七十年』, 민속원.

남상숙(2009), 『조선조 궁중음악의 단절과 속악원보』, 민속원,
노형석(2006), 『한국근대사의 풍경 : 모던조선을 거닐다』, 생각의나무.
민족문제연구소 편(2004), 『식민지 조선과 전쟁미술 : 전시체제와 민중의 삶』, 민족문제연구소.
박경수 편(1987), 『안서김억전집 2-2』, 한국문화사.
박소동 옮김(2005), 『국역 진연의궤 1 : 고종 임인년』, 한국고전번역원
______(2008), 『국역 진연의궤 2 : 고종 임인년』, 한국고전번역원
박황(1976), 『唱劇史硏究』, 白鹿出版社.
성경린(1979), 『나의 인생관 : 노을에 띄운 가락』, 치문출판사.
成樂緖, 『이왕가고전조선무악』, 국립국악원 소장.
성무경 · 이의강 책임번역(2005), 『완역집성 정재무도홀기』, 보고사.
소영현(2008), 『부랑청년 전성시대 : 근대 청년의 문화 풍경』, 푸른역사.
손민정(2009), 『트로트의 정치학』, 음악세계.
송방송(1981), 『한국음악학논저해제』, 한국정신문화연구원.
______(1984), 『한국음악통사』, 일조각.
______(2008), 『한국전통음악의 전승양상』, 보고사.
______(2012), 『한겨레음악대사전 하』, 보고사.
송혜진(2001), 『한국악기』, 열화당.
신혜경(2009), 『아도르노 & 벤야민 대중문화의 기만 혹은 해방』, 김영사.
안정현(2012), 『근대의 시선, 조선미술전람회』, 이학사.
유민영(2006), 『인물연극사』, 태학사.
이각규(2010), 『한국의 근대박람회』, 커뮤니케이션북스.
이상우(2004), 『근대극의 풍경』, 연극과인간.
이영미(1998), 『한국대중가요사』, 시공사.
이영일(2004), 『한국영화전사』(개정판), 소도.
이영재(2008), 『제국 일본의 조선영화 : 식민지 말의 반도 : 협력의 심정, 제도, 논리』, 현실문화.
이의강 책임번역(2006), 『국역 순조무자진작의궤』, 보고사,
이종숙(2012), 『종묘제례악 일무의 왜곡과 실제』, 민속원.
이지선(2009), 『일본전통 공연예술』, 제이앤씨.
이태준(2009), 『이태준문학전집 8 : 화관』, 서음출판사.
이태호(1992), 『근대한국미술논총』, 학고제.
이혜구(1976), 『한국음악논총』, 秀文堂.
이흥구 · 손경순(2010), 『한국궁중무용총서 8』, 보고사.
임종국(2005), 『친일문학론』, 민족문제연구소.
임찬수(2008), 『백인일수』, 문예원.

장사훈(1977), 『한국전통무용연구』, 一志社.
______(1983), 『국악사론』, 대광문화사.
______(1997), 『韓國樂器大觀』, 서울대학교출판부.
장유정(2006), 『오빠는 풍각쟁이야』, 민음IN.
______(2012), 『근대 대중가요의 매체와 문화』, 소명출판.
정종현(2011), 『동양론과 식민지 조선문학』, 창비.
조영암(1951), 『韓國代表作家傳』, 修文館.
진희숙(2009), 『예술에 살고 예술에 죽다』, 청아출판사.
최재석(1983), 『한국 가족제도사 연구』, 일지사.
친일인명사전편찬위원회 편(2009), 『친일인명사전 1』, 민족문화연구소.
황준연(1999), 『영산회상연구』, 서울대학교출판부.
곤도 시로스케(2007), 이언숙 옮김, 『대한제국황실비사 : 어느 일본관리의 회고록』, 이마고.
구로다 이사무(2011), 서재길 옮김, 『라디오 체조의 탄생』, 강.
旗田巍(1983), 이기동 옮김, 『일본인의 한국관』, 일조각.
네스토르 가르시아 칸클리니(2011), 이성훈 옮김, 『혼종문화 : 근대성 넘나들기 전략』, 그린비.
다나카 아키라(2002), 강진아 옮김, 『소일본주의 : 일본의 근대를 다시 읽는다』, 소화출판.
더글라스 켈너(1997), 김수정 · 정종희 옮김, 『미디어 문화』, 새물결.
도미야마 이치로(2002), 임성모 옮김, 『전장의 기억』, 이산.
______(2015), 심정명 옮김, 『유착의 사상』, 글항아리.
도히 아키오(1991), 김수진 옮김, 『일본기독교사』, 기독교문사.
발터 벤야민(1983), 반성완 옮김, 『발터 벤야민의 문예이론』, 민음사.
앨런 스윈지우드(2004), 박형신 · 김민규 옮김, 『문화사회학이론을 향하여 : 문화이론과 근대성의 문제』, 한울아카데미.
요시노 다카오(2012), 노상래 옮김, 『문학보국회의 시대』, 영남대학교출판부.
테오도르 W. 아도르노(2005), 홍승용 옮김, 『미학이론』, 문학과지성.
______(2012), 문병호 · 김방현 옮김, 『신음악의 철학』, 세창.
테오도르 W. 아도르노 · M. 호르크하이머(1995), 김유동 · 주경식 · 이상훈 옮김, 『계몽의 변증법』, 문예출판사.
페터 뷔르거(2013), 최성만 옮김, 『아방가르드의 이론』, 지식을만드는지식.
하라 마코토(2009), 서정민 옮김, 『전시하 일본 기독교사 : 국가를 넘어서지 못한 일본 프로테스탄트 교회』, 한들출판사.

2. 외국어문헌

1) 연구논문

Franco, Jean(1992), "Border patrol," *Travesía, Journal of Latin America Cultural Studies* 1(2).

Riesman, David(1990), "Listening to Popular Music," in S. Frith and A. Goodwin, eds., *On Record : Rock, Pop and the Written Word*, Routledge.

Peattie, Mark(1984), "The Nan'yō : Japan in the South Pacific, 1885-1945," R. Myers and M. Peattie, eds., *The Japanese Colonial Empire, 1895-1945*. Princeton, Princeton University Press.

加野彩子(1999), 「サロメが見せるもの：日本近代演劇における視覺性とジェンダー」, 『イメージ&ジェンダー』 第1號.

江夏由樹(2005), 「東亞勸業株式會社の歷史からみた近代中國東北地域」, 江夏由樹 外 編, 『近代中國東北地域史研究の新視覺』, 山川出版社.

兼常淸佐(1913a), 「東洋に於て發達した樂論」, 『日本の音樂』, 六合館.

______(1913b), 「朝鮮の音樂」, 『日本の音樂』, 六合館.

______(1913c), 「朝鮮の音樂附錄」, 『日本の音樂』, 六合館.

高木茂樹(2008), 「南洋興発の財政狀況と松江春次の南進論」, 『アジア經濟』 第49號.

高濱虛子(1975), 「村上杏史宛書簡」(1957. 5. 19), 『定本高濱虛子全集 第15卷：書簡・資料集』, 每日新聞社.

今泉裕美子(1992), 「南洋興發(株)の沖縄県人政策に關する覺書：導入初期の方針を中心として」, 『沖縄文化研究』 第19號.

______(1994), 「國際聯盟での審査にみる南洋群島現地住民政策」, 『歷史學研究』 第665號.

______(2005), 「南洋興發株式會社・南洋拓殖株式會社：南進政策を支えた二大企業」, 印東道子 編, 『ミクロネシアを知るための58章』, 明石書店.

金京淑(2004), 「日本植民地支配末期の朝鮮と映畵政策：『家なき天使』を中心に」, 岩本憲兒 編, 『映畵と大東亞共榮圈』, 森話社.

吉本隆明(1969), 「轉向論」, 『吉本隆明全著作集 13：政治思想評論集』, 勁草書房.

吉田司雄(2009), 「『ぷろふいる』解說」, 『ぷろふいるカタログ』, ゆまに書房.

楠目橙黃子(1922a), 「朝鮮色の句」, 『松の實』 第16號.

______(1922b), 「お別れの言葉」, 『松の實』 第19號.

唐澤尙子(1990), 「日本における戲曲『サロメ』受容の研究：日本人による初演について」, 『演劇學』 第31號.

渡邊豊日子(1934), 「序」, 『第十三回朝鮮美術展覽會圖錄』, 朝鮮美術展覽會.

無記名(1922), 「句集出版のこと」, 『松の實』 第28號.

飯田心美(1941), 「家なき天使」, 『映畫評論』.
飯塚恵里人(2008), 「明治末年の韓國における能樂公演：明治四三年「國諷」能樂公演を中心に」, 『翰林日本學』 第13號.
北川左人(1930), 「卷末の辭」, 『朝鮮俳句選集』, 青壺發行所.
______(1932), 「卷末語」, 『朝鮮固有色辭典』, 青壺發行所.
______(1933), 「逝ける俳人朴魯植君(上)」, 『京城日報』(1933. 5. 28.자).
徐禎完(2010), 「植民地朝鮮における能：京釜鐵道開通式典における「國家藝能」能」, 徐禎完・増尾伸一郎 編, 『植民地朝鮮と帝國日本：民族、都市、文化』, 勉誠出版.
徐禎完(2017), 「植民地朝鮮と能・謠：1910年代の京城を中心に」, 『비교일본학』 제38집.
石橋湛山(1996a), 「軍閥と血戰の覺悟」(1931), 鴨武彦 編, 『石橋湛山著作集 3：政治・外交論』, 東洋經濟新報社.
石橋湛山(1996b), 「滿蒙問題解決の根本方針如何」(1931), 鴨武彦 編, 『石橋湛山著作集 3：政治・外交論』, 東洋經濟新報社.
小山内薫(1916), 「オスカワイルドの『サロメ』」, 『演劇論』, 日東堂.
松田吉郎(2003), 「臺灣協會による世界植民地研究」, 『兵庫教育大學研究紀要』 第23號.
袖谷圭三(2000), 「朝鮮開化期における對馬人半幷挑水の對韓認識の特徵」, 동북아시아 문화학회 2000 국제학술심포지엄.
須藤素童(1969), 「朴魯植」, 『柿』 第23卷 第8號.
植村幸生(2010b), 「兼常清佐の朝鮮音樂調査について」, 蒲生美津子・土田英三郎・川上央 編, 『兼常清佐著作集 別卷』, 大空社.
我部政明(1982a), 「日本のミクロネシア占領と「南進」：軍政期(一九一四年から一九二二年)を中心として(一)」, 『慶應大學法學研究』 第55卷 第7號.
______(1982b), 「日本のミクロネシア占領と「南進」：軍政期(一九一四年から一九二二年)を中心として(二)」, 『慶應大學法學研究』 第55卷 第8號.
阿部真之助(1964), 「昭和という名の元號」, 大宅壯一 編, 『阿部真之助選集』, 毎日新聞社,
李建志(1995), 「金來成という歪んだ鏡」, 『現代思想』 第23卷 第2號.
李泰文(2003), 「1915年「朝鮮物産共進會」の構成と內容」, 『慶應義塾大學日吉紀要：言語・文化・コミュニケーション』 第30號.
安達緑童(1933), 「鮮人と松尾芭蕉」, 『カリタゴ』 第7卷 第5號.
吳鉉烈(1999), 「韓國當地能樂享受の諸相, 稿：在韓國謠曲家名盤」, 『法政大學大學院紀要』 第43號.
田邊尙雄(1921a), 「朝鮮音樂考(上)」, 『東洋學藝雜誌』 第38卷 第478號.

______(1921b), 「朝鮮音樂考(中)」, 『東洋學藝雜誌』 第38卷 제479號.
井上兎徑子(1962), 「朴魯植居士」, 『ホトトギス』 第65卷 第10號.
佐伯康子(1992a), 「海軍の南進と南洋興發(1920年～1936年) : 南洋群島委任統治から「國策の基準」迄」」, 『慶應大學法學研究』 第65卷 第2號.
______(1992b), 「砂糖王松江春次論 : 南洋興發の發展と崩壞」, 『名古屋明德短期大學紀要』 第3號.
中根隆行(2010), 「朝鮮詠の俳域 : 朴魯植から村上杏史へ」, 『海を超えた文學 : 日韓を軸として』(2010), 和泉書院.
______(2016), 「李桃丘子と俳句 : 朝鮮俳句の解放 / 敗戰前後から現在へ」, 『跨境 : 日本語文學研究』 第3號.
中島河太郎(1999), 「日本探偵小說史」, 『日本探偵小說全集 12 : 名作集 2』, 創元推理文庫.
仲萬美子(2011), 「歌舞伎、文樂、能樂の大連公演(1935年)は誰によって鑑賞 / 支援されたか」, 『同志社大學総合文化研究紀要』 第28號.
池内信嘉(1993a), 「邦樂保護に關する建議案」, 『能樂盛衰記 下卷』, 東京創元社.
拓務省(1934), 「(秘)南洋群島開發調査委員會設置ノ件」(國立公文書館 소장, アジア歷史資料センター 제공문서).
川添裕(2008), 「松旭齊天勝 : 興行界で一世を風靡した「魔術の女王」」, 『歷史讀本』 第53卷 第4號.
村上星洞(1933), 「朴君のことども」, 『カリタゴ』 第7卷 第5號.
村上杏史(1933), 「朴さんの遺稿」, 『カリタゴ』 第7卷 第5號.
______(1957), 「朴魯植とその遺族のこと」, 『ホトトギス』 第60卷 第2號.
片山鎮熊(1977), 「初代天勝一座」, 『新劇』 第24卷 第11號.
河原林直人(2011), 「熱帶産業調査會開催過程に観る臺灣の南進構想と現實 : 諸官廳の錯綜する利害と認識」, 『名古屋大學論集 社会科學篇』 第47卷 第4號.
河合鉊太郎(1918), 「文學博士河合弘民小傳」, 『東洋時報』 第241號.
河合弘民(1899a), 「臺灣の經濟界」, 『臺灣協會會報』 第11號.
______(1899b), 「獨乙植民政策」, 『臺灣協會會報』 第5號.
______(1899c), 「佛國植民政策」, 『臺灣協會會報』 第14號.
______(1899d), 「佛國植民政策」, 『臺灣協會會報』 第15號.
______(1899e), 「和蘭植民政策」, 『臺灣協會會報』 第10號.
______(1900a), 「北ボルネオ會社」, 『臺灣協會會報』 第19號, 第21號.
______(1900b), 「英國治下に於ける印度」, 『臺灣協會會報』 第17號.
______(1900c), 「印度の對英國貿易」, 『臺灣協會會報』 第22號.
______(1909a), 「韓國談」, 『東洋時報』 第126號.
______(1909b), 「韓國談」, 『東洋時報』 第127號.

______(1909c),「韓國に於ける契に就て」,『朝鮮』第2巻 第5號.
______(1010a),「結負の意義及沿革」,『朝鮮』第4巻 第6號.
______(1010b),「韓國に於ける小作制度の起源に就きて」,『朝鮮』第33號.
______(1912a),「朝鮮の民族思想」,『朝鮮及滿洲』第56號.
______(1912b),「朝鮮の民族思想」,『朝鮮及滿洲』第60號.
______(1912c),「朝鮮の民族思想」,『朝鮮及滿洲』第62號.
______(1913),「朝鮮の民族思想」,『朝鮮及滿洲』第66號.
______(1914a),「朝鮮家族制度の發展(一)」,『朝鮮及滿洲』第82號.
______(1914b),「朝鮮家族制度の發展(二)」,『朝鮮及滿洲』第83號.
______(1914c),「朝鮮の家族制度」,『東洋時報』第189號.
______(1914d),「朝鮮の家族制度」,『東洋時報』第195號.
______(1971), 金孝東 抄譯,「韓國經濟史論稿」,『한국경제사문헌자료』 제2집.
横井司(2010),「解題」,『大阪圭吉探偵小説選』, 論創社.
クリストファー・W・A・スピルマン(1999),「東洋協會專門學校要覧(大正三年)について」,『拓殖大學百年史研究』第3號.
ピーター・ドウス(1992), 藤原歸一 譯,「植民地なき帝國主義:「大東亞共榮圈」の構想」,『思想』第814號.

2) 서적

Anderson, Benedict(1983), *Imagined Communities : Reflections on the Origin and Spread of Nationalism*, Vorso.
Fiske, John(1989), *Reading the Popular*, Unwin Hyman.
Gellner, Ernest(1983), *Nations and Nationalism*, Cornell University Press.
Lewis, Lisa(1992), *The Adoring Audience : Fan Culture and Popular Media*, Routledge.
Negus, Keith(1997), *Popular Music in Theory : An Introduction*, Wesleyan University Press.
Peattie, Mark(1988), *Nan'yō : The Rise and Fall of the Japanese in Micronesia, 1885-1945*, University of Hawaii Press.
錢玄・錢興奇(1998),『三禮辭典』, 江蘇古籍出版社.
江戸川亂歩(2004),『江戸川亂歩全集 第14巻』, 光文社文庫.
京城高等商業學校(同經濟専門學校)創立70周年記念文集編集委員會 編(1990),『一粒の麦:京城高等商業學校創立70周年記念文集』, 京城高等商業學校(同經濟専門學校)同窓会崇陵會.
高橋刀川(1908),『在韓成功之九州人』, 虎與號書店.
纐纈厚(1991),『防諜政策と民衆』, 昭和出版.
久保文克(1997),『植民地企業經營史論:「準國策會社」の實證的研究』, 日本經濟評論社.
國雄行(2010),『博覧會と明治の日本』, 吉川弘文館.
堀啓子(2014),『日本ミステリー小説史』, 中公新書.
宮本圭造 編(2017),『能樂研究叢書 6：近代日本と能樂』, 野上記念法政大學能樂研究所.
磯田光一(1968),『增補 比較轉向論序說：ロマン主義の精神形態』, 勁草書房.
南洋群島開發調査委員會(1935),『南洋群島開發調査會關係』(防衛省防衛研究所 소장, アジア歴史資料センター 제공문서).
南洋拓殖株式會社設立委員會(1936),『南洋拓殖株式會社設立關係書類(上)』(國立公文書館 소장).
南拓會(1982),『南拓誌』, 南拓會.
內務省警保局 編(1981),『出版警察概觀 昭和七年：昭和發禁關係資料』, 龍溪書舍(복각판).
大日本百科辭書編輯所 編(1911),『經濟大辭書 第2卷』, 同文館.
______(1914),『經濟大辭書 第6卷』, 同文館.
大坪義勢(1941a),『防諜講話：國家總力戰』, 大日本雄辯會講談社.
______(1941b),『スパイは何處にゐるか：わかり易い防諜の話』, 名古屋新聞社.
藤森清一朗(1944),『太平洋と自由主義』, 南方圈硏究會.
木浦府(1930),『木浦府史』, 三秀社.
茂山千作翁記念刊行會 編(19951),『茂山千作 狂言八十年』, 都出版社.
福田德三(1907a),『經濟學研究』, 同文館.
______(1907b), 坂西由藏 譯,『日本經濟史論』, 寶文館.
北村小松(2013),『火 前後編』, 密林社.
思想の科學研究會 編(1959・1960・1962),『共同研究轉向 上・中・下』, 平凡社.
山路勝彦(2008),『近代日本の植民地博覧会』, 風響社.
山本武利(2000),『紙芝居：街角のメディア』, 吉川弘文館.
山本武利 編(2006),『岩波講座「帝國日本」の學知 第4卷：メディアのなかの「帝國」』, 岩波書店.
山田早苗(1935),『朝鮮雅樂器解說』(京城).
三宅雪嶺(1939),『人物論』, 千倉書房.
上垣外憲一(1996),『ある明治人の朝鮮觀：半井桃水と日朝關係』, 筑摩書房.
徐禎完・增尾伸一郎 編(2010),『植民地朝鮮と帝國日本』, 勉誠出版.
石原留吉(1916),『京城案內』, 京城協贊會.
小林責(1974),『狂言史研究』, わんや書店.
小林弘忠(2002),『ニュース記事にみる日本語の近代』, 日本エディタースクール出版部.
小澤榮一(1968),『近代日本史學史の研究 明治編：一十九世紀日本啓蒙史學の研究』,

吉川弘文館.
昭和女子大學近代文學研究室(1970),『近代文學研究叢書 第25卷』, 昭和女子大學近代文學研究所.
松旭齊天勝(1991),『魔術の女王一代記』, かのう書房.
矢野暢(1975),『南進の系譜』, 中央公論社.
始政五年記念朝鮮物産共進會京城協贊會殘務取扱所 編纂(1916),『始政五年記念朝鮮物産共進會京城協贊會報告』, 始政五年記念朝鮮物産共進會京城協贊會殘務取扱所.
櫻本富雄(1993),『大東亞戰爭と日本映畵：立見の戰中映畵論』, 青木書店.
永嶺重敏(2004),『〈讀書國民〉の誕生：明治30年代の活字メディアと讀書文化』, 日本エディタースクール出版部.
永原慶二(2003),『20世紀日本の歷史學』, 吉川弘文館.
外務省(1936),『本邦會社關係雜件 南洋拓殖株式會社』(外務省外交史料館 소장, アジア歷史資料センター 제공문서).
藝能史研究會(1990),『日本藝能史第 第7卷：近代・現代』, 法政大學出版局.
陸軍省新聞班 編(1934),『國防の本意と其の強化の提唱』, 陸軍省新聞班.
李漢水(1971),『句集韓國』, 昔岩社.
荻野富士夫(2000),『思想檢事』, 岩波書店.
田邊尙雄(1940),『東洋音樂史』, 雄山閣.
______(1970),『中國・朝鮮音樂調査紀行』, 音樂之友社.
電通 編(1955),『五十人の新聞人』, 電通.
前坂俊之(1989),『兵は凶器なり：戰爭と新聞1926-1935』, 社會思想社.
______(2007),『太平洋戰爭と新聞』, 講談社.
朝鮮公論社(1917),『在朝鮮內地人紳士名鑑』, 朝鮮公論社
朝鮮中央經濟會(1922),『京城市民名鑑』, 朝鮮中央經濟會.
朝日新聞「新聞と戰爭」取材班(2008),『新聞と戰爭』, 朝日新聞出版.
週間朝日編集部(1988),『値段史年表：明治・大正・昭和』, 朝日新聞社.
衆議院(1936),『第69回帝國議會衆議院速記錄』, 衆議院事務局(日本國會圖書館 國會會議錄 검색시스템).
池內信嘉(1993b),『能樂盛衰記 下』, 東京創元社.
池田浩士(1997),『「海外進出文學」論・序說』, インパクト出版會.
倉田喜弘(1988),『日本近代思想大系 18：藝能』, 岩波書店.
______(1999),『藝能の文明開化』, 平凡社.
拓殖大學 編(1980),『拓殖大學八十年史』, 拓殖大學創立八十周年記念事業事務局.
______(2010),『拓殖大學百年史 明治編』, 拓殖大學百年史編纂委員會.
淺田喬二(1973),『日本帝國主義下の民族革命運動』, 未來社.

______(1989), 『增補 日本帝國主義と舊植民地地主制』, 御茶の水書房.
村上杏史 編(1983), 『朴魯植俳句集 : 故朴魯植遺句集』, 柿発行所.
塚田満江(1986), 『半井桃水研究』, 丸ノ内出版.
樋口紅陽(1943), 『少年防諜読本』, 金鈴社.
表章・天野文雄(1987), 『岩波講座能・狂言I : 能樂の歷史』, 岩波書店.
戸田雨瓢(1926), 『朝鮮俳句一萬集』, 朝鮮俳句同好會.
後藤乾一(2010), 『近代日本と東南アジア : 南進の衝擊と遺産』, 岩波書店.
黒瀬郁二(2003), 『東洋拓殖會社 : 日本帝國主義とアジア太平洋』, 日本經濟評論社.
マーク・ピーティー(1996), 淺野豊美 譯, 『植民地 : 帝國50年の興亡』, 讀賣新聞社.

3. 신문, 잡지, 자료

국립국악원전통예술진흥회(1989), 『한국음악학자료총서 11 : 속악원보』, 은하출판사.
부산상공회의소 편(1989), 「일본인상업회의소」, 『부산상공회의소 100년사』, 부산상공회의소.
한국영상자료원(2009), 『식민지 시대의 영화검열, 1910-1934』, 한국영상자료원.
한국영상자료원 편(2007a), 『고려영화협회와 영화신체제』, 한국영상자료원.
______(2007b), 『발굴된 과거 : 일제시기 극영화 모음, 1940년대(DVD)』, 태원엔터테인먼트.
한국영상자료원 한국영화사연구소 편(2010), 『일본어 잡지로 본 조선영화 · 1』, 한국영상자료원.
______(2012), 『일본어 잡지로 본 조선영화 · 3』, 한국영상자료원.
岡良助(1915), 『京城繁昌記』, 博文社.
京城居留民團役所 編(1912), 『京城發達史』, 京城居留民團役所.
高麗映畵協會, 『家なき天使』 全十卷, 등사판〔아단문고 편(2013), 『아단문고 미공개 자료총서 제2세트 : 영화 · 연극 잡지 권6』, 소명출판에 수록〕.
冬木房(1940), 「家なき天使(映畵物語)」, 『觀光朝鮮』 銀風號.
倉田喜弘(2004), 『明治の能樂 1～4』, 國立能樂堂.
______(2008), 『大正の能樂』, 國立能樂堂.
『家庭之友』
『京都日出新聞』
『京城日報』
『國諷』
『大阪時事新報』
『大韓禮典』

『讀賣新聞』
『東亞日報』
『每日申報』
『別乾坤』
『三千里』
『世祖實錄』
『世宗實錄』
『樂書』
『樂學軌範』
『映畫旬報』
『禮記』「樂記」
『朝光』
『조선아악요람』
『조선악개요』
『조선왕조실록 순종실록부록』
『朝鮮日報』
『朝鮮中央日報』
『周禮』
『中央日報』
『中外日報』
『皇城新聞』
〈舞童呈才〉(국립예술자료원 소장)

4. 인터넷 자료

김경남, 「한말 일제하 부산지역의 도시형성과 공업구조의 특징」(http://cafe.naver.com/dgcs/1638).
이희완, 「미림극장 재개관, 원도심 극장 부활 꿈꾼다」, 『인천일보』(2013. 10. 4, http://news.itimes.co.kr/news/articleView.html?idxno=500731).
『한국민족문화대백과』(한국학중앙연, http://terms.naver.com/entry.nhn?docId=537409&cid=1638&categoryId=1638).
네이버국어사전 http://krdic.naver.com
네이버한국민족문화대백과 http://terms.naver.com
다음문화원형사전 http://daum.culturecontent.com/dictionary

한국콘텐츠진흥원 & 국립국악원 http://jongmyojeryeak.culturecontent.com
http://terms.naver.com(검색일 : 2016. 2. 5)
http://kyowa-online.jp(검색일 : 2016. 2. 5)

| 찾아보기 |

1. 사항

ㅊ

2. 인명

3. 서적 · 작품

ㄱ

ㄴ · ㄷ

ㅁ · ㅂ

| 지은이 소개 |

임성모 任城模 | YIM Sung-Mo
소속 : 연세대학교 사학과 교수
전공 : 일본근현대사
만주 · 오키나와 등 근현대 일본의 변경과 마이너리티에 관심을 갖고 있다. 주요 저역서로는 『동아시아의 민족이산과 도시』(공저 · 2004), 『패전 전후 일본의 마이너리티와 냉전』(공저 · 2006), 『번역과 일본의 근대』(역서 · 2000), 『전장의 기억』(역서 · 2002), 『변경에서 바라본 근대』(역서 · 2006), 『동유라시아 생태환경사』(역서 · 2016) 등이 있다.

박양신 朴羊信 | PARK Yang-Shin
소속 : 한림대학교 일본학연구소 연구교수
전공 : 일본근대사, 사상사
근대 일본의 대외 인식, 식민정책학, 학지의 식민지로의 전파 등에 관심을 가지고 연구하고 있다. 주요 논저로는 「식민지 관료 경험과 식민정책론 : 모치지 로쿠사부로(持地六三郎)를 중심으로」(2014), 「사학 와세다 인맥을 통해 본 일본 · 식민지 조선에서의 식민정책론」(2015), 「식민정책학의 신지평과 만주문제 인식 : 야나이하라 다다오(矢內原忠雄)를 중심으로」(2016), 「'대동아공영권'의 건설과 식민정책학」(2017), 『동아시아 예술담론의 계보』(공저 · 2016) 등이 있다.

조정우 趙廷祐 | CHO Jung-Woo
소속 : 한경대학교 박사후연구원, 전 한림대학교 일본학연구소 연구교수
전공 : 역사사회학
동아시아의 인구와 물류의 이동을 이민사, 투어리즘, 교통망 등을 대상으로 삼아 연구하고 있다. 특히 만주와 남양군도를 비롯한 제국일본의 경계지역에서 나타난 식민 지배의 문화적 특질에 관심을 가지고 있다. 주요 논문으로는 「조선총독부 만주이민정책의 이면 : 선만척식회사 설립과정을 중심으로」(2014), 「만주의 재발명 : 제국일본의 북만주 공간표상과 투어리즘」(2015), 「국책회사로 본 국가-기업 관계의 구조변동 : 만주척식공사 재편을 둘러싼 '反기업주의'의 정치사회학」(2016) 등이 있으며, 주요 저서로는 『식민권력과 근대지식 : 경성제국대학연구』(공저 · 2011), 『'동아' 트라우마 : 식민지/제국의 경계와 탈경계의 경험들』(공저 · 2011) 등이 있다.

박상현 朴相鉉 | PARK Sang-Hyun

소속 : 경희사이버대학교 일본학과 교수

전공 : 일본문화학

박사학위로 『만엽집(萬葉集)』을 중심으로 한 일본문화학을 전공했다. 최근에는 번역을 키워드로 식민지 조선과 광복 후 한국에 번역·소개된 일본문학작품에 관한 글을 다수 발표했다. 그리고 일본문화의 패턴과 일본인의 행동 규범에도 많은 관심을 가지고 있다. 주요 저서로는 『한국인의 일본관』(2015)과 『일본문화의 패턴』(2017) 등이 있다.

송석원 宋錫源 | SONG Seok-Won

소속 : 경희대학교 정치외교학과 교수·일본학연구소 소장

전공 : 일본정치

근대 이후 일본정치를 내셔널리즘과의 연관 속에서 탐구하고 있으며, 그 연장선으로서의 디아스포라정치에 관심을 가지고 있다. 주요 논문으로는 「사쿠마 쇼잔(佐久間象山)의 해방론(海防論)과 대 서양관 : 막말에 있어서의 '양이를 위한 개국'의 정치사상」(2003), 「신문에서 보는 제국일본의 국가이상 : 메이지 시대를 중심으로」(2010), 「메이지(明治) 민족주의에 관한 연구 : 시가 시게다카(志賀重昂)와 오카쿠라 텐신(岡倉天心)을 중심으로」(2010), 「근대일본의 조선민족성 인식에 관한 연구 : 제국의 시선을 중심으로」(2011), 「조선에서의 제국일본의 출판경찰과 간행물의 행정처분에 관한 연구」(2012) 등이 있으며, 주요 저역서로는 『21세기 한국의 정치』(공저·2001), 『제국일본의 문화권력』(공저·2011), 『동아시아 근대 한국인론의 지형』(공저·2012), 『전환 중의 EU와 '동아시아공동체' : 타이완에서 세계를 생각한다』(공저·2012), 『제국일본의 문화권력 2 : 정책·사상·대중문화』(공저·2014), 『일본문화론의 계보』(2007), 『폭력의 예감』(공역·2009), 『논단의 전후사』(2011), 『일본 내셔널리즘 해독』(2011), 『인권』(2013), 『민족과 네이션』(2015) 등이 있다.

서재길 徐在吉 | SEO Jae-Kil

소속 : 국민대학교 한국어문학부 부교수

전공 : 한국 근대문학 및 문화론

식민지 시기의 문학, 연극, 방송, 영화 등의 대중문화와 미디어에 관심을 두고 연구

해 왔으며, 해방 전후 일본 '제국 신민'들의 귀환 · 정착 · 이주에 따른 디아스포라적 상황과 문화적 표상의 변모에 관심을 두어 연구를 진행하고 있다. 주요 저서로 『식민지 공공성, 실체와 은유의 거리』(공저 · 2010), 『조선 사람의 세계여행』(편저 · 2011), 『한국 방송의 사회문화사』(공저 · 2012), 『한국 현대소설이 걸어온 길, 1945－2010』(편저 · 2013), 『만주, 경계에서 읽는 한국문학』(공저 · 2014), 『기억과 재현 : 만주국 붕괴 이후의 동아시아 문학』(공저 · 2015) 등이 있으며, 주요 역서로는 『라디오 체조의 탄생』(2011), 『대학이란 무엇인가』(2014) 등이 있다.

강태웅 姜泰雄 | KANG Tae-Woong
소속 : 광운대학교 동북아문화산업학부 교수
전공 : 일본문화, 표상문화론
주요 연구 분야는 일본 영상문화와 동아시아 영화이다. 주요 저서로는 『세계박람회와 지역문화』(공저 · 2008), 『제국의 교차로에서 탈제국을 꿈꾸다』(공저 · 2008), 『동아시아의 오늘과 내일』(편저 · 2009), 『교차하는 텍스트, 동아시아』(공저 · 2010), 『전후 일본의 보수와 표상』(공저 · 2010), 『제국의 지리학, 만주라는 경계』(공저 · 2010), 『키워드로 읽는 동아시아』(공저 · 2011), 『일본과 동아시아』(공저 · 2011), 『대만을 보는 눈』(공저 · 2012), 『가미카제 특공대에서 우주전함 야마토까지』(공저 · 2013), 『일본 대중문화론』(공저 · 2014), 『싸우는 미술 : 아시아 · 태평양전쟁과 일본미술』(공저 · 2015), 『이만큼 가까운 일본』(2016) 등이 있다

나카네 다카유키 中根隆行 | NAKANE Takayuki
소속 : 에히메대학교 법문학부(愛媛大學 法文學部) 교수
전공 : 일본근현대문학, 비교문화
근대일본에서의 조선표상사(朝鮮表象史) 연구, 일본의 전후문학과 귀환자 연구가 주요 관심 대상이다. 주요 논저로는 「中上健次の韓國體験と後期作品群のアジアへの展開」(1998), 「谷崎潤一郎『陰翳禮賛』の大衆文化の表象」(1998), 「日本の現代作家に現れた韓國文化 : 可能性としての中上健次の歴史認識と韓國文化觀」(1998), 「民主主義と在日コリアン文學の懸隔 : 金達寿と『民主朝鮮』をめぐる知的言說の進展」(2001), 『海を越えた文學 : 日韓を軸として』(공저 · 2010) 등이 있다.

조형근 趙亨根 | CHO Hyung-Keun
소속 : 한림대학교 일본학연구소 연구교수
전공 : 역사사회학, 문화사회학
한국 근현대의 사회문화 변동의 특징과 성격을 동아시아 지역 차원의 근현대 이행과의 관련성 아래 규명하는 데 관심을 두고 있다. 주요 논저로는 「식민지 대중문화와 조선적인 것의 변증법」(2013), 「통계지식과 경제적 상상」(2015), 「식민지 대중문화와 대중의 부상」(2016), 『식민지의 일상 : 지배와 균열』(공저 · 2006), 『한일 역사 교과서 서술의 이념』(공저 · 2010) 등이 있다.

이종숙 李鍾淑 | LEE Jong-Sook
소속 : 한국전통악무연구소 소장, 강원대학교 무용학과 강사
전공 : 한국무용사
한국무용의 변천과 역사 및 우리 고유의 춤이 표현하는 사상적 의미에 관심을 가지고 있다. 주요 논문으로는 「東夷之樂 '持矛舞'에 대한 고찰」(2013), 「〈진주검무〉 중요무형문화재 지정 이후의 변화에 관한 소고」(2016), 「이왕직아악부의 정재 음악 연구 : 이병성 · 성경린 무보를 중심으로」(2017), 「'무용(舞踊)', '신무용(新舞踊)' 용어의 수용과 정착 : 〈매일신보〉, 〈동아일보〉, 〈조선일보〉 기사를 중심으로」(2017) 등이 있으며, 주요 저서로는 『처용무보』(2008), 『종묘제례악 일무의 왜곡과 실제』(2012), 『한국춤통사』(공저 · 2014) 등이 있다.

박태규 朴泰圭 | PARK Tae-qu
소속 : 한국예술종합학교 무용원부설 세계민족무용연구소 상임연구원
전공 : 한일 전통예능 비교론
한일 양국의 예능 발전사 및 그것의 비교 연구에 관심을 가지고 있다. 더불어서 최근에는 일본에 남아 있는 한반도계 악무의 원천 탐구 및 한반도계 악인들의 계보와 업적 등을 규명하는 데 힘을 기울이고 있다. 주요 논저로는 「조선통신사 접대 연향을 통해 본 일본 의전문화 및 전통예능의 특수성」(2012), 「日本の宮中樂舞の源泉を探って : 高麗樂〈しんそりこ〉を中心に」(2014), 「일본 雅樂의 樂家 연구 : 『樂所補任』의 한반도계 성씨를 중심으로」(2016), 『일본 예악무의 융합적 연구』(공저 · 2014), 『동

아시아 악무문화의 교류와 수용』(공저 · 2016) 등이 있다.

이지선 李知宣 | LEE Ji-sun
소속 : 숙명여자대학교 일본학과 교수
전공 : 한일 음악사, 한일 공연예술
한반도 기원의 고려악과 기악(伎樂), 근대 식민지 조선과 일본의 음악 등 공연예술을 중심으로 한 한일 관계에 주목하여 연구해 왔으며, 최근에는 재일코리안의 전통예술 전승에 관심을 두고 있다. 주요 논문으로는 「일본 고려악의 통해 본 고대 한국음악에 관한 연구」(2009), 「제국 일본과 식민지 조선의 음악정책 1 · 2」(2010), 「기악의 변모 양상」(2012 · 국립국악원 최우수 국악학술상), 「1910, 20, 30년대 일본인의 조선음악 연구」시리즈(2013~2014), 「재일코리안의 한국전통예술공연 양상」(2016) 등이 있으며, 주요 저역서로는 『오래된 예술 새로운 무대』(공저 · 2006), 『일본전통공연예술』(2007), 『일본의 전통문화』(2008), 『Musical Notations of Korea』(공저 · 2010), 『제국일본의 문화권력』(공저 · 2010), 『현대일본의 전통문화』(공저 · 2011), 『전후 일본, 그리고 낯선 동아시아』(공저 · 2011), 『조선아악기사진첩 건, 조선아악기해설 · 사진첩, 이왕가악기』(역서 · 2014) 등이 있다.

홍선영 洪善瑛 | HONG Seun-Young
소속 : 국제일본문화연구센터 외래연구원
전공 : 일본근대문학(연극), 한일연극교류사
일제시기 식민지 조선에서 공연한 일본 연극과 연극장에 대한 연구가 주요 관심 대상이다. 주요 논저로는 「예술좌의 만선순업(滿鮮巡業)과 문화적 파장」(2009), 「경성의 일본인극장 변천사 : 식민지도시의 문화와 '극장'」(2009), 「제국의 文化領有와 外地巡行 : 天勝一座의 〈살로메〉 景福宮 공연」(2011), 「기쿠치 간(菊池寬)과 조선예술상」(2011), 「1915년 경성 연예관의 일본공연단 연구 : 극장, 퍼포먼스, 나카라이 도수이(半井桃水)」(2015), 『일본잡지 모던일본과 조선 1940』(공역 · 2009) 등이 있다.

김난주 金蘭珠 | KIM Nan-Ju

소속 : 단국대학교 교양교육대학 연구전담 조교수

전공 : 노가쿠(能樂)

학부에서 국어국문학을 전공하고, 석사 과정에서 교겐을, 박사 과정에서는 한국의 가면극과 일본의 교겐을 비교·연구하는 일에 집중했다. 현재는 노와 교겐의 미학을 탐구하는 작업과 한일 전통문예를 비교문화학적 관점에서 살펴보는 일에 관심이 많다. 주요 논저로는 「민속예능을 통해 본 한일 예능의 原像」(2014), 『일본인의 삶과 종교』(공저·2007), 『그로테스크로 읽는 일본문화』(공저·2008), 『한국 민속문화의 근대적 변용』(공저·2009), 『에로티시즘으로 읽는 일본문화』(공저·2013), 『노가쿠 : 일본 전통극 노·교겐의 역사와 매력을 읽다』(역서·2015) 등이 있다.

서정완 徐禎完 | SUH Johng-Wan

소속 : 한림대학교 일본학과 교수·일본학연구소 소장

전공 : 노(能) 변천사, 일본 예능사(藝能史)

노 변천사에 대한 실증적 연구와 고대에서 노에 이르기까지의 동아시아 예능사를 연구하고 있으며, 근래에는 제국일본과 노에 대한 역사적 접근에 대한 문제에 집중하고 있다. 주요 논저로는 『アジア遊學138 : 植民地朝鮮と帝國日本』(편저·2010), 「能舞臺から見た植民地の能·謠 : 帝國日本の文化装置として」(2015), 「植民地朝鮮と能·謠 : 1910年代の京城を中心に」(『能樂硏究叢書 6 : 近代日本と能樂』에 수록·2017), 「帝國日本の能の展開と連鎖 : 「日本精神の國粹」とその擔い手」(2017) 등이 있다.

한림일본학연구총서 I **제국일본의 문화권력**

제국일본의 문화권력 3 학지 · 문화매체 · 공연예술

초판 발행 2017년 11월 28일

편저자 서정완 · 송석원 · 임성모
지은이 강태웅 · 김난주 · 나카네 다카유키 · 박상현
박양신 · 박태규 · 서정완 · 송석원 · 이종숙
이지선 · 임성모 · 조정우 · 조형근 · 홍선영
펴낸이 한림대학교 일본학연구소
펴낸곳 도서출판 소화
등록 제13-412호
주소 서울시 영등포구 버드나루로 69
전화 02-2677-5890
팩스 02-2636-6393
홈페이지 www.sowha.com

ISBN 978-89-8410-490-7 94080
978-89-8410-417-4 (세트)

값 25,000원